国家社科基金项目:"西北联合大学史研究"(项目编号:17BZS019)的阶段性成果

陕西省高校哲学社会科学重点研究基地计划项目:"大学精神与大学生人文素养提升研究"(项目编号:17JZ050)的阶段性成果

陕西高等教育教学改革研究重点项目:"新时代高校思想政治理论课教学改革研究"(项目编号:19BZ024)的阶段性成果

西安理工大学人文社会科学研究专项项目:"西北联大教师群体研究"(项目编号:2018SZ001)的阶段性成果。

发现西北联大

西北联大

以学报国:
西北联大名师

梁严冰 | 著

陕西新华出版传媒集团
陕西人民出版社

图书在版编目（CIP）数据

以学报国：西北联大名师 / 梁严冰著. -- 西安：陕西人民出版社, 2020.11
（发现西北联大丛书）
ISBN 978-7-224-13466-7

Ⅰ.①以… Ⅱ.①梁… Ⅲ.①西北联合大学—教师—生平事迹 Ⅳ.①K825.46

中国版本图书馆CIP数据核字(2020)第026878号

出 品 人：宋亚萍
丛书策划：张　炜
策划编辑：蒋　丽
责任编辑：朱小平　白艳妮　王金林　曾　苗
整体设计：姚肖朋

以学报国：西北联大名师

作　　者	梁严冰
出版发行	陕西新华出版传媒集团　陕西人民出版社 （西安北大街147号　邮编：710003）
印　　刷	西安市建明工贸有限责任公司
开　　本	787毫米×1092毫米　1/16
印　　张	26.75
字　　数	389千字
版　　次	2020年11月第1版
印　　次	2020年11月第1次印刷
书　　号	ISBN 978-7-224-13466-7
定　　价	142.00元

如有印装质量问题，请与本社联系调换。电话：029-87205094

总 序

在世界反法西斯和中国人民反对日本帝国主义侵略取得胜利的背景下，我们筹划出版一套和抗日战争密切相关的"发现西北联大丛书"，很有必要，也是"举旗帜，聚民心，育新人，兴文化，展形象"的现实需要。

陕西新华出版传媒集团的张炜总编有乡土之情，也很有政治眼光，而将乡土之情和政治眼光两者结合起来，将学术研究与提振地方文化结合起来，就更有意义。离开抗战背景，就无法谈西北联大，而离开陕南、汉中、城固这些地名，西北联大也会成为不接地气之事物。战火燃起后，在北平待不下去，北平大学、北平师大、北洋工学院就迁到西安建校，虽然西安临大、西北联大加在一起的时间仅有近三年时间，和西南联大在昆明八年多有所不同，但西南联大合中有分，西北联大分中有合，战后西南联大几乎全部北归，西北联大却扎根西北，并留下文、理、工、农、医、综合、师范一个完整的高等教育体系，因此二者各有特色。

我们还可以从另一个角度考虑这个问题，其意义就深刻得多。仅在2015年一年，我统计了一下，习近平总书记对中国传统文化的问题一共有七次讲话，讲话中用的词：文化血脉、精神命脉等等，过去我们不大用的词都用了，经过大家学习、研讨、反复审视，今天我们对文化血脉、精神命脉的理解加强了。和2012年在西北大学召开首届西北联大与中国高等教育发展论坛相比，我们脑子里积淀的理念多了，今天这个时候我们宣传西北联大精神，出这样一套书，思维开阔得多，我觉得和党中央的步伐完全吻合。在这样的前提下出这样一套书，有更强的生命力。总书记这样讲：优秀文化是一个国家民族传承和发展的根本，如果丢掉了就割断了自己的精神命脉。对一所历史悠久的大学来说，它也有自身的文化血脉、精神命脉，大而言之，这就是优秀传统文化。西北联大精神的核心就是爱国，为民族的伟大复兴而努力奋斗，这就是它的精神，最根本的精神；小而言之就是学校的校史，特别是这所学校在民族生死存亡之时的校史，从这一意义上讲，西北大学、西安交通大学医学部、西北工业大学、西北农林科技大学、西北师范大学，以及北京师范大学、天津大学、河北师范大学、中国矿业大学、东北大学等数十所院校和原来的西北联大都有文化血脉的联系。在中国人民反对日本帝国主义侵略取得胜利74年之际，配合中央一系列部署，包含全国政协也在这一方面举办了一系列活动。研究西北联大和后来中国西北地区高等教育事业发展的血脉联系，无疑是一件很有意义的事，而现今的研究肯定会比前几年对此研究在理论和深度上会更上一层楼。

这套书和大家的想法不谋而合。整套书篇幅不要太大，文字不要太多，文体不要太学术化，不在非主要问题上多费笔墨，要让一般有初高中水平的读者能看得懂。太学术化、引证太多太烦琐，读者就少了，一本书拿出来没人看，起不到任何作用。我曾在《光明日报》发表言论，就讲我对写普及读物很有感情，如果对所研究的问题没有很深刻的研究是写不出来的，如果身体允许，我还会继续写普及读物。我们的这套书，不在于写一部几卷本的西北联大史，写出来没有人看不行，必须有内容且深入浅出才有人看。定位为普及读物我举双手赞成。普及读物没有很好的逻辑思维、文字修养是写不好的。我所讲的和姚远老师的选题策划、张炜总编所讲的策划不谋而合，每本书几十万字左右，篇幅不要过大，要有人看，要打开读者面，在市场上有一席之地。如果一本书写出来，一出版几天就销声匿迹，那就毫无意义。

这套丛书由《西序弦歌：西北联大简史》《以学报国：西北联大名师》《融汇西东：西北联大教育思想》三部书组成，分别从三个不同的视角反映了西北联大接续民族文脉、奠定西北高等教育基础的简要历史脉络，以及西北联大与其后继院校扎根西北、融汇世界的教育思想等。同时，这套丛书也总结了自2012年以来举行的8届"西北联大与中国高等教育发展论坛"的研究成果，展示了西北联大辗转平津，西迁南渡，救亡图存、共赴国难的民族精神。与之前已经出版的有关著作相比较，它更接近于历史原貌，更紧扣于历史本质，也第一次触及其战时教育思想，故具有新的高度与深度，也具有新的连续性和系统性。

这的确是一个有着重大意义的研究课题。作为西北联大后继院校的一员，我们有责任、有义务做好西北联大精神的宣传和继承，讲好西北联大故事，并借此展现我们的大学之道，展现我们的文化自信，奔向民族复兴的新征程。

张岂之

2019年10月20日

— 题 记 —

在抗战的烽火硝烟中，西北联大学人为祖国教育事业默默奉献、扎根西北、自强不息的精神不应被忘记：

联大学人甘于清贫、共赴国难、义无反顾的民族气节与民族精神不应被忘记；

他（她）们关注民族命运与国家发展前途，渴望民族独立、国家富强、人民富裕；

他（她）们积极投身教育事业，不计个人名利，身上体现的大学精神、大学理念，及其为建立中国气派的神圣学术殿堂的努力，足以令后人敬仰；

他（她）们在民族危难之际不仅保证了中国高等教育事业弦歌不辍，而且创造了辉煌的教育成就，并为西北现代高等教育事业播撒了火种、奠定了基石；

这一切不应被人们忘记！

目 录

西北联大学人群体研究　/ 001

　　一、西北联大的学人群体　/ 002

　　二、西北联大学人的学业背景、研究取向与国家政治　/ 011

　　三、西北联大学人的待遇、管理与考核机制　/ 015

　　四、西北联大学人的学科分布、课程建设与教学情况　/ 020

　　五、本文结语　/ 025

中国现代师范教育的奠基者李蒸　/ 027

　　一、出长师大　危难之际西迁陕甘　/ 028

　　二、翻车沟壑　艰难缔造西北师范教育　/ 033

　　三、兴学育人　教化一方　/ 040

我国精英教育的拓荒者李书田　/ 045

　　一、北洋迁陕　点燃古路坝灯火　/ 046

　　二、实事求是　倡"严谨治学"校风　/ 053

　　三、尊师重道　建设高水平师资力量　/ 057

　　四、远见卓识　水利建系与矿冶招研　/ 059

西北高等教育的奠基者与现代医学教育的先驱徐诵明 / 061

一、五校之长　起步于医人医国之路 / 062

二、平大留陕　奠定西北现代高等教育事业之根基 / 068

三、执掌同济　传承西医高等教育薪火 / 071

西北工学院与西北大学两校校长赖琏 / 075

一、青年时代　图谋科学救国 / 076

二、干练人才　展现多方面才华 / 080

三、兼长两校　自认"一生最愉快的回忆" / 084

四、遭蒋严斥　以海外部结束仕途 / 089

历任五所大学校长的胡庶华 / 091

一、经世致用　主张实业救国 / 092

二、投身教育　力图兴学 / 096

三、以身作则　每天出操的军训队长 / 100

四、回归"钢铁"　从湖南大学到北京钢铁学院 / 102

五、融合中西　主张"人格救国"与"科学救国"并重 / 105

中国西北考古第一人黄文弼 / 109

一、建功大漠　我国西北考古和科学考古的拓荒者 / 110

二、"三记两集"　首创我国现代意义上第一部考古报告 / 113

三、依托丝路　参与创建全国最早的两个考古专业 / 122

四、心系边疆　创建全国最早的两个边政学系之一 / 126

五、公诚勤朴　把论著写在西北大地 / 129

维系家政学的齐国樑 / 131

一、并入联大　延续女子家政教育 / 132

二、南渡西迁　融入西北做贡献 / 136

三、服务社会　把家政教育推广到一般家庭　/ 141

我国古脊椎动物学的奠基者杨钟健　/ 147
一、投身"五四"　"少年中国"展宏图　/ 147
二、以学报国　中国古脊椎动物学第一人　/ 150
三、出长西大　胡适欢迎加入"叫花子团"　/ 153
四、孺子情深　为科学事业奋斗终生　/ 157

中国冶金物理学的开创者魏寿昆　/ 163
一、弃商求学　北洋才俊攻矿冶　/ 164
二、留德深造　走上科学救国之路　/ 167
三、兴学育人　从西安、陕南到西康　/ 170
四、立言传世　遍天之下皆桃李　/ 175

国民经济学领域的罗章龙　/ 179
一、风华正茂　谋改造中国与世界　/ 180
二、"五四"闯将　成中国共产党最早党员之一　/ 182
三、联大治学　填补"国民经济史"空白　/ 185

鲁迅挚友许寿裳　/ 191
一、莘莘学子　求学海外遇知音　/ 192
二、爱国青年　投身教育育英才　/ 194
三、随校西迁　一生宣传鲁迅思想　/ 197
四、孤身赴台　寓所惨遭杀害　/ 202

马克思主义哲学的传播者沈志远　/ 205
一、志向高远　坚定马列主义思想　/ 206
二、平大联大　三尺讲台传马列　/ 210

三、迎接曙光　被毛泽东誉为"人民哲学家"　/211
　　四、"人民的哲学家"　/213

被领袖誉为"辛辛苦苦　独树一帜"的辛树帜　/217
　　一、术攻生物　与毛泽东共事于师范附小　/218
　　二、心系西北　创办西农与兰大　/221
　　三、潜心农史　传承优秀农业文化　/228

潜心日本研究的许兴凯　/233
　　一、爱国青年　投身革命学马列　/234
　　二、应聘平大　专攻日本研究　/235
　　三、任教联大　教书、说书兼办报　/238

中国近代数学的先驱曾炯　/245
　　一、走出寒门　勤学苦读攻代数　/246
　　二、联大教书　殚精竭虑逝西康　/250
　　三、闻名遐迩　"曾氏定理"震数坛　/253

我国组织化学的开拓者汪堃仁　/257
　　一、一家四口　万里应聘赴陕南　/258
　　二、联大耕耘　两校合聘教生理　/260
　　三、勇于开拓　奠定我国组织化学　/262
　　四、老骥伏枥　重返师大育英才　/265

首创土壤热力学的优秀教育家虞宏正　/269
　　一、严于教学　精备十份，讲八份和留两份　/270
　　二、扎根西北　在理、化边缘创土壤热力学　/274
　　三、倾尽毕生　擘画、建设黄土地上农科城　/276

我国植物分类的奠基者林镕 /279
    一、留学法国　归国钻研植物分类 /280
    二、奔赴联大　奠基西北植物学分类 /283
    三、"植物立户""枯枝烂叶"亦心血 /286

植物病理学家涂治 /291
    一、一片丹心　远赴新疆播火种 /292
    二、联系实际　边疆教育展新貌 /295
    三、扎根西北　农业科研结硕果 /298

中国生物统计的创立者汪厥明 /305
    一、拒绝伪职　千里迢迢赴联大 /306
    二、淡泊明志　困苦之中教与学 /308
    三、酬其素志　创建生物统计学 /310

毛泽东二十六位老师之一的黎锦熙 /315
    一、文字改革　贡献卓著留青史 /316
    二、联大执教　校歌校史创新体 /320
    三、方志今议　服务地方开先河 /322

开辟针感生理学新领域的侯宗濂 /329
    一、不断创新　国际前沿展才华 /330
    二、永留西北　传承西医教育薪火 /333
    三、赤诚报国　毛主席嘱为中国医学争光 /338

中国近代水利事业的奠基人李仪祉 /343
    一、学成归来　踏遍祖国江河 /344

二、肇造"八惠" 成就一代水利大师 / 348

三、鞠躬尽瘁 被人民誉为"大禹""龙王" / 353

中国艺术考古的首创者王子云 / 357

一、留法归国 组建西北艺术文物考察团 / 358

二、任教西大 创建文物研究室 / 362

三、建功绝域 开我国艺术考古先河 / 366

波浪镶嵌构造学说的创立者张伯声 / 371

一、赴美留学 科学救国记心中 / 372

二、钟情地质 培育国家亟须人才 / 374

三、攀峰登顶 首创波浪镶嵌构造学说 / 377

南海划界的傅角今和郑资约 / 383

一、职司方域 毕生从事地理教学与研究的傅角今教授 / 384

二、术攻地理 接收中国南海诸岛专员郑资约教授 / 386

三、固有领土 终回祖国怀抱 / 388

四、担当重任 傅角今、郑资约等人绘制南海地图 / 391

五、谨记初心 郑资约终生不忘捍卫南海主权 / 393

结语：西北联大与抗战时期的西北战略 / 396

参考文献 / 405

后 记 / 413

西北联大的组建使得相对落后的西北地区，一时间教授云集、名家荟萃，从而形成了阵容强大的学人群体；联大学人大多数接受了比较严格的西学训练，学术视野既具有深厚的国学根底，又具有广阔的西学背景，他们尽管有学业背景及所属学科的差异，但普遍关注民族命运与国家发展前途；人性化的管理与考核机制，为联大学人自由从事学术研究提供了基本的物质基础与保障，同时也折射出民国时期尊师重教与名器不予轻受的特点；西北联大学人的学科分布及其特点，为日后西北地区建立、健全完善的高等教育体系奠定了坚实基础，同时联大学人极为关注与重视课程建设与教学方法，并体现出严谨的教学态度与作风。他们值得我们怀念与敬仰！

西北联大学人群体研究

抗日战争爆发后组建的西北联大是国民政府西北战略的重要举措与组成部分之一，因此，在某种意义上讲它是一种制度性安排。但其创建却为西北地区播撒了现代高等教育的火种，而且更为重要的是它还为战后西北乃至整个中国高等教育的发展奠定了思想文化基础，并积累了宝贵的历史经验①。故，其作用与意义无疑是深远的，也值得我们做极富启发性的思考与探索。在就西北联大部分学人做较为详细与深入的个案研究与"脸谱化"梳理之前，我们先将联大学人作为一个整体进行一些考察，尤其关注联大学人群体的学养、专业等，进而探讨他们的研究取向与国家政治的关系，以及联大学人的待遇与管理、学科分布与教学情况等，希望对20世纪三四十年代的中国社会，及中国现代大学教育制度与大学精神有所裨益。

---

① 方光华：《为什么要纪念西北联大》，载《西北大学学报》2012年第3期；休闲读品《天下》杂志2012年5月15日的相关论述及访谈。

一、西北联大的学人群体

抗战爆发后，随着战事的不可避免与不断扩大，教育部于1937年9月10日发布16696号令，以国立北平大学、北平师范大学、北洋工学院和北平研究院等为基础合组西安临时大学，迁设西安。① 当时临大全校设有文理、法商、教育、工、农、医等6大学院、23个系，11月9日，太原失守，西安遂告急，于是国民政府命令西安临大再迁汉中。1938年3月6日，西安临大正式离开西安。4月3日，教育部下令将西安临时大学改称为"国立西北联合大学"，并要求"院系仍旧"②。西北联大组建后，虽然作为一个统一的整体只存在了两年不到的时间，但人们习惯上仍然视1946年以前的国立西北五校为西北联大。③ 西北联大的组建使得原本无一所"规模宏阔之大学"④的西北地区，一时云蒸霞蔚、名家荟萃，真可谓"于斯为盛"。据笔者不完全统计，当时仅教授就有146名⑤，（详细情况见下表）聚集、形成了阵容强大的学人群体。

表1 西北联大学人统计表

姓 名	生卒年	联大时年龄	早年教育背景	留学国家	学科、专业
王世杰	1891—1981	47	北洋大学	英国、法国	法学
李书华	1889—1979	49	不详	法国	物理学
童冠贤	1894—1981	44	南开大学	美国、英国、德国	政治学、经济学

---

① 《西北大学大事记》编委会编，赵弘毅、程玲华主编：《西北大学大事记》，西北大学出版社1999年版，第43页。
② 《教育部拟定之平津沪战区专科以上学校整理方案》（1937年），中国第二历史档案馆编：《中华民国史档案资料汇编》第5辑第2编《教育》（1），江苏古籍出版社1997年版，第11页。
③ 方光华：《西北联大的文化传统》，载2012年12月5日《光明日报》，第14版。
④ 《〈西北教育〉社评》，1932年11月29日天津《大公报》。
⑤ 西北大学西北联大研究所编：《西北联大史料汇编》，西北大学出版社2012年版，第735—792页。这里需要指出的是，此书对联大学人的统计与描述仍然只是部分，而不是全部教授名录。

续表

姓 名	生卒年	联大时年龄	早年教育背景	留学国家	学科、专业
臧启芳	1894—1961	44	南京民国大学	美国	经济学、财政学
周伯敏	1893—1965	45	复旦大学	苏俄	文学艺术、书法
许诵明	1890—1991	48	浙江高等学堂	日本	病理学
李 蒸	1895—1975	43	北京师范大学	美国	哲学
李书田	1900—1988	38	北洋大学	美国	铁道学、水利学
陈剑翛	1896—1953	42	北京大学	英国	哲学
胡庶华	1885—1953	53	北京译学馆	德国	冶金工程
张北海	生卒年不详	不详	不详	不详	不详
汪奠基	1900—1979	38	北京大学	法国	哲学、数理逻辑
刘及辰	1905—1953	33	直隶法政学校	日本	经济学
沈志远	1902—1965	36	不详	苏联	经济学
罗章龙	1896—1995	42	北京大学	德国	经济学
孙宗钰	1896—？	42	不详	美国	经济学、统计学
尹文敬	1902—	36	北平大学	法国	经济学
曹国卿	1902—1996	36	北京大学	德国	经济学
季陶达	1904—1989	34	金华省立七中		经济学
彭迪先	1908—	30	不详	日本	经济学
王 璞	1887—？	51	直隶优级师范学堂	不详	法学

续表

姓　名	生卒年	联大时年龄	早年教育背景	留学国家	学科、专业
王治焘	1891—?	47	不详	法国	法学
于鸣冬	生卒年不详	不详	北平大学	日本	法学
李宜琛	1905—1995	33	北平大学	日本	法学
黄得中	1896—1995	42	不详	不详	法学
赵愚如	生卒年不详	不详	不详	不详	法学
吴正华	1899—1955	39	北京法政学校	法国	法学、政治经济
寸树声	1896—1978	42	云南高中	日本	法学、政治学
章有江	生卒年不详	不详	不详	不详	法学
李绍鹏	生卒年不详	不详	不详	不详	法学
李建勋	1884—1976	54	直隶大名中学	日本、美国	教育学、哲学
马师儒	1888—1963	50	北京高等师范	德国、瑞士	教育学、心理学
姜琦	1886—1951	52	不详	日本、美国	政治学、教育学
郝耀东	1891—1969	47	陕西实业学堂	美国	教育学
方永蒸	1893—1994	45	北京高等师范	美国	教育学
胡国钰	1894—1965	44	北京高等师范	不详	教育学
曹配言	1895—?	43	北京师范大学	不详	教育学
鲁世英	1898—1965	40	北平师范大学	美国	教育学、英语
包志立	1902—1978	36	镇江崇宝女中	美国	教育学、心理学

续表

姓　名	生卒年	联大时年龄	早年教育背景	留学国家	学科、专业
高文源	1902—?	36	清华大学	美国	心理学
金澍荣	1902—?	36	不详	美国	教育学
程克敬	生卒年不详	不详	不详	美国	教育学
熊文敏	1902—1987	36	不详	不详	教育学
齐国樑	1884—1968	54	保定师范	日本、美国	家政学、教育学
王非曼	1897—1977	41	不详	美国	家政学、教育学
程孙之淑	1898—不详	不详	不详	不详	家政学、教育学
袁敦礼	1895—1968	43	北京高等师范	美国	体育学
董守义	1895—1978	43	上海体育学校	美国	体育学
徐英超	1900—1986	38	北京师范大学	美国	体育学
王耀东	1900—2006	38	北京高等师范	不详	体育学
沙博格	生卒年不详	不详	密苏里大学	美国	体育学
谢似颜	1895—1959	43	东京高等师范	日本	体育学
刘月林	1905—1993	35	北京师范大学	不详	体育学
黎锦熙	1890—1978	48	湖南优级师范	不详	中国语言文学
许寿裳	1883—1948	55	东京高等师范	日本	历史学
张纯一	1871—1955	67	日本弘文书院	日本	中国语言文学
卢怀齐	1894—?	44	北京师范大学	不详	中国语言文学
曹靖华	1897—1987	41	莫斯科东方大学	苏联	中国语言文学

续表

姓　名	生卒年	联大时年龄	早年教育背景	留学国家	学科、专业
罗根泽	1900—1960	38	河北第一师范	不详	中国语言文学
徐褐夫	1903—1978	35	苏联东方大学	苏联	外国语言文学
佘坤珊	1904—1952	33	美国菲立普中学	美国	外国语言文学
张杰民	1908—?	30	清华学堂	美国	外国语言文学
谢文通	1909—?	29	英国读小学	英国	外国语言文学
陆懋德	1888—1965	50	清华学堂	美国	历史学
黄文弼	1893—1966	45	汉阳府中学堂	不详	历史学
许重远	1896—1960	42	北京高等师范	美国	历史学
许兴凯	1898—1953	40	北京师范大学	日本	历史学
周传儒	1900—1988	38	四川省立一中	英国、德国	历史学
蓝文征	1901—1976	37	吉林省立师范	日本	历史学
萧一山	1902—1978	36	山东济宁七中	欧美考察教育	历史学
李季谷	1895—1968	43	浙江省第一师范	英国	历史学
谢兆态	生卒年不详	不详	不详	不详	历史学
曾　炯	1897—1940	41	江西省第一师范	德国	数学
傅种孙	1898—1962	40	北京高等师范	英国考察	数学
赵进义	1902—1972	36	法国里昂大学	法国	数学
刘亦珩	1904—1967	34	唐山交通大学	日本	数学
张德馨	1905—1992	33	北京师范大学	德国	数学
杨永芳	1908—1963	30	天津同文书院	日本	数学

续表

姓　名	生卒年	联大时年龄	早年教育背景	留学国家	学科、专业
岳劼恒	1902—1961	36	北京大学	法国	物理学
张贻惠	1885—1968	53	江南高等学堂	日本	物理学
蔡钟瀛	1887—1945	51	仙台高等学校	日本	物理学
杨立奎	1888—1968	50	东京高等师范	日本	物理学
林　晓	1894—1978	44	北京大学	日本考察	物理学
虞宏正	1897—1966	41	北京大学	德国、英国、美国	化学
张贻侗	1890—1950	48	不详	英国	化学
刘　拓	1897—1968	41	北平师范大学	美国	化学
陈之霖	1898—1986	40	东京高等师范	日本	化学
赵学海	1898—1943	40	清华大学	美国	化学
周名崇	生卒年不详	不详	不详	不详	化学
朱有宣	生卒年不详	不详	不详	不详	化学
郭毓彬	1892—1981	46	天津南开中学	美国	生物学
容启东	1908—1987	30	清华大学	美国	生物学
林　镕	1903—1981	35	法国南锡大学	法国	生物学、农学
雍克昌	1897—？	41	北京高等师范	法国	生物学、细胞学
汪德耀	1903—2000	35	不详	法国	生物学、细胞学
金树章	生卒年不详	不详	不详	不详	生物学
刘汝强	生卒年不详	不详	不详	不详	生物学
张伯声	1903—1994	35	清华学校	美国	地质地理学

续表

姓　名	生卒年	联大时年龄	早年教育背景	留学国家	学科、专业
殷祖英	1895—1996	43	天津第一师范	英国	地理学
黄国璋	1896—1966	42	耶鲁大学	美国	地理学
谌亚达	1902—	36	不详	日本	地理学
王钟麒	生卒年不详	不详	不详	不详	地理学
李仪祉	1882—1938	56	关中学堂	德国、俄国、法国等	水利工程
萧连波	1899—1977	39	威斯康星大学	美国	化工、造纸
李仙舟	1902—1981	36	直隶工业专门学校	日本	皮革化学、油脂化学
周宗莲	1902—？	36	北洋大学	英国	土木工程
魏寿昆	1907—	31	北洋大学	德国	冶金物理化学
雷祚雯	1907—1946	31	北洋大学	美国	矿冶
潘承孝	1897—2003	41	唐山工业学校	美国	机械学
李西山	1905—1968	33	伊利诺伊大学	美国	机械工程
刘锡瑛	1894—1966	44	北洋大学	美国	电机学
王翰辰	1895—1963	43	北洋大学	美国	电机工程
余谦六	1895—	43	南洋公学	美国	电机工程
张汉文	1902—1969	36	法国鲁贝工学院	法国	纺织工程
张　佶	1898—1973	40	清华学校	美国	纺织工程
赵玉振	1903—2000	35	北洋大学	美国	土木工程
刘德润	1907—1994	31	北洋大学	美国	水利工程
李廷魁	1904—1955	34	北洋大学	美国、英国、法国等	机械工程

续表

姓　名	生卒年	联大时年龄	早年教育背景	留学国家	学科、专业
樊泽民	生卒年不详	不详	不详	不详	工程技术
崔玉田	生卒年不详	不详	不详	不详	工程技术
郭鸿文	生卒年不详	不详	不详	不详	工程技术
何绪缵	生卒年不详	不详	不详	不详	工程技术
周建侯	1886—1973	52	日本成城中学	日本	农学
汪厥明	1897—1978	41	东京帝国大学	日本	农学、生物统计学
姚　鋆	1895—1969	43	清华学堂中等科	日本	农学、蚕桑学
贾成章	1894—1970	44	北京农业专门学校	德国	农学、林学
殷良弼	1894—1982	44	北京农业专门学校	日本	森林工程、森林治水、森林生产
周　桢	1898—1982	40	北京农业专门学校	德国	林学、森林经理学
陈朝玉	1904—1979	34	北京大学	日本	农学、营养化学
王志鹄	1905—?	33	南通大学	日本、意大利	农学、农业化学
李秉权	1893—1990	45	天津政法学院	日本、	农学、畜牧兽医学
易希陶	生卒年不详	不详	不详	不详	农学
陆建雄	生卒年不详	不详	不详	不详	农学

续表

姓　名	生卒年	联大时年龄	早年教育背景	留学国家	学科、专业
王　正	生卒年不详	不详	不详	不详	农学
刘伯文	生卒年不详	不详	不详	不详	农学
吴祥凤	1888—1956	50	日本千叶医科大学	日本、美国	医学
蹇先器	1893—？	45	日本千叶医科大学	日本	医学
徐佐夏	1895—1971	43	北京医科学校	德国	医学
陈作纪	1896—1981	42	官立高等学校	德国	医学
林　几	1897—1951	41	北京医学专门学校	德国	医学
毛鸿志	1901—1978	37	北平大学	日本	医学、病理学
董克恩	1903—1946	35	北平大学	德国	医学、外科
严镜清	1905—2005	33	北平协和医学院	美国	医学、公共卫生
刘新民	1908—1979	30	北平大学	日本	医学、眼科
王　晨	生卒年不详	不详	不详	不详	医学

这里需要特别指出的是，联大"学人"严格意义上讲应包括联大教师与学生两个群体，但是，由于学生群体我们将辟专书介绍，因此，本书所指的西北联大学人群体：第一，指当时具有教授职称者；第二，联大教授群体的界定本身是一个较为宽泛的概念，即只要和西安临时大学、西北联大发生关系，不论时间长短或者是否到任，均视为文章所指西北联大学人；第三，西安临时大学、西北联大的筹备委员会委员、常务委

员也在文章所指范围,尽管他们有的并非联大实际意义上的教授。之所以要纳入,一则这些人与西北联大的组建与分置关系至为密切,一则他们中的绝大多数人客观上也是学有专长的学者、教授。比如王世杰,时为国民政府教育部长,同时兼任国立西安临时大学筹备委员会主席,1920年获法国巴黎大学法学博士,回国后曾任教于北京大学,后进入政界,是我国著名的法学专家,1948年当选为中央研究院院士,等。

　　余英时先生曾讲:所谓"大学者",除了在本专业范围内做出杰出贡献,足以继往开来,更因其乃学术史上的中心人物,你可以引申发挥,也可以商榷批评,却无法漠视他的存在。[1] 我们暂且不讨论余先生所讲"大学者"的标准及指向,或者西北联大教授是否是"学术史上的中心人物",这或许"可以商榷批评",但仅就联大教授在他们所从事领域做出的贡献及就西北高等教育发展的意义而言,我们无法忽略或漠视他们的存在,并且有理由相信,随着时间的推移,他们的学术贡献、历史作用及意义必将愈益明显,令人无法忘却。

二、西北联大学人的学业背景、研究取向与国家政治

　　通过对以上西北联大146位教授生卒年、早年教育背景及留学国家等的考察,我们从中可以看出,他们至少有123位出生于1880—1900年(22位生卒年不详,1位出生于1870年代),到西北联大时,他们的年龄大部分在30—50岁之间,而学术年龄大体上属于"五四"一代学人。这一代学人的共同特点是中学或小学之前接受了较为系统的中国传统教育,中学根基较为深厚。而在中学时代开始又接受了新式学堂教育或现代大学制度教育,并且他们中至少有120位(其他26位不详)有留学经历(包括出国教育考察),其中留欧39位、留美42位、留日35位、留学苏俄4位,部分学人既有留学欧美的经历又有留学日本的经历,甚至有留学三国者,而其中留学欧美的人数又为多数,有81位,占留学总人数的67.5%。这说明西北联大学人群体欧美化程度较高,大多数接受了比较严格的西学训练,学术视野既具有深厚的国学根底又具有广阔的西学背景;他们的教育经历也充分体现出晚清至民国以来,中国知识传统在西

---

[1] 余英时:《中国近代思想史上的胡适》,联经出版公司1984年版,第6页。

潮的冲击下所遭遇的严峻挑战过程在这一代学人身上具有明显的表征，即中国知识体系从晚清民初向日本学习，到20世纪二三十年代开始急剧趋向欧美，这种前后相继的转向历程表明，中国的读书人已走出经学时代，学业路径日渐"趋新""趋西"，进而造成中国传统的"政"与"学"彻底分离。当然，学术的独立与分途发展一方面与1905年废科举有关，科举制取消后对中国传统读书人而言，既是学者又是官吏的政学统一体系已经不复存在，读书人要安身立命，适应新社会，必须是学有所长的"专门家"，而要成为专门家就必须是"留学生"；另一方面与晚清以来"西潮"激荡下的社会发展有关，尤其是中国在甲午战争中的惨败促使国人认真思考"中国向何处去"，正如梁启超先生所言："吾国四千余年大梦之唤醒，实自甲午战败割台湾，偿二百兆以后始也。"① 而国人"大梦之唤醒"，从甲午的反省到"五四"时期提倡科学方法，直至20世纪二三十年代西学人才迅速崛起，整个中国社会的西化程度不断提高。对此，一些学者指出：这一时期"中国西化步伐之疾速，实在令人叹为观止。"并且"在时贤眼中，'西学'就是'新知'，中国变革的动力及希望，即在于传播并借鉴'西学'"②。而借鉴西学的背景又是国家的不断"开化"及西学自身发展的日益专门化、精细化。正如严复（1854—1921）所言："国愈开化，则分工愈密。学问政治，至大之工，奈何其不分哉！"③

严复与西北联大学人相比，从生卒年及学术年龄上看，分属不同的两代学人甚至于隔代，他们的学业背景与学术路径具有明显的不同与差异。但有一点是共同的当属无疑，即他们前后接踵共同推动、创建了中国现代学术。当然，学术与政治的分离及学术分途发展，并不意味着读书人不关心民族前途与国家政治，其实正如有人所言："近代中国士人面临西潮的冲击，在中国已由文变野、实际处于'世界'的边缘甚至未能

---

① 梁启超：《戊戌政变记》，《饮冰室合集专集之一》，中华书局1989年版，第1页。
② 陈平原：《中国现代学术之建立——以章太炎、胡适之为中心》，北京大学出版社1998年版，第9页。
③ 严复：《论治学治事宜分二途》，《严复集》第1卷，中华书局1986年版，第89页。

'进入'世界的背景之下，多数中国读书人都在思考一个共同的问题：中国向何处去？由于政教相连的中国传统对'学'的强调，这个问题无时无刻不与'学'相关；反之，当许多人说'学'的时候，其实考虑的、关注的又绝非仅仅是学术，而是更广阔的国家民族存亡和发展一类的大问题。"① 此言甚是，尤其是"九一八"事变及抗战全面爆发后，国家民族面临亡国灭种的危机，国亡何以为家、何以为学？因此，可以说西北联大时期的知识分子比近代以来的任何时候的知识分子，更关心国家的命运与民族的前途，甚至可以说，用生命体验将"国家民族存亡和发展一类的大问题"与自己的学术研究融为一体。比如，西北联大常委、北平大学校长许诵明即指出："在抗战时期，最高学府学生如何救国：不一定非拿枪到前线去才是救国，我们在后方研究科学增强抗战力量，也一样是救国。"② 西北联大常委、北平师范大学校长李蒸教育师生"处事的方针"为"要做大事不做大官"。联大两位常委所说的"研究科学增强抗战力量"及"要做大事"，应该也是考虑更远的国家民族存亡和发展大事，才说出此番言论。

由于西北联大学人学业背景及所属学科的差异，他（她）们对民族命运与国家发展前途关注及研究的嵌入点自然也就不同。但是，他们普遍具有强烈的民族主义思想与情怀，期盼着民族早日独立、国家尽快富强。比如，1939年1月15日与2月1日的《西北联大校刊》第9、10期连载了许重远教授的长文——《近代民族主义发展报告及吾人应有之认识》，文章中许重远先生除了对民族主义的含义、历史发展进程以及不同历史时期的表现形式进行考察外，还大声呼吁"当此大敌当前危急存亡之时"，"凡地方之见，种族之见，宗教之见，党派之见，谋一部分人之利益，而与它部分倾轧以减少抗战力量者，均以抛弃。"因为，如果"整个民族失败，则一切同归于尽"③。之外，1939年3月1日，许寿裳

---

① 罗志田：《国家与学术：清季民初关于"国学的思想论争"》，生活·读书·新知三联书店2003年版，第1页。
② 《本校城固本部举行开学典礼志盛》，载《西北联大校刊》第1期，1938年8月15日《校闻》，第10页。
③ 许重远：《近代民族主义发展报告及吾人应有之认识》，载《西北联大校刊》第10期，1939年2月1日，第36、38页。

教授在《西北联大校刊》第12期发表了《勾践的精神》，文章号召广大青年"努力前进，并且学着勾践的精神"，他深信只要国人"上下一心，共赴国难，那么我们的抗战建国，革命大业，一定是成功的"①。该期还发表了李季谷教授的文章《中国历史上所见之民族精神》，文章列举了"越王勾践之卧薪尝胆""荆轲刺秦"，及文天祥《正气歌》等激励学生"恢复我民族固有之光荣"②。另外，谢似颜教授在1939年2月15日刊发的《西北联大校刊》第13期，发表了《民族主义与道德》一文，文章不仅对我国古代的民族主义与道德进行了系统的梳理与探讨，而且对近代以来，尤其是孙中山的民族主义思想在构建现代民族国家中的积极意义予以充分肯定，文章认为"民族主义是世界大同的基础"，只有我们团结起来共同对敌，不做亡国奴，才能享受到"世界大同的福气"，否则"先要让你尝尝那亡国灭种的滋味"。换句话说，不实现民族的独立，"即使世界大同的日子出现，已没有我们享受的权力了"③。再比如，西北联大学人的历史研究则更多关注西北的历史与文化，这不仅是因为："学问从历史做起，意味着强调学术的延续性，而学术或文化的延续性至少潜在地支持了作为人类文化一部分的区域文化或学术的独特性。"④ 更因为西北是中华民族的发祥地，面对日益严重的民族危机，发扬民族精神，鼓舞民族士气就显得尤为必要与紧迫，而这一切都能通过对西北历史与文化的研究找到其精神源泉与不懈动力。为此，早在西安临大时期的1938年2月，陆懋德教授即带领临大历史系师生，参观了陕西考古学会。⑤ 西安临大南迁汉中改为西北联大后，1938年5月20日，联大常委徐诵明、李蒸又与历史系主任许寿裳及其他同人黎锦熙、李季谷、陆懋

---

① 许寿裳：《勾践的精神》，载《西北联大校刊》第12期，《集训专号》1939年3月1日，第75—76页。

② 许重远：《近代民族主义发展报告及吾人应有之认识》，载《西北联大校刊》第10期，1939年2月1日，第38页。

③ 谢似颜：《民族主义与道德》，载《西北联大校刊》第13期，1939年2月15日，第28—31页。

④ 罗志田：《国家与学术：清季民初关于"国学的思想论争"》，生活·读书·新知三联书店2003年版，第257页。

⑤ 《历史系参观考古学会》，载《西安临大校刊》第11期，1938年2月28日，第3—4页。

德、许重远等并男女学生数十人一道去城固张骞墓考察①。与此同时，这一时期联大学人还撰写了大量关于西北历史与文化的论著②，其用意除了研究"区域文化或学术的独特性"外，自然还有从历史中启迪智慧、追寻民族精神，进而发扬我民族优良传统，以达到全民族坚持抗战到底的深刻含义。

总之，尽管如马克斯·韦伯（Max Weber，1864—1920）所言：党派政治不属于课堂，教师也不应该是政治领袖。③但西北联大学人自知其历史与学术使命，并"藉教育学术之力"努力发扬"华夏声威"与铸成"国族之雄风"④，在民族危难之际，自觉将自己的学术研究与民族命运、国家前途紧密联系在一起，力图为民族独立、国家富强提供精神动力与智力支持。

三、西北联大学人的待遇、管理与考核机制

民国时期，从总体上讲继承了清代尊师重道（教）的传统，教师待遇相对优厚。据研究"起码的教师工资，约为当地工农收入的两倍以上；最高的学者，月薪等同于国家省部级官员，与基层教师有三四十倍差距"⑤。1917年9月，国民政府教育部颁布《修正大学令》，其中规定："大学设正教授、教授、助教授。"如"遇必要时得延聘讲师"。⑥南京国民政府成立后，对大学教师的职级进一步修正，1929年颁布《大学组织

---

① 何士骥、周国亭：《发掘张骞墓前石刻报告书》，载《西北联大校刊》第1期，1938年8月15日，第33页。

② 梁严冰：《西北联大与西北历史研究》，《第二届西北联大与中国高等教育发展论坛论文集》，2013年8月；崔幸：《抗战时期的西北联大历史系》，载《西北大学学报》（哲学社会科学版）》2013年第1期。

③ 马克斯·韦伯著：《学术与政治》，冯克利译，生活·读书·新知三联书店1999年版，第36—44页。

④ 黎锦熙：《国立西北大学校史》，《国立西北大学建校三十周年纪念刊》，国立西北大学校友会1969年版，第8—9页。

⑤ 李华兴主编：《民国教育史》，上海教育出版社1997年版，第514页。

⑥ 《教育部修正大学令》（1917年9月），舒新城编：《中国近代教育史资料》（中册），人民教育出版社1979年版，第672页。

法》，其中第13条规定："大学各学院教员分教授、副教授、讲师、助教"① 等四级。并明确规定教授的聘任必须具备以下资格之一：第一，任副教授三年以上，著有成绩，并有重要之著作者；第二，在国内外大学或研究院所得有博士学位，或同等学历证书，而成绩优良，并有有价值之著作者。或者执行专门职业四年以上，有创作或发明，在学术上有重要贡献者。② 而对于教授之待遇，1917年5月，国民政府教育部曾颁布《国立大学职员任用及薪俸规程》，其中对教师的薪俸、晋级、退休恤金等做了明确而细致的规定。③ 之后，国民政府又对大学教师待遇进行了修订，1940年8月，教育部公布《大学及独立学院教员聘任待遇暂行规定》，将教授分为九级，月薪分别为：第一级600元，第二级560元，第三级520元，第四级480元，第五级440元，第六级400元，第七级370元，第八级340元，第九级320元，月薪级差前六级40元，后三级分别为30元、20元。但是，由于处在战时，浩大而持续的军费开支，使得国民政府财政极度困难，故相关规定没有完全得到执行，而是各院校根据国民政府拨款实际情况，分别做出自己的相关规定，高低不一。

  从西北联大的有关章程来看，教授的资格聘任完全按照国民政府的要求条件执行，而教授待遇、职级等与国民政府颁布的相关章程规定略有不同，如1938年11月16日，联大第49次常委会会议通过的《本校教员待遇章程》，规定本校教员分为教授、副教授、专任讲师、助教、讲师五种，其中讲师一种为兼职教员。④ 而教授的薪俸又分为八级，最高一级月薪440元，最低一级300元，级差20元。（详细见表2）

---

  ① "教育部"教育年鉴编纂委员会编：《第二次中国教育年鉴》，第5编《高等教育》，第1章《概述》，商务印书馆1948年版，第514页。
  ② "教育部"教育年鉴编纂委员会编：《第二次中国教育年鉴》，第5编《高等教育》，第1章《概述》，商务印书馆1948年版，第516页。
  ③ 《国立大学教职员任用及薪俸规程》（1917年5月），教育杂志社编：《教育法令选》（下），商务印书馆1925年版，第88—93页。
  ④ 《本校教员待遇章程》，载《西北联大校刊》第6期，1938年12月1日，第16、17页。

表2　西北联大教授薪俸等级表

职　别	1	2	3	4	5	6	7	8
教　授	440	420	400	380	360	340	320	300

由上可以看出，西北联大的教授薪俸待遇最高级尽管比国民政府规定的要低一些，但与同校的职员相比整体还是要高得多，如西北联大书记员之薪俸最高为50元，最低为20元（详细见表3），教授最高一级的月薪为书记员最高一级的8.8倍，教授最低一级的月薪是书记员最低一级的15倍，而教授最高一级的月薪则是书记员最低一级的22倍。因此可以说，西北联大教授的待遇相较而言是优厚的，这种相对优厚的待遇，为联大教授自由从事学术研究提供了可靠的物质基础与保障。当然，也说明西北联大尊重"一线"教师、尊重教授的做法与理念。之外，对于教授同时兼任行政职务者，联大在待遇方面又有一些相关规定，如："教授或副教授如同时兼任院长、系主任或其他职务时，得额外增加薪俸20元。"

表3　西北联大书记员薪俸等级表[①]

职　务	1	2	3	4	5	6	7	8	9	10	11
书　记	50	47	44	41	38	35	32	29	26	23	20

除过正常的月薪外，联大部分教授还有一些非工资性收入与奖金。如，为了"坚定专科以上学校教员终身从事作育人才与兴学术研究之决心"，1942年冬，国民政府教育部根据全国学术审议委员会常务委员第九次会议精神，并呈请行政院转拨专科以上学校"久任教员奖金"，规定："（一）凡专科以上学校教员服务满20年以上者，每人年给奖金3000元；（二）服务满10年以上者，年给奖金1500元。"[②] 此笔奖金1943年教育部共拨款200万元，并要求在1943年春节前遵照规定发放到

[①] 《本校职员待遇规程》，载《西北联大校刊》第3期，1938年10月15日，第14页。

[②] "教育部"教育年鉴编纂委员会编：《第二次中国教育年鉴》，第5编《高等教育》，第1章《概述》，商务印书馆1948年版，第518页。

人，同时还要求1944年、1945年两年度均照旧发给。① 照此规定，1944年西北大学的杨永芳、高文源、王耀东等教授连续任教满10年，马师儒、陆懋德、许兴凯、谭文炳等教授连续任教满15年，1945年化学系主任张贻侗教授连续任教满25年，按照教育部规定，这些教授领到了相应奖金数额，教育部并特别发给张贻侗教授一等奖奖金5万元。② 以示激励。除此之外，1942年11月，国民政府教育部颁布《设置专科以上学校教员奖助金办法》，其主旨在于"奖励服务有成绩之专科以上学校教员研究著述，并减轻其战时生活之困难"，按照此规定，教授编著大学用书、译著，在学术期刊上发表论文以及撰写相关有价值之研究报告等，都可获得一定数额奖助金。当然，毋庸讳言，由于抗战时期国家财政极度困难，大学教授的薪俸与相关奖助金不一定完全能够兑现，如1938年教育部训令，抗战期间教师薪俸按照7折发放，加之物价腾张，教授生活水平也不尽如人意。但是，总体而言还是要比一般公务员及工农阶层要高、要好。

住房待遇方面，联大教授在平津时，"起居饮食之安逸，尤为一般学校所注意"，联大组建后，教授们来到当时尚显苦寒的西北后，由于环境条件所限及设备简陋，住房条件自然不比优裕的平津，但是"学校当局总力求完善"，为此做了大量细致、艰苦的工作。如，在西安联大时期，学校即以在第一、二、三院仅有空房，辟为宿舍，供教职员工住宿，"至于内部设备自应愈谋完全，电灯亦即设法装备，以冀乱离生活中教职员工同人稍得安慰藉云"③。联大南迁汉中后，条件比西安更为艰苦，住房也更加紧张，在此情况下，学校"尽量使薪俸较少之教职员住校"，并将空房编列号码，"用抽签法分配之"。但考虑实际工作需要，学校又特

---

① "教育部"教育年鉴编纂委员会编：《第二次中国教育年鉴》，第5编《高等教育》，第1章《概述》，商务印书馆1948年版，第518—519页。

② 西北大学校史委员会编，李永森、姚远主编：《西北大学史稿（1902—1949）》（修订版）上卷，西北大学出版社2002年版，第310页。

③ 《教职员住宿将定办法》，载《西安临大校刊》第11期，1938年2月28日，第7页。

许导师会常务委员或各学院主任导师愿住校者，可以住校①。而导师会常务委员或各学院主任导师又绝大部分为教授，故可以看出，在当时极为困难的情况下，学校还是尽量照顾教授住房。医疗、就医方面，学校在有限的条件下，尽可能为教师提供便利与基本保障，学校专门设有校医室，负责师生的身体体检、疾病预防、疾病治疗等事项，教授除享受正常的医疗、就医待遇外，联大还尽量使其亲属享受优待。如，联大第48次常务委员会议决议，"凡属本校教职员直系亲属（如父母、妻子等）来校就医者，得享受本校医药优待"②。再比如，联大南迁汉中后，1939年4月，学校鉴于法商学院距离联大本部较远，教师、学生就医往返殊为不便，故增设法商学院诊疗分所，规定每星期二、四、六下午3时至5时为诊疗时间，工作时间自1939年4月20日开始③。此举可谓急教师所急，想教师所想。

　　西北联大教授除享有较为优裕的待遇外④，学校也制定了相应的管理与考核机制。比如，教授、副教授等的晋级问题，学校规定：教授、副教授任职满两年以上，卓有成绩者，方得晋级，每次以进一级为限；并明确要求教授、副教授、讲师、助教等，均不得兼任校外有给职务⑤。之外，为了保证教学质量，学校对教授授课时数有明确规定。如，1939年年底，西北大学要求教授、副教授，每周授课时数为10小时至12小时⑥。对于教授同时担任行政职务者，学校对其授课时数也制定了具体而详细的规定。如，联大第40次常务委员会议决议：教授兼任系主任

---

① 《教职员住校办法》，载《西北联大校刊》第6期，1938年12月1日，第17—18页。

② 《教职员亲属就医之规定》，载《西北联大校刊》第6期，1938年12月1日，第18页。

③ 《校医室增设法商学院诊疗分所》，载《西北联大校刊》第15期，1939年5月1日，第6页。

④ 这里要特别指出的是，由于处在抗战时期，国家困难，故联大教授的工资与薪水往往是七折发放，甚至更少。这里说的只是个大体状况。

⑤ 《本校教员待遇章程》，载《西北联大校刊》第6期，1938年12月1日，第17页。

⑥ 西北大学校史委员会编，李永森、姚远主编：《西北大学史稿（1902—1949）》（修订版）上卷，西北大学出版社2002年版，第308页。

者，任课时数为 8 至 9 小时；教授兼任院长或秘书、教务、训导各处主任或研究所主任者，任课时数为 6 至 7 小时；教授兼任系主任再兼任院长或处主任者，任课时数为 5 至 6 小时；教授兼任性质相同之两系主任者，任课时数为 7 至 8 小时，再兼任院长或处所主任者，任课时数为 4 至 5 小时。院长或系主任由常委自兼者，可以不任课。① 联大还根据国民政府教育部 1938 年 1 月 3 日颁发的《中等以上学校导师制纲要》② 精神，对本校教授指导本科生做出具体规定，实施细则指出："本大学学生，按照系别年级分组，每年级依照学生人数多寡，酌分为一组或二、三组。"而"每组设导师一人，由学校聘请教授担任"。要求"各组导师对于本组学生之性行、思想、学业及身体状况分别考查"，"并于每学期终出具报告一次"，还要求"各组导师随时接见本组学生施以个别训导外，每月并得召集本组学生举行谈话会、讨论会，或远足会作团体之训导"，等等。③ 另外，为了保证教学秩序有条不紊，1937 年 12 月 15 日，西安临大第 12 次常委会议还制定通过了《本校教员请假规则》（以下简称《规则》），《规则》第一条即指出："本大学教员（包括教授、讲师、助教等）因病因事请假，须先期通知注册组，并由注册组通告学生周知。"同时指出："教员因事请假不得连续逾两星期，并不得合计每月逾两星期，其因病或特殊事件请假者，不在此限，但于假满回校后，均须将所缺钟点补授。"对于"教员请假除亲丧重病或生产外，逾一月以上者得停止其薪金，其所任课目得由本大学另聘他人担任之。"由此可知，联大对于教师的请假制度是比较严格的，但同时又体现出人性化的管理。

四、西北联大学人的学科分布、课程建设与教学情况

西北联大的 146 位教授中（一位信息不详，实际按 145 位计算），学科的总体分布情况为：中国语言文学 6 人，占总人数的 4.1%；外国语言

---

① 《处主任、院长、系主任任课规定》，载《西北联大校刊》第 2 期，1938 年 10 月 1 日，第 8 页。
② 《教育部训令：中等以上学校导师制纲要》，载《西北联大校刊》第 1 期，1938 年 8 月 15 日，第 1—3 页。
③ 《本校导师制施行细则》，载《西北联大校刊》第 8 期，1939 年 1 月 1 日，第 14—25 页。

文学4人，占总人数的2.7%；历史学10人，占总人数的6.9%；哲学4人，占总人数的2.7%；政治学1人，占总人数的1.0%；经济学8人，占总人数的5.5%；法学11人，占总人数的7.6%；教育学、心理学13人，占总人数的9.0%；家政学3人，占总人数的2.1%；体育学7人，占总人数的4.8%；数学6人，占总人数的4.1%；物理学6人，占总人数的4.1%；化学7人，占总人数的4.8%；生物学8人，占总人数的5.5%；地质地理学5人，占总人数的3.4%；工程技术22人，占总人数的15.2%；农学13人，占总人数的9.0%；医学11人，占总人数的7.6%。从以上统计可以看出：第一，西北联大的学科设置逻辑严密而周全，几乎涵盖了现代大学教育的所有领域与专业，而这些专家、学者又为日后西北地区高等教育体系的进一步发展与完善做了最初的贡献与努力；第二，上述学科中，除过中国传统的学科如历史、文学、哲学外，一批新兴的学科开始在西北地区建立并不断成熟起来，诸如教育学、心理学、社会学、政治学、经济学、医学、生物学、地质地理学、化学、物理学、工程技术等，其中一些学科成为日后西北地区高校的一个学术特点，如一些学者指出的："如今，西北诸高校的强势学科——地质学、生物学、考古学、历史学、民族教育，就是在抗日战争时期奠定基础的。"[①] 第三，从大的学科如文科与理工科划分而言，文科如历史、文学、哲学、经济学、法学、教育学等占到联大学科总比重的43.8%，而理工科如数学、医学、生物学、地质地理学、化学、物理学、工程技术等占到53.4%，这一方面说明西北联大注意学科的平衡发展，兼顾文理；一方面说明民国以来国家对理工科教育的重视与强调，并且培养与造就了一批各领域的专家、学者；同时，也说明西北联大的学科设置与布局，国民政府充分考虑了国家工业化战略及西部开发战略的实施。

西北联大学人群体尽管分布于不同的学科与专业，但他们在联大创办的过程中始终都十分关注与重视各学科的课程建设问题，因为课程的建设不仅关系各学科的未来与发展，而且涉及联大培养人才的模式、方向与目标。1938年10月，西北联大重申国民政府教育部"若干大学，

[①] 张岂之：《西北联大与开发西北：中国高教史上的重要篇章》，2012年10月15日《中国社会科学报》，第8版。

分系过早，各系所设专门科目，又或流于烦琐，一般学生缺乏良好之基本训练，所得知识难免支离破碎，不能融会一科学术之要旨，亦非培养高深学术人才之道"①的精神，力图对联大的课程进行认真厘定与建设。1939年4月，联大师范学院同仁在对国民政府教育部拟定师范学院教育系课程的意见中，明确表示："课程之良否以其能否达教育目标为断，教育目标之良否，以其能否针对社会需要为衡，故评论课程，必先研究其目标。"②从联大各院系的课程建设来看，其总体"目标"为既注重文理兼通的"通才"人才的培养，又重视各学科专门高深人才的养成。以师范学院为例，在课程的设置上就颇能说明文理兼通的问题，如国文系、英语系、教育系、史地系、算学系、理化系、考古系、公民训育系及师范学院所属全部系科，均将"中国文化史"与"西洋文化史"作为共同必修课；而文科系如国文系、教育系、英语系、史地系、公民训育系等均将物理、化学、人类学、生物学等作为必修课，要求学生必须任选一门，学分为3；理科系如算学系、理化系等均将政治学、经济学、社会学、法学通论定为共同必修课，学生必须任选一门，学分为3；而考古、博物系的课程设置则本身就是"文""理"各半。③在高深人才的养成方面，联大在课程的建设与设置过程中也有非常明确的目标。如，李蒸认为师范教育的目标及其使命"实不限于课室教学"，更要"致力于民族文化之发扬"④。再比如，联大国文系主任黎锦熙与钱玄同在共同拟定的师范大学国文系科目表及说明书中，开门见山地指出培养学生的目标为："用历史的态度与科学的方法研习中国古今语言文字，各体文学作品，及

---

① 《颁布文理法三学院共同必修科目训令二》，载《西北联大校刊》第3期，1938年10月15日，第4页。
② 《对于教育部拟定师范学院教育系课程之意见——西北联大师范学院教育系同人》，载《西北联大校刊》第14期，1939年4月15日，第36页。
③ 《饬令本校师范学院遵照全国高级师范教育会议决议案分别办理训令》，载《西北联大校刊》第8期，1939年1月1日，第19—27页。
④ 李蒸：《本院的使命与校风》，李溪桥主编：《李蒸纪念文集》，中国社会科学出版社1996年版，第190页。

各家著述，以解决今后国文的新趋向之能力。"① 他们在说明书中除了指出国文系在课程建设的过程中要加强学生的基础知识外，还特别强调专门高深知识的培养，如在"学术思想"中尤其注重"中国学术思想之全部演进史"的课程建设，在"书目举要"中强调群经、诸子百家、历代史籍及"随时介绍并批评现代关于本国文学及国故之重要论文作品等"。在"专书研究"中，要求就"某种专书特设讲座，然后选修"，等等。

联大学人的教学由于处在抗战时期的特殊环境，不仅与教学相关的图书与设备甚为简陋，就连教室和教师办公室均利用原有旧房改造而成，一切皆为临时应急需要，没有长远的规划。但这种艰苦的条件丝毫没有影响联大学人勤奋、严谨的教学态度与作风。如，历史系的同学，多年后仍然忘不了系主任陆懋德当年上课的情景："老先生讲起课来，轻松幽默"，"上课时，先写上满满一黑板，这一黑板，刚好讲到下课吗，不多不少。"由于陆懋德讲课方法独到、有趣，加之史学造诣精深，"他的课程，从无人缺席或偷懒"。许兴凯教授讲授日本史，"真是妙趣横生，令人绝倒"！联大同学无人不知，历史系同学印象尤深，后来同学们回忆说：如有人有睡意，来听许教授的课，"包你提神醒脑，睡意全消"。历史系的另一位教授黄文弼，虽然"一身中山装，不知穿了多少年，两袖发亮，肘下裂缝"，但一上课"从来不说闲话，讲授材料之丰富，治学态度的严谨缜密，令人由衷敬佩"。

讲授中国近代史的陈恭禄教授，上课"描述满清官僚之愚昧，有声有色"②。法商学院经济学教授季陶达，主讲经济思想史与货币银行学，对所讲内容熟记于心，倒背如流，"他上课甚少带讲义课本，像是一架活动留声机"，而"同学们无不埋首伏案，手不停息地振笔疾书"。商学系主任孙宗钰教授，讲授会计学，以美国原著为教本，遇到艰涩难懂的地

---

① 《国立北平师范大学文学院院长、国立西北联合大学国文系主任黎锦熙，国立北平师范大学国文系主任钱玄同拟：师范大学国文系科目表及说明书》，载《西北联大校刊》第1期，1938年8月15日，第40—48页。

② 向玉梅：《怀城固，念西大，怀师长》，《国立西北大学建校三十周年纪念刊》，国立西北大学校友会，1969年，第49—50页。

方，书之黑板，直到学生彻底了解①。社会学教授王守礼，"由于他的特殊风格与雄辩式的授课方式"给同学们留下了极为深刻的印象②。药理学教授徐佐夏，"博学善教，讲词平实纯美，令人有亲切之感，深入浅出，引人入胜；偶然加几句笑话，更能提神解颐"③。地质地理系教授殷祖英，世代书香，先后在西安临大、西北联大、西北大学执教，教书育人"诲人不倦，使人有如坐春风之感"，多年后学生回忆起来仍感"永矢难忘，萦绕于怀"④。由上可以看出，尽管联大学人讲课风格各异，但他们对教学工作认真、执着及敬业的精神，足以令后人敬仰！

之外，在教学方法上，联大学人因地制宜，想方设法在艰苦环境中注重实验、实习课程，强调理论与实践的结合，以印证教学之理论与培养学生实验研究之能力。如，1937年12月12日，工学院纺织工程系全体教授率领该系一、二、三、四各年级，到西安大华纺织厂参观，了解该厂筹备及实施状况⑤；1938年1月10日，矿冶系主任魏寿昆教授带领该系同学十余人，前往安康金矿区调查研究⑥；1938年1月24日，畜牧学教授李正谊率领农学系畜牧组同学，前往西安南关外小雁塔东西京牧场参观，了解该厂经营状况及经营方针⑦；1938年1月，工学院在院长李书田教授的多方努力与奔走之下，向陕西省借用了大量实验设备与仪器，以供教学所用。如：借用陕西省工业实验所矿物标本，以为矿物学

---

① 张鸿春：《忆城固师友》，《国立西北大学建校三十周年纪念刊》，国立西北大学校友会，1969年，第60—61页。

② 赵毅：《忆恩师》，《国立西北大学建校三十周年纪念刊》，国立西北大学校友会，1969年，第63页。

③ 史志超：《医学院琐忆》，《国立西北大学建校三十周年纪念刊》，国立西北大学校友会，1969年，第21页。

④ 于书绅：《怀念恩师殷伯西先生》，《国立西北大学建校三十周年纪念刊》，国立西北大学校友会，1969年，第65页。

⑤ 《纺织工程学系参观大华纱厂》，载《西安临大校刊》第5期，1938年1月17日，第2页。

⑥ 《魏寿昆教授带领学生前往安康》，载《西安临大校刊》第5期，1938年1月17日，第2页。

⑦ 《农学系畜牧组同学参观西京牧场》，载《西安临大校刊》第8期，1938年2月7日，第6页。

实习所用；借用陕西省机器局木工、铸工、锻工、金工、钳工各厂，以为机械制造实习之需；向陕西省水利局索赠旧长途汽车一辆，向陕西省公路管理局借用旧载重车5辆、旧坐车三辆，以为训练汽车拆装、修理所用；向交通部陕西省电政管理局借用有线电话器材若干种，以为训练有线电话安装修理运用之需，等等①；1939年6月，家政系学人为了加强理论与实践相结合，特筹设儿童保育实验室，招收本校同人子女2—4岁儿童接受幼稚教育。②另外，在城固时期，化学系教授刘拓在教学之余做了大量实践性探索。比如，他发现陕南构树纤维很长，可以制纸，于是派学生收集原料、标本，分离粗皮，经蒸煮后制成白纸，并将制造过程撰写成学术论文，发表于美国《化学工程》杂志。化学系同学还在朱有宣教授的指导下，进行各种实验，以裂化桐油制造汽油，"贡献抗战胜利的意义实在不能使人忘记！"③等等。

五、本文结语

总之，通过以上对西北联大学人的整体考察，大体可以折射出民国及抗战时期大学教师的一些共同特征：他（她）们学养深厚、融汇古今、贯通中西，为学为人勤奋、严谨，教学方法注重理论与实践的结合；在民族危难之际普遍表现出强烈的爱国主义精神与民族主义情怀，并自觉将学术研究与民族复兴、国家发展前途等重大问题紧密结合；对西北联大学人待遇、管理及考核机制的考察，又大体折射出民国时期大学教师待遇与管理的一些特点，其中最为明显的是尊师重教与名器不予轻授，后者表现为教授任职资格与获取的严格限制，前者表现为教授待遇的相对优裕及薪俸级别标准的确定，而教授待遇的优裕与严格的资格认定，又使得大量优秀杰出人才聚集于大专院校与科研院所，这些机制反过来又促进了全社会尊师重教与崇尚知识良好氛围的养成。

---

① 《工学院实验实习设备之筹办》，载《西安临大校刊》第6期，1938年1月24日，第6页。

② 《本校家政系筹设儿童保育实验室》，载《西北联大校刊》第18期，1939年6月15日，第17—18页。

③ 田岁成：《母校实验室的光和热》，国立西北大学校友会，1969年，第60—61页。

文化教育关系着国家与民族命脉，其间高等院校在培育与养成大批优秀人才的过程中，担负着重要且不可推卸的历史责任。因此，认真总结包括西北联大在内的民国时期高等教育的特点与得失，对于我们现时代创新高校人才培养机制，促进高等院校发展，有着重要意义！

西北联大学人群体部分照片

中国现代师范教育的奠基者李蒸

李蒸（1895—1975），字云亭，河北省唐山市古冶区王辇庄人，中国近代教育史上最有影响的教育家之一，中国师范教育的奠基人，著名爱国民主人士。早年留美，进入纽约哥伦比亚大学师范学院，主修乡村教育。1927年，获哥伦比亚大学哲学博士学位后回国。回国后，他先后在北京大学、北平大学、北平师范大学、南京中央大学等校任教，并担任过国民政府教育部社会教育司司长等职。1932年，李蒸出任北平师范大学校长。1937年7月7日卢沟桥事变后，北京师范大学与北平大学、北洋工学院及北平研究院迁至西安，组成国立西安临时大学—国立西北联合大学，李蒸先生先后任国立西安临时大学—国立西北联合大学常委、国立西北师范学院院长十余年。李蒸先生在大西北艰苦的生活条件下，始终抱着乐观豁达的态度竭尽全力地为青年人创造良好的学习环境，他不仅教授学生必要的知识，更注重培养学生的高尚品德，培养学生献身教育、报效祖国的伟大情操，在他的培养下，出现了一大批遍布国内外的教育界栋梁，他们遍布海内外。1949年后，李蒸为全国政协委员会委员兼文教组副组长、国民党革命委员会中央委员、团结委员等职。

一、出长师大　危难之际西迁陕甘

李 蒸

　　1927年，李蒸自美国学成归国后，先后在北京大学、北平大学、北平师范大学、南京中央大学等校任教，还出任过北平大学区扩充教育处处长。1929年，又任南京大学区民众教育院主任，之后又被聘任为江苏无锡民众教育院教授暨试验部主任。在这里，李蒸将自己在美国所学的知识与实际工作紧密结合，表现了一个开拓者的热情①。并且在民众教育院工作期间，李蒸还编写出一套较系统的教材，阐释自己对民众教育的理论与实践的设想，此教材对我国早期推广民众教育工作起到了引导性作用。

　　1929年6月，国民政府宣布大学区停止试行，教育部发布命令恢复原来的北京大学，北平大学的第一师范学院恢复为北平师范大学。北平师范大学独立后，校长人选暂时悬而未决，校务暂时由评议会主持。1930年2月17日，国民政府教育部委任李煜瀛（石曾）为校长，但是，李煜瀛先生始终未到校。故，教育部任命李蒸为代理校长，并于1930年2月26日到校实际主持校务。2月28日上午，师大召开了李蒸校长就职大会，在就职大会的演讲中，李蒸首先谈了自己的心情，他说："今天到母校后，有许多感触。但今天不是说感触的日子，是快乐的日子，好像是出阁的姑娘回到娘家来，同叔伯兄弟姊妹再见面一样快乐。"他提出对师大的期望是"普及教育，阐扬文化"。并讲到自己回师大的目的或要达到的目标有二："（一）为学校谋发展；（二）为同学谋求学的便利。"② 1930年11月14日，李蒸在北京师范大学成立28周年纪念日（1932年起校庆日改为12月17日）的庆祝大会上发表了讲话，就师范大学如何办谈了自己的看法与认识，他指出："本校是特殊大学，与其他

---

① 李溪桥主编：《李蒸纪念文集》，中国社会科学出版社1996年版，第14页。
② 国立北平师范大学：《北平师大校务临时汇刊》第1期，1930年3月。

大学不同，其目标有二：（一）培养优良师资，特别是中等学校师资；（二）研究高深学术，特别是教育学术，及其他学术之教育方面。此为本校师生努力之标准。"① 李蒸原打算代理校长到该年度暑假，但是由于李煜瀛一直未到校，故他代理校务直到1930年12月20日。之后，李蒸被任命为国民政府教育部社会教育司司长一职。1932年，国民政府教育部发布第5066号令"派李蒸为国立北平师范大学校长，业经行政会议通过，仰即先行到校视事。"② 于是，李蒸于1932年7月15日正式出任北平师范大学校长。

李蒸出任北平师范大学校长后，所做的第一件事情，就是于就职当日分别拜访教务长兼生物系主任李顺卿、教育学院院长兼研究院教育科学门主任及教育系主任李建勋、文学院院长兼研究院副院长黎锦熙、理学院院长兼化学系主任刘拓、研究院历史门主任兼国文系主任钱

李蒸签发的国立北平师范大学毕业证书

玄同等教授，敦请复职，他们被李蒸的热情所打动，均遂一律"勉允所请"，于7月18日到校复职。之后，李蒸还在学校成立了"校务整理委员会"。9月12日，学校举行了开学典礼，李蒸发表了其正式担任校长后的第一次公开演讲。他认为："盖教育专业，必须长期充分之训练，始有教人技术，与教人人格，及以教育为职业之志愿。"并指出师范大学或师范教育的特性是："师范两字，与大学两字，应兼筹并顾，不使割裂，而充分表现师范大学四字整个之特性。"并就师范大学的目的再次做了强调："（1）造就中等学校良好师资；（2）造就教育行政人才；（3）培养教育学术专家。"当然，李蒸就任北师大校长之时，同时也是国内局势混

---

① 国立北平师范大学：《北平师大校务临时汇刊》第11期，1930年11月。
② 国立北平师范大学：《北平师大校务汇报》第13期，1932年7月。

乱、办学举步维艰之时，他上任后不久国民政府教育部便以让师大整顿为借口，责令师大"停止招生"，改变制度予以取消。原因是：一为当时有人主张各大学既设有教育学院，或教育系，师范无单设大学之必要，似师大于学制为骈枝；一为"近年以来，（师大）学风败坏，物质享乐，自由放任，殆成风尚，师大传统优良之学风，遂亦不免逐渐消失"。并且"学生动辄辍学，此又进展上之大阻碍也"。在此危难之际，为了争取师生的生存，李蒸先生当即致电教育部并另具呈文，竭尽全力，奔走呼吁，在《本校校长为本年度停止招生事呈教育部文》中，李蒸指出："当此国难期间，教育救国，为刻不容缓之图，培养师资，尤为教育根本，不可一日中断。"[1] 在李蒸的积极努力与奔走之下，终使停办师大的提案未能通过。在短短几年内，李蒸与全体师生共同努力，把北师大办成了闻名全国的一流学府，有力地驳斥了取消师范院校的谬论，其功劳是不可抹杀的。

在李蒸的带领下，抗战前的北师大在各方面有了长足发展，盖起了设备良好的丁字楼宿舍，增建了化学实验室、物理电瓶室、生物研究室并装置了无线电放送设备等，还计划盖校友楼和大礼堂等建筑。据1936年12月统计，北师大历届毕业生在教育界服务者占全国教育界总人数的87.72%。[2] 他们表现良好，深受所在单位欢迎，对全国教育事业做出了贡献。师大的各项事业正在蓬勃发展之际，灾难来临了，1937年7月7日，抗日战争全面爆发了。抗战全面爆发后，日本即全力破坏中国的文化教育机构，企图根绝中国复兴之希望。据统计，1937年10月，仅在上海地区，即有14所大学、27所中学、44所小学及其他文化教育机构部分或全部被毁。[3] 截至1938年8月6日，全国共损失图书馆2166所，图

---

[1] 国立北平师范大学：《北平师大校务汇报》第13期，1932年8月20日。
[2] 李溪桥主编：《李蒸纪念文集》，中国社会科学出版社1996年版，第23页。
[3] 《"八一三"后上海教育文化机关遭受日军破坏情形调查统计表》（1937年10月21日），中国第二历史档案馆编：《中华民国史档案资料汇编》第5辑第2编《教育》（1），江苏古籍出版社1997年版，第363—366页。

书损失至少8664000册之巨。①而收藏最富、善本书最多之上海商务印书馆所属东方图书馆，被炸焚毁，损失惨重。②京津地区为中国文化重地，同样是日军破坏之重点区域，各大学损失惨重。如1937年7月29日，日军对天津实行了持续四小时的大轰炸，南开大学就是主要目标。抗战爆发后的一年中，全国108所专科以上学校，有91所受到日军破坏，其中25所破坏严重被迫停办。③

鉴于日本欲毁我文化教育命脉的用心，1937年8月11日，国民政府颁布了《总动员时督导教育工作办法纲领》，明确指出："战争发生时，全国各地学校暨其他文化机关，务必镇静，以就地维持课务为原则。"并要求"比较安全区域内之学校，尽可能范围内，设法扩充容量，收容战区学生"，特别指出"为安定全国教育工作起见，中央及各省市教育经费在战时仍应照常发给"④。同年8月19日，教育部制定《战区内学校处置办法》，密令电达各地，要求战区学校"于战事发生或迫近时，量予迁移。其方式得以各校为单位，或混合各校各年级学生统筹支配暂时归并，或暂时附设于他校"，并"于其辖境内或辖境外比较安全之地区，择定若干原有学校，即速尽量扩充或布置简单临时校舍，以为必要时收容战区学生授课之用，不得延误"⑤。此后，因中日战争的长期性无可避免，国民政府教育部拟定了全国高校的初步迁移整理方案，并于9月10

---

① 夏颂明：《抗战一年来图书馆损失》（1938年8月6日），中国第二历史档案馆编：《中华民国史档案资料汇编》第5辑第2编《教育》（1），江苏古籍出版社1997年版，第367—368页。

② 朱伯康、施正康：《中国经济史》（下卷），复旦大学出版社2005年版，第627页。

③ 参见方光华、梁严冰《抗战前后国民政府的西北建设战略》，载《南开学报》2014年第3期；梁严冰：《西北联大的组建与分置》，载2012年10月14日《光明日报》第7版；梁严冰：《西北联大与抗战时期的西北战略》，载《西北大学学报》2012年第5期。

④ 《行政院核发〈总动员时督导教育工作办法纲领〉的指令》（1937年8月11日），中国第二历史档案馆编：《中华民国史档案资料汇编》第5辑第2编《教育》（1），江苏古籍出版社1997年版，第1—2页。

⑤ 《教育部检发〈战区内学校处置办法〉的密令》（1937年8月19日），中国第二历史档案馆编：《中华民国史档案资料汇编》第5辑第2编《教育》（1），江苏古籍出版社1997年版，第2—3页。

日以部 16696 号令下达：令以国立北平大学、国立北平师范大学、国立北洋工学院、北平研究院等院校为基础合组西安临时大学，迁设西安。①

李蒸获悉组建西安临时大学的消息后，便经青岛、济南到南京，向教育部接洽，然后会同北平大学校长许诵明及教育部特派员——新任命的西安临时大学常委——陈剑脩等，同车经徐州转往西安，进行西安临时大学的组建工作。在大家的共同努力下，10月18日，西安临时大学正式成立，11月15日，开始上课。当时全校设文理、法商、教育、工、农、医6大学院、23系，共有学生1472人，其中311人为在西安两次招收之新生，余皆为三院校原有学生或他校旧生转学而来。西安临时大学的成立，正如临大校刊发刊词所言："临大和平大、师大、北洋极有历史之三院校，经过不少之曲折历程，始在西北重镇宣告成立，在教育史上实一创举。"②

西安临时大学成立后，尽管条件艰苦又处在战时，但师生员工"勠力同心，艰危共济，尽瘁此临时教育事业"。学校筹备伊始，李蒸等主持校常务委员会议即决定延长学期，除1938年元旦停课一日外，即使所有年假寒假，均不放假，而积极投身于开展教学、科研活动。但是，随着战事的扩大，尤其是太原失守后，西安东大门告急。据回忆，当时"敌机无日不骚扰，动辄一日三次警报，确实上不成课了"③。在此情况下，国民政府命西安临大再迁汉中。教育部在拟定的《平津沪战区专科以上学校整理方案》中明确指示："国立北平大学、国立北平师范大学及国立北洋工学院，原联合组成西安临时大学，现为发展西北高等教育，提高边省文化起见，拟令该校各院逐渐向西北陕甘一带移布，并改称国立西北联合大学，院系仍旧。其经费支配及调用教授办法，悉仿国立西南

---

① 《西北大学大事记》编委会编，赵弘毅、程玲华主编：《西北大学大事记》，西北大学出版社1999年版，第43页。

② 陈剑脩：《西安临大校刊·发刊词》，西安临时大学出版组：《西安临大校刊》第1期，1937年12月20日。

③ 赵慈庚：《西安临大南迁琐记》，李溪桥主编：《李蒸纪念文集》，中国社会科学出版社1996年版，第255页。

联合大学办理。"① 照此指示，1938年3月，西安临时大学迁往陕南，4月，教育部令改名为国立西北联合大学。②

在西安临大南迁之前，李蒸和其他常委为此次搬迁制订了周密而细致的计划，大部分师生均按照军训编制行军，全校编为一个大队、三个中队、若干区队和分队，李蒸担任行军参谋团主席团成员。教职员编为独立区队，由李蒸和许诵明常委率领，随一中队出发。每个中队携带两天给养，早晚集体开火，中午每人自带烧饼和咸菜，李蒸等常委与大家同甘共苦，不避风雨，极为艰苦，由宝鸡到汉中全程250公里，共分10个站段，途经大湾铺、秦岭地段、黄牛铺、草凉驿、古凤州、双石铺、南星镇、庙台子、留坝、马道等地，其中包括有名的"穷八站"。但是，他没有被困难吓倒，始终精神昂扬，在崎岖的古道上时而高唱抗战歌曲，时而攀缘小道穿行在峡谷之中，遭遇了大雨滂沱、雷鸣电闪。即使这样，每天只要一出发，大队伍便唱起抗战歌曲，《义勇军进行曲》每天不只要唱上好几遍，其他像"枪在我们的肩膀，血在我们的胸膛……""大刀向鬼子们的头上砍去……""工农兵学商，一起来救亡……"等等③都是大家经常唱的歌曲，歌声震撼着几无人烟的山峦。就这样，1938年3月底，西安临时大学全体师生到达汉中城固县。

到汉中后，李蒸等负责人又为西北联大教学的正常开展不辞辛劳，颇费了一番苦心。

1938年5月2日，学校正式开学。校本部及文理学院、法商学院、工学院设在城固，医学院设在南郑，农学院设在勉县，同年7月，改筹备委员会为校务委员会，李蒸仍然担任国立西北联合大学常委。

二、翻车沟壑　艰难缔造西北师范教育

西安临时大学更名为西北联合大学后，李蒸担任西北联大师范学院

---

① 《教育部拟定之平津沪战区专科以上学校整理方案》（1937年），中国第二历史档案馆编：《中华民国史档案资料汇编》第5辑第2编《教育》（1），江苏古籍出版社1997年版，第11页。
② "教育部"教育年鉴编纂委员会编：《第二次中国教育年鉴》第5编《高等教育》，商务印书馆1948年版，第602页。
③ 李溪桥主编：《李蒸纪念文集》，中国社会科学出版社1996年版，第258页。

院长，1939年8月，西北联大又奉命改组，师范学院独立，更名为国立西北师范学院。李蒸先生被任命为第一任院长。1940年4月，西北师范学院奉命迁往兰州。

当然，这里有一问题值得我们高度关注，那就是国民政府为什么要成立国立西北师范学院？并要求迁往兰州呢？或者讲对于西安临时大学南迁及国立西北联合大学组建后，从母体中要分离出国立五院校，且要独立设置呢？对此，在当时及现在人们有不同的看法与认识。比如，《西北师大校史》在其中谈到西安临大南迁时讲："组成西安临时大学的三校师生来自北平，大都经历过'一二·九'运动的洗礼，延安对西安的影响也与日俱增，部分学生为了抗战投奔延安。因此，1938年3月，国民党利用'潼关吃紧''西安告急'的气氛，强令学校再次迁往陕南汉中一带。"①《西北大学校史稿》中所讲大体如此，并在谈到西北联大时说，三院校"矛盾重重"，"各院校之间门户之见，派系之争，闹独立性者是常有之事"。而北洋工学院院长李书田"一心致力于恢复北洋大学……分离之心早已有之"。②《北洋大学—天津大学校史》在谈到临大南迁改名国立西北联合大学时讲："一些学生通过八路军西安办事处，奔往延安。"③ 除此之外，一些学者认为："在整个抗战期间，以'联合'为名的大学为数不少，但大多数联而不合，不到几年便不欢而散了，只有北大、清华、南开组成的西南联大，能够维持九年之久。"④ 其"大多数"及"不欢而散"虽然没有明讲，但显然暗含有西北联大。另外，美国学者易社强也认为："作为一所联合大学，西南联大与战时由华北另几所高校组成的国立西北联合大学（西北联大）不无相似之处。不幸的

---

① 《西北师大校史》编写组：《西北师大校史（1902—2002）》，甘肃人民出版社2002年版，第38—39页。

② 西北大学校史委员会编，李永森、姚远主编：《西北大学史稿（1902—1949）》（修订版）上卷，西北大学出版社2002年版，第219页。

③ 《北洋大学—天津大学校史》编写组：《北洋大学—天津大学校史（1895.10—1949.1）》第1卷，天津大学出版社1995年版，第238页。

④ 谢泳：《西南联大与中国知识分子》，福建教育出版社2009年版，第18页。

是，西北联大不久就沦为私人纠葛与机构纷争的牺牲品。"① 由上可知，西安临大南迁及国立西北联合大学组建后，不久分离出国立五院校，包括国立西北师范学院独立设置并迁往兰州，其原因为"防共"和内部不团结所导致。

当然，笔者不是完全赞同以上观点，或者讲以上观点不是没有一点道理，但笔者认为不是问题的根本与关键所在。其实，临大南迁是大战略下形势所然，而西北联大分置五校为国民政府基于对西北乃至中国教育整体发展战略的布局与筹划。统而言之，均为国民政府西北后方建设战略的一种部署。因为经营西北、提升西北高等教育水平、优化高等院校的分布状况早已成为国民政府的战略构想之一。令人敬仰的是，西北联大的师生以民族大义和国家大局为重，自觉践行国家战略，在颠沛流离中完成了所有的分置和重组，最终实现了国民政府的战略构想，与西南联大不同的是，西北联大主体及其分置院校大部分得以在战后永留西北，成为西北高等教育的坚实基础。② 对此，李蒸先生无疑做出了重要贡献，成为现代西北师范教育的奠基人与领航者。

为了把学校的损失和对学生的影响降到最低限度，李蒸先生与学校各部门负责人反复磋商搬迁计划，并于1940年、1941年两次乘卡车由城固翻山越岭到兰州勘察校址。对于校址选择的条件，李蒸曾经说："我们的校舍第一个条件是不能在城内，在目前怕空袭，以后作为一个师范教育机关设在城内不甚合适。第二个条件是，不能离城太远，也不能离得太近。最好仿北平清华大学、燕京大学的方式，离城在10里到15里之间。第三个条件是，要交通方便，最低限度能通汽车和人力车。第四个条件是，必须见得到黄河，一方面为风景问题，一方面为吃水问题。万

---

① ［美］易社强：《战争与革命中的西南联大》，九州出版社2012年版，第100页。
② 相关研究参见梁严冰《西北联大与抗战时期的西北战略》，载《西北大学学报》2012年第5期；方光华、梁严冰：《抗战前后国民政府的西北建设战略》，载《南开学报》2014年第3期；梁严冰：《西北联大的组建与分置》，2012年10月14日《光明日报》第7版。

一用水发生恐慌，还可以到黄河去取水。"① 根据李蒸先生的选址条件，西北师范学院最终选择了离兰州城约七公里、离黄河约三公里的一块平地作为西北师范学院的所在地。当时的《西北日报》曾对李蒸第二次去兰州选校址做了报道："……最近该院院长李蒸，为谋在兰筹设分院，以迁移兰州期间，特于日前由城固乘车抵兰，专理此事。据李院长谈，本年度该校一年级新生决定招收200至250人……数年之后全校即可迁移兰州。"②

于是，从1941年起国立西北师范学院陆续搬迁兰州。李蒸一家则是在1942年秋由城固乘卡车前往兰州，路线是经汉中、褒城到石门后，进入山区，又经过庙台子、凤凰岭、双石铺和徽县，进入甘肃境内的丘陵地带，再过江洛镇、兴隆镇到达天水，又经过通渭、华家岭山脉、定西，抵达兰州，行程历时一周。其间险象环生，甚为艰苦，据李溪桥先生回忆，卡车穿行在崇山峻岭，行程中甚至有生命危险。据他讲：有一次大卡车不知何故突然向一侧翻倒了，车上的人和行李都被甩了出去。幸好公路旁不是陡坡，大家被这突然的危险吓呆了，母亲好像只听到我在地面哇哇的大叫声，以为弟妹和大家都受伤了，稍微清醒一点大家都从箱笼杂物的压盖下爬了出来，大家相互查看伤情，幸好都只受了一点轻伤。一同随行的张德馨教授夫人被大箱子一角击中，我的母亲血流不止，父亲虽然额头受伤，但顾不得额头上的血迹先去查看众人伤情。司机以为闯下大祸逃跑了，跑了一段又折回来，查看情况，因未见出人命，又回到车旁。父亲当时没有严厉斥责他，只对他进行了教育，因受到父亲的安慰，大家情绪逐渐稳定下来。父亲发生意外事件时，表现得镇定自若，忘却自我而去关心大家的神情，至今历历在目。后来父亲也再没有多谈及这件事情，或渲染他的险情。他认为这不过是抗战时期人人均可碰到的意外事情而已。③

---

① 《西北师院校务汇报》第27期，记录：李定权。见李溪桥主编《李蒸纪念文集》，中国社会科学出版社1996年版，第34—35页。

② 《中央拨款17万在兰兴建新校舍　李蒸来兰勘觅校址并成立筹备处》，1941年4月27日《西北日报》。

③ 李溪桥主编：《李蒸纪念文集》，中国社会科学出版社1996年版，第36页。

西北师范学院迁到兰州后,困难重重,条件艰苦。李蒸先生带领师生白手起家,利用有限的资金有步骤地建设校舍,花费了大量心血,终于使学习和生活条件不断完善。李蒸在1941年5月31日城固的一次纪念周上谈到在兰州建立国立西北师范学院的设想时,说:"该项计划校舍共250亩地,校本部150亩,其他占100亩,因为建筑永久校舍,不能盖草房,打算建两层楼的瓦房,好在兰州木料尚不太贵,建两层的洋房不大成问题。大概计划在这个草图上(出示样图)。左边建教室60间,右边仍然建60间,作为科学馆、研究所、各科系办公室等用。此外男生宿舍80间,女生宿舍64间,总办公厅40间,各处组办公室在内。教职员宿舍每五间为一院落,约若干院落,以够用为原则,其他则为卫生院、大礼堂、图书馆等。"① 这基本上为在兰州建立西北师范学院奠定了基础、设计了建设蓝图。

另外,西北师范学院迁设兰州后,从1943年9月的秋季学期起增设了好多部门,一是研究院,二是劳作专修科,三是小学教育通讯处,四是史地理化科,五是附属中学及师范部,六是乡村社会教育试验区,七是校办农场等。当然,建校之初西北师范学院也面临许多困难,为了解决吃饭问题,在新饭堂修好之前,学校让全校师生分两次吃饭,以免拥堵。在住房方面,为了让学生住得好一点,原来拟作办公的用房作为新生宿舍,以解决暂时困难。关于同学们的待遇问题,李蒸坚决执行国民政府教育部的命令,从1943年1月份起,学生的公费每月增为25元,全年共300元,制服津贴也增加到350元。② 李蒸还要求西北师范学院师生除从事教育工作外,还要担负起心理建设之使命,更应该负起西北文化建设的工作。并对师生提出如下具体要求与意见:一是无论哪门学科,应以科学的方法求得科学的知识;二是要养成革命的人格;三是实行战时的生活刻苦、勤劳、积极、奋斗,克服一切艰难困苦;四是师院的同

---

① 《西北师院校务汇报》第27期,记录:李定权。见李溪桥主编《李蒸纪念文集》,中国社会科学出版社1996年版,第36—37页。

② 李溪桥主编:《李蒸纪念文集》,中国社会科学出版社1996年版,第38页。

学进一步应该做人类的楷模与师表。①

国立西北师范学院迁设兰州后的具体情况，据李蒸先生在 1943 年 12 月 17 日学校成立 41 周年纪念会上的讲话中说："关于本院现状：四个年级有 11 个班，250 余位同学还在城固，到明年即可全部移此（指兰州——笔者注），在这里有三个年级，有十系四科，另外还特设有体育和劳作师资训练班，有学生 750 人，附属中学，大部在城固，今年在此招生三班，六年一贯制一年级，三年制初中一年级和后期师范各一班。本院全校师生约有 2500 人，教授有 2/3 是师大的老教授，虽然生活困难，及外界的引诱，仍随学校迁移跋涉，历尽艰苦，仍不离此，此为本院可以自豪的一点。"李蒸还讲："至于教学的设备、图书仪器等，可以说是寥寥，在设备上真够不上大学的标准，我们唯有以精神的力量，补充物质的不足。"② 李蒸还谈到了师大建校以来的人才培养、当时西北师院的学制及研究生培养情况，他说："我们在校同学修业的期限，原定为五年，现已缩为四年，五年级在外服务，考查成绩及格，即准予毕业，得学士学位，此外尚有研究所的同学，毕业后可以获得硕士学位，今年我们已有一位同学，毕业论文已呈请教育部批准，得到硕士学位，此在全国尚属有限。我们在此 41 年当中，毕业同学共有 5363 人。我们有 80% 在教育界服务，我们可以说站在自己的岗位上为国家服务，这 5000 余位毕业生，已将我们本院的精神带至全国各个角落。"

关于西北师范学院的迁建经费，据李蒸先生在 1944 年 9 月 25 日的

李蒸为西北师院题词——
尊严师道　继往开来

---

① 《西北师院校务汇报》第 59 期，记录：刘志读、王丕仁。见李溪桥主编《李蒸纪念文集》，中国社会科学出版社 1996 年版，第 39 页。

② 《西北师院校务汇报》第 61 期，记录：景时春、刘志读。见李溪桥主编《李蒸纪念文集》，中国社会科学出版社 1996 年版，第 40 页。

开学典礼及总理纪念周上讲：1944年春，国民政府教育部垫拨200万，8月间，教育部又垫拨200万，国民政府行政院给400万。① 为了节省费用，李蒸先生与会计处商洽想出"购料雇工自建"的办法，即由西北师院自己负责购料雇工，同时请一位工程师协同学校监工、购料，这样可以把费用降到最低。另外，学校还组织了建筑委员会，学校的建筑由建筑委员会设计，建筑委员会由汪如川、胡国钰、李建勋、张德馨、赵擎寰等教授担任常务委员，而每项经费开支都经过审计处检查。这样既能保证质量，又节省了不少经费，报销起来也容易了许多。

关于学校的组织及研究机构，李蒸认为："本院设在西北，而西北为我国文化的发源地，我们对于西北文化的研究负有特殊使命。"故"拟在师范研究所内设史地研究部，今年教育部准我们先成立史地资料研究室，研究工作即可开始。同时，教育部拨款4万元，由本院教授到河西一带考察，定会有收获"。

这样，在李蒸等学院广大教职员工的努力下，独立的国立西北师范学院在大西北、在黄河岸边的兰州郊外建立起来了。对于国立西北师范学院的使命，李蒸在为西北师院学术季刊创刊号所写的发刊词中讲，学院所负之使命有下列几项：

1. 遵照教育遵旨及其实施方针，促进中等学校教育之发展，并协助西北各省教育行政当局扩充中等学校数量及改进内容。
2. 遵照青年训练政策，实施青年训练及研究青年问题。
3. 发扬中华民族固有文化与道德，并充实其生活力。
4. 倡导尊师重教之意，建立良好学风。
5. 陶冶国民人格，奠定复兴民族之基础。
6. 倡导改良社会风气，提高社会文化水准。
7. 领导教育思想，发挥教育主张。
8. 扩充教育事业，实现教育功能。
9. 坚定抗战意志，树立建国精神。

---

① 《西北师院校务汇报》第71期，记录：景时春、刘志读。见李溪桥主编《李蒸纪念文集》，中国社会科学出版社1996年版，第42页。

10. 提倡科学教育，促进国家现代化。①

据北京大学教授、当时在西北师范学院任教的管玉珊先生回忆：抗战时期，内地的人们包括西北师院的教师，衣食住行虽然无比的困难，但精神面貌却大为不同，乐观、风趣、幽默，对抗战胜利充满了希望。而李蒸先生更是一位很有魄力，学识渊博的教育家，他为人朴实诚恳，助人为乐，对同学循循善诱，对同事、对朋友以诚相待，因此受到全校师生的爱戴。他那兢兢业业、勤勤恳恳、艰苦奋斗的精神为学校的发展起到了重要作用。②

三、兴学育人　教化一方

国立西北师范学院迁移兰州后，聘定家政系主任、原河北省立女子师范学院院长齐国樑担任兰州分院主任，兰州分院于1941年11月1日举行了开学典礼，该年在兰州等地招收新生150人。学校具体迁移办法是，从1941年起城固本院学生陆续毕业，不再招收学生，而兰州分院则每年招收新生。每毕业一批学生，就将腾出一批人员和设备，迁来兰州。1942年，西北师院本院由城固迁到兰州，城固改为分院，兰州由分院改为本院，前面已经谈到1942年李蒸也由城固迁来兰州到本院上班、工作，1944年年底全部迁校结束，城固分院随之撤销。

国立西北师范学院独立设校迁到兰州后，当时的系科设置为：有国文、史地、英语、数学、理化、公民训育、博物、教育、体育、家政十个系，有劳作、国文、史地、理化、国语、体育六个专修科，还有劳作师资、优良小教两个训练班，另有先修班一个。主要教授，除原西北联大教育学院的三个系的教授全部来兰州后，原文理学院各系教授大部分留在西北大学，一小部分教授迁来兰州，主要有：张德馨、张世勋、李恩波、严顺章、萧士珣、汪堃仁、包桂濬、孔宪武、黎锦熙、焦菊隐、李建勋、鲁士英、方永蒸、胡国钰、袁敦礼、董守义、徐英超、陆懋德、黄文弼、邹豹君、张振先、李庭芗、李嘉言、叶丁易、赵擎寰、贾慎修、

---

① 李蒸：《本院的使命与校风——代发刊词》（1941年度新生训练讲词），李溪桥主编：《李蒸纪念文集》，中国社会科学出版社1996年版，第186页。

② 管玉珊：《在兰州西北师院任教的日子》，李溪桥主编：《李蒸纪念文集》，中国社会科学出版社1996年版，第249—250页。

顾学颉等近30名教授。①

这批教授是极为宝贵的社会财富，都是在本领域、本学科赫赫有名的专家学者，使得一时西北师院及兰州教授云集，创新了兰州、甘肃教育历史的纪录，也为国家培养了大批优秀人才。

如何为国家培养优秀人才，或者讲怎样才能培育出优秀的人才，李蒸认为青年人的修养问题至关重要。对于青年人的修养问题，1943年11月30日总理纪念周上李蒸曾说："我们进的是师范学院，将来我们要做一个教育者。所谓教育者有教育者的任务，有特殊的性格，所以做一个教育者，应有特殊的修养与态度，教育者就是从事教育工作的。我们做一个教育者容易，进师范学院的都可以做一个教育者，我们还要进一步，对教育有精深的研究，要做一个教育家。"② 李蒸还进一步强调：一个教育者应该有的条件，即三个字爱、敬、信，而"爱"是教育的根源，是教育的出发点、教育的过程。教育的目的都是爱，有爱才能有兴趣，爱儿童才能有儿童教育，人生最大的爱是父母之爱，父母牺牲一切去爱他的子女。其次为教育的爱，先生爱学生，学生也爱先生，这样才有良好的教育。"敬"的意思很多，有因畏而生敬的，如敬天地，有因尊而生敬的，如敬父母，有对事业能负责任的，为对事业的敬。我们从事于教育工作，对于教育事业要敬。我们要有坚强的意志，从事研究推进教育事业，爱与敬是相互的，父母爱子女，师长爱学生，必须有敬，才不致流为溺爱。至于"信"，孔子有言"民无信不立"，信就是信任、信赖。当教师的要相信学生将来能成为一个人才，做学生的要相信先生给我们的指示是正确的，师生必须互信，才可以有良好的教育效果。这三个字全体同学必须牢记。③

李蒸对社会教育与民众教育的重视程度，始终没有因为时局和环境

---

① 陆润林：《李蒸校长对西北地区教育所作的贡献》，李溪桥主编：《李蒸纪念文集》，中国社会科学出版社1996年版，第280页。
② 《西北师院校务汇报》第60期，李溪桥主编：《李蒸纪念文集》，中国社会科学出版社1996年版，第39页。
③ 《西北师院校务汇报》第60期，李溪桥主编：《李蒸纪念文集》，中国社会科学出版社1996年版，第40页。

的变化而变化。在西北联大城固时期，李蒸便在城固郊区开展了民众教育及社会教育工作，1941年1月9日，他在城固近郊的邯留乡创立了社会教育实验区，当时称为乡村社会教育施教区。为什么要办社教施教区呢？李蒸认为有如下重要意义：（一）就教育本身而言，师范教育应兼办社会教育，是学校和社会打成一片，以改造社会。另一方面，师范学校为训练中等师资之机关，学校办此施教区即可使学生获得实际教育之经验，以便改进推行社会教育之方法与增进其服务能力。（二）就实际情形而言，本地之社会教育有待进一步改进，因为就城固一带的人民看来，各方面都还未达到理想的地步……（三）现在本地人民有疾病的很多，施教区的诊所就是帮助大家治病的。（四）就是要提倡改良农业的方法，以增加生产。①

西北师范学院迁到兰州后，在李蒸的重视下继续开展社会教育实验区的工作，当时西北师范学院以兰州十里店及附近村落孔家崖为据点，充分利用学校的师资及设备，使西北师院成为甘肃的社会教育中心。李蒸要求广大师生努力下乡研究乡村问题，深入农村实际了解民情，并带动省内中等学校兼办社会教育。特别值得一提的是，西北师范学院的社会实验区由城固迁移兰州后，于11月12日还举行了成立典礼，1943年11月16日，《甘肃民国日报》特辟一专刊报道了西北师范学院社会实验区迁移兰州成立典礼的情况。典礼上，西北师范学院进一步明确了学校兼办社会教育与民众教育的任务与目的，其最重要的是："弥补过去教育领域方面的欠缺，即偏重学校教育，忽视社会教育；偏重城市教育，忽略乡村教育。试验区倡导的是：平民教育、民众教育、社会教育和乡村建设运动，以及系统从事各项社交的实施。"在该版面上刊登了李蒸的题词："努力唤起民众，提高文化水平。"②

1944年8月25日，《甘肃民国日报》再次刊出了"西北师范学院暑期社会服务团社教特刊"，报道了本年度暑假西北师范学院学生50余人参加十里店和孔家崖两村为期一个月的暑假服务队的情况。据记载，

---

① 《西北师院校务汇报》第23期，记录：李元魁。李溪桥主编：《李蒸纪念文集》，中国社会科学出版社1996年版，第31页。

② 1943年11月16日《甘肃民国日报》。

西北师范学院工作期间的李蒸（前排右三）

1944年的夏天兰州地区特别热，同学们耐着高温酷暑，以极大的毅力，克服种种困难坚持工作，并使当地的大多数农民能参加晚间的成人补习学校，李蒸又为这一版题词："普及教育，服务人群。"[1] 据李溪桥先生1993年去兰州调研记载，当时偶遇一位居住在黄河岸边70多岁的老大爷，仍然记得50年前西北师范学院开展社教实验区的情况，老大爷回忆说："那时搞得好红火啊！"[2] 由此看来，今天那里老一些的农民还在怀念他。

那么，我们不禁要问，李蒸为什么极为重视民众教育与社会教育呢？或者说大学为什么要兼办社会教育呢？概言之，李蒸认为民众教育及社会教育是"救国根本要图"之一，"此种事业，乃中国唯一之出路"[3]。故必须加强。对此，李蒸曾饱含深情地讲："余尝深念将来之中国，出路何在？思之，重思之，只有使全国民众，至少半数以上有权能，可作中国之主人，经营国事，则任何人不能垄断政治，任何人不得一意孤行。"

---

[1] 1944年8月25日《甘肃民国日报》。
[2] 李溪桥主编：《李蒸纪念文集》，中国社会科学出版社1996年版，第44页。
[3] 李蒸：《民众教育的认识》，李溪桥主编：《李蒸纪念文集》，中国社会科学出版社1996年版，第118页。

而"欲使民众有权能,前已言之,舍教育民众外,其道末由。"

而社会教育要取得成功,李蒸认为施教者必须要有"传教的精神"和"接近民众的态度"。什么是"传教的精神"?李蒸认为所谓"传教的精神"就是"牺牲的精神",因为社会教育的成绩不容易被人们看到,故必须任劳任怨勇往直前,失败了再奋斗,为了事业而牺牲个人的福利毫不可惜。至于"接近民众的态度",李蒸认为尤为重要,因为民众如不能接受则不能达到效果,因此,办理社会教育与民众教育对于一般民众必须诚恳,要尊敬普通民众,要平等相待他们,要表示个人是他们中间的一分子,不是他们的上司,不要以领导者自居,态度要谦恭和气,蔼然可亲,不应当以强制的办法任意行之。教育事业的成效发生于"人格感化"及"以身作则"者居多,这是办理社会教育的人应当特别注意的。[1]

总之,李蒸自1932年出长北平师大起,直至1945年离开西北师范学院为止,在校时间达14年之久。若加上他1930年代理师大校长的10个月,就是15年。是新中国成立前北平师大任职时间最长的校长。据北京师范大学1982年出版的校史的数字显示,从1933年到1945年,师大共毕业学生2573人,加上在兰州毕业的学生,以及各种先修班、师资班、研究所的学生在内,他接触过的学生达3000余人。其一生最重要的事业就是培养人才,并将自己最为美好的时光奉献给了大西北,奉献给了祖国的教育事业。1945年11月,当时国民政府教育部授予李蒸在北平师大、西北师院连续服务15年以上的"乙字第一号奖状"[2]。

1946年12月17日,西北师范学院举行了44周年校庆大会,兰州市政府等有关方面在大会上宣布,将十里店的一段公路命名为"李蒸路",以纪念李蒸对西北地区师范教育事业所做的贡献。

---

[1] 李蒸:《积极的社会教育》,李溪桥主编:《李蒸纪念文集》,中国社会科学出版社1996年版,第124—125页。

[2] 李溪桥主编:《李蒸纪念文集》,中国社会科学出版社1996年版,第47页。

我国精英教育的拓荒者李书田

　　李书田（1900—1988），字耕砚，河北省昌黎人（今属秦皇岛市）。1917年考入北洋大学（今天津大学）预科，1923年以第一名的成绩毕业于北洋大学土木系，随后赴美国康奈尔大学研究院，继续攻读土木工程专业，1926年获得博士学位。1930年任交通大学唐山土木工程学院（唐山交通大学，今西南交通大学）院长，1932年任北洋工学院院长。李书田一生致力于我国高等教育，并开创了我国高等教育领域的多个第一。1933年，他在天津创办"中国第一水工实验室"，开创了中国现代水利科研的先河。1935年创办研究院，开创了中国研究生的教育培养，成立了中国第一个研究生院，领导建立了中国第一个水利系，制造了中国第一台飞机发动机。1937—1945年，先后执掌国立西北联合大学（为常委之一）、国立西北工学院、西昌技艺专科学校、贵阳理工学院、贵州大学、北洋西京分院等6所院校。1949年李书田前往台湾，次年赴美国定居，1972年，在美国创办世界开明大学与李氏科学技术学院。为美国土木工程师学会会员、美国土木工程协会会员。1988年，李书田在美国南达科他州拉皮德城逝世。诺贝尔物理学奖得主、曾任美国能源部部长的朱棣文是李书田的外孙。朱棣文访华期间，曾专程到天津大学寻根、访问。

一、北洋迁陕　点燃古路坝灯火

提及我国的现代高等教育事业，李书田先生是一个绕不过去的人物。他在我国现代高等教育事业的拓荒、奠基以及发展方面做出过突出贡献，为我国现代高等教育各项制度的确立付出了毕生心血。而他的一些教育主张、思想及做法，时至今日仍然对我国高等教育事业的改革与发展有着深刻影响，值得我们认真思考与追忆。

《辛丑条约》签订的前一年，即1900年2月10日，李书田出生在河北省秦皇岛市卢龙县新房子村（旧属昌黎）。他年少聪颖，且自幼喜欢读书。李书田的父亲是一名武监生，李书田还有一位兄长，取名书华，字润章[①]，而李书田则取字"耕砚"。单从名字即可看出他们的父亲对兄弟二人所寄予的厚望，希望他们长大后能够成为有学问的人。后来，这两兄弟不负家人所望，双双成为我国著名学者。

1917年，17岁的李书田以优异成绩考入北洋大学（天津大学前身）预科进行学习。六年以后的1923年，以第一名的优异成绩毕业于北洋大学土木系。毕业之后，即赴美国康奈尔大学研究生院继续在土木工程专业深造学习。当时考取官费留学资格竞争很激烈，李书田的同级校友北洋大学矿冶专业的陈立夫也参加了考试，但没有被录取。这位后来曾在

---

① 李书华（1889—1979），字润章，物理学家、教育家，1918年获图卢兹大学理学硕士学位，1922年获巴黎大学法国国家理学博士学位。1922—1927年，任北京大学教授、物理系主任（1926.11—1927.11）。1926年，任中法大学代理校长。1928—1929年，任北平大学副校长，兼代理校长，1929—1931年，任北京大学物理系主任。1929—1948年，任北平研究院副院长，南京国民政府教育部政务次长、部长（1931—1932），中央研究院总干事（1943—1945）。1949—1950年间曾短期任巴黎大学物理、化学和生物学研究所负责人；1951—1952年间，任德国汉堡大学访问教授；在美国又为哥伦比亚大学访问学者。1979年7月5日，于纽约逝世。

抗战时期长期担任国民政府教育部部长的校友晚年回忆说："我也在北方参加了报名考试，结果不幸落选，因为我们学校里有一位同年级学土木的李书田同学也参加投考，他在校中为最用功学生，成绩特别优异，总平均分在95分以上，他一参加，我就没有机会了，后来他进了康奈尔大学，得到了工学博士学位，这是极不易得到的学位，他在该校有'百科全书'之绰号。"① 可见在大学时代李书田的优秀是同学们有目共睹的。1926年，李书田以各科平均成绩99.5分的优异成绩以及一部长达1000多页、60万字的《铁道管理工程经济》论文，在康奈尔大学获得博士学位②。1927年，应时任北洋大学校长刘仙洲的邀请，李书田回到母校任教，从此开始了其60年的教育生涯。1932年，李书田接受国民政府教育部的任命，担任北洋大学工学院院长。

北洋大学堂教学大楼正门近景

李书田初掌北洋大学之际，正值中国高等教育历经磨难、步履维艰之时。1929年，北洋大学突遭大火，积累了27年的地质系及一部分工矿

---

① 陈立夫：《成败之鉴——陈立夫回忆录》，正中书局1994年版，第31页。
② 王杰、韩云芳：《百年教育思想与人物》，天津大学出版社2010年版，第102页。

科的设备、标本、文献以及水利、理化各教室全部被烧毁，这一突发事件使北洋大学遭受重创。也正是在这一时期，国民政府和教育部针对北洋大学的办学资格进行重新认定，为此将北洋大学"降格"为北洋工学院。当时，李书田临危受命，挺身担起了学校的重担；同时，也将振兴学校的重任扛在肩上。李书田担任北洋工学院院长后，在抗战爆发前的五年间，北洋工学院有了很大的发展，学校建立了一批新建筑并投入使用，如工程学馆（南大楼）、工程实验馆（北大楼）、新图书馆等，还在土木系添设水利工程组，于矿冶系分置采矿工程组及冶金工程组，于机械系添设航空工程组，创设电机工程系，创办工科研究所并举办全国地质联合展览会。同时，他率先带头开展科学研究，发表了一批学术论文和著作。北洋出现了教学、科研并举的新气象。1937年2月，李书田主持拟定了《国立北洋大学筹备缘起及分期完成计划》[①]。学校面貌呈现出蓬勃发展之势。

正当李书田为北洋的事务积极奔走之时，1937年7月7日卢沟桥事变发生了，北洋大学首当其冲遭到了日本战机的狂轰滥炸，7月30日，天津沦陷。之后学校被日寇占为兵营，图书、仪器设备损失惨重，由李书田一手创办的第一水工试验所惨遭摧毁。[②] 1937年9月10日，国民政府教育部以部16696号令下达：令以国立北平大学、国立北平师范大学、国立北洋工学院、北平研究院等院校为基础合组西安临时大学，迁设西安。[③] 这里要特别指出的是，早在日本侵略军占领天津之前，北洋工学院院长李书田深感华北面临威胁，曾计划在西安购地建校，设立分院，以备不测之急用。此计划曾先后得到主政陕西的邵力子、蒋鼎文的大力支持，拨空地，准备建设校舍。[④] 时任陕西省政府主席的邵力子曾提议

---

① 王杰、韩云芳：《百年教育思想与人物》，天津大学出版社2010年版，第103页。

② 《北洋大学—天津大学校史》编写组：《北洋大学—天津大学校史（1895.10—1949.1）》第1卷，天津大学出版社1995年版，第233页。

③ 《西北大学大事记》编委会编，赵弘毅、程玲华主编：《西北大学大事记》，西北大学出版社1999年版，第43页。

④ 《北洋大学—天津大学校史》编写组：《北洋大学—天津大学校史（1895.10—1949.1）》第1卷，天津大学出版社1995年版，第233页。

1935年中国第一水工试验所主大厅落成、中国水利工程学会第五届年会暨河北省工程师大会在津举行。前排中间两人为李仪祉和李书田

将北平四所大学之一所迁移进陕，并希望国立北洋工学院西移。他认为："查北平一隅，国立大学居四所之多，实嫌供过于求，"因此"似可酌迁一所入陕，易名西北大学。"① 并希望国立北洋工学院也"移于西安，以为西北大学之基本"。邵力子对李书田将北洋工学院西移西安计划"颇为赞同"②。但战前国民政府当局对此计划未来得及统筹实施，故北洋工学院一直在天津办学，没有来得及西移。

国民政府教育部16696号令下达后，由于在假期，学生流落四方，李书田仅带秘书、会计等少数人匆忙离津赴陕西西安。在津的其他师生则设法通过日租界，经百般盘查进入法租界或英租界，然后乘英国客、

---

① 《行政院关于邵力子请将北平四所大学迁移一所进陕致教育部笺函》（1936年1月），中国社会科学院近代史研究所《近代史资料》编辑部、中国第二历史档案馆：《抗战时期西北开发档案史料选编》，中国社会科学出版社2009年版，第26—27页。

② 《行政院关于邵力子提议将国立北洋工学院西移至教育部笺函》（1936年1月3日），中国社会科学院近代史研究所《近代史资料》编辑部、中国第二历史档案馆：《抗战时期西北开发档案史料选编》，中国社会科学出版社2009年版，第27页。

货轮离开天津大沽口入渤海，抵达山东的龙口或青岛，上岸后奔赴西安。在各地的师生只能自行设法到达西安。① 到达西安后，工学院被安排在第二院，即小南门外东北大学（今西北大学太白校区）所在地，教学条件十分简陋，学生借助的宿舍大都是大通间、上下铺的架子床，没有图书馆、体育场，沦陷区来的流亡学生，有的孤身来校，衣服、被褥都成问题。为解决困难，国民政府当局发给流亡学生每人一件棉大衣、制服一套，伙食费每月"贷金"6元。

西安临时大学组建后，工学院为学校六大学院之一，院长由校常委、原北洋工学院院长李书田兼任，下设土木工程系、矿冶工程系、机械工程系、电机工程系、化学工程系、纺织工程系等六个系。建院伊始，李书田就要求工学院按照北洋"实事求是""以严治学"的校风办学，工学院大部分师生都能身体力行，使北洋传统得以继承和发扬，并且工学院很快开课。新生入学后即教唱北洋校歌：

花堤蔼蔼，北运滔滔，巍巍学府北洋高，悠长称历史，建设为同胞，不从纸上逞空谈，要实地把中华改造。

穷学理，振科工，重实验，薄雕虫，望前驱之英华卓荦，应后起之努力追踪，念过去之艰难缔造，愿一心一德共扬校誉于无穷。

北洋工学院在西安临时大学期间，因为有东北大学大礼堂之便利，除正常上课外，每周均邀请校内外专家学者结合抗战局势举行学术报告。据记载，在开学后的一个半月时间内，就举行报告会四次。陕西省水利局局长、著名水利专家李仪祉讲"抗战力量"，华北水利委员会工程队队长徐宝缚讲"在北战场办理军事工程之经过"，航空委员会第十三科科长顾校书讲"防空工程"，陕西省建设厅厅长雷宝华讲"求学态度与抗战时期应有之修养和准备"。此外，土木系也组织过几次学术报告会，邀请本校地质系教授张伯声讲"西北地质"，土木系教授刘德润讲"土壤力学"，请陕西省导渭工程处总工程师刘钟瑞讲"导渭工程"。其间，在李书田的带领与倡导下工学院内抗战激情高，学习气氛浓厚。据1938年2月统计，工学院有学生386人，其中北洋三十八年班、三十九年班

---

① 《北洋大学—天津大学校史》编写组：《北洋大学—天津大学校史（1895.10—1949.1）》第1卷，天津大学出版社1995年版，第235页。

200余人。①

1938年3月，工学院与西安临时大学其他学院一起南迁汉中。南迁汉中之前，李书田与其他常委一起制定并公布了《国立西安临时大学全体学生由西安至汉中行军办法》。3月16日开始迁校，按照行军办法，工学院为第二中队，由土木系教授刘德润博士为中队长，下分五个区队，有学生和带队教师、服务员工共500余人，区队下每班为一个分队，是最基本的活动单位。南迁路上之艰苦条件自不待言，由于当时在汉中一下子很难找到诸多房舍安置西安临时大学那么多师生，故工学院师生在褒城待命将近一个月时间。1938年4月10日，按照校常务委员会第24次会议决定，将工学院设在距离城固县城南40里的古路坝。在此之前的4月3日，国民政府教育部明确指示："国立北平大学、国立北平师范大学及国立北洋工学院，原联合组成西安临时大学，现为发展西北高等教育，提高边省文化起见，拟令该校各院逐渐向西北陕甘一带移布，并改称国立西北联合大学，院系仍旧。其经费支配及调用教授办法，悉仿国立西南联合大学办理"②。西北联合大学按照西安临时大学旧制，仍然不设校长，校务的处置继续由李书田、李蒸、徐诵明、陈剑翛等组成的校常务委员会负责、处置。

1938年5月2日，国立西北联合大学正式开学。当日上午9时，全校师生在校本部举行了隆重的开学典礼，汉中专署专员、城固县县长等人前来参加典礼。典礼由李书田主持，李书田在回忆一月有余的南迁过程时，充满激情地讲："全体师生徒步跋涉近千里的路程，过渭河，越秦岭，渡柴关，涉凤岭，从事这样的长途旅行，在我们学界，确是破天荒的大举动。"③

1938年7月，根据教育部令将西北联大工学院、农学院独立设校。同月，教育部又令师范学院独立设置。1939年8月，西北联大再次改

---

① 《北洋大学—天津大学校史》编写组：《北洋大学—天津大学校史（1895.10—1949.1）》第1卷，天津大学出版社1995年版，第238页。

② 《教育部拟定之平津沪战区专科以上学校整理方案》（1937年），中国第二历史档案馆编：《中华民国史档案资料汇编》第5辑第2编《教育》（1），江苏古籍出版社1997年版，第11页。

③ 《本校城固本部举行开学典礼志盛》，西北联合大学出版组：《西北联大校刊》第1期，1938年8月15日。

组,文、理、法商三学院组建国立西北大学,医学院独立设置,称国立西北医学院。师范学院也独立设置,称国立西北师范学院。西北联大从而有国立西北大学、西北工学院、西北农学院、西北医学院、西北师范学院五校。其中,独立的西北工学院由北洋工学院、北平大学工学院、东北大学工学院和私立焦作工学院组成,李书田担任院长。院址在古路坝天主教堂内,另外,还在不远处的七星寺设立分院。

这里有一个小插曲,关于国民政府教育部令将西北联大工学院独立设校,并将学校称为"西北工学院",李书田开始是不同意的,他认为校名应该继续沿用"北洋工学院"。当时的教育部部长陈立夫是李书田的同级校友,但他没有答应李书田的要求。为此,陈立夫多次劝说李书田,两人关系一度很僵,陈立夫还请来北洋校友、建成我国第一座石油基地——玉门油矿的孙越崎前去劝说,李书田还是不能够改变他的认识。最后,陈立夫又让北洋校友、时任国民政府交通部部长的曾养甫再次劝说,李书田这才勉强答应将学校称为"西北工学院"。当然,我们回溯历史,再度思考,二者各有各的理由。但是,有人会问为什么国民政府教育部坚决不答应李书田的要求呢?其实,道理很简单,因为把平津三院校永留西北是国民政府的既定战略,这是毋庸置疑的,也不容许陈立夫有任何个人私情。1938年4月,国民党临时全国代表大会通过《抗战建国纲领》,其中明确指出:"全国各地各级学校之迁移与设置,应有通盘计划,务与政治经济实施方针相呼应。"[1] 1940年1月,陈立夫给中央训练团党政训练班发表演讲,进一步强调:"过去(教育)在实施上及设置地区上均有缺点。……在设置地区上,过去往往集中于都市,以致成为地区上畸形的发展,……所以今后当力显地区上的平均发展,以便提高内地及边区的文化水平。"[2] 对此,陈立夫后来回忆说,要提高内地的文化水平,必须"因应当时需要,新设若干新校",至于医、工、农等若干新校的创设,十分注意高等教育合理化分布的原则,就此工作

---

[1] 《中国国民党抗战建国纲领(教育部门)》,杜元载主编:《革命文献——抗战时期教育》第58辑,第27页。

[2] 《抗战时期之教育——壹:有关教育方针》,杜元载主编:《革命文献——抗战时期教育》第58辑,第23页。

他颇为感叹地说："在当时是很费一番努力的。"①

这里需要指出的是，虽然在设校问题上李书田开始又有一些思想情绪，但这并未影响他对发展中国高等教育的理念与执着。这一时期，西北工学院师生在李书田的率领下怀着救亡的爱国热情，卧薪尝胆，刻苦学习。据中国工程院院士、著名材料及冶金学专家、西北工业大学前校长傅恒志回忆："（当时）学生们专心苦读，图书阅览室由于地方狭小，从早到晚都人满为患。晚间自习时一个大教室，顶多两盏汽灯，晚饭后就有同学抢先进入教室，占灯下座位，晚来的同学只能依次后座，有些则自己举着蜡烛以补光线之不足。每晚自习都是在煤气灯将要熄灭时，同学们还迟迟不愿离去。黎明，即有同学散布于山坡或树林中开始晨读。""七星寺的同学也是人人自奋，潜心苦读，开夜车成风。每个教室，有开晚车者，有开早车者，你去我来，终年如此，百数只蜡烛，光焰闪耀彻夜不息，被誉为'七星灯火'。"②

可以说，北洋大学在面临国破家亡之际，正是在以李书田为首的一批先驱仁人的不懈奋斗与努力下，纵使屡遭艰难险阻甚至被迫数迁校址，也没能阻挡住中国高等教育发展的步伐，虽历经磨难而勇往直前，最终犹如凤凰涅槃一般浴火重生。这又何尝不是抗战时期中国高等教育的真实写照与反映。

二、实事求是　倡"严谨治学"校风

在执掌北洋大学期间，李书田作为院长注重从学习风气、教学质量、教学思想、师资建设、设施设备投入等各个方面对学校进行改造，视教育教学质量为立校之根本。这种改造使得北洋大学重焕勃勃生机，也为其"实事求是"校训以及"严谨治学"校风的形成奠定了坚实基础。

李书田始终重视树立教学质量第一的教育教学思想，大力倡导严谨求实的学风与教风，并视其为培养高水平工程师的不二法门。这不仅对学生的成长与发展具有重要影响，而且对学校的成长与发展起到了十分

---

① 陈立夫：《成败之鉴——陈立夫回忆录》，正中书局1994年版，第249页。
② 王杰、韩云芳：《百年教育思想与人物》，天津大学出版社2010年版，第123页。

重要的作用。李书田治校期间围绕提高教育教学质量，从各个方面进行了大量艰苦卓绝的努力。他非常注重从制度方面来提升学校整体教育教学质量，组织制定了《国立北洋工学院院务会议规程》《国立北洋工学院指导学生委员会章程》《国立北洋工学院学则》《国立北洋工学院院则》《国立北洋工学院学生实地练习规则》《国立北洋工学院暂行组织规程》《国立北洋工学院体育奖惩规则》《国立北洋工学院学年校历》等一系列完善而具体的治校规章制度，使学校各方面的工作井井有条、有章可循、有章可遵，体现了一位教育家对建立中国大学制度的良苦用心。

在招收学生方面，李书田严把学生生源质量关，始终坚定不渝地秉持"重质不重量、贵精不贵多、宁缺毋滥"的治校原则。在录取新生时设定"铁线"，考生达不到录取线，坚决淘汰，宁缺毋滥。他主张学校招生不设定具体的招生名额，而是根据所报学生的实际水准来确定实际招生名额，也就是通过考生的成绩来确定其是否能够进入该校读书。如1934年，机械系计划招生45名，但因不符合北洋入学标准，仅录取11人；1935年，计划招生40人，183名考生只录取22人，录取率为12%，以至于每班多者30余人，少则10—20人。[①]

在李书田的倡导下，北洋工学院不仅入学考试难度极大，要求数理化试卷全部用英文书写，而且新生入校以后，更是高标准、严要求，从各个方面加强教育、管理。《国立北洋工学院学则》对涉及学生日常生活、学习等各项活动做出了明确规定，并从学生成绩到升留级、从奖励到处罚，都有明确规定。其用意在通过这些规定培养学生严谨求实、一丝不苟的治学精神。如《国立北洋工学院学则》规定："学生学业成绩，由教师就平时考查及学期考试定之。""评定成绩，分甲、乙、丙、丁四种。80—100分为甲等，70分以上不满80分者为乙等，60分以上不满70分者为丙等，40分以上不满60分为丁等。甲、乙、丙等为及格，丁等为不及格。"而学生在一学期中有三门课以上不合格（含三门）必须留级重修；学期平均分为丁等者及学期考试未经请假核准，擅自离考者也必须留级；三门课以下补考仍然不及格者，同样必须留级重修。李书

---

① 王杰、韩云芳：《百年教育思想与人物》，天津大学出版社2010年版，第105页。

田正是通过各种形式的考试，来对学生进行综合考评，以此鼓励先进、鞭策后进。李书田对学生高标准、严要求，当然值得肯定，但是，现在看来过于严苛的考核，也使得一些学生由于一时的学习不适应，而被淘汰，也有些可惜。据魏寿昆先生回忆，北洋工学院的淘汰率曾高达50%~60%。如，1934年北洋工学院机械系招生12人，到毕业时仅剩五人。一般的淘汰率也在40%以上。正因为此，在陕西城固时，也曾传言李书田说"不累死几个学生，就办不好学院"，恰巧学校附近有两座学生坟墓，就被人戏称为"坟校"。当然，北洋工学院也制定了奖励优秀学子的办法，比如，每门功课平均分数在85分以上者，可以免缴学费。

当时，李书田的高标准、严要求，也曾引来一些非议与冲突。事情的起因是这样的，西北工学院成立后，李书田未与筹委会其他成员商议，推出北洋大学的"传统"末位淘汰制：凡考试两门功课未及格者必须留级。这对于北洋大学的学生来说，早就习惯了这一严格的规定，但是其他院校学生则不同，他们水平本就参差不齐，入学招生也没有北洋工学院那么要求高，加之经过抗战以来的多次搬迁和重组，客观上学业是受到了影响的，工学院来这么一条规定，很多学生一时难以接受。这样，矛盾就难以避免了。1939年元月中旬，原北平大学工学院的一些学生成群结队来到办公大楼院内，与原北洋工学院的学生发生冲突，两边互不相让，甚至棍棒相对。冲突发生时恰巧李书田不在，原北洋大学教师潘承孝和周泽书前来劝阻学生。在劝阻的过程中原东北工学院学生也结队来到办公大楼院内，一时砖石齐飞，混乱一团。李书田事后得知上述情况，勃然大怒，下令全院停课，并坚持开除三名闹事的学生代表，而学生又不同意，两方僵持不下。没过几天，就发生了"驱李（指李书田——笔者）事件"。原北洋大学学生陈之藩曾对"驱李事件"半带调侃地回忆说，其他学院的学生不喜欢李书田，被降级的老师更不待见他，一天夜里，被"贬"的人每个都到厨房拿了一根柴火棍，在李书田的宿舍前大喊："李书田，你出来！"李书田出来了，大家一拥而上，就这么把李书田打跑了。① 此事件在西北联大产生了很大影响，之后李书田离

---

① 参见闻迟《精英主义教育的大师——李书田》，载《休闲读品·天下》2012年第二辑，第97页。

开了西北联大。李书田的出走是否是由于此次学生闹事,详情有待进一步考察。但,1939年3月,李书田确实带领200名北洋师生离开了城固,南下四川在西康创办了西康技艺专科学校。

　　李书田对学生学习成绩要求严格,并不是说他就不重视文化体育等活动,相反,他十分重视学校的文体活动。李书田在执掌北洋时期重新出版了《北洋周刊》,从1933年11月新《北洋周刊》出版第一期,到1937年抗战爆发,共出版了140期。其主要栏目有《北洋友声》《学生园地》《科学讲演》《运动会栏》等,对于学生了解北洋、丰富课外文化起到了很大作用。李书田在1935年还主持修改谱写了新的《北洋校歌》,这一校歌,至今仍然激励着北洋学子为实现中华民族伟大复兴而奋发有为。

《北洋校歌》

1947年，李书田（前排左二）与国立北洋大学部分毕业生合影

李书田还十分重视学校的体育活动，他曾要求学生，如没有一个强健的体魄，则不要进入北洋学习。李书田当时还聘请武术家王健吾担任体育部主任，并将体育课列为学生必修课，要求学生每周至少锻炼四次，超过三分之一缺课，则不准毕业、升级，他还对原有的11个网球场进行翻修，又新增加了六个篮球场、两个排球场，增加足球场、棒球场及国术大型田径赛场各一个。据1935年的统计，北洋工学院的运动项目达12种，357名学生当中上学期参加各项运动1077人次，平均每人练习三项。随着体育运动的普及，体育比赛成绩也达到了华北高校的较高水平。[①]

三、尊师重道　建设高水平师资力量

有了高质量的学生，要把他们培养成一流的优秀人才，建设高水平的师资力量至关重要。为此，李书田在执掌北洋工学院期间，始终把提高学校师资力量作为一件大事来抓。

北洋大学在建校之初，即以美国哈佛大学、耶鲁大学、麻省理工学

[①] 王杰、韩云芳：《百年教育思想与人物》，天津大学出版社2010年版，第116—117页。

院等世界名校为标准建设高水平的师资力量，学生实验所用的各种器具、设施都从美国进口，当时，天津北洋西学学堂被誉为"东方康奈尔"。北洋初期延聘的教授也多来自英国、美国等发达国家，以及国际著名的学者，后来随着中国一批学有所成的专家学者逐渐成长起来，大学教授本土化已成为必然趋势。北洋工学院在延聘教师资格中虽然明确提出"本校教授非博士不聘"，但是在实际招聘过程中，李书田更加注重对一个人学识能力、科研能力的衡量与考核。他打破了论资排辈的惯例，坚持真才实学为用人第一原则，不唯学历、文凭、资历、职位，只要学有所成、学有所长，李书田都不拘一格予以重用。但是，如果一个人徒有博士学位而没有与之相应的能力与较高水平，要想进入北洋工学院任教是根本不可能的。

正是李书田不拘一格使用人才、礼贤下士，使得北洋大学人才荟萃、群贤毕至，在当时汇聚了一批学界名流，比如茅以升、高步昆、魏寿昆等。我国著名水利专家张度曾回忆说："他有一个小记录本，上面记载着北洋母校和唐山交大历届毕业生及各班前三名学生的姓名、学历、经历、现任职务及通信地址，以备随时联系，为之介绍工作或为母校聘请任教。记得1943年他在任贵州省贵阳工学院领导时，我路过贵阳去拜见他，他一见我，第一句话就问我：'张维（系我国著名力学专家，新中国成立后曾任清华大学副校长，两院院士）回国了吗？你弟弟可要跟我干呀！'然后才跟我谈别的事。"① 可见其重视人才、奖掖后学的精神。之后，1946年7月，在张维夫妇回国之际，李书田不知从何处得到消息，竟提前赶到码头等候。看到两人下船，李书田就上前笑着对他们说："欢迎到北洋大学来工作。"搞得张维夫妇俩丈二和尚摸不着头脑。李书田继续笑着说："我们北洋大学可是允许夫妇俩都当教授的呀！"两人听后互看了一眼，异口同声地问："真的？"李书田肯定地回答并补充说，"房子都给你们准备好了。"说罢又低头看了看专心看他的小克群（夫妇俩的孩子）说："咱们虽然没有幼儿园，但孩子也有四岁了吧，就提前上小学

---

① 王杰、韩云芳：《百年教育思想与人物》，天津大学出版社2010年版，第106页。

吧。"竟如此将张维夫妇二人"抢"至北洋大学任教。①

李书田在师资建设方面,还对教师的教学活动提出严格要求,强调教学中要注重教学相长。要求教师在具体教学活动中必须保证学生能够最大限度地接受与掌握知识,以促进学生自身能力与水平的提高。在对待教师的态度上,他始终坚持一视同仁,对所有教师都严格要求,随时随地对其进行抽查。西北工学院成立后,李书田坚持对所有教授进行考试,以结果评定职称。结果,除北洋工学院以外的组成西北工学院的其他院校教师却来了个"大降级",教授几乎都降为副教授,副教授降为讲师,讲师降为助教。正是在李书田的严格要求下,教师出于自身责任感对学生也严格要求,这也为培养优秀学生创造了条件。

在对教师严格要求的同时,李书田自己首先以身作则。他每周担任十几个小时的讲课任务,对每门课都会认真备课,即使是自己非常熟悉的课,也从不懈怠,每天总是天一亮就起床备课,从不迟到早退,从不轻易缺课。李书田上课思想缜密,条理清楚,深入浅出,他博览群书,学识宏远,在学术方面率先垂范,发表了大量的学术论文和专著,如《北方大港之现状及初步计划》《中国历代治河名人录及其事迹述略》《中国治河原理、工程用具发明考》《华北水利资源概况》等文章,提出根治黄河水患,必须标本兼治;并注重中游水土保持工作,广倡植树造林;黄河开发利用,要结合防洪、灌溉、航运、发电、围垦等方面统筹兼顾,量力而行。他还完成了《农田水利出版物之搜集》《华北水利建设之概况》等多部著作,主编了《中国水利问题》等,这项研究资料丰富,论述新颖,体例独特,富有创造性,其重大学术价值,可以说影响了中国水利几代人。1943年,任黄河水利委员会委员副委员长,其间曾撰文《黄河治理战略》,得到毛主席、周总理的关注。②

四、远见卓识　水利建系与矿冶招研

李书田任北洋大学工学院院长期间,于1933年建立了中国首批水利

---

① 参见闻迟《精英主义教育的大师——李书田》,载《休闲读品·天下》2012年第二辑,第98—99页。

② 《中国水利报》：《中国近代水利科学的开拓者——写在李书田诞辰110周年之际》,天津大学新闻网,2010年11月14日,http://www.chinawater.com.cn/news-center/slyw/201011/t20101112_270716.htm

专业和水利系，并开创研究生教育之先河。李书田认为"土木先河"，这是因为当时水利还历史地孕育在土木学门之中。李书田任院长后，发现自1920年至1927年，北洋本科毕业861人中503人为土木者，其中水利者104人居首，这说明社会迫切需要水利高级人才，北洋水利要成系。① 于是1933年，他把一些高年级学生转入水利工程组。在中国高等教育史中一般认为，建组即建系，这样北洋工学院在中国大学中第一个创办了水利专业和水利系，可见其远见卓识。天津大学水利系原主任崔广涛教授谈道："我是李书田的学生。书田先生是北洋大学水利学科'开门立户'之人。当时世界上还没有什么国家的大学立水利学门（系）的。北洋水利该记住李书田，他是立基之人。"② 北洋工学院西迁陕西，组建西北联大后直接称水利系，李书田兼任水利系系主任。

1934年12月5日，经国民政府教育部核准，李书田依据《大学研究院暂行组织规程》之规定，将北洋工学院工程材料研究所和矿冶研究所合并，设立国立北洋工学院工科研究所。研究所章程15条规定：研究生研究期限暂定为两年，研究期满，考核考试及格，由北洋工学院发给证书，通过毕业论文后，授予硕士学位。1935年，研究所指定了《国立北洋工学院工科研究所招考研究生简章》，共6条13项，内容包括投考资格、报名期限及手续、考试日期、考试地点、入学须知、通讯须知、考试科目及时间等。并规定，考取第一名者，每年发给中山文化教育馆中山奖学金500元；第二名者，每年发给剑公奖学金200元。报名地点共三处，分别为天津西沽北洋本院、北平实业部地质调查所、南京建设委员会。每年9月6、7、8日在三地同时考试。1935年原计划招生五名，实际只录取了三名，这三名同学为采矿工程学门常锡纯、冶金工程学门谢家兰，以及冶金工程学门丁陈威。1937年，常锡纯、谢家兰、丁陈威学习期满，依据国民政府教育部章程规定，组成研究生毕业初始、口试及论文口试委员会，学业口试于1937年4月30日结束，硕士论文口试于当年6月7日举行。这三名研究生于抗战爆发前夕毕业，被授予硕士学位。他们成为我国现代高等教育史上中国培养的第一批硕士。

---

①② 《中国水利报》：《中国近代水利科学的开拓者——写在李书田诞辰110周年之际》，天津大学新闻网，2010年11月14日，http://www.chinawater.com.cn/newscenter/slyw/201011/t20101112_270716.htm

西北高等教育的奠基者与现代医学教育的先驱徐诵明

徐诵明（1890—1991），字轼游，别号清来。出身浙江新昌县一贫寒的塾师家庭。1904年，考入浙江高等学堂预科。1907年，他怀着科学救国思想，于次年由同学资助赴日本学习。此间，与章太炎结识，并由章太炎介绍加入同盟会。1909年4月，他考入日本第一高等学堂预科，成绩优异，取得公费。1910年预科毕业后，入冈山第六高等学校读书，其间结识了当时三年级学生吴玉章。之后，他们经常一起讨论国内形势并积极参加声援国内革命的活动。1911年10月武昌起义爆发后，徐诵明于11月返回祖国，任革命军上尉连长。1914年，入日本九州大学医学院。1916年，留日期间即受聘于北京医学专门学校（北京大学医学部前身）。1919年秋回国，至1928年一直任北京医学专门学校病理学教授。1928年5月，任教于京师大学医科，8月就任北平大学（即北京大学）医学院院长。1932年，徐诵明接替沈尹默出任国立北平大学代理校长，并兼任农学院（中国农业大学的前身）代院长。抗日战争期间，先后任国立西安临时大学、西北联合大学校务委员会常务委员。1943年，在中华医学会第14届会员代表大会上当选为理事。1944年，调任同济大学校长。1946年，任沈阳医学院院长，1948年，受聘于浙江医学院，同年拒绝国民政府教育部提出的出任台湾大学校长的建议，留在上海。1950年，任国家卫生部教育处处长并兼北京医学院教授。1953年，任人民卫生出版社社长。1956年8月，任中华医学会编辑部主任，兼《中华医学杂志》总编辑。1978年任第五届全国政治协商会议委员。1983年任九三学社中央委员会顾问。1991年8月26日在北京逝世，享年101岁。

一、五校之长　起步于医人医国之路

在中国近现代高等教育史及医学教育史上，徐诵明是一位无法回避的人物，他一生充满了传奇，可以说是中国现代医学的一座丰碑。徐诵明人生历程经晚清、民国及中华人民共和国，始终秉持学术理想，担任过五所大学的校长，被誉为"大学校长的典范"。

1890年10月，徐诵明出生于浙江新昌县城，他5—13岁在家乡私塾读书，1903年13岁的徐诵明考中秀才，名传乡邻，一时为乡间美谈。1904年，徐诵明离开故乡，来到省城杭州，考入浙江高等学堂预科（浙江大学前身），当时同学中有邵飘萍[①]、

徐诵明

[①] 邵飘萍（1886—1926），男，汉族，浙江东阳人，革命志士，民国时期著名报人、《京报》创办者、新闻摄影家，中国传播马列主义、介绍俄国十月革命先驱者之一，杰出的无产阶级新闻战士，是中国新闻理论的开拓者、奠基人，被后人誉为"新闻全才""一代报人""铁肩辣手，快笔如刀"等。1926年因发表文章揭露张作霖统治的种种黑暗而被张作霖杀害。有"铁肩担道义，辣手著文章"之称。

陈布雷①、邵元冲②等，这些人以后对中国近现代历史发生了重要影响。1907年，浙江掀起反英护路风潮，徐诵明怀着科学救国思想，于次年东渡日本，先后在日本第一高等学堂和冈山第六高等学校求学。此间，他受辛亥革命思想的影响向往革命，追求真理，经常去同盟会驻东京办事处，后与章太炎结识，并由章太炎介绍加入同盟会。1909年4月，他考入日本第一高等学堂预科，由于成绩优异，取得公费资格。1910年预科毕业后，入日本冈山第六高等学校读书。这一时期徐诵明结识了当时三年级学生吴玉章，两人一见如故，并经常一起讨论国内形势并积极参加声援国内革命的活动。1911年10月，武昌起义爆发，徐诵明于当年11月返回中国，任革命军上尉连长。孙中山辞去大总统一职后，他重返日本学习，1913年从冈山第六高等学校毕业。1914年升入日本九州大学医学院。在日本九州大学医学院学习期间，由于学习成绩突出、表现优异，1916年，徐诵明在日本留学期间即受聘于北京医学专门学校（北京大学医学部前身）。1918年，徐诵明从九州大学医学院毕业后，留该校从事

---

① 陈布雷（1890—1948），笔名布雷、畏垒，浙江慈溪人。早年就读于慈溪县中学堂，1911年毕业于浙江高等学堂（浙江大学前身），同年在上海《天铎报》做记者，10月武昌起义后，他写的《谈鄂》十论，按日刊布，响应革命。1912年3月加入同盟会，1920年赴上海，先在商务印书馆，后任《商报》主编。1927年加入国民党。历任浙江省政府秘书长、国民党中央党部秘书长、《时事新报》主编、国民党中央宣传部副部长等职，兼任复旦大学中国国文科新闻组（新闻系前身）教授。1935年后历任蒋介石侍从室第二处主任、最高国防委员会副秘书长等职，长期为蒋介石草拟文件。支持亲属奔赴抗日前线，设法掩护民主人士。抗日战争胜利后，任总统府国策顾问、《申报》顾问兼常务董事。1948年11月13日在南京自杀。著有《畏垒评论集》《陈布雷回忆录》《陈布雷文集》。

② 邵元冲（1890—1936），字翼如，浙江绍兴人。毕业于杭州浙江高等学堂，1911年赴日本留学。1914年加入中华革命党，1917年任孙中山大元帅府机要秘书，代行秘书长职事。1919年赴美国留学。1924年任国民党中央候补执行委员，中央政治委员会委员，粤军总司令部秘书长，黄埔军校政治教官、政治部代主任，孙中山机要主任秘书，1925年参加国民党右派召集的西山会议。1926年后，任国民党中央青年部部长，1927年年初，国民革命军北伐攻占浙江后，任浙江省政治分会委员兼杭州市市长，1929年3月，国民党召开"三大"，当选为中央执行委员、中央政治会议委员。1930年以后，任国民政府委员、国民政府立法院副院长，兼任立法院代理院长。1936年12月初，应蒋介石电召去西安。西安事变时，从西京招待所跳窗逃跑，被士兵开枪击伤，两天后死于医院。

病理学研究一年。此间郭沫若也正在日本求学，他举办的进步刊物经费困难，徐诵明为之慷慨解囊。1919年秋，徐诵明再次回到中国，担任北京医学专门学校病理学教授，直至1928年。

这里要特别指出的是，在20世纪20年代之前，中国的病理学研究与教学还是一片空白，徐诵明第一个将病理学引入中国，创建了病理学科，成为当时中国唯一一位病理学教授。那时中国也还没有中文的病理学教材，徐诵明将日本病理学家木村哲二的《病理学》上下册翻译成中文，并为病理学审定了中文名词。很多教会学校用英文授课，而徐诵明坚持用中文讲课，使用中文医学名词。在学术上，徐诵明不受当时各国学派的局限，尽量融会英、法、美、日诸派之长。他授课时也不局限于老教材，而是广泛引述英、日、德的医学文献，内容充实，教学卓有成效。其间徐诵明还建立了中国自办的第一所病理学研究室，并担任主任。为了积累尸体标本，供教学之用，他顶住压力，冲破历朝历代忌讳尸体开肠破肚的封建思想，推进尸体解剖，为国内医学做出跨时代的贡献。[①]

1926年北伐军收复武汉后，他曾赴汉口任第二中山大学医科教授。1928年5月起任教于京师大学医科，8月就任北平大学医学院院长。1929年，徐诵明创办了国立北平大学医学院附属医院。

1930年，教育部聘请徐诵明为医学教育委员会委员，负责起草了全国医学校院六年制教学规划。徐诵明首先在国立北平大学医学院实施七年制的教学，他在《教育通讯》上发表题为《医学院》的文章，指出当前中国医学条件较差、人民健康水平较低、从医人员匮乏的现状，向人们介绍医学院各个专业的设置，向当时全国设立医学院的各个高等院校，普及和强化公众对医学院的认识，鼓励学生报考医学。他认为，当前医学教育面临种种困难，"若不及早挽救"，将"影响抗战前途"，从而导致"国族危机"。[②]

1932年，徐诵明接替沈尹默出任国立北平大学代理校长，并兼任农

[①] 付东红：《追忆医学教育家徐诵明》，《中国卫生人才》2011年第1期，第56—57页。

[②] 付东红：《追忆医学教育家徐诵明》，《中国卫生人才》2011年第1期，第57页。

学院（中国农业大学的前身）代院长，使学校充满了民主自由与积极向上的氛围。

1931年"九一八"事变后，日本侵略军的魔爪逐渐伸向华北，并极力拉拢徐诵明，徐诵明不为利益所动，九拒日伪拉拢。不仅如此，徐诵明在掌北平大学及农学院两校期间，还积极推崇和实行"思想之独立，学术之自由"的办学方针，人称其"开明爱国，公正厚道，尊重教师讲课自由，竭力提携后进"，使校园里的民主自由气息十分浓厚。这一时期，徐诵明先后聘请了范文澜和许寿裳等进步教授先后出任北平大学女子文理学院院长。面对国破家亡的危险局面与险恶环境，学生爱国运动风起云涌、不断发生，许多学生遭到当局的逮捕，而作为校长的徐诵明则屡屡"设法缓颊，多方营救"。

1935年"一二·九"学生运动中，北平大学法商学院是"中华民族解放先锋队"的大本营，北平大学学生与北京大学、北平师范大学、清华大学等校师生组成浩浩荡荡的大军冲上街头，高举民主爱国旗帜，深入揭露日本侵华野心，反对华北自治，不少学生被国民党逮捕，作为校长的徐诵明闻讯后，立即赶到北平市党部去保释被捕学生。并以国立北平大学校长徐诵明、北京大学校长蒋梦麟、清华大学校长梅贻琦、北平师范大学校长李蒸、中法大学校长李麟玉、燕京大学校长陆志韦等的名义共同发表了《平市各大学校长联合发告学生书》，警告政府当局"若无有效之具体办法，终非善策"，并力主"用劝导方法，同时使各方得谅解，以求平复学生活动"。

现将联合告学生书摘录如下：

诸位同学：报纸关于学生的消息，不大登载，以致谣言百出，大家都感不明真相之苦。我们经过几天的实地调查，对于近数日来发生的事实，愿意与诸位同学说一下：

（一）九日北平学生游行，并无女生受伤致命之事。近日最流行的谣言，就是九日有一女生，因游行在王府井大街被警察刺伤殒命。这位女生的学籍，有说是师范大学的，有说是女一中的，女生逝世的地点，有说在市立医院，有说在协和医院。但据师范大学及女一中代理校长报告，该两校并无伤亡的女生。又据协和医院王院长报告，九日有一女生头部受有微伤，经医治后即行出院。市立医院，并无女生受伤死在该处。至于城内各校所传清华有学生伤亡之谣言，查明亦非事实。

（二）连日被捕学生，已完全释放：九日北平学生游行，因而被捕的，计北平大学三人，东北大学六人。北平大学三人，已由徐诵明校长于翌日保出。东北大学因有伤害警士嫌疑，先后被捕十二人。现经王卓然代理校长力保，已于十三日完全释出。

（三）何应钦部长对于北平学生的慰问：何部长已于昨日南下，临行有一告别书致各大学校长，其中有慰问诸同学数语，今录于左："关于冀察时局问题，连日与各地方当局晤洽，经过甚为良好，现由中央明令设立冀察政务委员会，负综理冀察平津政务之责。此间各当局，均富有国家思想，人事之变更，并不影响国家之统一，尚祈诸先生转告各同学，务望埋头努力于学问之研求，更不必涉及课外之活动。各同学素富有爱国精神，顾准有努力于学术之增进，始实际有裨于国家。……北京大学校长蒋梦麟，北平大学校长徐诵明，清华大学校长梅贻琦，师范大学校长李蒸，东北大学代理校长王卓然，燕京大学校长陆志韦。①

与此同时，《北平晨报》于14日还就各大学校长与当局会谈情况做了报道，详细情况如下：

访秦德纯会谈

下午四时各校长又在北京大学第二院聚齐，再度详细协商，旋于下午五时许奔赴市府访秦市长（德纯）交换制止学！集会游行之意见。当由秦市长接见，并希望各该校长在此困难环境中，应严厉诰诫学生安心上课，慎毋轻信浮言致碍学业云云。

张维藩昨谈话

记者昨特为此往访本市公安局长张维藩，志其谈话如下："本市于九日发生学生请愿之事，继而各校罢课，并有学生联合会之组织，此举系爱国热忱，凡属国人皆当钦佩，但是兄弟负有维持地方治安责任，对于请愿集会游行等非常举动，不得不加以注意，他们的爱国热诚，我虽是很表同情，本来爱国之心，人人当有，凡为中国人皆当有爱护中国之观

---

① 《北平晨报》1935年12月14日，《"一二·九"运动资料》第1辑，人民出版社1981年版，第160—162页。

念,但是爱国须有相当的办法,统一的步骤,本中央六月间发布敦睦邦交之原则进行方可,若徒逞一时之勇气,于实际既无所补,且恐反动分子乘机捣乱,小则破坏地方秩序,大则危害国家安宁,岂非与爱国初衷大相悖谬云云。"(时闻社)①

由此,国民党顽固派视北平大学,特别是法商学院为眼中钉。1937年2月,国民政府教育部部长王世杰密电徐诵明,对学校的"反动气焰"严密注意,并要求解聘北平大学法商学院的五名"红色教授"——陈豹隐、李达、程希孟、许德珩、沈志远。为此,徐诵明专程赴南京找王世杰理论,他说:"学校聘请教授,一向只问学问如何、不管政治派别。大学校长的任命权在教育部,而教授的聘任与解聘责在学校,教育部怎么好越权下令?"正是徐诵明多次顶住,才使当局解聘进步教授的计划未予执行。

另外,1935年12月,日伪还炮制了妄图分割和吞并中国领土的"冀察政务委员会",他们在未得到徐诵明同意的情况下,即在天津日本人办的中文报纸上公布其为该委员会委员,并以恐吓的手段相威胁,遭到了徐诵明的严词拒绝,他说:"吾不应富贵而失去对国家及本人人品的尊严。"并立即向行政院驻北平行辕主任何应钦声明,坚决不同意加入这个汉奸组织,也不参与他们的任何活动,把自己的名字从该委员会中除去。

为表明自己的民族立场,徐诵明先后九次拒绝出席日本人邀请参加的各种活动。同时,徐诵明还与北大校长蒋梦麟、清华大学校长梅贻琦、燕京大学校长陆志韦、北平师范大学校长李蒸以及教授胡适、张奚若、蒋廷黻、吴文藻、傅斯年等人联名,通过路透社向全世界人民表达中国人民反对华北自治的意愿,"因为近来外间有伪造民意破坏国家统一的举动,我们北平教育界同仁郑重声明:我们坚决反对一切脱离中央组织特殊机构和阴谋举动,我们要求政府用全国力量维持国家领土及行政的完整。"

---

① 《北平晨报》1935年12月14日,《"一二·九"运动资料》第1辑,人民出版社1981年版,第160—162页。

二、平大留陕　奠定西北现代高等教育事业之根基

由于徐诵明积极追求民主与自由，加之又不执行国民政府教育部的命令，这使得国民政府教育部对徐诵明很不满意，但是随着日本侵华步伐的加快及国共第二次合作的建立，在国共合作与共同抗日的大局势下，国民政府再未深究此事。1937年"七七"卢沟桥事变后，抗日战争全面爆发，日军进逼北平。国难当头，民族面临危机，国民政府为保护师生和中国高等教育事业火种，令国内多所大学向西南、西北内迁。前面已经谈到，其中包括由京津地区六所大学合并而成的西南联合大学和西北联合大学。

徐诵明（左一）与郭沫若等人在日本

1937年9月，北平大学、北平师范大学、北洋工学院合并成立西安临时大学，徐诵明任西安临时大学校委会常务委员，主持校政（临时大

学不设校长），并兼任学校法商学院院长。随着战事推进，西安临时大学再迁汉中，临大的医学院也随校南迁。1938年5月，西安临大改名为国立西北联合大学。西北联大医学院迁至汉中后，始租南郑县（现汉台区）城内联立中学办学，并借助县卫生院成立附属诊所行医带教。之后，再迁城内中学巷九号上课，为避日机轰炸，三迁城东乡村马家坝、马家庙等处，附属诊所（后改为附属医院）迁建文家庙。后于城内汉台建门诊部，迁来附属医院。西北联大时期，尽管条件艰苦，困难诸多，但是在徐诵明等教授的努力下医学院学科建制齐全，学制延续北平大学医学院的六年一贯制，培养了大批优秀医务工作者，从而开创了我国西北地区现代医学高等教育之先河。抗战时期，联大医学院的教授除徐诵明外，还有医学院院长吴祥凤及蹇先器、徐佐夏、严镜清、林几、王同观、刘新民、毛鸿志、王景槐、颜守民、李宝田、侯宗濂、李赋京、李佩琳、万福恩、潘作新、汪美先等数十名著名教授来校执教，师资力量堪称国内一流。汉中期间，房舍多次被日机轰炸毁坏，损失惨重；教务长兼耳鼻喉科教授杨其昌和学生陈德庥、栾汝芹惨遭日机炸死，成为日寇欠下的又一血债。在教学研究工作极为艰难的环境下，广大师生不屈不挠，愈挫愈强，遵"以研究高深学问，培养专门之宗旨"办学方针，建立多个基础学科研究室及多个临床专科诊察室，开设基础、临床课程近50门，依战时体制要求，磨砺意志，历难克艰，坚持教学相长，潜心服务民众。教师们在校舍附近自行租赁民居，自编自印教材、讲义，秉烛备课研读；上课则往返于田间小路，冒酷暑战严寒，顶风雨迎霜雪，以苦为乐；在附属医院为广大群众诊治疾患，带教学生一丝不苟。学生则在简陋的环境里认真读书学习，立志报国，成服务社会、服务抗战之合格人才。医学院还主办护士训练班、战时救护训练班、公共卫生训练班，指导县卫生院和当地各诊所工作，组织诊疗队到乡村巡回医疗等，为社会大众服务。师生们抱长期抗战之决心，以蜡烛之光点亮民族希望，以坚强步履走向复兴之路，与侵略者进行精神和意志的较量。在此期间，另一值得一提的事情是，徐诵明校长和女儿徐幼慧（妇产科助教）一同来联大执教；内科学主任陈礼节教授和儿科学讲师厉华在徐诵明亲自主持下举行了婚礼，结为伴侣，成为让人难忘的一段佳话。①

西北联大成立后，对于高等院校与抗战的关系，徐诵明认为："在抗战期间，最高学府学生应该如何抗战救国：不一定非拿枪到前线去才是救国，我们在后方研究科学增强抗战的力量，也一样是救国。"② 由于学校屡迁校址，加之战乱时期，面临困难可想而知，为了向教育部请示各种学校发展问题，徐诵明与西北联大另一常委陈剑翛，于1938年5月由汉中至西安、汉口向地方当局及国民政府教育部陈述相关事宜。在5月23日上午7时的校纪念周大会上，徐诵明向全校师生就相关问题做了报告。其中，在向教育部请示的各种问题中主要有：（1）添购交通工具问题，因为"本校设在城固，对于交通方面，极感不便，以致校务之进行：若招考学生，聘请教授，购置用品，均未能有预期之效率。"（2）为请领基本建设专款，因为"每一大学生必须有实验室、图书馆及实习工厂三种基本设备，否则，对于学生课业之研究、试验工作等，将均无妥善办法。故拟向教育部请求拨发专款，分别购置建设"。（3）为毕业生服务问题，因为"本校各院系本届毕业生，为数颇多。值兹时期，各机关团体，纷纷裁员，各生对于个人职业问题，自感焦虑。故拟向教育部呈请分发录用，以期学能致用，增加抗战力量"。（4）为请求增加经费，"本校最初在西安成立时，其经费为原三院校经费总额之三成五，自本年1月起，增加半成，共为四成。以之办理一联合大学，诸事草创，殊觉困难。故拟向教育部增加经费，以期从事必需之建设，使本校得渐成为一完善之大学"。（5）请发收容借读生补助费，"本校收容借读生支出各项费用甚巨。原有经费自难负担。故拟向教育部请求，另拨补助费"③。1938年6月20日，西北联大在校本部大礼堂举行纪念周活动，徐诵明将自己赴汉口向最高当局争取增加经费、要求补助、毕业生出路问题、贷金问题、招生问题、军训问题、导师制实施问题以及经过四川的印象等

---

① 杨龙：《高举起抗战兴学的光辉旗帜——从国立北平大学医学院到国立西北医学院》，《西安交大报》，2014年4月17日。
② 西北联合大学出版组：《西北联大校刊》第1期，《校闻》1938年8月15日，第10页。
③ 《历届纪念周演讲纪要》，西北联合大学出版组：《西北联大校刊》第1期，1938年8月15日，第11、13页。

再次做了报告,并特别指出:"西北联合大学,系经最高会议通过,尤负西北文化重责,均以为非在万不得已时,总以不离开西北为最佳。"

另外,在西安临大及西北联大时期,为了激发民族情感,激励学生担当起富强国家的重任,了解历史与时局政治,在徐诵明等常委主持下学校特制定《本校学术讲演办法》,讲演内容主要包括:"(1)国防科学、文学与艺术。(2)战事有关之国际问题。(3)战时政治经济与社会情形。(4)非常时期教育。(5)西洋文化及历史、地理、资源各问题。(6)青年学生之修养问题。其他与抗战有关之重要问题可随时加入。"[1]并将讲演内容载于校刊之上,从《西安临大校刊》到《西北联大校刊》,虽经学校南迁、校名更易,然而学校之学术讲演从未间断,这大大激发了师生的爱国热情。由于西北联合大学师生的爱国进步倾向,使国民党教育当局深为不安。1939年,教育部部长陈立夫一面派特务带枪住校监视,一面密令徐诵明解聘西北联大曹靖华、韩幽桐、沈志远、章友江等十余位进步教授。徐诵明坚决不执行,并和涉事教授一起愤然辞职。

抗战胜利后,唯独北平大学未能复校,永远地留在了陕西,其文理学院、工学院农学院、医学院化身为西北自身的高等教育机关,成为组成今日西北高等教育体系的核心。

三、执掌同济 传承西医高等教育薪火

徐诵明从西北联大愤然辞职后,回到重庆。回到重庆后由于其思想一贯进步而被国民党疑为共产党,从而接受组织审查,无果。1939年,任重庆国民政府教育部医学教育委员会常务委员,1943年在中华医学会第十四届会员代表大会上当选理事。1944年临危受命,出任同济大学校长兼医学院院长。

徐诵明赴任前,同济大学同国内其他高等院校一样,为了躲避战乱已从上海迁至云南,再迁四川李庄。抗战中的同济大学条件十分艰苦,学校面临诸多的困难。徐诵明上任后坚持勤俭办校,努力克服困难,领导同济大学渡过了难关,并使规模不断扩大。他注意民主办学,广延人

---

[1] 《本校学术讲演办法》,西北联合大学出版组:《西安临大校刊》第3期,1938年1月3日。

才，改变了同济大学历来只聘留德人员的旧规，开始聘请薛愚等留英留美人员任教，并派出妇产科胡志远教授到美国留学。徐诵明兼任院长的医学院先后在李庄建立起了生理馆、解剖馆，在宜宾建立起病理馆、药物馆、细菌学馆、公共卫生研究馆和生物学馆，还建设了国内第一所正规化的医事检验学校——高级医事检验职业科。医学院的教学科研实力得到了进一步地提升。在此期间，学校院系设置也有所扩增，教学设备充实了许多。这一时期，同济大学建立了法学院，工学院造船组改为造船系，并增设了机械专修科，理学院数理系分为数学与物理两系。经过这一段时间的扩充和完善，同济大学已开始向综合性大学发展。①

1944年冬，中国人民抗日战争已进入关键时期。日本侵略者对河南、湖北、广西等地大举进犯。中华民族面临生死存亡的危急关头，徐诵明作为一校之长，积极鼓励学生入伍抗战。号召发出后，同济大学师生报名人数达600多人，占全校学生人数三分之一。对入伍学生徐诵明出具从军学生肄业证书，并签署了退伍学生可复学证明书，证明书还盖上"国立同济大学关防"大印。抗战结束后，国民政府教育部有意将同济大学留在四川，徐诵明考虑学校的发展和广大师生的意愿，表示坚决不同意，甚至于到后来，同济大学的去留问题引起了最高当局的重视，蒋介石到宜宾巡视时，见到徐诵明，随即询问徐诵明："可否将学校留在四川重庆继续办学？"徐诵明当即告知蒋介石全校师生员工迁回上海的迫切心情，表示无法从命。②之后，国民政府同意同济大学回迁，于是徐诵明带领同济大学师生回到上海，同济大学迁回上海的校务，也以徐诵明1946年6月1日到上海办公为新的起点。他在写给教育当局的信中慷慨陈词，言称："得其在原地恢复弦诵之声，继续为国育人，则幸甚至矣。"③多年后，获2005年度国家最高科学技术奖的同济大学毕业生吴孟超院士撰文中说："我们应该感谢徐诵明校长，他坚持回上海，拒绝蒋介石迁校重庆的命令。"可见徐诵明对同济大学发展的战略性思维。

---

①② 杨春德、于炜武：《爱国重教，功德永垂——纪念爱国教育家、病理学家徐诵明先生》，载《休闲读品·天下》2012年第二辑，第84—85页。

③ 杨春德、于炜武：《爱国重教，功德永垂——纪念爱国教育家、病理学家徐诵明先生》，《休闲读品·天下》2012年第二辑，第85页。

1946年6月25日，国民政府派调徐诵明往东北接收南满医科大学，后改名为沈阳医学院，也就是中国医科大学的前身，徐诵明任沈阳医学院院长兼病理学教授。这是徐诵明最后一次担任大学校长。

1948年，在新中国成立前夕，徐诵明拒绝国民党教育部部长朱家骅提出让其出任台湾大学校长的建议，留在上海迎接解放，迎接新生的共和国，由此开始了其新的人生历程。

1950年2月，徐诵明受聘任卫生部教育处处长并任教于北京大学医学院。同年7月，被聘为卫生部教材编审委员会委员。1953年，人民卫生出版

1944年国立同济大学校刊复刊，徐诵明题词

社正式成立，徐诵明担任首任社长。1956年，任中华医学会编辑部主任兼《中华医学杂志》总编辑。1958年，他被错划为"右派分子"，被撤销编辑部主任职务。1978年改正。同年，他被推选为政治协商会议第五届全国委员会委员，1983年，他应聘为九三学社中央委员会顾问。

在徐诵明先生百岁寿辰前夕，经卫生部部长、中华医学会会长陈敏章和中华医学会原会长白希清介绍，于1990年11月22日成为中共预备党员。1991年8月26日上午10时55分，徐诵明先生因肺部感染和呼吸、循环衰竭于北京协和医院病逝，享年101岁。

西北工学院与西北大学两校校长赖琏

赖琏（1900—1983）出生于福建永定抚市社前村，字景瑚，笔名觉仙。在湖南长沙度过其少年时期。1919年，毕业于美国人创办的教会大学雅礼大学预科，同年7月，赴美留学，入伊利诺伊大学，习机械工程。毕业后于密歇根州底特律福特汽车公司，研究汽车制造及工业管理。后应程天放之邀，赴加拿大主持《醒华日报》，并在多伦多大学选修政治经济学。1925年，再度到美国，入康奈尔大学研究院，于次年获工程学硕士学位。1926年回国，历任国民党中央党部组织部干事，黄埔军官学校无线电高级班教官，《京报》主笔，《中央日报》总编辑。1932年起历任国民政府南京市政府秘书长、财政局局长、连云港市市长。1936年12月，派为湖南省党部特派员。1937年，当选为国民党第五届候补中央执行委员。1938年7月国立西北工学院成立，1939年3月至1944年8月，任国立西北工学院院长，并于1942年10月21日被任命为西北大学校长，由此一身两任。赖琏与西北联大其他校长有所不同，他是学者型官员及官员型校长，在任时积极贯彻国民政府的西北高等教育战略。1944年8月1日，免去两校校长职务，赴重庆任教育部常务次长。1945年5月，当选为国民党第六届中央执行委员，7月，调任中央执行委员会海外部副部长。1946年，当选为国民党中央执行委员会常务委员，同年11月当选为制宪"国民大会代表"。1948年当选为第一届"立法委员""立法院"侨务委员会委员。同年5月,赴美国。1949年起在新泽西州乔经柯特大学执教三年,在此期间,创办《华美通讯社》《华美日报》。1953年,入联合国秘书处,任中文组主任。1967年退休,1978年定居台湾,受聘为"总统府"国策顾问,1983年8月13日逝世。

一、青年时代　图谋科学救国

赖琏所属赖姓是福建永定100余姓中的大姓之一,除赖琏外,在近现代历史上其家族、同姓中出了不少人物,很多向往革命、追求真理。比如,赖秋实(1895—1931)、赖祖烈(1907—1983)、赖际发(1910—1982)、赖大超(1919—1995)等等。

与家族或同姓中其他人不同的是,赖琏走了一条与他们完全不同的道路。但是,在青年时期,赖琏刻苦学习、积极进步,并希望能科学报国。

赖琏从小与家人一起生活在湖南,他的父亲是一名经营水烟的商人,在长沙开了不小的商铺,后来生意衰败、家道中落。赖琏小时候父亲很重视对他的教育,专门请了私塾教师教他识文习字,他的母亲是典型的贤妻良母,在其很小的时候就给他讲《三国演义》等传奇故事,由此赖琏很喜欢文学。年龄稍长后赖琏到长沙岳云中学学习。从小在湖南生活、长大的赖琏,养成了既有客家人吃苦耐劳精神,又有湖南人坚毅倔强的性格,学习成绩名列前茅。

赖琏在中学学习时,恰逢辛亥革命之后,有一天著名革命家黄兴回乡省亲,赖琏在街头欢迎的人群当中,目睹了黄兴的英姿,十分钦佩。[①]

---

① 《休闲读品·天下》2012年第二辑,第103页。

后来，赖琏又到美国人所办的教会学校雅礼大学读预科。那时，赖琏同其他同时代许多热血青年一样充满激情，积极向往革命，学习之余，爱读陈独秀所办的《新青年》和傅斯年所办的《新潮》杂志，对北洋政府的腐败及卖国求荣深恶痛绝，经常和同学一起在街头、乡村做演讲和鼓动，号召国人反对北洋政府。

他在教会大学——雅礼大学读书时，认为中国要想强大起来，就必须发展工业，由此，立下了学科学技术的志向，他最好的同学是柳直荀①，两人相约将来科学救国、服务国家。当时，赴法国勤工俭学运动正兴起，两人打听到在湖南第一师范学校有一个名叫毛泽东的学生，和在北京的赴法勤工俭学组织有联系，于是相约去岳麓山山脚的一个小乡村去找毛泽东。赖琏和柳直荀此次去虽然没有见到毛泽东，但见到了蔡和森，他们称之为"老学生"。"老学生"蔡和森给他们讲了关于勤工俭学的方法和各种困难，总之是不太乐观，这些对赖琏是一个打击。后据赖琏回忆，他之所以最终放弃赴法国勤工俭学，是他们后来了解到毛泽东不是一个对勤工俭学很有办法的人，很多去找过他的人都比较失望。一年以后，赖琏有两个同学去了法国勤工俭学，但他们一到法国，不但没有找到工作，而且发起勤工俭学的吴稚晖等人也没有给予援助和指导②。于是，他的两位同学便转到美国留学去了，至于其他的一些人，比如周恩来、陈毅等人则加入了共产党。关于赴法国勤工俭学这件事情，赖琏的回忆可能是片面的或带有个人感情的。事实上，当时中国有大批青年学生去了法国，并且也不是找不到工作。据统计，从1919年到1920年，有1600多名中国学生去了法国，包括许多后来成为中国共产党领导者的人，如周恩来、邓小平、李富春、李立三和陈毅等人，大都找到了工作，那时在法国巴黎经常流传一句话，假如你是中国学生，只要你读

---

① 柳直荀（1898—1932），湖南省长沙县高桥镇中兰村人，其父柳午亭曾执教日本陆军士官大学。柳直荀自幼便得到父亲系统严格的指导。1912年考入长沙广益中学，后考入雅礼大学预科。其间，结识了进步人士杨昌济，以及毛泽东、何叔衡等人，在毛泽东等人影响下开始学习和研究马克思主义，1920年10月加入中国社会主义青年团。1924年2月，经何叔衡等人介绍加入中国共产党。1926年任湖南省农民协会秘书长，参加过南昌起义。1932年在"肃反"运动中被夏曦杀害。

② 《休闲读品·天下》2012年第二辑，第103—104页。

《人道报》，你就每月常常可以得到一些法郎，还能从一些工厂打工得到几百法郎，总之只要你刻苦劳动，不是没有工作，生活也不存在问题。①再者，当年的留法运动热潮中，毛泽东更是在其中起了很大作用。1920年，毛泽东、蔡和森持杨昌济手书拜见章士钊，请求章士钊对留学运动予以资助，章士钊当即以两万元巨款相赠，毛泽东拿这笔巨款一部分资助赴法学生，一部用于湖南革命活动。新中国成立后，1961年，国穷民困之际，毛泽东用稿费于每年正月初二送2000元给章士钊，一方面还章士钊当年资助留法运动的费用，一方面以解其困。其坚持送满十年，还够当年的两万元。

1919年7月，赖琏在他的一位美国老师帮助下去了美国留学。至于他的那位同窗好友柳直荀，则走上了和他截然不同的一条道路。在赖琏出国之后，柳直荀结识了进步人士杨昌济，以及毛泽东、何叔衡等人，在毛泽东等人影响下开始学习和研究马克思主义，1920年10月加入中国社会主义青年团。1924年2月，经何叔衡等人介绍加入中国共产党。经杨开慧介绍，1925年与李淑一②结婚。1926年，大革命兴起后，柳直荀按党的要求，到湘潭等地开展农民运动。1926年7月，北伐军攻占长沙，柳直荀当选为新成立的省政府委员，并任省农民协会秘书长，为推动湖南农民运动蓬勃发展做出重要贡献。1927年"四一二"反革命政变后，他立即发出声讨蒋介石的联合通电，动员民众与国民党新军阀做坚决的斗争。1927年5月21日长沙马日事变发生当天，他迅速组织数万农

---

① ［英］迪克·威尔逊：《周恩来传》，中共中央党校出版社1989年版，第43—45页。

② 李淑一（1901—1997），出身书香门第，上中学时与杨开慧结为好友，经杨开慧介绍与柳直荀认识，24岁与柳直荀结婚。结婚三年后，柳直荀离家，李淑一独自在家教书，养育儿子，两人再也没有见面，直到新中国成立后，李淑一才知1932年柳直荀死于王明"左"倾路线，李淑一一生坎坷。1957年5月，毛泽东给李淑一写信："你如去看直荀的墓的时候，请为我代致悼意。"李淑一在接到毛泽东的这封信后，即将她早年写下的一首《菩萨蛮·惊梦》（1933年夏，一天晚上，李淑一在梦中见到丈夫衣带褴褛、血渍斑斑，不禁大哭而醒，于是连夜写下了《菩萨蛮·惊梦》一词："兰闺索寞翻身早，夜来能动愁多少。底事太难堪，惊侬晓梦残。征人何处觅，六载无消息。醒忆别伊时，满衫清泪滋。"赠予毛泽东，毛泽东因此而写下了著名的《蝶恋花·答李淑一》，以寄托他对杨开慧和柳直荀的哀思。

军进攻长沙。同年 7 月，经武汉到南昌，被党组织编入贺龙的部队，参加南昌起义，后随军南下广东。不久被党派往上海、天津等地从事秘密斗争。1928 年参加了周恩来主持的中共顺直省委扩大会议。1929 年冬调任中共湖北省委书记，1930 年 4 月，受命到洪湖革命根据地工作。1931 年 1 月，党的六届四中全会后，王明"左"倾冒险主义错误开始统治中央。同年 3 月，夏曦来到洪湖苏区，开始极力推行王明的路线。柳直荀、贺龙、段德昌等人因提出过不同的意见，遭到夏曦等人的打击。1932 年 5 月，柳直荀被撤销党和红军中的领导职务，调任湘鄂西省苏维埃省财政部部长。不久，又被诬为红三军中的"国民党改组派书记"，于同年 9 月惨遭杀害，时年 34 岁。1945 年 4 月，中共六届七中全会通过的《关于若干历史问题的决议》为柳直荀平反昭雪，他被追认为革命烈士。1957 年 2 月，李淑一把她写的纪念柳直荀的一首《菩萨蛮》词寄给毛主席。1957 年 5 月 11 日，毛泽东复信柳直荀夫人李淑一，并附《蝶恋花·答李淑一》词一首，"我失骄杨君失柳，杨柳轻飏直上重霄九"，表达了毛泽东对柳直荀的怀念之情。[①]

由此可知，赖琏的回忆与历史事实不符，当然这在很大程度上与其政治立场及个人党派情感有很大关系。

而赖琏出国后，入伊利诺伊大学，习机械工程。毕业后于密歇根州底特律福特汽车公司，研究汽车制造及工业管理。后应程天放之邀，赴加拿大主持《醒华日报》，并在多伦多大学选修政治经济学。1925 年再度到美国，入康奈尔大学研究院，于次年获工程学硕士学位。在美国学习期

[①] 参见《中华英烈网：柳直荀》及《休闲读品·天下》2012 年第二辑，第 104 页。

间，赖琏结识了两位在他后来的人生道路产生了重要影响的人，一位是程天放①，另一位是李书田。前者引导赖琏加入了国民党，并对其人生产生了重要影响；后者是赖琏在康奈尔大学的同学，后来李书田回国任北洋工学院院长、西北工学院院长，在担任西北工学院院长期间因前述校内矛盾及纠纷，李书田向当时的教育部部长、他的老同学——陈立夫请求让赖琏来调解国立西北工学院的矛盾，后来赖琏担任国立西北工学院院长达六年半之久并兼任西北大学校长（近两年）。

二、干练人才　展现多方面才华

赖琏从美国回来后，其才华尚未展露，工作也一时没有着落，他原本想找一份与自己专业相关的工作，但不太顺利。在此过程中，他认识了国民党元老石瑛，石瑛正准备去广州担任石井兵工厂的厂长，并同意带赖琏一起前往办厂，但到达广州之后，石瑛无法就任兵工厂厂长，原因是其政敌的反对与攻击。这样，赖琏还是没有机会找到合适的工作，但两人结下了深厚的友谊。正当赖琏一筹莫展无法找到工作时，他碰巧

---

①　程天放（1899—1967），江西新建大塘坪乡人，出生于浙江杭州，系湖广总督程矞采曾孙。历任浙江大学校长、中央政治学校教育长、驻德国大使、国立四川大学校长等职务。1917年入复旦公学，1919年复旦大学毕业。"五四"时期，程天放为响应北京"五四"爱国运动，组织上海学生联合会，选为会长，并受到孙中山先生接见。1920年公费留美，1922年获伊利诺大学政治学硕士，1926年获加拿大多伦多大学政治学博士学位。曾任加拿大《醒华日报》总编辑。回国后任教于复旦大学等校，后投身中国国民党党务系统，为CC骨干人物。1927年任中国国民党江西省党部执行委员兼宣传部部长，1929年担任安徽省政府委员兼教育厅厅长、安徽大学校长，1930年代行省主席职，1932年任国立浙江大学校长。1935—1938年任驻德国大使，1939—1943年任国立四川大学校长，1949年任中国国民党中央宣传部部长。曾经担任联合国教科文组织代表。1949年，随国民政府前往台湾。1950—1954年为国民党逃台后首任"教育部部长"，后任考试院副院长，卸任后赴美，1967年11月29日在美国纽约病逝。

遇见了曾在纽约有过一面之缘、当时正在哥伦比亚大学留学的李范一①，在李范一的介绍下，认识了时任国民党中央组织部秘书吴倚沧，吴也毕业于伊利诺伊大学，又和赖琏是福建同乡，之后经吴倚沧介绍，赖琏认识了国民党中央组织部代理部长陈果夫，就这样赖琏终于在国民党中央组织部谋到了一干事职位，由此也开始了其"办党"生涯。由于赖琏办事干练，深得陈果夫信任和赏识，所以人们一直把赖琏称之为CC派的得力干将，虽然他自己一直否认，但其政治生涯一直受到陈氏兄弟的关照，确是历史的事实。之后，赖琏从事国民党的党务工作，并主要做了如下几件事情。

其一，参与"清党"工作。1927年大革命失败后，国民党开始"清党"，"清党"的主要工作一方面是逮捕黄埔军校里的共产党员，另一方面是接管黄埔军校里有大量共产党员的总政治部。赖琏主要负责接收总政治部，后被任命为总政治部秘书长，是该部的实际负责人，由于工作得力，得到了李济深的赞扬。其二，赖琏到广西南宁协助省主席黄绍竑整理党务，改组广西省国民党党部，清除了广西国民党里的共产党员和有左翼倾向的人员。其三，协助李范一培养无线电专业人员。当时的北伐军各部队中，所使用的通讯方法，既陈旧又迟缓。李范一向蒋介石建议建立无线电通信网，蒋介石立即采纳并命令李范一负责此项工作，李范一受命后首先想到让赖琏担任他的助手。于是，他们着手无线电专业人员的训练，当时国民党招收有英文基础的黄埔军校毕业生四五十人，

---

① 李范一（1891—1976），字少伯，湖北应城城关人。一生历经前清、民国与新中国，抗战时期极力主张国共合作，致力于民族的独立与解放，为我国的无线电事业、燃料工业、石油工业与新中国的建设工作做出了卓越贡献。他幼时家贫，父早丧，由叔祖及舅父资送私塾就读。10岁能文，13岁中秀才，乡人称其为"神童"。后入两湖书院，与董必武等相识，从而接受民主革命思想，加入中国同盟会。武昌首义，被编入学生军，颇受黄兴器重。之后去美国哥伦比亚大学留学。先学经济，后改习无线电。1924年回国后，参加北伐，任国民革命军总司令部交通处处长。北伐胜利后，先后任南洋公学（今上海交通大学）校长、国民政府军事委员会交通处处长、军事交通技术学校校长、建设委员会无线电管理处处长等职。新中国成立后，任中央人民政府燃料工业部副部长，1955年调任石油工业部副部长。先后担任第一、二、三、四届全国人民代表大会代表，第一届全国政协委员。1976年4月30日因病在北京逝世。

称为军校高级班，加速培养无线电专业人员。此时，赖琏除了培训无线电高级专业人员班外，还担任了内燃机的教学，每天穿着上校军服讲课，十分得意。这些受训学生完成基本的训练后，即被派到前线工作，为北伐的胜利做出了重要贡献。

赖琏在广州"办党"为其以后进一步从事党务工作打下了基础，也积累了经验。1928年，蒋介石在南京办了一个组织庞大的军官团，把第一届到第五届的黄埔军校部分毕业生纳为学员，目的是让他们在被委以重任之前统一思想及加强党化教育。当时学员有1000多人，蒋介石亲任军官团团长，程天放为政治部的主任教官。这样在赖琏的老朋友程天放的引荐下，赖琏在担任了军官团政治教官兼组织科科长，主要工作是教授三民主义理论，与此同时，赖琏还兼任了国民党中央政治学院的"三民主义"教授。之后，赖琏参与了南京市党部的竞选，并当选为南京市党部的执行委员，后又当选为全国代表大会的南京市代表，并参与中央委员的竞选。不过他第一次竞选中央委员失败了，原因是国民党内部的派系斗争。1936年，随着自己政治资本的增加，经陈立夫和陈果夫的支持，在国民党第五次全国代表大会上，赖琏当选为国民党第五届候补中央执行委员。

当上中央委员后，赖琏开始无事可做，被陈诚讥讽为"闲散中委"，但不久后，他就有了任务，1936年12月派为湖南省党部特派员，解决湖南地方上的党争。他在湖南工作了两年多，"七七"事变后，湖南省政府改组，何键辞去省主席职务，张治中接任，赖琏借机辞去在湖南的工作，经贵州到了陪都重庆。自长沙到重庆后不久，赖琏即被派往西北。这大体是他在抗日战争前后从事党务工作的经历。

另外，赖琏在国民党内还号称"能办报"。其第一次办报纸是在美国应程天放之邀，赴加拿大主持《醒华日报》，第二次办报是1928年在南京《京报》担任总编辑，这是一份由国民政府支持的报纸。蒋介石经常看此报纸，由于赖琏的社论不合蒋介石口味，最后该报纸停办了。《京报》停办一年后，《中央日报》进驻南京并进行改组，赖琏被任命为《中央日报》的总编辑，直接向国民党中央宣传部汇报工作。赖琏办报本身并没有什么实际权力，但是为其积累了政治资本。

另外，赖琏到西北工学院担任院长之前，还做过几年的市政工作，1932年起历任国民政府南京市政府秘书长、财政局局长、连云港市市长，尤其是在担任国民政府南京市政府秘书长及连云港市市长期间，做了不少事情，成绩显著。在担任南京市政府秘书长期间，赖琏和石瑛一起，对南京的市政建设做出了贡献，修了多条马路，完成了自来水工程，开始了地下水管道的改造，兴办平民小本贷款，建起了多所学校，加强了私立学校的建设，又在城北创立了新住宅区，并在下关建了租价低廉的平民公寓等。另外，值得一提的是，赖琏还筹建了连云港市，即现在的连云港市。当时，陈果夫按照孙中山的《建国方略》中的精神，想把江苏省的东海、灌云两县合并，依着海岸建起一个南比上海、北比青岛的大城市。连云港，简称"连"，古称"海州"。这里风景秀丽、环境优美，生态渔业发达，自古以来就享有"鱼米之乡"之称。1933年，陇海铁路终端港建成后，其重要地理位置及在国家经济社会发展中的重要性日益显现。1935年，国民政府将东海、灌云各划出一部分成立连云港市，但具体筹建还需花费时日。陈果夫把此任务交给了有一定市政经验的赖琏，赖琏接受任务后，先是罗织一批市政工程的专家作为筹备组的负责人。如工务组主任严宏桂，曾经留学美国，专攻土木及水利工程，且分别担任过青岛和南京的工务局局长。主持地政的张丕介曾经在德国研究过土地问题，主持民政的徐佛观是刚从日本归国的军事专家，筹备组的成员约30人。据赖琏回忆，当时大家怀抱着"开辟新天地，建设一个我国史无前例、最伟大、最现代化的新都市"的美好理想投入连云港市的勘测、规划、建章立制的工作中。①

可以说，连云港市的筹划、建设赖琏还是投入了大量精力，并付出了艰辛努力。新中国成立后，经过几十年的发展，如今连云港市已发展成为区域及全国具有重要影响的港口城市，据统计，2012年年末，连云港常住总人口440.69万人。2013年，农业方面建成万亩"菜篮子"基地三个，灌云县南岗乡许相村（万惠芦蒿）被认证为全国一村一品示范村镇；规模以上工业增加值820.94亿元，较上年增加148.47亿元，增

---

① 参见《休闲读品·天下》2012年第二辑，第105—108页的相关论述。

长 14.4%，增幅高于江苏省平均 0.3 个百分点，居全省第三位；工业用电量 88.73 亿千瓦时，增长 16.9%，居全省第三位；社会消费品零售总额 655.57 亿元，增长 13.9%，居全省第三位。2015 年，连云港市实现 GDP 2160.64 亿元、居民收入 19418 元，同比分别增长 10.8% 和 9.1%，增幅均位居江苏省第一位。另外，连云港市还是中国首批 14 个沿海开放城市之一、中国十大幸福城市，同时也是丝绸之路经济带东方桥头堡、国际性港口城市、中国十大海港之一，发展成就令人瞩目。

三、兼长两校　自认"一生最愉快的回忆"

办大学是赖琏一生中最为得意的事情，但是在其开始这一事业时却非常具有戏剧性。前面已经提及，西北联大成立后西北工学院由于学潮事件，李书田一气之下率领原北洋工学院部分学生南下四川办学，有一部分学生前往重庆请愿。而在此之前，李书田曾经要求教育部派赖琏迁来西北工学院调停此事件，于是教育部派赖琏前往西北汉中调查、平息西北工学院学生请愿事件。1939 年 3 月，赖琏自重庆来汉中西北联大的路上恰巧遇见了前往重庆的原北洋工学院 200 多名请愿学生，赖琏当即劝阻。最终经过赖琏的耐心说服、教育，这 200 多名学生返回城固复课，并把他们暂时安排在龙头镇和七星寺，从而保证了学校的稳定，维持了正常的教学秩序。赖琏对西北工学院学生请愿事件妥善处理后，国民政府随即令他担任国立西北工学院院长，半年后赖琏将临时上课地点龙头镇和七星寺的学生全部搬回到西北工学院本部古路坝上课。并于 1942 年 10 月 21 日国民政府教育部任命他为西北大学校长，由此赖琏一身两任，同时兼任西北工学院与西北大学两校校长。赖琏与西北联大其他校长有所不同，他是学者型官员及官员型校长，在任时很好地贯彻了国民政府的西北高等教育战略。值得一提的是，他自己也没有想到，担任国立西北工学院院长和国立西北大学校长后，一干就是六年多时间。从而在国民党内成就了其"三能"人才的声誉，即由以前的能办党、办报，加上了还能办学的美誉。

赖琏担任西北工学院院长后，随即召集全体师生做了一番感人肺腑的讲话，并限令总务处在两周之内赶制 1000 套桌椅，要求全院次日复课。在桌椅配备齐全之前，除了女生和身体衰弱的学生坐着上课外，其他学生一律站着上课。至于原定要开除的学生，因在战争的特殊时期，为免流离失所，决定另行处理，这些学生有的留校继续完成学业，有的转到其他大学学习，毕业时由西北工学院发给文凭。这样，经过一系列稳定学校、学生的措施，学生的情绪逐渐稳定下来，学校也恢复了正常的教学秩序。

赖琏主持国立西北工学院六年多，可以说对西北工学院的发展倾注了大量精力与心血，逐渐将其建设成抗战后方最完备的工科大学。在其一系列措施中，他尤其注重学校常规管理及教学科研工作，诸如严肃考试纪律、扩建校舍，还因地制宜建立了几间教学实验室；他在教育教学中特别强调学生理论学习和实践的有机结合，当时从西安到宝鸡的陇海铁路线上，有很多内迁的工厂，赖琏和他们联系，安排学生暑假到工厂学习、实践；随着学生人数的增加，他又在城固县城边的七星寺，办起了一个分校，安排一年级学生和先修班在此上课，这样西北工学院的教学工作又开始有声有色地开展起来。①

客观来讲，赖琏在国立西北工学院是比较受师生欢迎的，校政也是卓有成效的。在此情况下一方面西北大学内部人事复杂，前任两位校长胡庶华和陈石珍均不欢而散；一方面西大学生不满国民党反动派的统治，学潮不断。故而，国民政府想另派干将予以整顿，而赖琏本来就在西北，熟悉情况，加之以能办学赢得声誉，于是西北大学校长一职国民政府教育部首先想到了他。但是，他被任命为西北大学校长后，西北工学院的师生闻讯，竟不愿意让他走，最后国民政府教育部采取了一个折中方案，让他同时兼任两所学校的校长。这样，1942年10月21日赖琏被任命他为西北大学校长。

赖琏被任命为西北大学校长后，并没有立即上任，他对当时西北大学的复杂情况早有耳闻，他后来回忆说："以前西大闹学潮，不但学生很容易冲动，就是教授们也有不同意见。左翼分子……每次都闹到不可收拾的地步。校内的国民党党部及三民主义青年团，虽然同信一个主义，同护一个领袖，但是，鸿沟划分很清楚，明争暗斗，各不相让……。惶

---

① 参见《休闲读品·天下》2012年第二辑，第110页。

惑和窘迫这两个词，最能形容我那几个星期的心情。"① 对此，赖琏后来还说："有的说西大是不治之症，前任两位校长胡庶华和陈石珍，都在不欢而散的情景下离开了西大，我何必重蹈覆辙，再去自讨没趣。……我做事一向不怕困难，也肯负责任的，但是西大若干年的学潮，一提起就使我心悸。"②

所以在任命为西北大学校长之始，他颇有顾虑，不愿赴任。只是到了后来教育部一再催促，并告诉他，让他兼任西北大学校长是秉承最高当局旨意，他这才不敢怠慢，即可走马上任。有意思的是，据说他赴任西北大学校长那天，既没坐汽车，也没坐滑竿，而是骑马，他自己称之为真正的"走马上任"。并且还是骑着曾担任陕西督军刘镇华③的马"走马上任"。刘镇华与西北大学渊源颇深，他不仅是陕源国立西北大学的创始人之一，而且在汉中城固同西北联大同处九载。赖琏骑刘镇华的马的事情原委是这样的：1936年10月，刘镇华的靠山、南昌行营秘书长杨永泰在武汉被刺身亡，刘镇华闻此消息后传说精神失常。1937年5月被免去安徽省省长之职，从此脱离政治舞台。抗战爆发后，他即移住陕西城固，直到抗战胜利。在城固时，刘镇华住在离城不远的邸家村，以好骑马的将军闻名四乡。故赖琏骑刘镇华的马上任便很正常。据说西大英文系一女教授亦好骑马，遂被刘拓介绍到刘处骑马。刘亦常骑马到西大访问这位女教授。一来二去，刘镇华竟然害了单相思，在纸上乱画什么"关关雎鸠，在河之洲……"那位女教授见状赶紧离去，刘却依然天天骑马去追。刘还曾对人说："有一个算命的说，百年之后继续委员长事业

---

① 赖琏：《西北工学院与西北大学——抗战时期兼长西北两大学的回忆》，台湾《传记文学》第8卷，1966年4月第5期。
② 赖琏：《一个最愉快的回忆——抗战时期接长西北大学的经过和感想》，台湾《传记文学》第15卷，1970年8月第6期。
③ 刘镇华（1883—1956），河南巩义市人，原镇嵩军统领。曾授将军府阜威将军，辛亥革命后，他凭借这支号称十万之众的地方武装，依违于各大军阀之间，先后投靠孙中山、袁世凯、段祺瑞、吴佩孚、冯玉祥、阎锡山，最后归附于国民党蒋介石。曾任陕西督军兼省长、安徽省主席等职。1949年逃往台湾。1956年11月18日在台北家中病逝。

的就是他……委员长能成功就是因为有一个懂外国文的太太。"这大概就是刘追逐这位外文女教授的原因。看来，确有几分癫痴了。在城固时，刘镇华与西大人来往甚频，与谭戒甫教授亦相友善，谭常为刘讲解易经八卦等古学。刘的兄弟媳妇就在与西大隔壁的西北师范学院家政系和国文系旁听。这一时期，刘镇华还常到学校演讲，大放厥词反共。在城固各界反汪大会上，还热蒸现卖谬谈《周易》。他还给希特勒、墨索里尼写信，并与之称兄道弟。信从城固发出，到重庆后被邮检退回原处城固，一时传为笑话。① 这些事情的真假，我们暂且不去讨论，但是有一点是毫无疑问的，即他为西北大学的发展还是做出了一定贡献。

如，在西北大学期间，赖琏提出了"提高课程标准""加强读书空气""使西北大学成为名副其实的西北最高学府"等举措，在纪律上不允许学生随便缺课，并要求教师严格点名及加强考试。在办学上积极清理旧债，偿还积欠，整顿学生贷金，又将全校房屋大加粉刷，使学校面貌大为改善。在学术方面，倡办《西北学术》，并亲自担任发行人、撰写创刊题词："国立西北大学创设陕西，吾人远观周秦汉唐之盛世，纵览陕甘宁青新区域之广大，不惟缅怀先民之功绩，起无限之信仰，且于祖国前途，抱无穷之希望。故恢复历史的光荣，创建新兴的文化，实为西北大学应负之使命。本刊即应此神圣使命而产生。专以研究学术、融合东西方文化、发扬民族精神为主旨。兹当创刊伊始，爰缀数言，其责任之重，其前途之远，愿本刊同人与琏共肩负之。"②《西北学术》自创刊到次年2月停办，共发行四期，刊登数学、物理学、化学、文学、史学等方面的文章，由西北大学出版组出版，全国书店有售，共计发表论文41篇，一些著名学者如殷祖英、黄文弼、陆懋德、罗章龙等的重要论文皆在此刊有发表。

另外，1943年到1944年，西北大学和西北工学院联合到新疆等西北地区进行学术考察的活动，也与赖琏的努力与促成有很大关系。西北联

---

① 姚远：《西大故事之四十五：赖琏赴任西大骑的是刘镇华的马》，参见遥远先生博客 http://blog.sciencenet.cn/u/kexuechuanbo
② 《西北学术》创刊号，赖琏题词。

大与子体各校在办学过程中逐渐形成了传承文明、放眼世界、建设西北的高远追求，这样考察西北就成为各院校的重要任务。在1943年、1944年之前，西北联大包括西安临时大学就已经进行了几次对西北的考察活动。如，1937年8月中旬开始至1938年年初，时为北平研究院历史考古组研究员、后为西北联大教师的何士骥等人，即对西安鱼化寨的新石器时代遗址进行了考察；1938年5月20日，西北联大常委徐诵明、李蒸与联大同人历史系主任许寿裳等并男女学生数十人对城固张骞墓进行了考察。[①] 1939年7月1日，西北联大地理系主任黄国璋任副团长（武汉大学工学院院长邵逸国任团长）的川康考察团，对川康边疆地区进行了考察。[②] 1939年7月20日—9月20日，西北联大对甘肃、宁夏、青海三省进行了学术考察，考察范围"分为政治、经济及历史、地理两组"[③]。等等。但是，西北联大要在西北办学，对西北的考察是长期的且要深入进行。于是身为国民党中央委员的赖琏，借到重庆参加国民党中央全会蒋介石召见他的机会，提出西北办学的计划，蒋介石非但没有责怪他，反而还表扬说赖琏在西北办学成绩不错，将来他到西北视察，一定会到赖琏主持的大学去看看，又问赖琏有无困难，如有困难，他一定帮忙，具体事情请赖琏找陈布雷。随后陈布雷找到赖琏，赖琏趁机提出了他想组织考察团去新疆进行学术考察的计划，陈布雷完全赞同，并许诺提供经费支持。当晚，赖琏就将考察计划书交给了陈布雷，几天后得到了蒋介石的批准。[④] 回到城固后，赖琏组成了两个考察团：一个是新疆科学考

[①] 何士骥、周国亭：《发掘张骞墓前石刻报告书》，载《西北联大校刊》第1期，1938年8月15日，第33页。具体参见梁严冰《西北联大与西北历史研究》，载《西北大学学报》（哲社版）2014年第4期。

[②] 《西北大学大事记》编委会编，赵弘毅、程玲华主编：《西北大学大事记》，西北大学出版社1999年版，第64页。具体参见梁严冰《西北联大与边政学研究》，载《西北大学学报》（哲社版）2016年第2期。

[③] 《甘宁青暑期考察团筹备会第一次筹备会议纪录》，载《西北联大校刊》第17期，1939年6月1日，第11—12页；《本校组织甘宁青暑期考察团》，载《西北联大校刊》1939年6月1日第17期，第13页。具体参见梁严冰《西北联大与边政学研究》，载《西北大学学报》（哲社版）2016年第2期。

[④] 参见《休闲读品·天下》2012年第二辑，第111—112页。

察团，由西北工学院教授潘承孝和余谦带领；一个是新疆历史地理考察团，由西北大学教授黄文弼和殷祖英率领。于是1943年，西北大学黄文弼教授率考察团到甘肃、新疆等地考察，他们沿着河西走廊西行，先后考察了敦煌莫高窟及北疆、南疆，1944年返校。① 之外，1944年，边政系杨兆钧先生率边疆考察团前往青海进行学术调查，对撒拉族语言及维吾尔族文化、风俗、习惯、生活等进行重点考察，历时两个月，收获颇多。② 等等。

赖琏在担任西北大学校长期间，也有一些不光彩的事情。例如，他到校后配合国民党当局逮捕了四名共产党员和学生，送往西安西北青年劳动营拘禁，又向百名学生和一些教授发出警告信，清查师生中的共产党员。在他任内有40名学生以共产党员嫌疑人被扣发文凭，六名学生被迫离校，随即被开除学籍，另有五名学生被勒令退学，限期离校。1943年，在国民政府教育部部长陈立夫的家宴上认识中国代表周恩来。周恩来说："我们在陕北，早已知道你的大名和你所办的学校。"赖琏立刻回答："我在陕南早已知道你们了。"赖琏后来回忆这次与周恩来的会面，这样写道："我们这样偶然的对白，不是互相恭维或讥讽，也不是应酬交际的门面话，而正是那时一个真实故事的写照。"③ 1944年8月，赖琏结束了在西北大办学生涯。

四、遭蒋严斥　以海外部结束仕途

在结束西北的办学生涯后，赖琏被任命为国民政府教育部常务次长。当时，赖琏联合几位比较年轻的中央委员发起了所谓的"党政革新运动"，企图对国民党进行政治革新，但此举遭到了多数国民党老人的反对，并且蒋介石在庐山把赖琏等人严厉训斥了一顿。之后，赖琏被即被

---

① 《西北大学学人谱》编委会：《西北大学学人谱》，西北大学出版社1997年版，第192页。具体参见梁严冰《西北联大与边政学研究》，载《西北大学学报》（哲社版）2016年第2期。

② 西北大学校史委员会编，李永森、姚远主编：《西北大学史稿（1902—1949）》上卷，修订版，西北大学出版社2002年版，第297—298页。具体参见梁严冰《西北联大与边政学研究》，载《西北大学学报》（哲社版）2016年第2期。

③ 参见《休闲读品·天下》2012年第二辑，第112页。

委任为国民党中央海外部副部长,从此到海外工作,这也意味赖琏从此结束了他的"办党"生涯。

国民党败退台湾后,赖琏开始在美国生活,1949年起在新泽西州乔经柯特大学执教三年。在此期间,创办《华美通讯社》《华美日报》,但是工作都很不尽如人意。1953年,赖琏入联合国秘书处,任中文组主任。1967年退休后,应台北《中国时报》之邀,为国际问题专栏撰稿。1978年定居台湾,受聘为"总统府"国策顾问,1983年8月13日逝世。

历任五所大学校长的胡庶华

胡庶华（1886—1968），现代教育家、冶金学家，字春藻，湖南修县人。早年肄业于京师译学馆德文班，1913年，留学于德国柏林工业大学和工科大学，学习铁冶金工程，矢志科学救国。1920年，获得德国铁冶金博士学位。1922年回国，先后担任过湖南工业专门学校教授、事务主任，国立武昌大学的教授、代校长，江苏教育厅厅长等职位。1929年后，先后担任同济大学、重庆大学、西北大学校长，国民党立法院第二届立法委员，第三、四届参政会委员等职务。1932年、1941年、1945年三次出任湖南大学校长。1933年，他亲订"整齐严肃、忠孝廉节"为湖南大学的校训，并且亲自为湖南大学谱写了校歌。1942年，胡庶华提出了大学生的人格标准十条。1946年11月，胡庶华当选为制宪"国民大会"代表。1947年，亲自参加学生发起的反内战的大游行。中华人民共和国成立后，任冶金工业部的专员、武汉钢铁学院教授兼图书馆馆长等职，他是第二届至第四届的全国政协委员。

胡庶华一生都致力于教育事业和冶金事业，是我国近现代历史上著名的教育家，曾经担任五所大学的校长。他非常注重广泛罗致硕学为师，主张"以身率教"，提出了"钢铁救国"的思想他终生抱着"教育救国""科学救国"的理念。他的代表作主要有《铁冶金学》《冶金工程》《中国战时资源问题》《钢铁工业》等。①

一、经世致用　主张实业救国

胡庶华自称他是宋代著名的思想家、教育家和理学先驱胡安定的后裔（即胡瑗，因世居陕西路安定堡，世称安定先生）。据胡庶华讲胡安定先生的学生多达千数百人，曾经教授吴中地区20年，1052年被任命为国子监直讲（主讲教授），居太学。他主要教的科目是经义和治事二斋，主张经世致用。要求学生除了重经义之外还要兼顾农田、水利和军事，世人称"苏湖教法"②。胡安定的后代落籍湖南攸县是在明朝时期，传到胡庶华这一代已经是20代了，历代都继承了胡安定的传统，以读书教书为业，每一代都有优秀学子出现。胡庶华是个独生子，他不满一岁就失去了母亲，是被姑姑和继母抚养长大的。六岁的时候开始发奋读书，一直到16岁都是在私塾里读书、装书，做过八股，也做过策论。八岁的时候，他的父亲胡国瑞中了举人。之后，他受到了更为严格的儒家传统思想的教育。九岁的时候，他的父亲就开始教他系统地读古代经典文献，当时文天祥的《正气歌》也是必须背诵的课文之一。过了不久，父亲觉得城里的孩子坏习气太多，并且又不知道稼穑的艰难，便把胡庶华送到了乡下去小住了几年，在这个时候，除了读书之外，他还学到了一点农事方面的知识，体察到了民间的疾苦，这次经历对培养他的吃苦耐劳的习惯有很大的帮助。17岁的时候，他的父亲去了云南，临走的时候叮嘱了他两

胡庶华

---

① 参见于克礼、朱显龙主编《中国国民党全书》（下），陕西人民出版社2001年版，第1066页。

② 参见黄宗羲原本、黄百家撰辑，全祖望修订《宋元学案·安定学案》（卷十五），中华书局1986年版，第1506页。

件事：一是要参加科举，力争进学，勿堕家声；二是要入学校，习科学，顺应潮流，以求自立。这两件事看着好像是有矛盾的，但是在当时新旧斗争及社会交替中，也是很自然的事情，人们不得不兼顾古今中西。这既在他身上留下了深深的时代烙印，又打下了深厚的学养基础。之后，胡庶华按照父亲的嘱咐，在这一年的春天考入了当时湖南的第一个私立中学——明德中学，开始接受现代科学的洗礼。在学校学习了一年半之后，也就是他19岁的时候，参加了科举考试，考的是经义和时务策，中了秀才。紧接着就遵守家规，结婚成了家。但是，也就是他在明德中学学习这段时间，思想发生了很大的变化，突破了原有旧思想的束缚，视野开始不断开阔，进入了更广阔的世界。那时候明德的校长是著名的教育家胡子靖，胡是著名的革命党人，另外著名的辛亥革命人士黄兴也在校任教。这两位师长的革命热忱、救国思想和办学毅力深深地感动了年轻的胡庶华，他从此立下志愿，要出国努力学习和掌握先进的科学技术，为挽救和振兴祖国而贡献自己的青春。①

1905年，胡庶华考取了湖南公费留学日本，在他启程的前一天，突然得知他的继母得了重病，要他立即回家。他没有办法，只好自请开缺，让其他后备的人补上。幸运的是没过多久，有一个新办的湖南游学预备科招生，他就考入法文班。但不幸的是，刚读了一年半，就遇到了陈天华和姚宏业的灵柩分别从日本和上海同时运送回湖南，游学预备科的学生就带头号召长沙各个学校的学生数百万人呼吁，把这两位烈士的遗体葬在了岳麓山。这件事情令官府非常恼怒，预备科立刻被停办了。于是，1907年胡庶华北上报考了当时的京师同文馆，获得了德文班肄业。他在这里读书将近五年，快要毕业的时候爆发了辛亥革命，他又回到了湖南，在湖南高等师范和明德学校任教。27岁时，因为夙愿未偿，于是他不顾一切艰辛和阻碍，在1913年8月再次考取了湖南公费留学德国。

胡庶华出国以后，因为他一心想要实业救国，于是选择了实用科学。起初是在柏林矿科大学肄业，之后因为矿科大学并入了沙罗村堡的工科大学，他就随着转入了工大，专门学习冶金工程。但是，在这个地方只

---

① 参见李海寿《民国时期胡庶华的钢铁经济思想述评》，载《湖北理工学院学报》（人文社会科学版）第22卷，2016年第1期，第12页。

读了一年，第一次世界大战就爆发了。之后，他的学习和生活都遇到了极大的困难。尤其是在1917年中德绝交宣战之后，他不仅学业时断时续，而且连工厂也不能去实习了，所以毕业预试虽然早就过了，但迟迟不能参加毕业的考试，再加上战时粮食和煤炭都断了，他长期饱受着饥寒之苦。战前，中国去德国留学的留学生将近百人，但是大战爆发之后很多青年死的死，走的走，最后就只剩下十来个了。胡庶华咬紧牙关，战胜了种种困难，忍受了当时德国人对他的种种凌辱和歧视，一直坚持自学，直到1919年第一次大战结束，才开始补规定的实习。他在西德莱茵省的几个工厂实习了一年之后，于1920年夏，参加了德国的国家毕业考试。这七年的苦学使他以优异的成绩，获得了铁冶金工程师的学位，[①]他是第一个获得这个学位的中国人。但是胡庶华并没有满足，为了增强实业知识，提高应用技能，在获得铁冶金工程师的学位之后，他并没有立刻回国，而是又留在了克虏伯钢铁厂任见习工程师一年，之后他又去了英国、法国等国的钢铁工厂参观了半年，直到1922年秋才回国。而这个时候他远离祖国已经将近十年了，37年的人生岁月中，累计读书的时间已经达30年。

胡庶华留学及学成回国后，"钢铁救国"的本性从未泯灭。他怀抱着实业救国的夙愿，希望用自己所学报效祖国，但是当时中国的国情是军阀混战，他找不到一个用武之地。那个时候的中国，并没有自己的冶金工业，也没有自己的真正的炼钢厂，当然虽在东北有一些钢铁工业，但那是日本人在经营。

1926年6月26日，胡庶华终于等来了一个机会，我国当时最大的炼钢厂——上海炼钢厂聘请他去当厂长。这家工厂最初是属于洋务运动时期创办的江南制造局的，是曾国藩和李鸿章借了外债，引进西方的先进技术和设备创办的，虽说这个工厂现在看来也不算很大，但在当时算是全国历史悠久的，也是规模最大的，故而很多军阀都要抢夺它来制造军火，并且在当时不管是公立还是私立，所生产的产品都必须销售到兵工厂，于是他欣然前往。

[①] 参见《湖南国立大学人事登记表（1917—1946）》，全宗60目录1卷号87，藏湖南省档案馆。

胡庶华当时接下的这个工厂可以说是一个烂摊子，资金不足、人才缺乏。为了让这个工厂起死回生，他首先招揽了一批学有专长的技术人才，制订了一系列改革工厂的计划，采用先进的检查方法来提高产品质量，改革炉子采用国产的铁来降低成本。其次，他还扩大了经营范围，不只将产品销往兵工厂，还多方为产品打开销路。另外，他也十分注重调动工人的生产积极性。常常已经很晚了，他还去车间了解生产和生活中存在的问题，以便及时地加以解决。可以说，几乎每个月他都要去工厂和全体工人讲几次话，除了必需的布置生产的任务之外，他还经常就工人的思想和生活中的一些问题提出一些建设性的意见。经过他的一番努力之后，工厂糟糕的状况便有所改观。但是，由于国内军阀混战而导致的乱象，使胡庶华改革上海钢铁厂、振兴实业的计划没能实现，并且他那美丽的钢铁救国梦也很快在战火中幻灭了。1927年，北伐战争打到了上海，孙传芳败北。7月，上海炼钢厂因"招股未成，经费支绌，仍旧并入上海兵工厂办理"。上海钢铁就落到了白崇禧的手里，这自然就没有了胡庶华的容身之地。那个时候厂里的存款仅有十万元，他把这些存款发清工资和材料价款之后，就离开了上海钢铁。[①]

1927年9月，胡庶华本来打算回湖南，路过汉口却遇见了唐生智，唐生智邀请胡庶华担任汉阳兵工厂厂长兼筹备汉阳铁厂开工事宜。这件事使胡庶华已经幻灭的理想之火突然又重新燃烧了起来，于是他毅然留下来应聘。可是他还没来得及制订自己的计划策略，到工厂仅仅三个多月，时局就又发生了变化，李宗仁的"西征军"打败了唐生智，武汉在那年11月间又落到了桂系军阀手中。于是，他将工资和材料款发清后就又离职而去，原因是其不肯依附桂系新军阀。

1928年春，原来依附于北洋军阀，之后又投靠南京政府的政学系分子陈仪，在谋取军政部次长兼兵工署署长的位置后，打算出国考察兵器工业，他在上海的时候就认识了胡庶华，并非常赏识胡庶华的才华，所以就一再邀请胡庶华这位内行专家同行，以备顾问。这个时候，胡庶华认为这也许对自己是一次施展专长的机会并可报效国家，但是他与陈仪

[①] 参见李海涛《近代中国第一家炼钢厂的历史命运》，载《苏州大学学报》（哲学社会科学版）2010年第1期，第110—113页。

到欧美一起考察了半年之后,发现陈仪对兵器工业并没有多大的兴趣,不过是个政客,跟他在一起是不会办出什么工业的。

随陈仪到欧美考察结束后,易培基[①]又保荐胡庶华担任国民政府农矿部技术监管兼农民司司长,并兼任国营烈山煤矿局局长。胡庶华认为这个工作还是跟他的专业比较接近的,所以就安心地在这个工作单位干了起来。在烈山矿里,他深深他感觉中国的煤矿工人所受的痛苦比德国工人要沉重得多,一方面因为我国的矿山设备简陋、卫生条件差,使这些矿山工人受尽折磨。另一方面,赌博和鸦片也在威胁着这些工人的健康。于是胡庶华在改善工人生产条件的同时,还禁烟禁赌。最开始工人们很不高兴,但最后都被胡庶华的真诚和执着感动了。但令人遗憾的是,正如之前的上海炼钢厂和汉阳兵工厂的结局那样,胡庶华在烈山煤矿只干了一年,又不得不黯然离去。[②]

二、投身教育　力图兴学

胡庶华分别在上海炼钢厂、汉阳兵工厂、国营烈山煤矿等地方任职,以求实现其实业救国的夙愿,无奈却都是一次一次幻灭在军阀混战的军火中。他投身实业救国无门,于是决定转向教育领域,他希望可以通过兴办教育来培养更多的科学人才,来实现他的科学救国、实业强国的理想。

他在教育领域初试身手是在其回国后不久,直接原因是湖南公立工

---

① 易培基(1880—1937),1880年2月28日出生,湖南省善化(今长沙市)人。曾任湖南省立第一师范学校校长、故宫博物院首任院长。其弟为近代思想家易白沙。易培基毕业于湖南方言学堂,曾留学日本。加入同盟会,参加武昌起义,曾任中华民国副总统黎元洪的秘书。1925年10月,故宫博物院成立,任理事兼文物馆馆长。1933年,因故宫盗宝案蒙遭冤屈,被迫辞去院长之职,移居天津,转至上海法租界。晚年生活处境凄苦。1937年9月病故,终年57岁。

② 参见《开炉后之炼钢厂》,《申报》1930年11月23日。

业专门学校发生了驱宾（宾步程）①事件，事件发生后，湖南省教育厅厅长李剑农请胡庶华代为处理此次事件。而在处理此次事件的过程中，胡庶华一到这个学校就显示出了他不凡的应变处事的才能。由于他的妥当的处事，这件事情很快就平息了。也因为此，他的才能和声望被很多人所知，在工专更换校长的时候，他就很自然地成为继任校长的候选人之一。然而，他竭力推荐比自己年轻很多的留德回来的同学杨茂杰来做这个校长，自己则只是受聘为一个教授兼事务主任。但由于杨校长体弱多病，学校的大小事务几乎都压在了胡庶华的肩上，再加上自己的母校明德中学和楚怡工业学校的邀请，他还要在这两个地方义务兼课。即便如此，他还是做得游刃有余，各项事务都处理得十分妥帖。两年之后，他在教育方面的才能已被更多人知晓。

这一时期，胡庶华的同行兼朋友——石瑛，1924年夏受命为国立武昌大学的校长。石瑛担任国立武昌大学校长后，盛情邀请胡庶华到国立武昌大学任教授兼总务长，胡庶华思来想去，既然朋友盛情邀请又是同行，也便于互相商榷，故而欣然前往。那时候的国立武昌大学只设一个总务长，教务和训育的事儿全都要管，而石校长几乎将全部精力都放在向政府催款的事情上，经常驻北京很少归校，所以胡庶华几乎兼代了校长的职务。这样做了一年之后，虽然说中间也碰到了非常多的棘手的事情，但他努力为之，事事都能平稳度过。并且在此期间，他还完成了他的第一部专业方面的著作《铁冶金学》，交给了商务印书馆出版，被列为《学艺丛书》之一。

1925年，章士钊担任国民政府教育总长，遂立即保荐胡庶华为江苏

---

① 宾步程（1880年1月12日—1943年12月27日），字敏介，号艺庐，湖南省东安县山口铺乡人。1900年，赴德国柏林工科大学留学，学习机械工程。他入德国留学历经八个寒暑。留学期间，曾赴欧美各国考察与实习，足迹遍及20余国。1908年学成回国，继续追随孙中山进行民主革命，后任金陵兵工厂厂长。辛亥革命后，致力于实业。1914年，任湖南公立工业专门学校（后为湖南大学之一部分）校长，历时十年，培养了大批工程技术人员。他亲自改良火车头，名震国内外。先后主持河南焦作煤矿、湖南水口山矿务局、湖南造币厂、湖南黑铅冶炼厂等工矿企业，为发展民族工业做出了贡献。在水口山矿期间，曾奉省长赵恒惕的命令，镇压罢工工人，遭到舆论谴责。

省教育厅厅长，可是胡庶华半年之后就辞职了。因为这个时候，上海炼钢厂力请他去当厂长。当然，一个重要的原因也是胡庶华依然还想着他实业救国的夙愿，他认为这是实现他实业救国理想的非常好的机会，便立刻前去上海任职。但之后由于政府的腐败，使其实业救国实践的理想一次次破灭。世事的变化及人生经历，使胡庶华渐渐明白了自己一生的定位——"教育救国"。

1929年6月，蒋梦麟出任教育部部长，他在大力招揽人才的时候，想起来已经在教育界初露锋芒的胡庶华，就极力推荐他为同济大学的校长。胡庶华欣然答应，此后便毕生致力于中国高等教育事业。1930年，根据邵元冲的提名，胡庶华又兼任了立法院的立法委员。1932年，上海"一·二八"事变之后，他作为大学教授和中国工程学会代表，多次被推选为上海救国联合会主席，带领大家发出了一系列的通电和宣言，大力宣传坚决抵抗日本帝国主义的侵略，呼吁国共两党"停止内战，一致对外"，指出了"武力抵抗日本侵略为我国目前唯一的出路"[①]。但是胡庶华的这些爱国行为却是当时妥协投降的国民党政府所不能容忍的，他不得不辞去同济大学的校长职务，此时，他在同济大学担任校长已满三年，并且干得有声有色。

正在他在同济大学校长任上不断努力、奋力开拓之时，其桑梓之地，家乡湖南呼唤这位游子的归来，希望能把湖湘文化进一步发扬光大。胡庶华接到家乡的邀请后，觉得这是其难以推却的责任和使命。于是，胡庶华于1932年9月再次踏上了家乡湖南的土地，接受了湖南政府的聘请，担任湖南省立大学校长。这时候湖南大学刚定名六年，尚在幼稚草创阶段。为此，他先后进行了一系列开创性的工作，在校长任上胡庶华强调要继承中国传统教育思想注重道德教化的主张，他指出："大学生在求学时期，重在修身。""人格救国，当与科学救国并重。"1933年，胡庶华向湖南大学学生提出《十条告诫》："一、刻苦耐劳以锻炼身体；二、博闻强识以充足智力；三、严守秩序以健全组织；四、诚实不欺以树立信用；五、坦白率真以表示磊落；六、见义勇为以发扬正气；七、

[①] 参见《申报》1932年5月3日、8日。

遇事认真以矫除敷衍；八、爱众亲仁以团结群众；九、自奉俭朴以砥砺廉隅；十、轻财远色以高尚志趣。"① 并且亲自创作《湖南大学校歌》，歌词"承朱张之绪，取欧美之长"一句集中体现了融贯中西的思想，表明了他意在继承"湖湘学派"经世致用的传统学风和务实精神，注重学习西方科学文化，以此作为他办学的思想指导②。

1932年胡庶华（前排右五）与湖南大学教职员在岳麓书院大门前合影

1934年秋，胡庶华代表省立湖南大学和中国工程师学会，带领一个工业考察团到四川去考察，会见了当时四川善后督办公署办兼重庆大学校长刘湘。刘湘早就已经听闻过胡庶华是个矿冶专家，两人见面之后，印象颇好，相谈甚欢，刘湘当即就表示要聘请胡庶华为重庆大学的校长。

1935年，胡庶华觉得自己在省立湖南大学当校长已经满三年，故决定去四川，出任重庆大学校长。胡庶华在重庆大学的三年里，对学校的组织结构进行了合理的调整和整合，使得重庆大学的规模在不断地扩大、社会影响不断提升。在争取从地方盐税中补充一笔办学经费之后，便立

---

① 张泽麟：《岳麓巨子 浇铸湖南大学精神第一人：胡庶华先生》，湖南大学官网，2015年7月16日。
② 参见郭成仁《胡庶华》，《中国现代教育家传》第五卷，湖南教育出版社1987年版，第178页。

即动工修建文学院，增加学校的体育场地和设备，广泛招揽专职教授，扩大招生名额，重庆大学这一时期发展得特别快。

到 1938 年，也是胡庶华在重庆大学任校长满三年的时候，他提出了辞职。但是重庆大学的师生都不愿意让他走，要求四川省政府做出挽留，并且坚决反对新校长入校，这件事的风波一直闹了三个月，最后南京政府不得不对胡庶华重新加以考虑。这样做，一方面是为了平息重庆大学全校师生的公愤，另一方面也是为了希望把胡庶华纳入自己的派系。当时任教育部部长的陈立夫决定聘任胡庶华为西北联合大学常务委员，兼任西北工学院筹备委员。

三、以身作则 每天出操的军训队长

正如有人指出的那样：在西北联大的各位校长中，胡庶华是位极有个性的人物，最突出的特点是他坚持一个原则：每任一职，三年必辞。[①] 胡庶华请辞重庆大学校长后，1938 年 7 月 20 日，国民政府教育部部长陈立夫任命他与李蒸、徐诵明、陈剑翛一同为西北联大常务委员，共同执掌西北联大。同年 9 月，西北联大训导处成立后，胡庶华兼任训导处主任，后又兼任贷金委员会审查委员和军训队队长。每日清晨他都参加学生早操和升旗典礼，并亲自领读由教育部颁发的《青年守则》，朗诵"忠勇为爱国之本，忠孝为齐家之本"，要求每一学生均要熟读背诵，并随时抽查，冬夏如一，从不间断，严加考核。其具体内容为：一忠勇为爱国之本，二忠孝为齐家之本，三仁爱为接物之本，四信以为立业之本，五和平为处世之本，六礼节为治事之本，七服从为负责之本，八勤俭为服务之本，九整洁为治身之本，十助人为快乐之本，十一学问为济世之本，十二有恒为成功之本。[②] 在学生军训时他指出：为了民族复兴，必须恢复我国自古以来的文武合一的教育制度。

在西北联大期间，胡庶华在 1938 年 10 月 15 日出版的《西北联大校刊》第 3 期，发表《中国的战时资源》一文，文章分为概论、中国资源之大略、中国已经开发的资源、战时资源自给的方法等方面进行了论述，

---

① 参见《休闲读品·天下》2012 年第三辑，第 16 页。
② 西北大学校史委员会编；李永森、姚远主编：《西北大学史稿（1902—1949）》（修订版）上卷，西北大学出版社 2002 年版，第 275 页。

指出了抗战时期资源的重要性，并就我国矿产资源的现状和解决资源匮乏的措施进行了论述。最后他强调："现代化的战争，使一切资源，都成为军事原料，故凡备战的国家，不惜重大牺牲，力图达到自给自足的境地。德国自1936年以来，它的口号是收回殖民地运动。意日两国也主张世界资源和殖民地重新分割。我们的祖宗，披荆斩棘，奋斗牺牲，始遗下来广大的土地和丰富的资源；凡属黄帝子孙当以头颅热血保卫之，更应当努力开发，自力更生。以达到'抗战必胜，建国必成'的神圣目标。"① 前面已经谈到，西北工学院出现学生闹事事件后，1939年2月，胡庶华在前往重庆参加第三次全国教育会议经过广元的途中，给西北工学院出走的学生进行说服教育工作并写了一封劝告信，劝告出走学生在战争的特殊时期应该精诚团结，不应该闹分裂。胡庶华与赖琏一起，对说服原北洋工学院学生复校上课及恢复正常教学秩序起了十分重要的作用。

1939年4月6日，胡庶华与李蒸、徐诵明带领全校师生前往张骞墓祭扫，之后又宣誓实行国民抗敌公约。胡庶华发表了在张骞墓前宣读公约的意义的讲话。之后，联大历史系于1938年7月3日及1938年8月24日至9月2日，对张骞墓进行了两次考古发掘与保护工作，胡庶华对此高度重视，并且在1938年9月13—14日就该系考古发掘成果进行了陈列展览，当时胡庶华、李蒸、徐诵明、黎锦熙等陪同国民政府教育部次长顾毓琇等去参观，同时参观的还有校内同学数百人。② 回望历史，此次考古是迄今对张骞墓唯一一次正式发掘和科学发掘，在中国外交史、对外开放史、文化交流史和"丝绸之路"研究上均有重要意义。③ 之后，1939年5月1日，西北联大举行了国民公约宣誓，胡庶华发表了名为《精神的改造》的演讲，指出抗战中精神作用的重要性，要求学生在同一精神的指导下抗战救国。之后，他又在1939年5月15日出版的《西

---

① 《西北联大校刊》第3期，1938年10月15日，第3页。
② 《博望侯墓道古物校内展览记》，载《西北联大校刊》第10期，1939年2月1日，第20页。
③ 姚远：《西北大学对汉博望侯张骞墓的发掘与增修》，载《西北大学学报》（哲学社会科学版）2006年第6期。

北联大校刊》第 16 期，发表《战争与文化》一文，指出："文化在和平时期可以发展，但是，在战争时期，更能够发展。"并特别强调：日本帝国主义的侵略"只能破坏我们的物质，不能毁坏我们的精神，如果我们的精神能被敌人毁坏，就是我们自己没有出息，就是我们自己无用，就是我们自己的罪恶！所以国民精神总动员，是我们应当而且必须做的一件事。"① 从而号召广大青年学生发扬爱国精神，积极抵御日本侵略，坚持长期抗战，从而实现民族复兴。

1939 年 8 月，西北联大再次改组后，胡庶华又被任命为西北大学的校长，后又兼任三青团中央监察委员。1940 年春天，国民政府教育部部长陈立夫视察西北大学、西北工学院，胡庶华亲自陪同陈立夫，陈立夫还在西北大学法商学院二楼阳台上对全校师生发表讲话，宣传国民党的政策与主张。此时，胡庶华已经成为复兴社的要员，并和陈立夫产生了矛盾，陈立夫在视察西北联大对学生发表讲话时，含沙射影地讽刺胡庶华的办学。由于胡庶华和张北海都是教育部派到西北联大的，而张北海坚定地站在 CC 派一边，并且代表教育部加强对西北联大的控制和打击进步势力。对胡庶华而言，他对 CC 派一贯采取的是抵制的态度，所以在西北联大的时候，他就不同意让 CC 派的分子当训导长，到了西北大学又要求国民党的特务机关不得在学校捕人，CC 派也因此对胡庶华恨之入骨，不但发动学生与他为敌，还向国民党政府控告他为"反党"，说他利用美国三青团"包庇共产党"。结果，陈立夫专门来到陕西亲自处理这件事，并在 1940 年 8 月将胡庶华与当时湖南大学的校长皮宗石对调。这样胡庶华在西北办学的经历宣告结束。

四、回归"钢铁" 从湖南大学到北京钢铁学院

胡庶华第二次担任湖南大学校长的时候，那时候学校已经西迁辰溪，国难当头，办学条件十分艰苦。之前辰溪校区经历两次轰炸，校区是一片狼藉。胡庶华于 1941 年在《国立湖南大学之近况》一文中写道："湖南大学自二十七年十月由长沙迁到辰溪，已经是三年半了。在此三年半之内，曾被敌机轰炸过两次：一次是二十八年九月二十一日，第二次是

---

① 《西北联大校刊》第 16 期，1939 年 5 月 15 日，第 14—15 页。

二十九年十月十一日。敌机虽然如此残暴，但是不能阻止我们的努力和奋斗，所以湖南大学还是继续地发展，继续地扩充，继续的前进。"① 在胡校长的带领下，全校师生共同努力，在很短的时间内恢复并发展湖南大学，不管是在基础设施建设、师资充实方面，还是在开展学术活动方面以及在教学内容的文理渗透等方面都取得了喜人的成绩。但是胡庶华与CC派的关系变得更糟了，而陈立夫也认为他是站在三青团与自己作对，所以才不肯安排CC分子担任重要职务，因此经常会少发或者克扣经费。想要通过这样的方法来打击胡庶华，使他的工作变得棘手②，不得不辞职。1943年2月，胡庶华第二次辞去了湖南大学校长的职务，离开了湖南大学，把校长这个职位让给了CC派分子李毓尧。

胡庶华主持修建的湖南大学图书馆

但是胡庶华离开没有多久，湖南大学就爆发拒绝新校长的学潮。虽然蒋介石下令武装镇压，但是学潮仍然持续了一年半不能平息。在这种

---

① 参见胡庶华《国立湖南大学之近况》1942年2月，藏于湖南省档案馆，全宗60目录1卷号3。

② 参见胡庶华《关于我的简单学历和经历的自述》（1956年5月），《胡庶华自传》（未刊），北京钢铁学院组织部1983年。

情况下，新任教育部部长朱家骅才不得不请胡庶华回来收拾残局。1945年4月1日，胡庶华第三次回到湖南大学就任湖南大学校长。由于胡庶华向来在湖南大学学生心中有着很高的威信，在他第三次出任湖南大学校长的时候，赢得了湖南大学学子一致热烈的欢迎。

1956年，胡庶华曾经回忆道："总的来说，我任大学校长18年以上，从来没有学生反对过我的风潮，相反地，我离开学校，那个学校就是大乱（我离开重庆大学后，风潮闹了三个月）。"

胡庶华为帮助湖南大学毕业生成从修出版著作致商务印书馆王云五先生的函

1949年6月1日，胡庶华去香港参加和平运动。8月13日在香港参与黄少竑等44人起义，并发表宣言，公开与蒋介石脱离关系。[1] 后来，胡庶华曾经在自传中这样总结自己："在政治上，我不做任何军阀政客的私人，虽然我直接地或间接地帮了凶，但仍坚持了我的正义感，这是我过去60多年不幸中的大幸。"[2]

1949年10月1日，中华人民共和国成立后，1950年根据胡庶华本人的意愿，中央人民政府安排他担任冶金工业部专员。1952年，北京钢铁学院成立，他被授予钢铁学院教授兼任图书馆馆长的职务，至此之后他把整个晚年都贡献给了钢铁学院。50年代的整整十年，他都是在勤勤恳恳的、默默无闻的教

---

[1] 参见张潜华《国民党立法委员香港起义记》，载《文史资料选辑》第七十辑。
[2] 参见胡庶华《关于我的简单学历和经历的自述》（1956年5月7日写于北京钢铁学院），《胡庶华自传》，北京钢铁学院组织部提供。

学和研究工作中度过。

胡庶华是全国政协第二届、第三届、第四届的委员，积极参加议政。1961年，他向党组织递交了入党申请书。但是，在"文化大革命"开始后他受到了十分残酷的批斗，身心受到了极大的摧残，于1968年6月17日逝世，终年82岁。"文化大革命"结束后的1978年，北京钢铁学院为他落实政策，刊印了《忆胡庶华教授》的缅怀悼念文，文中对胡庶华给予了高度评价："热爱祖国，拥护中国共产党的领导，积极为社会主义服务，为人耿直正派，平易近人，一直受到同志们的尊敬。"①

胡庶华将自己的一生都献给了教育事业和科学事业，他素以廉洁自律、待人真诚热情和卓越的专业才能而著称，得到世人由衷的敬仰和深切的怀念。1949年毕业于湖南大学法学院经济学系的陈百学②说："胡庶华是一位爱国的科学家和教育家，一直关心国家民族的命运，拥护国共合作，主张团结抗日，积极为社会主义服务，为人耿直正派，平易近人。"③ 这是对胡庶华较为公允恰当的评价。

五、融合中西　主张"人格救国"与"科学救国"并重

胡庶华提出了"承朱张之绪，取欧美之长"为核心的大学教育理念，继承中国教育传统与学术思想，弘扬民族优秀文化，同时大胆学习

---

① 参见郭仁成《胡庶华》，《中国现代教育家传》第五卷，湖南教育出版社1987年版，第85页。

② 陈百学（1923—），湖南新化人，1949年在湖南大学法学院经济学系毕业。新中国成立前夕，积极支持并参加学生运动，支持进步学生竞选学生自治会主席，参加反饥饿大游行。1952年至1953年派驻广州办事处任业务组负责人，遂苦心钻研价格学。1955年创造棉布零售价格快速定价表的编制方法，著有《棉布零售价格快速定价表的编制方法》一书，中国财经出版社出版，被编入《全国供销系统先进经验汇编》。1956年被评为湖南省供销社甲等模范工作者，并被授予长沙市先进工作者，参加了全国供销系统第一次先进工作者代表会议，受到了毛泽东主席的接见。1960年调湖南省财贸学院从事物价教学，任教研组组长。20世纪80年代初期，曾提出"关于宏观经济市场控制论"理论，并写成论文，在商业部召开的全国商品流通理论研讨会上宣读。1986年晋升为副教授。长沙市价格学会副会长、省价格学会副秘书长、第六届湖南省政协常委和提案工作委员会委员。1980年加入九三学社，1988年7月1日加入中国共产党。1993年5月退休。

③ 参见陈百学《他是一代宗师——怀念我的大学校长胡庶华》，载《湖南大学校报》2005年4月16日。

西方先进的思想制度和科学技术，致力于民族伟大复兴。胡庶华十分珍惜湖南大学前身岳麓书院的文化遗产和精神财富。岳麓书院自1903年改为湖南高等学堂之后，历代都是湖南的高等教育所在地，它不仅是中国最古老的学府，也是世界最古老的学府。也正是因为这种使命感和责任感，胡庶华提出了"承朱张之绪，取欧美之长"的主张。他赴日本归来的时候曾撰文指出："查日本文化，大都输自我国和欧美，然其特色，在能取人之长而不盲从，存己之长而有鉴别"①。因此，胡庶华所提出的这一主张，并非全盘否定、盲目守旧，也非全盘西化、盲目崇洋，而是强调"取人之长而不盲从，存己之长而有鉴别"。胡庶华秉持这一理念开始实践治校，在文化建设、文化培养、人才培养、学术研究、社会服务等方面都取得了卓越的成就。同时这一理念也是我国高等教育事业最宝贵的财富。

历史和现实都告诉我们，组织文化的建构和发展是领导工作的重要方面，在领导因素中，文化因素所占的比重更为重要。胡庶华主持各大学的时代正值国家多事之秋，对胡庶华来说，办大学是为了传承文化、复兴民族。他非常注重大学文化建设，认为培育大学精神，是学校精神内化为师生的共享价值观，并且要发挥对社会的反作用，引领社会风向。在他的领导下，同济大学、重庆大学、湖南大学、西北大学等在非常短的时间内取得了飞速的发展，跻身于民国时期中国高等教育的前列，形成了独特的大学文化和精神。胡庶华的这种注重大学文化建设、培育大学精神的做法即使在今天仍有其现实意义。

胡庶华手迹

---

① 参见刘声木《苌楚斋续笔》，中华书局2007年版，第268页。

胡庶华继承了中国传统思想注重道德教化的主张。他指出："吾国大学之道，以修身齐家造其端，以治国平天下达其极；苟不修其身，则虽有救国之愿，亦莫能尝。故大学生在求学期间，重在修身"①，"人格救国，当与科学救国并重"②。胡庶华待人施教都秉承中庸之道，倡导以身率教，以身作则，感化而不主张压迫。凡是要求学生做到的，他都自己首先努力做到。胡庶华做事不刚不柔、不激不随，不予人难堪，无论是劝谏朋友还是告诫学生，都仅限于两人对话，从不当众斥责。

除此之外，胡庶华还非常注重大学的学术研究，重视校风与学风建设，倡导大学学术化。他首次就任湖南大学校长时就明确提出"养成整齐严肃、坚苦卓绝之学风"。他认为大学生在求学时期重在修身，整齐严肃无疑是修身要术之一。胡庶华还总结湖南大学及岳麓书院在人才培养方面的经验与特色，提出以"耐劳肯干、为国牺牲"作为湖南大学校风。在他的领导下，湖南大学因陋就简，同学安心向学，不为物染，奋发进取，取得了突飞猛进的发展，被誉为"全国省立大学之冠"。1932年10月31日，蒋介石来校视察，以湖南大学物质上虽欠充足，精神上甚佳，深为满意，他对胡庶华说："湖南大学为湘省最高学府，湘人夙富革命性，湖南大学实负有复兴民族之重要使命。今得全国闻名之胡校长担任斯职，将来必有良好成绩，希望胡校长以全力赴之，为湖南大学谋进步。"③

另外，早在他任同济大学期间，他就提出了"小学普遍化、中学职业化、大学学术化"的主张。他认为："大学教育应该注重高深的学术，造成专门人才，并鼓励研究，以促进我国在国际学术界的地位"④。在他的积极倡导下，同济大学、湖南大学、重庆大学等的学术研究蔚然成风，老师在授课之余，积极开展研究工作，各有专长，多有创获。胡庶华还

---

① 参见胡庶华《释校训》，载《湖南大学校刊》1933年6月18日第1版。
② 参见胡庶华《中国民族复兴的基本条件》，载《湖南大学校刊》1933年5月7日第2版。
③ 张泽麟：《岳麓巨子 浇铸湖南大学精神第一人：胡庶华先生》，湖南大学官网，2015年7月16日。
④ 参见周川、黄旭《百年之功——中国近代大学校长的教育家精神》，福建教育出版社2005年版，第348—358页。

利用他个人的影响广邀各界名人到学校发表演说、讲学论道，丰富校园的学术生活，并鼓励师生积极成立各种社团和协会，广泛开展学术活动，出版各种学术刊物。

胡庶华认为："大学为一国最高学府，正人心，厚风俗，实与有责焉，不第研学术、造专才、为国谋富强已也"[①]。因此，大学不仅要肩负起培养人才、研究学术的重任，还应该承担服务社会的使命，胡庶华提出了关键在于大学的地方化的理念，认为大学要为所在区域经济社会发展服务。胡庶华倡导大学地方化的一大创举是在任重庆大学校长时倡导在重庆沙坪坝建立文化区。1938年沙磁文化区成立，胡庶华出任文化区自治委员会主任干事，领导开展了卓有成效的组织建设，使文化区迅速崛起。

胡庶华还非常注重教育质量的提高。在湖南大学任校长期间，他先后提出了"不求量的发展，但求质的提高"和"应致力于质的充实，无需量的发展"的办学方针，并以此方针为指导，着力加强师资队伍建设和办学支撑体系建设。当时的湖南大学，名师荟萃，兼容并蓄。

胡庶华作为我国近现代著名的教育家，为我国高等教育事业特别是湖南大学、同济大学、重庆大学和西北大学等的建设和发展做出了不可磨灭的贡献，尤其是他丰富的治校实践经验所形成的独具特色的大学教育思想，即使在今天仍然具有重大的理论和实践意义，许多思想值得我们借鉴和吸收。

---

① 参见《湖南大学校友录　胡庶华》，湖南大学，1942年1月。

中国西北考古第一人黄文弼

　　黄文弼（1893—1966），湖北汉川人，字仲良，号耀堂。1918年毕业于北京大学哲学门，早年致力于宋明理学研究，后专攻考古学，是北京大学考古学会最早的会员。1927—1930年间，参加了瑞典地理学家斯文·赫定发起的中国、瑞典合组的西北科学考察团。1937年10月至1947年9月先后任国立西安临时大学—国立西北联合大学—国立西北大学历史学系讲师、教授兼主任、边政学系教授兼主任，前后历时十年，占其40年学术生涯的四分之一，也是其开始西北科学考古以来最重要的一个历史阶段。他一生曾四次深入亚洲腹地新疆进行科学考察，行程38300公里，其中1943年4月至11月第三次西北科学考察由西北大学派出。这些考察活动所获得的大量文物对研究西北地区的历史及古代中西文化交流具有重要价值，填补了学术界的诸多空白。他在民国时期共出版50篇（本）论著，其中有24篇（本）论著是在西北联大时期完成并出版的。同时，在西北联大—西北大学，参与创立了我国最早的两个大学考古专业之一和两个最早的大学边政学专业之一，为我国西北考古和边政学研究及学科发展做出了开创性的贡献。1949年后，历任中国科学院考古研究员、第四届全国政协委员等。

一、建功大漠　我国西北考古和科学考古的拓荒者

19世纪末20世纪初，西方探险家掀起了在中国西北考察的热潮，西北地区地下及地上掩埋的文物——现世。斯坦因、伯希和斯文·赫定等人在中国所获的文物，在西方被奉为珍宝，从而引起了一个又一个的社会轰动。经历了"五四"新文化运动的中国学者，不甘心落后于西方学者的步伐，他们克服了各种艰难险阻，勇敢地踏上了西北考察的征程，黄文弼便是其中之一。黄文弼一生四次深入西北地区进行科学考察活动，行程38300公里，开创了西北考古与历史研究的新局面。

黄文弼

1927年，黄文弼第一次对西北进行科学考察活动，也由此实现了其人生的转折，并与考古结下了不解之缘。这一年，瑞典人斯文·赫定来到中国准备开始他的第四次中亚探险。但是此时中国学界已经觉醒，不再容忍西方探险家在中国随意地进行考察活动。新文化运动的代表人物之一、北京大学教授刘复，作为谈判代表与赫定积极交涉，迫使赫定同意与中国学者联合开展考察活动。1927年4月26日，在刘复的协调下，西北科学考察团成立，考察团同时设立理事会，以"监察并指挥"考察团事务。赫定为外方团长，北大教授徐旭生为中方团长。黄文弼自告奋勇参加考察团，负责考古工作。[①] 1927年5月考察团出发，黄文弼最初随赫定在内蒙古考察，此后又独自率队前往新疆进行考古工作，并于1930年秋返回北平。这是黄文弼的第一次西北考察。在第一次对西北的考察活动中，黄文弼既与赫定热情合作，也严肃地反对其损害中国主权的言行。如1930年去楼兰遗迹考察时，赫定竟将瑞典的国旗插在沙丘上，黄文弼当场提出严正抗议："这是中国的领土，不许插上外国的国

[①] 刘子凡《黄文弼与胡适——中国新疆考古史上的一段往事》，载2014年10月22日《东方早报》。

旗！"他一边说着一边拔掉瑞典国旗，插上了中国国旗。

通过此次考察活动，黄文弼对新疆等地的考察有了重大收获。比如，黄文弼就此次考察的重要发现向当时的胡适进行了专门介绍，他在1931年7月19日给胡适写了一封长信，信中非常详细地向胡适讲述了他在出土文书中发现的一种新的西域语言文字，信后还特意附上了文书的照片。黄文弼称这几件文书是在托和沙赖（即今图木舒克市脱库孜萨来遗址）掘得。① 根据《黄文弼蒙新考察日记（1927—1930）》记载，黄文弼1929年9月6日在托和沙赖的"拱拜"（即墓穴）中掘得"经纸数块，长尺许"。这应当便是信中提到的文书。黄文弼认为这几件文书出土于古疏勒国地域，故根据玄奘《大唐西域记》的记载，将其推测为佉沙文（即疏勒文）。同时，受西方学界流行的"吐火罗语"说的影响，黄文弼又曾一度将此种所谓佉沙文称作吐火罗文。但他自己又否定了这种看法，认为不应当将西域语言称为"吐火罗语"，而应该使用焉耆语、龟兹语、于阗语、佉沙语的称呼。②

1933年，黄文弼第二次赴西北进行科学考察活动。与第一次不同的是这次黄文弼是以国民政府教育部考察新疆教育文化专员的身份参加考察团，同时肩负起了监督考察团工作的使命。与上次考察活动一样，这次考察活动同样是艰难困苦的，当时到新疆，不要说铁路，就连公路也没有，交通主要依靠骆驼和毛驴，通过沙漠戈壁还要带水、带粮食和燃料。黄文弼不畏艰难，每次外出身携用来装水的新疆土产葫芦和拓碑文的笔墨纸张，为了探寻埋藏在荒漠中的古迹和古河床，揭示塔里木盆地的古代文明和地理变迁，黄文弼用重金购置了十头骆驼，穿越了"日出沙深口冒烟，日落石冻马蹄脱"的塔克拉玛干大沙漠。

在这次考察过程中，黄文弼向国民政府教育部汇报了赫定在罗布泊及塔里木河一带挖掘古墓的情况。当时，国民政府铁道部部长顾孟余电报责令赫定将其发掘所得文物交给黄文弼。此后，新疆督办盛世才亦禁

---

① 耿云志主编：《胡适遗稿及秘藏书信》第37册，黄山书社1995年版，第10—14页。

② 刘子凡《黄文弼与胡适——中国新疆考古史上的一段往事》，载2014年10月22日《东方早报》。

止赫定携带文物出新疆。但最终赫定还是私自想方设法将这些文物带回了北京。由此，黄文弼与赫定交恶。① 并且，在随后西北科学考察团理事会和中国地质调查所举办的盛大欢迎宴会上，赫定向主持人胡适提出要么黄文弼离开，要么自己离开会场，可见两人关系之紧张程度，这也从一个侧面说明了黄文弼科学考察中的爱国精神。

1924年9月，北大国学门同人在三院译学馆前合影

一排：董作宾（左一）、陈垣（左二）、朱希祖（左三）、蒋梦麟（左四）、黄文弼（右一）；二排：顾颉刚（左二）、马衡（左三）；三排：胡适（左二）、徐炳昶（左三）等

1943年，黄文弼受西北大学委派，第三次赴甘肃、新疆等地进行考察。其实，在第二次西北考察结束之后，中瑞西北科学考察团的考察工作实际上已经结束，但西北科学考察团理事会依然存在，黄文弼也得以继续整理其考古发现，开始编纂《罗布淖尔考古记》。自1935年冬起，黄文弼当时受国民党中央古物保管委员会委托驻西安整理碑林。至1938年春碑林工程完工，黄文弼一直在西安处理碑林相关事务。直至1943年，黄文弼受西北大学委托第三次赴西北边疆进行科学考察，此次考察

---

① 刘子凡《黄文弼与胡适——中国新疆考古史上的一段往事》，载2014年10月22日《东方早报》。

他沿着河西走廊西行，先后考察了敦煌莫高窟及北疆、南疆，对西北边疆的考古工作起到了筚路蓝缕的作用。如，黄文弼通过对新疆的考察，在罗布卓尔北岸发现了石器时代遗址、丝绸古道及古渠、屯田遗址等，发掘了汉烽燧遗址，获得了大量西汉木简和西汉麻纸，并依据考察所得，论证了楼兰、龟兹、于阗、焉耆等古国和许多古城地理位置、变迁，填补了史书失载的高昌曲氏纪年，提出了古塔里木盆地的南河问题，① 所得大量文物与考古资料对于研究新疆、西北地区历史及古代中西文化交流史具有十分重要的价值。② 在此次考察途中，他颇为感慨地对同行的年轻人说"斯坦因和斯文·赫定这两位外国人，面对浩瀚戈壁的恶劣气候，在死神的威胁下，在死去许多随从后，仍不放弃掠夺中国文化的野心，一再深入新疆境内许多古代文明遗址。我们中国人难道无动于衷吗？小伙子，你还年轻，要为中国人争气啊！我们现在所看到的新疆五十万分之一的地图，是斯坦因雇用印度人测绘的，我们身为中国人难道不引以为羞吗？难道我们就不应该为新疆考古多做一些工作吗？"由此可见其对中国考古事业的热爱。

1957年，年过花甲的黄文弼第四次赴新疆进行科学考察。一年里，他与中国科学院考古研究所的同事共调查了古城、遗址及寺庙约127处，并在焉耆、库车做了一些发掘工作，采集实物颇为丰富。

二、"三记两集"首创我国现代意义上第一部考古报告

黄文弼对西北历史研究及科学考古的贡献集具体表现在其《罗布淖尔考古记》《吐鲁番考古记》《塔里木盆地考古记》《高昌陶集》《高昌博集》，称为"三记两集"。

（一）对吐鲁番历史、宗教及文化源流进行了系统而深入的考察与研究

黄文弼于1940年9月1日在西北联大后继学校创立的西北学会主办之大型学术期刊《西北学报》发表《吐鲁番古代之文化与宗教》一文，又在1944年2月5日在西北大学主办的《西北学术》第4期发表《吐鲁

---

① 《西北大学学人谱》编委会编：《西北大学学人谱（1912—1997）》，西北大学出版社1997年版，第192—193页。

② 梁严冰：《西北联大与西北历史研究》，载《西北大学学报》2014年第4期。

番之历史与文化》一文。两文看似相同，其实不同，不过前者显然经过作者详细修订（有注释、引文），更侧重于"古代"和"宗教"，而后者为"黄文弼讲演、张金人笔记"（无注释、引文），更侧重于与中国文化的源流关系。前者反映的主要为第一、二次西北考察的成果，后者则融入了第三次西北考察的成果。之所以研究吐鲁番，是因为该地：（1）"自汉以来，即与内地有密切联系，民族、文化，皆呈中国之色彩，东西学者多以西域未曾受甚深之中国文化影响，其实吐鲁番受汉人文化甚深，民族之血统，尤与汉人有关，为自内部移入者。"（2）"在海道未开通以前，东西交通均由陆路通往，故凡东方之人往西方，及西方之人来东方，均必须经过新疆，因之东西文化之交流，亦必以新疆为枢纽，而吐鲁番又适居东西交通之咽喉。在汉初通西域时，东西往来均经由罗布淖尔南北两岸，及后汉和帝时窦宪攻破伊吾，取车师各地，班超复因之以军定西域，此路遂开，故东西往来人士，均经由吐鲁番，因此吐鲁番遂又为东西文化之集中地"[①]。"在海路未开前，中国通西方者，多由陆路，经南疆者有二，皆自敦煌起，北道则出玉门关，经哈密，过吐鲁番，故其地为东西交通之咽喉，南北疆之通道，亦须经此，将来由兰州达吐鲁番至迪化之交通线完成，吐鲁番实为柴达木、准格尔、吐鲁番三盆地交通连环之中心。"（3）在地理上看，此地亦甚特殊，此次余虽未至南疆考察，然根据上两次之观察，吐鲁番实可作南疆之代表，其"地形低下海面约二百五十公尺，气候干燥，极热，据云最热于太阳下可晒熟鸡子，水源，终年无雨，又无河流，饮料、灌田，皆赖坎井。"正是因为这种民族血统关联，以及交通上、地理上的特殊性，该地的历史、文化成为黄文弼的研究重点。

对其历史，黄文弼分为中国与吐鲁番的关系和维吾尔族来源及历史两部分予以论证。对中国与吐鲁番的关系，他按历史发展的先后，分为：自汉通西域至魏晋时期；高昌建国时期，即魏末至唐初；高昌内属时期，即唐代。对维吾尔族来源及历史，他认为唐懿宗时的回鹘人为今维吾尔人的始祖，曾助唐评定内乱，唐曾以公主下嫁，初居蒙古杭爱山南麓塔

---

① 黄文弼：《吐鲁番古代之文化与宗教》，载《西北学报》1940年第1期，第32—35页。

尔浑河畔；元西征时回鹘首先降之，与元并力西向；明初有土耳其人与阿拉伯人至吐鲁番传布回教，始信仰回教，风俗渐如之；"其民族则汉族与回鹘及蒙古等族之混血，非土耳其与阿拉伯波斯之民族也"。"自民国二十三年（1934）因政府之意，乃恢复旧名"①

对其文化，黄文弼分别从宗教、文字、艺术三个方面予以论证。在宗教方面，他论述了回教之前佛教的盛行，指出："今日新省南疆及吐鲁番地，佛教遗迹遍地皆是。如高昌交河旧城，就有很伟大之遗迹。"这有数通碑文为证。他还论证了摩尼教、景教在回鹘的发展和演变，并以德人发现的汉文摩尼教经典，说明吐鲁番千年文化中深刻的汉文化印记。在文字方面，当时通行维吾尔文，即土耳其文，"非原来之维吾尔文"，随回教传入，"以前之文字当非此"。"两汉至唐，通行者为汉语"，"兼用胡语"。"吐鲁番亦有吐火罗文之发现"。在艺术方面，他以在吐鲁番古庙中的发现做了论证，认为其艺术品"属于中国系统"，"今吾人可在吐鲁番古庙中，发现两方之艺术作品，有犍陀罗之作风，有东方式之作风，并存于一处，即以人物论，东方唐代之作品，多高僧，胖脸，宽衣之姿度"。对其文化遗留，黄文弼指出："在三十年前，世人尚不知吐鲁番有无古代文化之遗留，及近三十年来，东西探险家及考古学家，率队至吐鲁番工作，发现古代文化之遗留者不少，而吐鲁番之古代文明，亦遂大显于世。"这里特别对1930年他在吐鲁番发现的大批陶器的文化价值做了论述。该文提出了一些重要结论：一是认为吐鲁番为东西交通的枢纽和东西文化的集中地，有很高的学术研究价值，向来为东西探险队和考古学家所关注，其"民族、文化皆呈中国之色彩"，与东西学者认为"西域未曾受甚深之中国文化影响"的观点不同，在亚尔和图数百墓葬中出土的北魏末、唐初800余件陶器上的色彩、图形、花纹、造法"亦皆中国本部所常用""云雷纹与中国本部所出之陶器花纹相同"；二是认为佛教、拜火教（祆教）、摩尼教、基督教一支（景教），皆经由新疆传入中国内陆，且在摩尼教、景教未传入中国内陆时，已通行于西域，有《唐书·地志》记载，以及日人桥瑞超氏、德人勒柯克氏等人的发现

---

① 黄文弼：《吐鲁番之历史与文化》，载《西北艺术》1944年第4期，第15—17页。

为证。这些均有大量文献和中西学者的考察所得以及他自己考察所得作为佐证。

（二）对天水卦台山、临洮秦长城建筑和洮河流域彩陶文化进行了考察和研究

其一，考察天水卦台山陶器遗物，断定与黄河中部属同一系统。

位于甘肃天水北30千米处三阳川境内的卦台山，又名画卦台，海拔1363米，相对高度170米，相传为伏羲绘八卦之地。此地山势奇特，形如龙头，突兀挺拔，西接渭河，东望三阳川，四周群山环列，若抱若揖，渭河以S形流过三阳川，卦台山与导流山东西相望，守卫三阳川，又恰似太极上的两点。黄文弼听说，"有人在天水一带发现大量陶片，传闻与洮河流域所发现之彩陶另成一系，此事有关我国文化之播迁甚大"，遂于1946年10月初对此地做了实地考察，据所发现的陶片、陶器遗物，认定"确与黄河中部属同一系统，因其花纹均成压纹、绳纹，多为灰陶，间有红色者，亦不带彩，与甘肃洮河出土之彩陶不同。"①过去，关于卦台山为伏羲绘八卦处多系传说，黄文弼在此地的工作，应为一次真正的科学认定。

其二，考察临洮秦长城建筑，断定乃修缮燕赵及其先代基体而成。

《史记》有长城"自临洮至辽东，延袤万余里"的说法，《通志》又有长城在岷州的说法，究在何处？黄文弼据临洮当地洮惠渠主任"临洮东南五十里之窑甸附近有长城遗迹"的说法，遂产生强烈兴趣，于1946年11月12日沿东峪河往访。其结果，在距窑甸七八里、接近山岭处、东峪河之东（发源于鸟鼠山东北，向西流，经窑甸入临洮城北）、当地人称"长城坡"的地方发现了长城遗迹，并"发现许多陶片，亦均现绳纹，压纹之灰陶，至长城附近之处尤为众多，几遍地皆是，则此即为古代建筑所遗留之残迹，已无可疑"；"次勘察长城遗址，出土三四英尺，宽约二十四英尺，版筑厚度三英寸八分，宽十英寸，土色带红紫色，沿长城线均如此，而长城以外皆黄土"；"观其形势，乃作南北方向延长"。这是迄今所知，现代考古专家对临洮长城的首次和真正的一次科学考察

---

① 黄文弼：《洮河流域考察之观感》，载《国立西北大学校刊复刊》1947年第28期。

和发掘。

黄文弼就此提出了"此长城究为何时之长城？"的问题，首先依据《史记·匈奴传》、《通志》、张正义引《地志》等做了文献考证，并依据实地勘察和发掘发现的大量陶片，又"询诸土人"，经与文献几相印证，证实长城建筑时代为秦，乃修缮燕赵及其先代之长城而成，而河西一带之长城筑自秦昭王二十四年（前283），为秦始皇以前的建筑物。

其三，考察洮河流域彩陶文化，断定乃羌人遗留。

洮河是黄河上游右岸的一条大支流，发源于青海省河南蒙古族自治县西倾山东麓，于甘肃省永靖县汇入黄河，其东以鸟鼠山、马衔山与渭河、祖厉河分水，西以长岭山与大夏河为界，北邻黄河干流，南抵西秦岭山脉。全长673千米，流域面积25527平方千米。黄文弼挖掘出土的彩陶证明5000年前此地就有人类在此繁衍生存，创造了马家窑文明、寺洼文明等。其境内尚有秦长城遗存。

这次考察，发现寺洼山鸦沟彩陶，断定为彩陶时期人居住之所，又从形式和花纹两方面断定其不属于中国新石器时代，与中国本部人不同种型，[①] 可能为之前羌人的遗留物，即由斯克泰民族将西伯利亚彩陶文化传入的羌人遗留物。

（三）我国西北考古第一人，我国科学考古第一人，我国国际合作科学研究第一人

黄文弼开拓了我国西北考古，开拓了以现代西方科学基础的科学考古，与斯文·赫定的合作也表明他是我国国际合作进行科学研究最早的学者。在1930年第一次考察回校，北京大学为其举行的欢迎会上，陈大齐代校长致辞指出："黄先生此行，前后三年，经过许多艰难困苦，成功而归。外人在新省考古者甚多，我国人今以黄先生为第一，而其所得材料之丰富，亦不亚外人。"北京大学研究所国学门原主任沈兼士教授指出："我国科学的考古事业，今尚在幼稚时代，人才、经济及环境，均有种种困难。黄先生当时勇往直前，今果战胜一切，成功而归。现在国内学术机关，已渐注意考古及民俗学之研究，但在六七年前，只北大同人

[①] 黄文弼：《洮河流域考察之观感》，载《国立西北大学校刊复刊》1947年第28期。

注意于此，不但开通风气而已，今果有伟人成功。"黄文弼也说："盖凡做一事，创始者难，余等此次系参加外国科学团体，与外国科学家共同工作，在中国本为第一次。"① 论及其国际合作，世界著名地理学家斯文·赫定说"能明了和中国学者们合作，对于一个在中国境内的欧西考察团，有多么大的价值"，"中国团员对于我的考察事业增加无上的价值"②，"得感谢北京的反对派——中国的学者们，他们从我的敌人转成了我的朋友和合作者"③。这是称黄文弼为我国西北考古第一人、科学考古第一人、国际合作第一人的最早出处，也是北京大学以及外国合作者对黄文弼国际合作贡献的肯定，尤其是这种国际合作的模式、考察团的组成、遇到有损于我国国家权益时的处理、出土文物的归属等等，均由此次合作而开先例。

在中国考古学方面，他取得重大成就：一是发现罗布泊土垠遗址，发现罗布泊北岸的一段丝路古道、古渠遗址、屯垦遗址、驿站遗址和粮库遗址，发现号称楼兰珍品、有西汉纪年的木简，对罗布泊地理位置是否游弋的争论，提出了有决定意义的报告，从而为研究早期古丝绸之路的开辟，以及西汉在此大规模屯田提供了考古依据，填补了罗布泊考古的空白；二是在新疆罗布泊发现西汉麻纸残片（现存台湾），将我国纸的发明前推了150年，并提供了最早的实物证据；三是在吐鲁番高昌古城遗址和交河古城遗址发掘麴氏高昌墓地、发掘汉代烽燧遗址，又在塔里木盆地周围调查，遍历南北疆，在罗布泊北岸发现石器时代遗址，证实了楼兰、龟兹、于阗、焉耆等古国及许多古城的地理位置和演变，判明了麴氏高昌的纪年顺序和茔域分布，提出了古代塔里木盆地南北两河的变迁问题，为探索新疆不同时期的历史文化积累了相当丰富的资料；四是在1929年，以一个月零三天的时间，作为中国考古学者首次穿越了世界第二大、中国第一大、"日出沙深口冒烟，日落石冻马蹄脱"的千

---

① 陈梦家：《蒙新考古报告》，载《地学杂志》1930年第3期，第439—446页。
② ［瑞典］斯文·赫定：《长征记》，转引自黄烈《中国当代社会科学家黄文弼传略》，文献杂志编辑部，图书馆学研究编辑部，《中国当代社会科学家》第8辑，书目文献出版社1986年版，第325—336页。
③ ［瑞典］斯文·赫定：《亚洲腹地探险八年》，新疆人民出版社1992年版。

里塔克拉玛干流动大沙漠（英国人斯坦因于1913年穿越），发现埋藏在荒漠中的古迹和古河床，解释了塔里木盆地的古代文明和地理变迁；五是在第三次科考中首次测得斯坦因新疆五十万分之一地图所未测到的空白点。

黄文弼也是自20世纪二三十年代至七八十年代我国最早的两个高等学校考古专业的奠基人之一。这也许是一个历史的巧合，我国最早和最具代表性的两个高等学校考古专业——北京大学考古学专业和西北联大—西北大学考古学专业的诞生，竟然都与黄文弼、徐炳昶相关。以同出一源的北平大学—北平研究院—西北联大为契机①，两支高校考古力量实现了一次历史性交集。1924年北京大学国学门考古室建立和1927年夏天徐炳昶、黄文弼（后均为北平大学—北平研究院历史研究所主要成员）作为中方代表与斯文·赫定第一次西北科学考察团出发，标志着北京大学考古专业的诞生和重要发展；1938年5月西北联大成立考古委员会，建立文物陈列室，并以北平大学—北平研究院驻西安碑林研究员徐炳昶为指导，黄文弼等具体参与实施张骞墓发掘，他所主导的一系列西北科学考察和考古发掘，标志着西北联大—西北大学考古学科的诞生和重要发展。由此建立了扎根西北的我国第一个大学考古学科，培育了西北最早的一批科学考古人才。

在西北边疆地区考古的实践中，黄文弼深感我国边政的薄弱，特别是"号称地大物博的中华民国，边疆地区就占了三分之二"，而"东南日开，文化中心转移，昔为文化摇篮之地的西北，此后逐渐步入衰落"，"沃土荒芜，无人开发，货弃于地，无人利用"，"帝国主义者"反而有

---

① 1929年9月9日，国民政府行政院以北平大学的研究机构为基础组建成立国立北平研究院，研究人员具有北平大学教授和北平研究院研究员双重身份，李煜瀛任院长。隶属于教育部，下分行政事务与研究机构两部分。行政事务设总办事处，处理全院行政事务。研究机构分理化、生物、人地三部，设物理、化学、镭学（后改称原子学）、药物、生理、动物、植物、地质、历史等九个研究所和测绘事务所。除药物、镭学两研究所设于上海外，其余各所均设在北平。1937年7月抗日战争爆发后，国民政府令与北平大学、北平师范大学、北洋工学院、河北女子师范学院合组为国立西安临时大学，旋改为国立西北联合大学，但实际上仅有历史、生物等学科的少数教授并入西北联大。

隙可乘，"挑拨我们民族感情，离间我们民族团结"，故应"设立边政学系"，"以期造就一些专门人才，去服务边疆，去巩固边疆，去繁荣边疆"①。这就是黄文弼调查和研究边疆教育、参与国家边疆教育政策制定和实施，以及创建我国最早边政学系之一——西北大学边政学系的初衷和背景。至1947年，西北大学边政学系已有学生87人，建立了蒙、藏、维三个专业，自编《维汉字典》等教材，组织学生赴甘、青、新少数民族聚居区多次实习考察，草创边政学学科体系和教育体系，创立了一些独特的教育方式，形成了以人类学、民族学、社会学、考古学为主，以政治学、法律学、边疆史地、边疆语文、地质学和以骑马术、游泳术、摄影术、绘画术为辅的独特课程体系，培养了一批熟知蒙藏维语言，甘愿"步武马伏波，效法班定远，为边疆服务"的一批优秀人才，这无论对于战后的边疆建设开发还是今天21世纪的西部大开发，无疑都具有战略意义，今天虽然已有中央民族大学等一大批专门培养边疆少数民族干部的院校，但黄文弼等人的开拓之功仍不可没。

（四）提出"三重证据法"，创立解释考古学，开拓了新型学术研究方法

把发现的史料与古籍记载结合起来以考证古史的方法，称为"二重证据法"，由王国维首先提出。其一是取地下之实物与纸上之遗文互相释证；其二是取异族之故书与吾国之旧籍互相补正；其三是取外来之观念，以固有之材料互相参证。这种"纸上之材料"与"地下之新材料"相互印证的研究方法，对20世纪中国学术研究产生了巨大的影响。黄文弼将考古、历史、地理、宗教、民族、现代自然科学等学科相结合，既有对"纸上之材料"和"地下之材料"的相互印证和"异族之故书与吾国旧籍"的相互印证，又有外国学者与吾国学者研究成果的相互印证和室内研究工作与野外实地踏勘工作的相互印证，以及从考古、历史、文化、地理、宗教、自然科学等多角度、跨学科的综合研究。他将"二重证据法"发展为"三重证据法"，即将"文献史籍、考古新材料和实地考察三者结合起来"，为中国考古学和史学研究走出了一条新路子。他在论及

---

① 陈克：《西北大学边政系素描》，载《西北文化月刊》1947年1卷第3期，第30—31页。

自己的研究方法时,指出:"吾人欲研究一地之历史,最好材料当然为文字之记载,但文字记载不完全时,率取材料于遗物,以求相对之真确,因此近代考古学方法,取地下遗物,以补助史事乃应运而生,故器物一类,遂成为史家之重要史料"。"在吾人未到吐鲁番以前,东西人士在吐鲁番所搜集之遗物甚多,但所发现者仅限于美术部分,及少许器物,无可考见其整个文化之价值,及余于民国十九年在吐鲁番工作,获得大批陶器,由其形式、花纹、色彩,而高昌前期文化得由此以为说明"①。由此可见,他既重视文字记载、也重视其他中外学者的实地考察所得,同

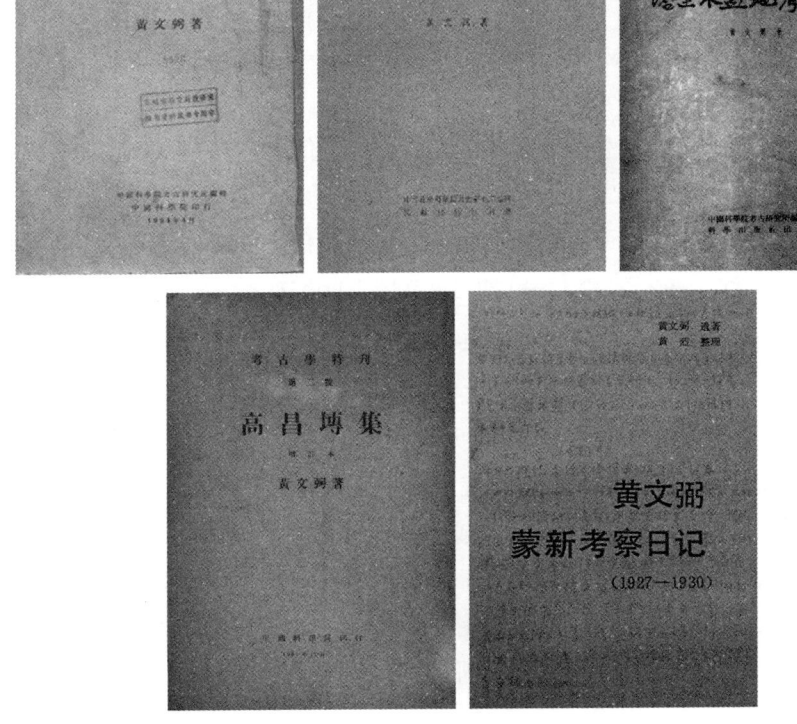

黄文弼部分著作

---

① 黄文弼:《吐鲁番古代之文化与宗教》,载《西北学报》1940年第1期,第32—35页。

时更为重视亲自考察所得，几相印证，才得出真确的结论。他在《吐鲁番古代之文化与宗教》一文中，既有《魏书·高昌传》《唐书·地志》《新唐书·焉耆传》《新唐书·于阗传》《宋史·回鹘传》《宋史·高昌传》《三藏记》等文字记载的引用，也有对日本学者桥瑞超氏在大略沟发现沮渠氏从信佛教的文字证据、德国学者勒柯克在木头沟佛洞发现书回鹘文但读唐音的佛教壁画的图画证据和勒柯克在哈拉和草旧域发现摩尼教寺院以波斯语索格底语、突厥汉文语所译之摩尼教经典残片、勒柯克在高昌附近废墟中发现的中世纪波斯语索格底语、突厥语书写之摩尼教、景教经文等文字证据的引用，以及他自己在亚尔和图发现北魏末和唐初的 800 余件陶器、刻有高昌年号的墓砖等文物证据的引用。他还在涉及少数民族或外国重要名词、人名时括注以西文，如袄教（Eoroaster）、回鹘人受点嘎斯（Pirguz）、叙利亚人（Suri）聂斯脱留斯（NcaTorius）、波斯人摩尼（Moni）等，说明其广泛涉猎中西文献的阅历和注意中西两相印证的学术作风。

他甚至也很注意口述史的采访和对传说的采信，1946 年 11 月考察临洮长城遗址时，即"询诸土人"，采访了当地小学校长、当地洮惠渠主任，并实地踏勘和发掘证实了窑甸长城遗迹的存在。

三、依托丝路　参与创建全国最早的两个考古专业

黄文弼为北京大学和西北大学两个考古专业最早的奠基人，也是西北大学历史系、考古专业的奠基人之一。

1937 年 9 月 10 日国立西安临时大学正式成立，由中央古物保管委员会驻西安碑林委员受聘为其文理学院历史学系讲师。1938 年 1 月 10 日出版的《西安临大校刊》第四期《本校教职员录》"历史系"表内有：黄文弼，讲师，住西安市府学门二十五号。估计最迟在 1938 年 5 月学校南迁汉中之后，改任西北联大文理学院历史学系教授，并任西北联大历史学系考古委员会委员，前往陕南城固汉博望侯张骞墓调查。同时，接受中英庚款的资助，开始第一、二次西北科学考察报告的写作。1941 年起，担任西北大学历史学系四年级导师，同时被聘任的历史系导师还有丁山教授（四年级）、易忠籙、杨兆钧教授（三年级）、杨向奎教授（二年级）、辜勉教授（一年级）等。1942 年 9 月在赖琏校长任内（1942 年

5月—1944年8月1日），被聘为国立西北大学历史学系主任。1942年10月1日出版的《国立西北大学校刊》第2期，以《本校新聘教职员》为题做了报道。1947年5月在由国立西北大学历史、边政两系同学发起的考古学会上，与王子云、冯永轩教授分别做出工作指示，经决定确立工作计划两项：一是利用星期例假时间，分赴市区附近各地从事各项考察工作；二是利用暑假时间，赴甘肃洮河流域考察。1947年9月赴北平研究，国立西北大学边政学系系务由杨兆钧教授代行，但仍兼任西北大学历史学系教授，1948年7月出版的《西北通讯》，仍有"历史学系……名教授有黄文弼"。至战后，西北大学历史系考古专业已经有了较大发展。"自联大迁至城固，即大量搜集陕南文物，成立考古室，多年来在甘、青、新等省所获史料亦多，曾公开展览数次，卅四年春，教部复将西北一书文物考察团累年所得文物资料，全部拨归该校整理研究，该系成立西北文物研究室，将原有考古处并入，正积极整理，做系统研究……并拟成立永久性之西北文物馆，以资长期陈列，先以原有文物做基础，然后就西北特有之文物资料逐渐扩充，务使各类文物均能独有一时代系统，以发挥其在教育上之价值"。当时，其保存的文物已有：史前石器、铜器、陶器、砖瓦、佛像、钱币、写经、藏画等实物，陵墓雕刻、佛教雕刻、碑刻等模型；碑碣、墓志、造像、花纹图案等拓片，壁画摹绘、风俗写生、史迹名胜等图画，建筑、雕刻、壁画、风俗、史迹名胜等照片，计五大类，100种，2000余件。① 对丝路开拓者张骞墓进行维护发掘和研究，标志着西北联大—西北大学考古学科与历史学科的诞生，而黄文弼则作为西北联大考古委员会六名委员之一，主要参与了发掘与研究。1938年7月3日至9月2日，西北联大考古委员会主持对位于陕西城固的张骞墓及陵前石兽等实施了发掘和增修，出土带有篆书"博望□铭"的封泥、汉隶"博望"字样的陶片，以及汉砖、汉瓦、五铢钱等重要文物，"尤足证为张公原墓为无疑"②。1939年8月13日至14日，

---

① 定一：《西北大学之院系设备》，载《西北通讯》1948年第3卷第2期，第15—17、25页。

② 吴世昌撰黎锦熙书：《增修汉博望侯张公墓碑记》，国立西北联合大学1939年5月立。

西北联大历史系考古室举办"博望侯墓道古物校内展览",教育部次长顾毓琇等数百人参观。1939年5月西北联大复在墓前立"增修汉博望侯张公墓碑",并以4月6日为"民族扫墓节"前往祭扫。这次发掘报告、出土文物,不仅成为2014年丝绸之路沿线三国联合申报世界文化遗产成功的重要历史依据,而且成为西北联大—西北大学考古学科诞生和发展的重要起点。赖琏校长甚至有西北大学地处"博望侯张骞故里",理应将其作为所处地域文化的代表,发扬光大周秦汉唐文明和以"建设新的文化为己任"的升华,将此融入了西北大学历史使命的层面。

在张骞墓发掘的基础上,黄文弼在《西北联大校刊》发表《张骞通西域路线图考》一文,对张骞通西域路线做了考证,对《史记·大宛传》等各种不同说法和不明确或错误之处提出新的见解和取舍,并绘制了新的路线图。他提出:一是就张骞的第一次经行路线,认为《史记·大宛传》关于"西南出阿尔泰山,经准噶尔盆地,过乌孙国北境,西南行至大宛"的说法不确,如此,必为浑邪王或呼衍王所得,"故其逃亡之地,不必发自单于王庭,必游荡于浑邪、呼衍之间,承隙沿天山北麓出乌孙国南境而至大宛",其图亦从后说;二是认为"骞从大宛径西行,经康居境,即直抵大月氏,时大夏在其南,故骞又从月氏至大夏,此为路线所必经,并非绕道苏□也,按《史记·大宛传》,康居在大宛西北可二千里,大月氏大宛西可二三千里,若如前说,则大月氏在大宛西南,与《史记》不合,故今图从后说";三是对于归途,他否定了《史记·大宛传》"还并南山,欲从羌中归,复为匈奴所得"的说法,而肯定了《汉书·西域传》"由大夏东归""自鄯善过阿尔金山,经青海归,复为匈奴所得"的说法;四是对于第二次使乌孙路线,他否定了《后魏书》"乌孙治赤谷城后徙葱岭中,则由乌什经拔达岭,至乌孙道,或为汉以后之道"的说法,肯定了《汉书》"汉遣常惠使乌孙,还合五万人,攻龟兹,又乌孙公主遣女来京师,过龟兹,是汉时通乌孙道,以龟兹为中心"[1]的说法。这些研究结论有充分的文献依据,并采纳了后人的研究成果,显示了黄文弼扎实的古文献功底,是今天研究丝绸之路路线的重

---

[1] 黄文弼:《张骞通西域路线图考(1939-04-15)》,载《西北联大校刊》1939年第14期,第15—16页。

要历史文献。1938年5月20日，黄文弼作为西北联大历史系考古委员会委员之一，参与张骞墓前已露面之二石刻调查，并摄影多张。同往者有校常委徐诵明、李蒸等。"二石刻在麦丛中，东西相对，东面颈部（头已毁）之最高点露出地面约四公分，尾部之最高点露出地面约五公寸；西面情形略同。何士骥在墓周围近麦地内，及村旁，采得绳纹残砖、残瓦、花纹陶片等"。1938年8月24日至9月2日，作为西北联大历史系考古委员会委员，参与张骞墓清理考察。其出土较重要之品，有似印范者一方（亦似封泥）篆书"博望□铭（或造）"四字，当可为此墓系博望侯墓之一证，且与《史记》所载张骞故里亦合。

  1943年4月，黄文弼受国立西北大学委托随国服实业计划考察团第三次赴新疆考察，考察重点在教育文化及古迹古物。从重庆到酒泉，在他人分道蒙古时留敦煌工作。7月，合队西行。8月，到迪化，又西行经伊犁、塔城，越阿尔泰山，沿北疆环转。10月，回迪化。后参加新疆教育厅主办的史地讲演周，在新疆学院大礼堂讲《高昌始末》（南北朝隋唐时代之高昌国）。11月经吐鲁番、哈密返回关内，返校。1944年2月，他在西北大学讲演《吐鲁番之历史与文化》，向学校汇报此行考察收获。第三次新疆考察历时八个月。卢桂森在《怀念考古学家黄文弼先生》一文中，对与黄文弼一同进行的第三次考察路线做如下描述：4月，经河西走廊至二里子河、敦煌、星星峡，后至哈密，北行至镇西（今巴里坤），西至木垒、奇台、孚远（今吉木萨尔）、阜康、迪化（今乌鲁木齐）、昌吉、呼图壁、玛纳斯、乌苏、精河、伊宁、博尔，又转行至额敏、塔城、布尔津而承化（即阿勒泰）。9月，返回乌鲁木齐，然后转向南疆的托克逊、焉耆、库车、沙雅、阿克苏、阿瓦提、乌什。回程又转至婼羌、库尔勒。1944年4月13日，他在国立四川大学师范学院讲演《三次考察新疆之观感》，后讲词刊登于《国立四川大学师范学院院刊》第1期。简述三次考察路线，并根据考察结果，把从古代到现在新疆的一切情形按历史、地理、民族、政治及文化分类介绍，认为中国将来的国防问题，不在东南，而在西北，西北的国防问题就是民族问题及文化问题，要保卫大西北首先就要注重西北文化，西北的文化发展应同于内地。

这次实地考察使黄文弼考察到了斯坦因雇用印度人测绘的新疆五十万分之一的地图所没有测到的空白点，是一个重要成果。这次考察较前两次有利的条件是，有汽车做交通工具，故力争多考察一些地方。行程将转至巴里坤时，黄文弼患了严重的痢疾，加之多年积劳，抵抗力很弱。同行的人都劝他在哈密稍事休整，但他仍带着一葫芦水和笔墨纸张到天山庙拓印汉碑。

1946年9月，黄文弼自南京返回西安，回校上课。因距开学之期尚远，遂决定在开学之前往甘肃临洮之洮河流域考察。西北大学历史学系甘肃籍学生刘洒平、高习之二人随行，协助一切考察事务。他们由西安绕道天水，在三阳川一带发现此地陶片、陶器遗物与黄河中部属同一系统，与甘肃洮河出土之彩陶不同。后他们又赴兰州。11月初，由兰州转至洮河，在其东南十里之窑甸，沿东峪河而下，并在当地中心小学校长向导下考察长城遗址，又转向临夏，复至夏河拉卜楞地。12月初复自临夏折回兰州，返校。洮河流域考察历时两月半。这是目前见于记载的，黄文弼在校期间进行的一些比较重要的野外实习或科学考察。

四、心系边疆　创建全国最早的两个边政学系之一

黄文弼是我国边疆教育以及西北大学边政学科的开拓者之一。早在1933年10月初，他即以教育部特派员身份，"随视察新绥路汽车路线之斯文·赫定等一行赴新疆考察教育"，考察了伊犁、迪化、吐鲁番等地的俄文法政专门学校等教育机构，提出提高新疆人民知识和"普及教育，语言必须沟通"、减少"各民族仇杀"[1]、"对教育文化作实力之援助，及沟通各民族之感情"[2]、"恳切希望政府能予以设备上之援助"[3] 等建议。他于1941年起，任教育部第二（1941年）、四（1944年）、五届（1945年）边疆教育委员会委员，与顾颉刚等作为历史学界代表，利用多次边

---

[1]《教育部特派员黄文弼氏谈新疆教育概况》，载《开发西北》1934年第2卷第5期，第32页。

[2] 北平特讯：《教部专员黄文弼谈赴新疆考察经过》，载《申报》1934年11月20日第13版。

[3] 南京二十日电，黄文弼谈考察新疆教育经过。载《申报》1934年11月21日第13版。

疆考察所得经验，为边疆教育的发展做出了积极贡献。他先后于1941年6月、12月，1942年12月、1944年1月，数次参加边疆教育委员会会议，先后参与了《拟请教育部实施边疆教育督导制案》等150余件提案的审议，全程参与了国民政府统制管理边疆教育的工作。校刊报道：1941年6月，他赴重庆"出席教育部边疆教育委员会第二届第一次会议，12月又出席二届二次会议，并滞留川中"，"此次在会议中多所建议"。该会为边疆教育咨议之需要，负责研究边疆教育之推进方案、办理原则及各项实际问题，聘请学者专家组成，曾决议"在西南、西北各大学内，设置有关边疆问题的课程或科系，本校前来于边疆教育，或有新设施云"①。这是西北大学设置边政学系的最早信号。此后，黄文弼积极参与了西北大学边政学系的筹备，终于在1943年夏经教育部批准成立，是中央大学、西北大学全国两个最早的边政学系之一。其旨在建立边政学之体系，研究治理边疆的原则，检讨边疆所发生的实际问题，推进边政之事业。该系于1945年正式开学，聘任教育部第二届边疆教育委员会秘书、第四、五、六届委员王文萱为主任、教授。开办之初，时任历史系主任的黄文弼积极参与了边政学系组织的首场学术报告，于1944年12月24日，应国立西北大学边政学会邀请，在边政学系做《边疆问题十讲》的第一讲《新疆十四民族》，听众甚为踊跃。1946年12月，他在参与边政学系迎新时，与杨滁新、郑安伦诸先生相继训话，勉励边政系各同学"步武马伏波（马援），效法班定远（班超）为边疆服务之精神"②，以传教师之精神，传播中原文化，造福边疆人民，言语恳挚，同学莫不感奋。在他与其他教授的努力下，到1945年1月，西北大学边政学系：对于课程之规定、文物之设备，力求落实，必修科目已定为边政学概论、中国边疆史、中国边疆地理、边疆语文（分蒙藏回文，任选一门）、人类学、民族学、语音学、考古学、边疆社会调查等。选修科目则有二十余门。必须修满一百五十学分以上，方得毕业。系方甚至专门从第一战区长官部借来蒙古高头骏马，上骑术课，练习野外调查本领。文

---

① 《黄文弼教授返校》，载《国立西北大学校刊》1942年第7、8期，第7页。
② 习之：《西北大学的边政系——西安通讯》，载《西北通讯》1947年第6期，第33页。

物方面,已搜集佛像数幅、蒙藏回文书籍约二十种,文物二十余件以备学生参考。就培养目标和对学生的基本要求,黄文弼提出:边政学系牵涉至广,在学科方面,以人类学、民族学、社会学、考古学为主,以政治学、法律学、边疆史地、边疆语文、地质学等为辅,在技术方面,本系同学要会骑马术、游泳术、摄影术、绘画术等,我们从中隐约可见黄文弼骑着马或骆驼在沙漠、戈壁、河流上艰苦工作的身影。学生们每年6月前后,利用暑假,都要安排前往甘、青、新等省实习,深入"蒙藏维三族集中之区域,做实际调查与研究,俾达学以致用之目的",1947年6月16日即为该系三年级学生出发实习之日,"学生早在图书馆、阅览室、自修室做了资料预研准备,系方早就准备妥了旅费、用具——车辆、服装、药品、照相机等,在晨光曦微中乘长车直向甘、青、新等省而去"。教师们也自编工具书和教材用于教学,1944年冬边政学系杨涤新副教授与外文系俄文组等合作,编成国内首部《维汉字典》,于1946年11月由学校出版组出版。最迟在1945年11月,继王文萱教授,任边政学系教授、主任,1945年11月10日,已成为边政系三教授之一(黄文弼、杨涤新、郑安伦),并在迎新会上首先讲话(黄文弼的历史系主任已由陶元珍教授继任)。1947年3月14日,已明确以边政学系主任身份在迎新会上讲话,并陈述本系发展计划。至1947年,边政学系已有87名学生,除部分统考录取者外,几乎全部为复员青年军,按教育部规定在战后重新回到原校学习。除原有维文、藏文两组外,去秋增设蒙文组,借以造就蒙、维、藏(三组依次则加修日、俄、英三文,借以辅助)各族文字之专门人才。计划:(1)奖励边地及蒙藏优良人才之投考,借以培植边疆人才;(2)充实边政研究室,便于师生之研究,并刊发研究报告,编译名著,编辑字典(已编印《维汉字典》一部);(3)大量搜集有关西北边疆问题之各项图籍文物,以供参考;(4)注重边疆实地考察工作。

黄文弼在校期间,在历史学系和边政学系,"曾开设过秦汉史、魏晋南北朝史、美术史、蒙元史、西北边疆史、史学史等课程"[①]。他的历史

---

① 黄烈:《艰辛的历程 丰硕的奉献——黄文弼先生的西北考察》,载《中国边疆史地研究》1992年第3期,第30—36页。

系学生向玉梅1969年9月教师节前夕在台北回忆："黄文弼教授，一身中山装，不知穿了多少年，两袖发亮，肘下裂缝，我们望着他的衣服，常常联想到博物馆的陈列品。黄教授教的是边疆史，我们这些缺德鬼，常说教授的衣服没有边疆。他上课从来不说闲话，讲授材料之丰富，治学态度的严肃缜密，令人由衷敬佩，他口才虽不佳，声音又低，可是我们上他老先生的课，却是全神贯注，肃静无声，下课之后，我们会不由自主地反省到自己的浅薄和读书不切实际"[①]。他除有丰富的课堂教育实践之外，还数次面向全校做学术演讲，校刊有记载的诸如《成吉思汗的战略战术》（1944-12-07）、《边疆问题十讲》的第一讲《新疆十四民族》（1944-12-24）、《洮河流域考察之观感》（1947）等。他也非常注意在学术研究中、考察中的人才培养，1946年所著《班超》一书就是与他在西北大学历史系的学生、后留校任历史系助教的罗郁合著的，罗郁也曾被学校派往青海考察。他第一次西北科学考察，也有五名学生随行。1957年他在新疆考察时，甚至还带有五位民族干部，让他们边干边学，刻意培养。

五、公诚勤朴　把论著写在西北大地

在西北联大—西北大学的十年，占黄文弼学术生涯的1/4，其50余部论著，在校完成者几占半数，主题几乎尽涉西北，可说是将其满腹经纶尽书于祖国的西北大地。他在这一时期的研究成果除在学术上的重要价值外，在教育上也具有重要意义：一是对西北联大徐诵明常委提出的不一定非拿枪到前线才是救国，我们在后方研究科学，增强抗战的力量，也一样是救国主张的最好响应，他不止以微薄收入积极捐献前方抗日将士，更是风餐露宿，历经艰险，屡陷困境，冒着生命危险，穿越世界第二大流沙塔克拉玛干沙漠千里无人区，获得重大发现，在抗战大后方沉下心来教书育人做学问，开辟西北考古事业，开辟考古教育和边政教育，为国家储备西北开发之才。二是丰富了自赖琏校长以来提出的"远观周秦汉唐之盛世，纵览陕甘宁青新区域之广大"，以恢复历史的光荣，创建新兴的文化为使命，

---

① 向玉梅：《怀城固，念西大，怀师长》，尹雪曼：《国立西北大学卅周年纪念刊》，西北大学校友会，1969年，第49—50页。

以融合东西文化，发扬民族精神为主旨的办学目标和内涵，开创我国西北考古和科学考古事业、开辟我国国际合作科考和学术研究，让世界认识了大西北，也激起了一大批有识之士认识西北、研究西北、献身西北的热情，同时用其血液和生命书写了西北联大与其后继学校扎根西北，融会世界的历史篇章。三是践行"公诚勤朴"校训的典范。

论"公"——他以胸怀天下为公，以胸怀祖国为公，以捍卫国家权益为公，以防止珍贵文物外流为"公"，当外国人要在中国的考古遗址上竖起外国旗帜，他义正词严予以阻止，还力阻德国汉莎航空单方面取得新疆航空权。

论"诚"——他对于考古事业的虔诚，到了如醉如痴的程度，他从辨识古物开始意识到野外发掘和考古调查的重要，便决计将此生献给在当时来说相当艰险的这一事业，就之后他做学问的态度也是绝对真诚的，为一个"据说"或"可能"，可以不惧艰险千里去实地反复求证。

论"勤"——他考察中拉着骆驼行进在戈壁上，晚上写考察记录到深夜，甚至连年旅行而不习惯于定居，在城固常常秉烛至凌晨两三点，仅四次新疆考察行程即达38000公里，一生笔耕不辍，达数百万字，真可谓行万里路，写万卷书。

论"朴"——诚如刘半农所描绘其在西北考察中，"此公傻""瘦骨一撮不胜衣""身披一身老羊皮""不看江南之绿杨，而探绝漠之红柳，天炎饮绝沙如焚，人驮平等匍匐走"，虽籍贯江南，但其韧性却一副十足朴实的西北汉子，在城固一身两袖发亮，肘下裂缝的中山装，不知穿了多少年，被学生戏称"老师的衣服没边疆"，晚年更是拄杖而行，受"江青反革命集团"迫害，身心俱损，凄凉而逝。就是这样一位天下为公、真诚勤奋、朴实无华的瘦弱老者，成就了蜚声世界的伟大事业。正可谓：大漠歌仍壮，长安日正圆；英雄虽西去，伟业在人间。

总之，由于黄文弼对我国西北考古及西北历史研究的贡献，被人们称为"中国西北考古的第一人"，甚至有人认为，在黄文弼之后，中国的考古学才"逐渐发展形成一门学科"。

维系家政学的齐国樑

齐国樑（1883—1968），号璧亭，直隶宁津（今山东宁津）人。1916年1月至1946年8月先后任河北师范大学前身直隶（河北省）第一女子师范学校校长、河北省立女子师范学院院长，是我国近代知名教育家、女子师范教育奠基人，致力于女子师范教育达34年，并为此做出重要贡献。抗战爆发后，河北省立女子师范学院院长齐国樑坚决主张抗战，率部分师生西迁陕甘，先后加入西安临时大学、西北联合大学和国立西北师范学院；齐国樑始终践行教育救国的思想，以高尚的道德情操和埋头苦干的精神，塑造了一代知识分子身体力行的师表形象，不仅维系了河北省立女子师范学院一脉生存，还为民族抗战和发展大西北教育事业做出了重要贡献，但囿于特定环境这些社会影响和贡献长期被淡忘。

1937年7月抗战爆发后，河北省立女子师范学院（以下简称"女师"）院长齐国樑先生坚持抗日，率领部分师生西迁大西北，先后辗转西安、城固和兰州等地，在艰难环境中践行教育救国的理念，为培育抗战人才和开发西北做出了贡献。然而，迄今学术界对女师西迁办学研究甚少，齐国樑先生在西北的活动也隐没不现。故本文以抗战时期齐国樑先生在西北办

齐国樑

学为个案，探索在国家危难之际一个爱国知识分子对抗战和开发西北的贡献。

一、并入联大　延续女子家政教育

1937年7月7日，日军挑起卢沟桥事变，发动了全面侵华战争。天津市地居华北要地，更是首当其冲，成为日军进攻的主要目标。"学校中破坏最甚者，为南开大学、女中及小学（南开男中系留作日本军营），机炸、炮轰及火烧兼施并用，惨不忍言。其次为省立女师学院，于轰炸之后，又驱使乱民入内行抢，所有残余书物，均被洗劫一空。"[①]

当时，囿于敌强我弱和不谙抗战大局等原因，部分国人包括少数社会影响力大的知识界名流，对国家的前途甚为悲观，误认为中国抗战必败无疑。齐国樑非常清楚日本灭亡中国的图谋，坚决主张抗日；卢沟桥事变后数日，他以个人身份参加了蒋介石召集的庐山谈话会，指出中国抗战一定会胜利，"敌人所毁坏者，中国之物质；中国人之精神，将因此而愈加奋励，益行团结。今后将以全民族之力量，抵抗顽敌，期获最后胜利。未来之所得，必远过于已往之所失"[②]。7月底，天津沦陷敌手，女师被迫停止办学，退往天津租界。8月初，天津维持会宣告成立，"俨然为一地方政府，其范围实超越维持治安之外，唯其实权均操于日本顾问之手"；维持会"社会局招集国、省、市、私立学校开会，催令开学，并令修改教科书，校长及公民、史、地教员到局受训"。齐国樑拒绝听从维持会的命令，"9月间晋京向钧部面陈学院被毁情形，并请示复课办法。"[③] 经南京政府教育部核准，"以中英庚款之补助"女师内迁。此后，齐国樑带领女师部分教师和学生内迁陕西西安，开始了八年多在西北颠沛流离的办学历程。

9月10日，教育部下令同期迁到西安的北平大学、北平师范大学、北洋工学院联合起来，组建西安临时大学。河北省立女子师范学院遂并入西安临时大学，除独具特色的家政系维持单独建制外，其他各系学生

---

① 《天津失陷之经过及现在之状况》，载《西安临大校刊》1937年12月27日第2期。
② 原载《西安临大校刊》1937年12月27日第2期。
③ 邱士刚：《河北省立女子师范学院西迁与复员之路》。

分别转入临时大学各系。此后，女师又经历数次院校分合，但是，齐国樑始终担任家政系主任，讲授《家政学概论》《家事经济学》等课程，苦心经营家政系。"齐先生独支持家政系，使有志家事教育之同学，得以竟其所学。"① 因此，家政系成为女师延续的一个象征。

1938年4月3日，西安临时大学南迁到汉中城固，更名为国立西北联合大学。1939年8月，国立西北师范学院（简称"西北师院"，下同）从西北联大独立出来，家政系随之析出。当时，囿于时局动荡和学校南迁，尤其是西北地区经济、文化落后等原因，人们普遍"不甚重视"家事学科，家政系招生困难，学生人数有所减少。据1938年上学期统计，家政系"一年级正生9人，借读1人，旁听6人；二年级正生4人；三年级正生4人，四年级正生4人；合计正生30人"②。1940年甚至出现无人报名的现象。齐国樑分析其原因，一是"本系教授设备都说不上，成绩不甚好"；二是人们误以为"不学家政一样可以过活，何况家事是日常生活的事，实在值不得专门去学"。于是，他积极宣传家政教育的重要性，指出"现在一般的家庭"离"幸福""理想可说相差太远"，强调家庭是社会的基础，"应该替国家社会着想，一致起来提倡，共同资助，切不可以儿戏视之"③。并恳切地指出，"人生与家庭一时也不能离开，家庭之好坏，影响一人幸福之大小，事业之成败，其重要可知。何况家齐而后国治，古有明训，希望大家必须有深切的认识"④。

为了办好家政教育，齐国樑竭力加强家政系正规化建设。1938年10月，他主持制定了家政系课程标准，提出"以专业训练为主要任务"；规定教学目的为："一、造就中等学校家事教育师资；二、养成家庭善良主妇及贤慈母性；三、训练家政学术专门人才；四、培养家庭改进之倡导者（期以社教方式改进一般家庭）。"⑤ 因此，家政系开设课目虽与其他大学之家政系课目大多相同，但教学及训练之旨趣实相异。如家政系

---

① 《国立西北师范学院校务汇报》第54期，1943年5月31日。
② 《西北联大校刊》第9期，1939年1月15日，第16页。
③ 《国立西北师范学院二十九年度第一学期第二次应约出席纪念周讲演》，载《国立西北师范学院校务汇报》第22期。
④ 《国立西北师范学院校务汇报》第22期，1941年3月15日，第2页。
⑤ 《课程标准》，载《西安联大校刊》第2期，1938年10月1日，第12页。

必修专业课目分为教育和家政两类，前者包括"教育概论、教育心理学、普通教学法、家事教学法、家事教学实习、家事教学及设备参观"；后者课目有"a. 关于家事一般的：家政学概论；b. 关于衣的：织品与衣服、实用服装学、衣服洗染及调色；c. 关于食的：食物选择及调色、食物分析、生理化学、食物经济、食物细菌学、营养学；d. 关于住的：家庭布置、园艺学及园庭布置、家畜饲养；e. 关于医生的：疾病大意及医药常识、家庭卫生看护、儿童保育；f. 关于管理的：家庭管理、家庭管理实习及家庭参观；g. 关于教育的：健康教育、儿童心理及儿童教育；h. 毕业论文编制"。另外，家政系还开设了许多选修课目，如"图画（自然画图案画）、刺绣及编织、音乐唱歌乐理弹琴、高级服装学、高级烹饪学、家庭工业化学、家庭机械学、护病学、统计学及家庭调查、民众教育、工艺"①。可见家政系课目甚多，凡衣、食、住、卫生、管理、教育等课目几乎无所不备，以至于三、四年级学生每学期必修课目之学分数超过部定标准12学分，选修课目尚未计算在内。

家政系教学实践性很强，颇为依赖实验室等设备；而战时物资匮乏，筹建不易，但是，齐国樑等人克服种种困难，先后建立了烹调进餐、裁缝、技艺、洗染、家庭卫生及看护、家庭园艺及家畜饲养等六个家政实验室，并设有实习家庭，以资学生实习。并且，家政系还开办儿童保育实验室，"招收满2岁以上未满4岁之儿童"，其宗旨"补助家庭教育之不足，增加母亲工作之效率。注重实验，藉供做行。……本室对于儿童注重科学的养护，活泼之指导，环境力求生动，设备力求适宜。"② 儿童保育实验室仅在城固期间就招生四届，1944年随学院一起迁往兰州。这些实验室的设立，不仅使家政系学生教学与实践合一，还直接服务于社会，成效显著。

经过多方努力，家政系招生情况明显好转，据1940年度第一学期统计，在西北师范学院13系521人，家政系"总计44人，一年级15人，二年级9人，三年级7人，四年级13人"；居教育系51人、史地系66

---

① 《课程标准》（续），载《西北联大校刊》第3期，1938年10月15日。
② 《本校家政系儿童保育实验室简章》，载《西北联大校刊》第18期，1939年6月15日。

人、体育系59人之后，成为第四大系。①

1941年12月，国立西北师范学院兰州分院招收第一届新生。然而，搬迁对招生影响问题再现；为解决家政系生源不足的窘境，西北师范学院决定补招家政系新生，10月16日，经过考试，共计录取家政系一年级新生9名，直接到兰州分院报到上学，"每生由本院津贴旅费201元8角，在兰州分院发给"②。经过三次大迁徙和艰苦条件下的办学，1943年"1月18日上午10时举行本院第一届毕业生毕业典礼……家政系6人"③。

另外，齐国樑始终关心着国家前途和民族命运，教育不忘救国，他积极宣传、支持抗日战争。1940年1月，他向全校师生演讲时，自信地说，"自从'七七'事变后我们神圣的抗战已经有两年零六个月，我们的最后胜利，是一天接近一天，所以前途非常乐观。"④ 1944年11月，西北师院成立知识青年从军征集委员会，齐国樑积极参加组织工作，"截至校庆日（12月17日）止，学生及同人报名者已逾百人，超出配额3倍"⑤。1945年3月，齐国樑又参加了兰州各国立院校教职员联合会，联名抗议美国、英国、苏联在雅尔塔会议上"运用秘密外交方式，处置我国权益，……除电请我国政府向贵国政府提出严重抗议外，本会特向阁下郑重声明，我国之土地与主权，应受各国之绝对尊重，非法之分割，誓难承认"⑥。

齐国樑在西北后方艰苦环境中，践行教育救国的理念，虽然不同于前线战士们血与火的生死相搏，但同样为抗日救国、挽救民族危亡做出

---

① 《国立西北师范学院院务概况》，甘肃省档案馆藏，案卷号33-001-0593-0001。
② 《为续招家政系一年级新生姓名的布告》（1941年10月16日），甘肃省档案馆藏，案卷号33-001-0456-0025。
③ 《国立西北师范学院校务汇报》第50期，1943年1月31日，第1页。
④ 《国立西北师范学院第11次总理纪念周记录》，载《国立西北师范学院校务汇报》第8期，1940年3月1日。
⑤ 《国立西北师范学院校务汇报》第72期，1944年12月31日，第10页。
⑥ 《致英美苏政府电》（1945年3月15日），转引自刘基、王嘉毅、丁虎生主编：《西北师范大学校史》，教育科学出版社2012年9月版，第165页。

了很大贡献，赢得了学院师生们的赞誉。西北师院学生对齐国樑"负责、认真、教不厌，诲不倦之精神，极致敬仰"；有的学生还以"精神堡垒"四字概括之；河北省同乡更佩服其"循循善诱，孜孜不倦，守正不阿之精神"，誉其为河北省之"乡宝"①。1943年国立西北师范学院也明令褒奖齐国樑，"随校迁徙，艰苦备尝，潜心研究，似此终日执教，老而弥笃，良足矜式。"②

二、南渡西迁　融入西北做贡献

齐国樑长期担任女师院长，不仅是一个埋首读书、躬身教学的学者，还具有丰富的工作经验和很强的组织、做事能力，在当时知识分子中比较少见；尽管在西迁院校历次分合过程中，齐国樑始终未进入学校最高层，仅担任家政系主任的行政职务，但屡屡在重要关头被委以重任，参与甚至主导了学校建设、管理和后勤等工作，这远远超出了其家政系主任的职责。举其要者有以下几点。

（一）负责西安临大师生南迁汉中膳食补给工作

1938年春，日军攻占风陵渡，派飞机频繁轰炸西安，大有进军潼关之势。3月16日，西安临时大学继续南迁陕西南部城固。当时，火车只能通到宝鸡，自宝鸡至城固尚有250多公里不通火车，南迁师生必须徒步南迁；尤其秦岭山路狭窄难行，师生们不得不攀缘古代栈道，翻越秦岭大山，学校南迁耗时费力可以想见。古语云，兵马未动粮草先行，西安临大系数所院校组成，师生员工众多，故沿途师生的食宿问题既琐碎又重要。

西安临大委以齐国樑为膳食委员会主席，专门负责南迁师生食宿工作。在启程前，他召集膳食委员会开会，"议定购办米粮、炊具、咸菜等办法"，购得锅饼8676斤，咸菜3000余斤；"并分配前站人员"，制定行军途中给养补充章则，"每中队携带给养2天，由运输组给养班负责保管押运分配（每日三餐，中饭为馍、咸菜），由分队长于早餐后未出发前（或前一日晚饭时）向驻在地办理伙食人员领取该分队全部给养，转给

---

① 原载《国立西北师范学院校务汇报》第54期，1943年5月31日。
② 《关于奖励教授李建勋、齐国樑二人事宜给教育部呈文》（1943年2月24日），甘肃省档案馆藏，案卷号33-001-0135-0002。

同学,自行携带,早餐为稀米及馍,晚膳为干饭及汤菜,均由舍营地办理伙食人员负责整理。如遇路程距离较远中途煮水由饮食班办理。"3月16日,学校出发南迁汉中地区。"每位前站膳委于到达各站后,即须先与保甲长接洽,号定宿舍,购存木柴,迨各队到达时,即分别导引各队搬入指定宿舍,随即购置猪肉、青菜、豆芽、豆腐、粉条,协助督促伙夫预备膳食,各队去后,并须按照所住人数以每人每日5分计价付各房主房租或捐助学校款项,事毕后又须骑驴骑车或步行赶往前站如法办理,无间昼夜,不避风雨,极为辛苦。""齐主任最初主持颇为尽力";待大队抵达秦岭山区,沿途人烟稀少,无法筹集足够粮食补给,齐国樑又赶"到南郑",与其他人"共同办理米粮北运接济队员食用事项"①。保证了临大师生顺利抵达目的地。

(二)筹建国立西北师范学院兰州校区

1940年4月,国民政府下令国立西北师范学院再迁甘肃省兰州。西北师院决定先在兰州设立分院,采取分期搬迁的办法,从1941年起城固本院停止招生,而由兰州分院招收新生,四年后西北师院全部从城固迁到兰州。然而,新设立的兰州分院仅有一个校名招牌,一切均须白手起家,尤以筹建校舍等任务格外繁杂、艰巨,负责主持兰州分院无疑是一个艰巨的任务,此时,西北学院再次将主持兰州分院的重任交给齐国樑。10月1日,国立西北师范学院兰州分院正式成立,"发铃记一颗,并通知齐主任自10月1日起现在本院办公,准备一切。"②

本来,教育部已经"核定该院教授蔡钟国、齐国樑为30年度休假进修教授,准照原拟定计划进修"。于是,西北师院上报教育部,强调"分院设立伊始,另觅人选困难,拟请展至明年度再行休假进修。"③ 齐国樑虽认为:"兰州分院主任,敝人以为宜选一精明强干之人员前往为宜,今以年纪已大体力不充如敝人者担任,甚感惶愧。"但接到任务后,他不顾年老体衰,开始了创榛辟莽工作,协调分院人事安排,初步建立

---

① 佟学海:《膳食委员会报告》,载《西北联大校刊》第1期,1938年8月15日,第66页。
② 《国立西北师范学院校务汇报》第30期,1941年9月15日,第3页。
③ 《国立西北师范学院校务汇报》第32期,1941年10月15日,第7页。

组织架构,充分展示出其很强的教学管理、组织协调能力和丰富的工作经验;为了做好1941年招收新生的准备,他要求"国文系为一年级预印讲义,准备带往兰州。英文系预购教科书,其余亦多从事预备。图书方面,图书馆将有复本者及专为一年级用之图书分给,各教员所开参考书单亦设法依照先购。教务、训导、总务各方面,请将表册手续,尽量发给说明";甚至他还考虑如何赴兰州的细节,"希望赴兰同人可以准备一切,至乘车办法即行拟定,通知登记。"

西北师院李蒸院长称赞齐国樑任劳任怨、勇挑重担的精神和干练的办事能力,认为,"分院主任人选,很难得人,幸有本院家政系主任齐国樑先生肯为主持,很值得庆幸,齐先生任河北女子师范学校校长,及女子师范学院院长20余年,可说经验丰富,此次出任分院主任,最恰当不过。"后来,他在兰州分院筹备谈话会上,又说,"本年奉令在兰设立分院,聘定齐璧亭先生担任分院主任,深庆得人……实堪欣慰。"①

齐国樑来到兰州分院后,筹建校舍是第一要务。战时国家经济困难,建校经费往往不能按期拨付,加之大西北本不发达,物价日涨,筹建校舍殊为不易。据1942年6月2日李蒸院长向教育部呈文,"查去岁本院迁兰,全部建筑,原估计250万元,本年因物价高涨,仅暑后两个年级应用之房舍即需此数",何况,"查去岁本院奉令迁移兰州,因国家财政困难,建设费不能一次拨给,乃规定逐年迁移计划,先发给购地、建房、设备、迁移等费25万元,结果勉以5万元购地270余亩,而以10万元建房,仅建成教室7个,共分两排24间"②。由此可见经费拮据之一斑,也间接反映出齐国樑主持兰州分院之艰难。

经过齐国樑惨淡经营,艰苦努力,兰州分院逐渐步入正轨。1941年12月17日,西北师院兰州分院举行开学典礼,这标志着兰州分院教学工作正式步入正轨。1942年3月,李蒸院长公开表扬,"兰州分院最近情形甚佳,……且生活情形亦较此地为优,二月份膳食只70余元,3月

---

① 《兰州分院筹备谈话会记录》,《国立西北师范学院校务汇报》第32期,1941年10月15日,第2、4页。

② 《为呈报建设计划说明迫切需要请早日拨发建筑费呈教育部文》,西北师范大学档案馆藏档案,案卷号民国档案33号全宗0014卷。

份预计最多亦不过 80 余元，而吃的却并不坏，各方均趋安定。"① 1943年张治中访问西北师院后，深有感触，赞叹道，"对于你们的刻苦精神和困难情形，有一个印象"，"贵校这样的校址，真实披荆斩棘的工作……我们从这里可以看见大家苦干和创造的精神"。②

1942 年 9 月，兰州分院所招收第二级新生，学生人数增多，"教育部电令自本年度起，兰州分院改为本院，城固部分改称分院，李院长将巡回两地主持院务……李院长决定亲赴兰州主持一切。"③ 齐国樑遂卸任分院主任一职，补行休假教授计划。

（三）参与或负责学院其他管理工作

齐国樑还参与和负责西北师院多项管理工作。如 1940 年出任西北师院"地方教育辅导委员会"委员、"校舍建筑委员会"委员、"社会教育推行委员会"委员、"贷金公费审查委员会"委员、"军事管理委员会"委员。④ 1941 年，又增加了"国立西北师范学院实习指导委员会""学生生活指导委员会"委员等工作。客观而言，齐国樑负责的几乎都属于权微、劳心、费力的工作，这些工作既事杂又重要，在学校日常管理工作中不可或缺。

以贷金公费审查委员会工作为例，按照规定，"贷金原系补助家居战区经济来源断绝之学生"，条件优惠，经费数额有限，但因战局动荡、信息不易沟通，"后有家非战区或家在战区尚有经济来源之学生，亦纷纷借贷"，导致贷金发放不善，一些不需要者蒙混领取，而一些真正困难者却无法受益，于是，齐国樑决定"嗣后即将严密调查，非经济确已断绝者不予贷金"。据统计，1940 年上学期"开贷金公费审查委员会议 6 次，批准请领贷金学生 146 人，请领城固学生救济金学生 72 人，请领世界学生救济金学生 100 人及本院公费生 4 人"。下学期"开贷金公费审查委员会议 5 次，批准请领贷金学生 70 人，请领城固学生救济金学生 31 人，

---

① 《国立西北师范学院校务汇报》第 40 期，1942 年 3 月 31 日，第 2、3 页。
② 《张书记长在西北师范学院讲演记录》，载《国立西北师范学院校务汇报》第 57 期，1943 年 10 月 15 日，第 2 页。
③ 《国立西北师范学院校务汇报》第 45 期，1942 年 8 月 31 日，第 8 页。
④ 《国立西北师范学院校务汇报》第 15 期，1940 年 11 月 30 日，第 6 页。

请领世界学生救济金学生 45 人"①。再如学生生活指导委员会负责解决日常学生管理问题，事情更是五花八门，以齐国樑主持第六次会议内容为例，可见一斑，共计通过四项，分别为"四年级学生代表孙天泰等因毕业在即，请求提前停止早操，以便准备考试案。决议：提前停止一星期。国剧社呈送第一期工作报告请求备案，决议，准予备案"等②。

除了学生管理工作之外，齐国樑还担任了为教师服务等工作。如1944年国民党军队出现了前所未有的大溃败，影响所致是后方时局更加不稳，物价飞涨，而教师的工资按"抗战期间薪俸七折"发放，难以维持最低限度的生活。12月，西北师院设立改善员生生活协助委员会，"推定齐国樑（主席）、何乐天、张简夫（11人）……为委员"③。

值得注意的是，齐国樑还被推选为北平师范大学校友会监事。"北平师大与西北师大之关系，就事实上言，两校似为一校，如：西北师院由师大教育学院改成。教职员院长、教务主任、训导主任、研究所主任、秘书均系师大的人，即各系主任及教授旧人亦不少，甚至工友亦有来自北平师大者。"④ 齐国樑留学日、美，并获得哥伦比亚大学硕士学位，素与北平师大无学术渊源，却出人意料地当选为北平师范大学校友总会监事，然细究下来又在情理之中。校友会本是一个非正式的官方机构，除了联系校友等出力不讨好的工作外，最主要者是向教育部要求恢复国立北平师大。如1943年校友总会倡议"恢复国立北平师大，推李云亭、齐璧亭、曹配言、易静正为代表，向关系方面接洽。"⑤ 然而，复校活动屡屡碰壁，齐国樑感叹，"关于复校，就是'恢复师大'，这只能报告一句：正在进行中，可不容易办到的事！"⑥

一般而言，在书斋内探讨专业学术并不难，而管理琐碎的行政事务却很麻烦，何况战时大西北地区生活尤为艰苦，对于年逾六旬的老人而

---

① 《国立西北师范学院校务汇报》（训导专号），1941年暑期增刊，第14、20、28页。
② 《国立西北师范学院校务汇报》第28期，1941年6月15日，第6页。
③ 《国立西北师范学院校务汇报》第75期，1944年11月30日，第3页。
④ 《国立西北师范学院校务汇报》第49期，1942年12月31日，第5页。
⑤ 《国立西北师范学院校务汇报》第61期，1943年12月15日，第9页。
⑥ 《国立西北师范学院校务汇报》第54期，1943年5月31日，第3页。

言，平安度过颠沛流离的生活已属不易，但齐国樑不顾年老体衰，埋头苦干，在从事繁重教学工作之外，还多次承担学校赋予的各项艰巨任务，为西北师院乃至西北地区教育的发展做出了开创性贡献。

三、服务社会　把家政教育推广到一般家庭

西北地区经济文化落后，教育的封建性、封闭性甚为明显："民众教育、社会教育、乡村建设……的高潮虽流行华北，澎湃东南，在战前成为时代潮流，而在文化未盛的西北，交通阻塞的陕南这些时候主流并未曾狂奔前来，非但一般人士对民众教育、乡村建设缺乏深刻认识，即知识分子，亦对此未注意，乡村社教前途，殊难乐观。"① 抗日战争开始后，西北成为抗战的大后方，一些学校内迁，教育人才西流，这就为发展西北教育提供了条件。

齐国樑非常重视社会教育，早在抗战以前就在天津等地开展过妇女民众学校等培训工作。1938年春，西安临大迁到城固后，教学秩序刚刚安定下来，齐国樑便在当地倡导家事教育，努力把家事教育逐渐推广到一般家庭里去，指出："家庭改善为社会进步之基础，家事教育为普通女子教育之中心。此在平时然，在战时亦然。诚以家庭良好，可促进个人身心之发展，以增加建国卫国之力量；而女子天性宜于家事，应切实予以特殊训练，俾能发挥家庭之效能也"②。

1939年4月，齐国樑开办家事讲习班，三个月为一期，每日下午讲授两个小时，内容包括"'衣服学''食物学''育儿法''家庭布置及管理''家庭卫生及看护''手工'等六科，由家政系三、四年级同学分别担任讲授'衣服学'及'手工'二科，讲授与实习同时进行。'食物学'因人数众多，分为三组，每组隔周实习一次。'育儿法''家庭布置及管理''家庭卫士及看护'因学校无此设备，则轮流参观学生家庭，藉以实习之……诸任教同学颇为热心，所教授教材均应学生实际之需要，

---

① 《国立西北师范学院校务汇报》第23期，1941年3月31日，第4页。
② 齐国樑：《实施家事教育与培养家事师资》，载《教育通讯周刊》第40期，1938年。

故尚能引起学生之兴趣,是以上课情形甚佳。"①

6月,西北联大决定在城固建立乡村社会教育施教区,推定齐国樑等七人为"筹备委员负责筹备进行";11月,西北师院独立设置后,筹备施教区工作仍然继续,最终"选定城固东邯留乡为施教区域,在翟家寺设办事处","经费每月200元";"以办理乡村社会教育推进乡村建设,并养成学生兼办社教兴趣与技术为宗旨",施教区工作"分教导辅导两部,教导部主持民众学校图书阅览室、健康活动、农事指导、家事指导及通俗讲演等项工作;辅导部主持区内社会调查、民众组训以及各项乡村建设之辅导工作"。并且,齐国樑主张社会教育应从家政教育入手,故在施教区民众训练中规定:"妇女训练包括道德训练及家事训练",而"家事讲习会,由家政系主办"②。邯留乡乡村施教区设立后,他们克服经费不足、工具、图书缺乏等困难,勉力推进各项社会教育工作,主要是"发动师生作大规模之社教活动,举办农事、工艺、家事、科学等展览及粮、政、兵役宣传、慰劳抗属等工作"③。其中,家政教育具体内容为,"家庭卫生方面就是要保持身体之健康""乡村婴儿之保育""家庭生产事业之改进""乡村妇女思想之改良"等④,着重纠正人们重男轻女的旧观念,不仅教会妇女教养子女、管理家庭事务的技术,还要培养和提高她们的生产能力,以便代替男子抗战后遗留的工作,维持家庭生计。"家政系三年级学生每周赴张家巷妇女会讲演家事一次,备受民众欢迎。"⑤

西北联大迁到城固县后,这里很快"成为当时全国三大文化教育中心之一。学者、专家、海内名流云集,他们不畏艰辛,勤奋耕耘,……师生利用节假日,通过歌唱、街头剧、游行、绘画、标语、墙报等方式宣传抗日,对唤起本县人民的抗日激情起到积极作用。师生利用课余假

---

① 《为报本校二十七年度社教工作报告的呈》,甘肃省档案馆藏,案卷号33-001-0078-0006。
② 《国立西北师范学院校务汇报》第18期,1941年1月15日,第6页。
③ 《国立西北师范学院校务汇报》第42期,1942年5月31日,第8页。
④ 《国立西北师范学院校务汇报》第23期,1941年3月31日,第8—9页。
⑤ 《国立西北师范学院校务汇报》第25期,1941年4月30日,第3页。

日，参与城乡中、小学教学，或担任家庭教师，或结合专业在本县从事地质、土壤、气候、物产、集镇村落、人文、商业、柑橘、生姜、姜黄等方面调查研究，编写出很多科学论著"①。1940年夏，鉴于西北师院"兼办社教成绩优良"，教育部"特拨2000元以资鼓励"②。1941年2月，陈立夫又嘉奖，"该校师生领导各界，……扩大宣传，藉使乡村民众，联系社教，欣然接受；并提高各界人士对社教认识，而乐于赞助，计划周详，切合实际，殊堪嘉许"。1943年初，乡村社会教育施教区改设为社会教育实验区，教育部"殊堪嘉许，特奖励1万元，以资激励"③。

1943年暑假，西北师院大部迁往兰州，故社会教育实验区也随之迁往兰州。9月，经过一个月的筹备，西北师院与兰州市政府合办国民教育实验区开始工作；"兹为当地民众普遍了解，并扩大社教宣传，特定于11月13日国父诞辰纪念日上午九时假十里店中心学校门前举行成立典礼。本院家政系毕业生现任兰州女师教职郑闻仪女士讲述家事教育之重要，到会民众娓娓动听"。会后，还举办了"各项农事、科学、国防、同盟国战事照片及社教实验区工作实况展览"④。1944年，家政系也建立了"家庭教育实验区"，"聘定委员如此：主任委员李蒸，副主任委员齐国樑，委员王非曼、孙之淑。"⑤

同期，齐国樑积极倡导大后方女子教育，尤其是"乘机推进后方家事教育"⑥。他广泛介绍家事教育师资和材料，注重培养中等师范学校的家事师资，加强家政教育的基础工作。1938年，他向教育部提议，"请教育部通令各级学校，对于家事教学，应聘请合格之师资，购置合于标准之设备"；"各省教育厅……选择设备完全，成绩优良之女子师范一二校，令仿照体育及劳作师范科制度，添设家事师范科，以造就完全小学

---

① 城固县地方志编纂委员会编：《城固县志》，中国大百科全书出版社1994年版，第634页。
② 《国立西北师范学院校务汇报》第20期，1941年2月15日，第6—8页。
③ 《国立西北师范学院校务汇报》第51期，1943年2月28日。
④ 《国立西北师范学院校务汇报》第60期，1943年11月30日。
⑤ 《国立西北师范学院校务汇报》第71期，1944年11月30日，第6页。
⑥ 《女师学院周刊》（河北省立女子师范学院四十二周年校庆特刊），河北省立女子师范学院特刊委员会，1948年4月22日，第7页。

之合格家事（劳作）师资"；"全国师范学院，皆设置家政系，以广储中等学校合格师资"；"请教育部颁布各级学校家事设备标准"等。[1]

齐国樑的呼吁得到了教育部的回应。1940年2月，教育部委托西北师院"家政系拟编高、初级家事、缝纫、刺绣、烹饪各科职业学校课程及设备标准，务于本年3月底以前呈送到部"[2]。家政系接到训令后，迅速组织师资力量，编制了《高级普通家事专科职业学校课程标准》和《初级普通家事专科职业学校课程标准》；前者主要包括"训练处理家事及督导工作之能力""涵养对于家事之研究兴趣及改进志愿""陶冶主妇应有之健全道德"，以及"养成社教机关之家事教育部主任、中心小学劳作教员、幼稚园保师及儿童保育院主任或保师"[3]。后者大致类似，只是标准有所降低而已。这两份课程标准上报后，教育部比较满意，批复"大致尚可"[4]。

齐璧亭还痛感"后方中等学校无论国立、省立（或市县立）对于家事教育异常漠视，或以工艺、缝刺、烹饪等劳作课目代替家事全体，或并缝刺、烹饪而无之，其购置有家事科设备，聘请专门教师、遵照部颁课程标准，认真教学者直如凤毛麟角，似此情形，非但蔑视女子特殊教育，抹杀女子天性特长，俾家庭经济、卫生、教育等事无由改善，而对于社会进步，国家建设亦有莫大阻碍"，故向教育部拟请1941年休假一年，"分赴陕、甘、宁、川、黔、滇各省考察中等女校（及男女合校之女生班）对于家事教育之设施及其不发达之原因，顺便考察各省社会情形及家庭生活状况，以便草拟促进家事教育计划，建议教育部采择施行，在考察期间并拟对于各省教育当局及各校院生说明家事教育之重要及推

---

[1] 齐国樑：《实施家事教育与培养家事师资》，载《教育通讯周刊》第40期，1938年。
[2] 《教育部训令》（高字5418号，中华民国二十九年二月二十四日），甘肃省档案馆藏，案卷号33-001-0089-0008。
[3] 《高级普通家事专科职业学校课程标准》，甘肃省档案馆藏，案卷号33-001-0209-0002。
[4] 《教育部训令》（中字第45866号，1941年11月26日），甘肃省档案馆藏，案卷号33-001-0108-0001。

进方法，以为将来促进之地步。"① 教育部很快就批准了他的请求，然而，不久西北师院开始迁往兰州，齐璧亭兼代兰州分院主任一职，故休假进修计划只能延至1942年。

1941年，齐璧亭再次致函教育部，指出："家事教育为改进社会、建设国家之基础，家事教育不发达，不能谋个人身独立健全发展，不能培育健全之个人，对于社会改进、国家建设，俱有莫大之障碍。"批评大后方家事教育种种弊端，"环观后方各省学校，小学无论矣，中学及师范对于家事学科之设施，十之九亦付阙如"；社教机关"推行此项教育者，亦少。间或行之，亦不过形式上之宣传，而无实际上之督导及训练，致收效极少"。提出全盘救正及推行的四条办法，包括"请令各省选送学生投考，为各省中等学校广储家事师资"；"请令各省选送受训学员，迅速推行各省家事教育"，以及"请令各省宽筹家事设备费""培植各学院家事教员"②。

抗战期间，"甘肃各级各类教育发展较快，达到解放前的最高水平"③。如1944年秋甘肃省政府教育厅下令各女子师范学校加授家事学科④，这与齐国樑持续倡导家政教育不无关系，尤为值得一提的是，抗战胜利后，河北省立女子师范学院返省复校，但西北师院家政系依然保存下来，其系主任就是原河北省立女子师范学院家政系教授王非曼女士。齐国樑自豪地说，"抗战后师大对于后方西北教育负了神圣的使命，是开发西北的先锋，今已奠定了西北教育的基础"⑤。

公允而论，齐国樑不是一个纯粹的书斋式学者和全国著名的大人物，但他笃信教育救国的思想，具有丰富的教育实践经验和行政管理能力，

---

① 《国立西北师范学院遴荐三十一年度休假进修教授候选人及考察计划》（1940年），甘肃省档案馆藏，案卷号33-001-0376-0010。
② 《关于上报家事教育全盘纠正及推行办法给教育部的呈文》（1941年6月20日），甘肃省档案馆藏，案卷号33-001-0209-0001。
③ 《甘肃省志·教育志》，甘肃人民出版社1991年版，第5页。
④ 《甘肃省立平凉女子师范学校公函》（1944年6月16日），甘肃省档案馆藏，案卷号33-001-0566-0014。
⑤ 《北平师范大学成立43周年纪念》，载《国立西北师范学院校务汇报》第81期，1945年12月31日。

是一个典型的埋头苦干式知识分子。抗战期间，齐国樑率校西迁不能简单解释为避难和维系女师教育命脉，而是在民族危亡时期教育救国价值的最高体现。

在西北坚持抗战八年，齐国樑最可敬之处不是做出多么大的学问和立下了多么大的功勋，而是对教育救国思想的执着和坚韧；他把教育救国作为挽救民族危机、战胜忧患和困难的精神支柱，并继承了中国知识分子"知行合一"的传统，以自己人生当作实践教育救国的一场旅程。他没有门户之见和派别之私，不图名利，劳怨不辞；日本飞机炸不垮，大西北艰苦环境压不垮；他顽强地践行教育救国的理念，健全和普及教育，一点一滴地改良人们的思想，竭力改造中国之家庭，树立社会健全之基础，直接地推动了西北教育的发展变化。可见他把自己的全部精力浇铸在西北教育事业之中，以"实事求是，埋头苦干"称之，实不为过。其后人回忆道，他"给我们的印象是勤奋好学，有脚踏实地的创业精神，兢兢业业地努力工作，一生献身于祖国的教育事业"[1]。此虽有为亲者美誉之嫌，但却道出了实情！

总之，齐国樑不仅在教学方面辛勤耕耘，还在行政事务方面埋头苦干，在社会教育方面躬身实践，他继承了中国知识分子坚忍执着的优秀传统，从事着看似平淡如水却意义深远的教育事业，可圈可点之处颇多；遗憾的是虽然他对西北师院乃至西北女子教育方面的社会影响和贡献未必逊色他人，但囿于特定环境这些社会影响和贡献长期被淡忘。

---

[1] 《天津文史资料选辑》第35辑，天津人民出版社1986年4月版，第228页。

我国古脊椎动物学的奠基者杨钟健

杨钟健（1897—1979），字克强，陕西省华县人，1897年6月1日生于华县龙潭堡，是我国古脊椎动物学的奠基人，著名古生物学家、地质教育家。1920年组织领导了中国第一个地质学术团体——北京大学地质研究会，是我国古生物学会的主要创始人，他一生中野外考察与参观访问的足迹几乎遍及中国各省，以及亚洲、欧洲、北美的许多国家。他发表的学术性文章达500多篇，包括20多种专著，是近代中国自然科学界著述最多的学者之一，在世界上也称得起是丰产学者。终生为中国的古脊椎、古人类学的研究呕心沥血，著作《中国北方啮齿类化石》是中国学者第一部古脊椎动物学专著，曾领导了周口店北京猿人遗址的发掘，也是最早倡导"黄土风成说"的中国学者。早在1930年代就兼任西北大学教授，20世纪40年代末主持西北大学校务，任校长期间正值危难之秋，希望把西大办成进步的、充实的、合理的、名副其实的西北最高学府。

一、投身"五四" "少年中国"展宏图

杨钟健，1897年出身华县一个教育家庭，其父杨鹤年（松轩），是陕西知名的教育家、同盟会会员，力主新学，严谨勤奋，兴办教育。因而，杨钟健从小便离家跟着父亲读书，聆听教诲，受到有益的启蒙教育，

杨钟健

并接受了进步思想的熏陶。1916年，杨钟健毕业于陕西省立第三中学，1917年考入北京大学预科。北京大学当时是新文化运动的基地，在这个环境中，很快便发挥出他的潜在能力与爱国热忱，并积极投身反帝反封建的爱国运动中去。1919年3月，他发起组织了"旅京陕西学生联合会"，在报刊上发表多篇揭发军阀暴政的文章，对国家外受列强侵略，内遭军阀官僚压迫、贪污腐化等造成国家危亡痛恨不已。"五四"运动前夕，他参加了进步社团少年中国学会，成为主要领导人之一。就在他将从北京大学预科毕业的前两个月，轰轰烈烈的"五四"运动爆发，随之他便积极参加了北京大学等组织的天安门集会和游行活动，目睹了"火烧赵家楼"。同年6月，他加入了中国共产党的先驱者之一——邓中夏等发起成立的"北京大学平民教育讲演团"，并作为北方学生代表赴沪活动。9月，杨钟健升读北京大学地质系，该系是中国第一个在大学里设置的地质系（采用选科制）的第一批；当时，给他们上课的教授有翁文灏、丁文江、李四光、王烈、何杰及葛利普等人，同班同学有赵亚曾、侯德封、田奇、张席褆等人。这是我国大学设置地质系后正式培养的第一批学生，在中国高等教育及地质事业中具有深远影响，后来这批学生为祖国的各项事业发挥了重要的作用。1920年，杨钟健参加了马克思学说研究会，先后创办《秦钟》月刊、《共进》半月刊等进步刊物，对于宣传进步思想、反对军阀统治起了积极作用。他认为创办《秦钟》月刊的目的在于：（一）唤起陕人自觉性；（二）介绍新知识于陕西；（三）宣布陕西状况于外界。[①] 于1921年、1922年两度出任"少年中国学会"执行部主任。并于1922年7月、1923年10月分别在杭州、苏州召开大会，在李大钊、恽代英、邓中夏、高君宇等共产党人影响下，由杨钟健主持的这两次会议通过了具有一定进步意义及反帝反封建的决

---

① 秦怀钟主编：《中国古脊椎动物学的奠基人——记杰出的地质古生物学家杨钟健》，西安出版社2008年版，第296页。

议和宣言。这里要特别指出的是，杨钟健是陕西最早与毛泽东交往的人。他与毛泽东最早相识于1918年。当时杨钟健在北大读预科，毛泽东在北京大学图书馆做职员。1921年9月，杨钟健以少年中国学会执行部主任的身份，给在湖南长沙文化书社工作的毛泽东写了一封信，请他补填少年中国学会的志愿书。9月29日，毛泽东即给他写来了回信。全文如下：

钟健先生：

　　前几天接到通告，知先生当选执行部主任。今日又接来示，嘱补填入会志愿书，今已照填并粘附小照奉上。惟介绍人系王君光祈为我邀集五人，我现在只能记得三人，余二人要问王君才能知道。以后赐示，请寄长沙潮宗街文化书社为荷！

弟　泽东
二十九日①

　　除此之外，1920年9月，杨钟健与地质系其他七名学生共同商议，决定成立"北京大学地质研究会"，该会是中国第一个地质研究团体。登报公启中说明该会的目的有三：一是"本共同研究的精神，求地质上的真理"；二是"引起社会上对于地质的注意"；三是"中国地质，自来少人调查，即有言及，无非就外人调查的大概而言，这是何等可耻的事！力量虽少，却要尽力所到一洗此耻"。在"北京大学地质研究会"的成立大会上，杨钟健当选为第一届委员长。其成立学会工作得到北京大学校方与李四光、丁文江、葛利普、何杰等教授的大力支持。1923年春，杨钟健代表北京大学学生会到上海出席"中国学生联合会"。同年7月，杨钟健在《中国地质学会志》上发表他的第一篇学术论文《南口一带的地形特征》。10月，由其父亲及二叔、三叔、四叔筹钱，并在李四光的帮助下进入德国慕尼黑大学地质系留学，跟随F.布劳里（Brol-li）和M.舒罗塞（Schlosser）学习古脊椎动物学。在国外，杨钟健生活简朴，节衣缩食，从来不同别人出去游逛、欣赏异国风光。他学习十分刻苦，

---

① 《毛泽东书信选集》，人民出版社1983年版，第20页。

倘遇良师益友，一定虚心请教，不放弃任何学习机会。① 1927年，杨钟健在德国慕尼黑大学以优异成绩通过答辩，获哲学博士学位。毕业后，他放弃国外的舒适生活，于次年回国，入国民政府中央地质调查所工作，并主持周口店的发掘与研究工作。他曾经说："中国穷是事实，落后也是事实，但那是我的祖国，绝不能放弃，如同儿子不能抛弃母亲一样。只要全国齐心协力改革，穷和落后是可以改变的，我怎么能为了自己的舒服不回祖国呢？"② 1929年，国民政府中央地质调查所"新生代研究室"成立，他即负责该室工作，此后50年中，虽然这个研究室的体制和名称屡经改易（现在中科院古脊椎动物与古人类研究所的前身），但他一直担任这个单位的领导职务。1930年，杨钟健结婚后刚刚九天，即参加中亚科学考察团赴张家口一带做地质调查。据其夫人王国桢回忆，杨钟健在家一起生活的时间很少，因为他是学地质的，故长期在野外做地质考察，但是由于共同的兴趣、事业使他们之间并未隔阂，相反思想感情进一步深厚起来，互相体贴同甘共苦。③ 在几十年的工作中，杨钟健野外考察与参观访问的足迹几乎遍及中国各省，以及北美、欧洲、亚洲的许多国家。在此基础上，他一生发表的学术性文章达500多篇，包括20多种专著，是近代中国自然科学界著述最多的学者之一。杨钟健终生为中国的科学事业、为中国的古脊椎、古人类学的研究呕心沥血，殚精竭虑。

二、以学报国　中国古脊椎动物学第一人

杨钟健是我国古脊椎动物学的奠基人，著名古生物学家、地质教育家，曾经三次当选中国古生物学会理事长，两次担任中国地质学会理事长。由于其杰出贡献及卓越成就，国内外科学界对杨钟健的工作给予了高度的评价。1937年，杨钟健获得"葛氏金质奖章"，奖励其在古脊椎动物研究方面的卓越贡献。1948年，他被选为"中央"研究院院士。新中国成立后，1950年他被周恩来任命为中国地质工作计划指导委员会委员；1955年，当选为中国科学院生物地学部学部委员。杨钟健对中国自

---

①② 秦怀钟主编：《中国古脊椎动物学的奠基人——记杰出的地质古生物学家杨钟健》，西安出版社2008年版，第36页。

③ 秦怀钟主编：《中国古脊椎动物学的奠基人——记杰出的地质古生物学家杨钟健》，西安出版社2008年版，第36—37页。

然博物馆事业高度重视，积极倡导、组建北京自然博物馆，1959年成立北京自然博物馆起，他一直担任馆长职务。另外，1956年他还被选为北美古脊椎动物学会的荣誉会员、苏联莫斯科自然博物协会的国外会员，等等。

杨钟健在德国慕尼黑大学攻读博士学位时，主要研究古脊椎动物学，1925年，他确定自己博士论文题目为中"中国啮齿类化石研究"。当时，慕尼黑大学的布劳里教授便介绍地质系的舒罗塞教授指导他，舒罗塞是哺乳动物化石专家，曾从事中国的哺乳类化石研究。在杨钟健的努力下，最终完成了其博士论文。令人值得骄傲的是，1927年，杨钟健的博士论文《中国北部之啮齿类化石》出版，这是中国学者发表的第一部古脊椎动物学专著，标志着古脊椎动物学科在中国的诞生，也标志着古脊椎动物学及古人类学这门学科在中国和杨钟健的名字及其研究教育工作联系在了一起。可谓"中国古脊椎动物学第一人"。这里要特别指出的是，杨钟健在德国留学期间，虽然远离祖国，但他的心时刻牵挂着国内，1924年7月，他睹物思情，念祖国之疮痍、国事之不振，内心无限惆怅与激愤，随之写下了《旅中感怀》：

跑山整七日，风雨一身收。
劳苦我何辞，知识但得求。
国威哀不扬，舌亦失自由。
到处遭白眼，泪向天涯流。
荆棘遍祖国，愧见此河山。
山山草木绿，村村有电杆。

风物虽宜目，繁华隐弊端。
然哪知中国，尚不保治安。
国事蹉如此，忍作袖手观？
此生无所补，空为一青年。①

  1928年2月，杨钟健取道西伯利亚回国后，他便奉派主持北京周口店的系统发掘工作。1929年12月2日，发现了第一个北京人头骨化石。从1929年起，他把工作重点转向考察北方"土状堆积"方面，在山西、陕西进行了广泛的调查，记录了第三纪后期与第四纪的地层，划分出"红色土"地层，为中国黄土的进一步研究开辟了道路。同时他们采集化石进行研究。次年又去内蒙古调查新生代盆地。1931年，杨钟健参加了中法科学考察，经内蒙古、宁夏而至新疆，然后经苏联返回北平。此后两年，他又去了陕西、山西、河南等地调查，在调研基础上发表了多篇论文。1934—1935年，他又到长江流域、广西等地科学考察，考察范围诸如雨花台砾石、龙潭下蜀壤土和庐山地貌及南方的洞穴堆积，等等。这些研究不仅为我国哺乳动物群和新生代地质研究的发展奠定了坚实基础，而且对认识爬行动物的演化、阐明古地理、支持大陆漂移学说等具有重要学术价值及影响。
  1937年，正在他的科学研究进入旺盛期时，国难来临了。日本帝国主义发动了震惊中外的"七七"事变，这使他多年顺利开展的工作受到严重挫折。日军侵占平津后，杨钟健面临的首要问题是如何保护地质调查所的设备财产。经思考，他认为将包括毛泽东给他的信件及设备等存于协和医院是躲避战乱的最好方式。日本军占领北平后找到地质学家章鸿钊②先生，请他为日本干事。章鸿钊不为所动，并告知杨钟健说："日

---

① 秦怀钟主编：《中国古脊椎动物学的奠基人——记杰出的地质古生物学家杨钟健》，西安出版社2008年版，第303页。
② 章鸿钊（1877—1951），字演群，1877年3月11日生于浙江吴兴县（今浙江省湖州市）。地质学家、地质教育家、地质科学史专家，中国科学史事业的开拓者。抗日战争时期，章鸿钊因体弱多病而困居北平，闭门谢客。新中国成立后，1950年8月，中国地质工作计划指导委员会成立，李四光出任主任委员，由周恩来总理任命章鸿钊为该委员会顾问。1951年9月6日卒于南京。

本某学者将要请你及几个人在北京饭店吃饭。此绝非好意，应早离北平。"在此情况下，杨钟健只好潜行南下。他到天津后，先乘船经青岛，之后几经周折飞往长沙。在敌机轰炸声中，中国地质学会第一次年会在长沙举行，杨钟健发表题为《应有的努力与忏悔》的演说。演说中杨钟健从民族大义出发，号召地质界同人齐心勠力，艰苦奋斗，并呼吁积极抗日，尽国民之责。之后，1938年夏，他随地质调查所转移到昆明，不久即去禄丰、路南等地调查，在禄丰发现大批骨化石，这便是后来举世闻名的禄丰蜥龙动物群。1939年4月，由于地质调查所昆明办事处撤销，迁重庆北碚总所工作。故杨钟健应聘为重庆大学特邀教授。总之，杨钟健在古生物学等的研究中，继承和发扬了司马迁、沈括、徐霞客、李时珍等上下求索的优良传统，足迹踏遍祖国各地。他以自强不息、不断求索、艰苦奋斗的精神，一丝不苟、严谨求实的作风，谱写了我国古生物和环境变迁研究的新篇章。

1944—1946年，杨钟健在美国、加拿大、英国、法国、瑞士等国访问及讲学，走访了国外许多著名的古脊椎动物研究所，同很多世界顶级的古生物专家就相关问题就行了讨论，并完成了许多重要著作，从而成为当时世界上最活跃的研究古爬行动物学家之一。杨钟健在国外考察期间，得知国内抗日战争胜利的消息，欣喜若狂，彻夜不眠，沉浸在欢乐和兴奋之中，他对祖国充满了无限期待，盼望一个和平、民主、团结的新中国的诞生。

抗日战争胜利后的1946年4月，杨钟健回到了祖国，本来充满期待的杨钟健面对国民党的倒行逆施及当时并不乐观的社会现实，非常愤懑。这一时期，他一方面在北京大学任教，并做些野外调查；一方面仍积极筹划恢复新生代研究室，但由于国民党的腐败及政局不稳等各种因素，最终未能实现其愿望，于是只得重返南京中央地质调查所。

由于其卓越贡献及学术成就，1948年4月，国民政府召开院士选举大会，杨钟健当选为"中央"研究院院士。

三、出长西大　胡适欢迎加入"叫花子团"

抗战胜利回国到执掌西北大学前这一时期，面对国民党的腐败及其腐朽统治，杨钟健非常愤怒，正如他自己写道的："抗战胜利后的最初几年，为我的生活最感烦闷的时期。"但是，就在其心情颇为郁闷的时候，另一重要任务在等待着他，大西北在等待着他。

  1948年秋，人民解放战争已进入全面反攻阶段，国内政治经济形势的发展对国民党蒋介石越来越不利。当时西北大学内国民党派系斗争也日趋激烈，内部很难调节，为了摆脱困境，国民政府教育部欲派一位无党派且有声望的陕西人担任校长一职。1948年9月，黄汲清①代表地质调查所到杨钟健在南京地质调查所的住处，传达时任教育部部长的朱家骅的电话，征询"有无出长西北大学校长之意"。这对杨钟健来说是一件大伤脑筋的事情，因为他实在不愿意同国民党打交道。此后，在南京街上偶遇西北大学校长马师儒与其女儿，马又约杨钟健在南京中央饭店重申邀约杨钟健赴西北大学，并且连续数日劝杨钟健不要拒绝朱家骅之请。加之当时西安官方及学校纷纷来电催促杨钟健。其后，国民政府教育部部长朱家骅亲自约谈杨钟健，希望杨能考虑政府意见，谈话中杨钟健答应考虑教育部意见。谈话结束后，杨钟健随即与西北大学教务长岳劼恒，北平研究院的裴文中、杜恒俭，南京研究院的翁文灏、傅斯年，华县亲属等通信征询意见和了解情况，岳劼恒、裴文中等均支持其赴任。其中，裴文中拟以西北大学为依托，建立西北部新的古生物研究中心。为此，杨钟健与岳劼恒商定并致信朱家骅，提出在不放弃地质调查所工作的前提下同意赴任。对于杨钟健的要求，朱家骅在征求国民政府行政院院长翁文灏的同意后回答杨钟健，按照他的要求赴任。

  1948年9月8日，南京《中央日报》刊登消息：杨钟健将出任国立西北大学校长。西北大学校方得知国民政府的消息后，马师儒、岳劼恒等致信催促杨钟健尽快上任，教务长岳劼恒还向杨钟健列举了学校亟待解决的问题，首先是向教育部索要欠薪等。1948年10月8日，杨钟健到西北大学任职。他深知，治理好学校的关键是人事问题，而人事宜稳而不宜动。于是，他请岳劼恒仍担任教务长，关中哲任秘书长，原校长马

---

  ① 黄汲清：(1904.3.30—1995.3.22)，四川仁寿人，构造地质学、地层古生物学和石油地质学家。1928年毕业于北京大学地质系，1935年获瑞士浓霞台大学理学博士学位，1948年当选为中央研究院院士，1955年被选聘为中国科学院学部委员（院士），1988年当选苏联科学院外籍院士。

师儒任文学院院长,并将学校的领导权紧紧地掌握在这些进步人士的手中。在第一次召开校务会议时,他在致辞中郑重地表明了他的治校思想:"我这一次来西北大学,绝不是来维持现状的,我对西大有一种抱负,希望能把西大办成进步的、充实的、合理的、名副其实的西北学府。为达到这个目的,不能抱妥协的态度,必须兴革新之志,尽力为之,希望全校同仁均予协助……本人来此,希望能造就一良好的民主风气。"

对于最紧迫的经费问题,杨钟健多次派人到国民政府教育部,经多次沟通,教育部不得不以一袋面粉作为主食,以一袋面粉稍多之数为副食费,借以安定学校师生之心,求得一平静的教书和读书环境。随着各项工作纳入正轨,学校渐有起色。1949年2月1日出版的第2期《国立西北大学地质通讯》报道:"本校自杨校长莅校以来,积极整顿,不遗余力,学校在任何方面均有长足之进步,对学校研究之加强,提倡尤力,故校中各社团,各学会莫不大形活跃云。"另外,杨钟健主校期间,还首次对西北大学自抗战以来校史和主体成分发生的变化做了表述:"西北大学的前身……"七七"事变发生后,北平的北平大学、师范大学和天津的北洋大学,奉命西迁到陕西汉中,成立西北联合大学,但这个联合未能如西南联大之顺利。到一个时期,教育部又应当时人事需要加以改组,主要部分成立西北大学,包括前北平大学及师范大学之大部,还另设西北工学院及西北医学院。此后,又在兰州设立西北师范学院,但还有一部分师大的人未随去兰州。"①

这里还要插一趣事,杨钟健担任西北大学校长后,到南京参加院士会议。北京大学校长胡适也自北平到南京参加院士会议,见了杨钟健就说"欢迎参加叫花子团",两人彼此相笑。由此看来,当时大学校长最为重要的事情是"要钱"。

另外,杨钟健担任西北大学校长期间,于1948年11月12日还主持西北大学成立九周年庆典。为什么是九周年?他对九周年庆典的来历及具体日期做了说明。杨钟健认为:"此指由西北联大改制后之年代,其前身之西北联大与北平大学等历史并未计算在内。不过这个日子是凭空选

---

① 杨钟健:《杨钟健回忆录》,地质出版社1983年版,第182页。

定的，据说当年改制在暑假中，只因为暑假举行不易，所以选定孙总理诞辰的11月12日。"杨钟健在此次庆典上亲致开幕辞，重申西北大学向学术发展的重要意义。他在总结这次校庆时指出："一般情形甚好，所缺少的就是没有真正的学术的东西以纪念学校之历史"，因此随后在校务会议上提议，"如十周年纪念，应当扩大规模，刊行学术性之纪念册。其研究论文当立即筹备，希于次年五月底以前收稿。此建议大家无异议通过"。① 杨钟健主持的此次西北大学校庆，尽管与我们现在西北大学校庆通行时间及对学校历史的追溯时间有所不同，但其讲话在当时进一步明确了西北大学的办学方向，并给师生以极大鼓励，具有很重要的意义。

当然，杨钟健担任西北大学校长后，人民解放军节节胜利，彭德怀领导的西北野战军已进入关中地区。国民党当局看到，遂决定将西北大学迁往成都。这一消息传到西北大学后，校园里立刻形成了迁校与反迁校的激烈斗争。杨钟健以其特有的机智和勇敢，在中国共产党地下党组织的支持下，同以胡宗南为首的国民党展开了反迁校的斗争。有一天，杨钟健正在吃饭，胡宗南的副官来到学校，递上"战区司令长官"的名片，并说："胡宗南马上来看杨校长。"由于很突然，杨钟健以为胡宗南已经到了学校，便从容地说："哦！不知胡长官驾到，未曾远迎，请胡长官客厅稍坐，我吃罢饭就来。"那位副官见状声明说，"胡长官让我来通知校长，他本人还没有来啊！"杨钟健听罢便对工作人员讲："你先陪副官长客厅休息，我和教授们约定吃完饭后研究一些学术问题，胡长官到后，请马上通知我。"就这样把胡宗南的副官晾在一边，自己和教授们谈论学术问题。他们正在高谈阔论时，校长办公室的门突然被推开了，进来的正是胡宗南本人。杨钟健沉着地说："胡长官驾临指导，必能使我校日新月异。"胡宗南与杨钟健寒暄后，便宣布西北大学迁往成都的命令。杨钟健一边答应胡宗南的要求，一边又提出一些难以解决和回答的"困难"，弄得胡宗南皱起眉头离开了西北大学。② 杨钟健为了应付国民党当局，专门成立了一个"迁校委员会"，但是校政牢牢掌握在进步教授的

---

① 杨钟健：《杨钟健回忆录》，地质出版社1983年版，第192页。
② 秦怀钟主编：《中国古脊椎动物学的奠基人——记杰出的地质古生物学家杨钟健》，西安出版社2008年版，第316页。

手里。当时，西北大学经济系多数为进步学生，并有几位共产党员，他们经常与杨钟健在一起研究反迁校的斗争策略。

1949年3月，一些顽固分子煽动不明真相的学生在西北大学闹事，并在杨钟健办公室的窗子上贴上"杨中奸"等标语，还曾在学校操场上包围了杨钟健等人，企图行凶。当时由于进步学生及教师的保护，杨钟健免予惨遭不测。尽管之后不久，国民党骗走了不少学生，但是在地下党组织的领导下，西北大学多数师生反迁校的斗争最终还是获得了胜利。西安解放后，西北大学获得了新生。后来，杨钟健回忆这一段往事时说道："因之去西大，比若跳火坑。三月未知何，困难万重重。黑暗无天日，毁灭难逃踪。""内战与外抗，是非分西东。因而下决心，誓死不盲从。"① 这些诗句，既反映了杨钟健与国民党反动政客斗争的情况，又反映了他在反迁校斗争中的坚定立场与对光明的向往。

1949年4月，南京解放前夕，国民党曾经以高官厚禄引诱杨钟健去台湾，杨钟健毅然决然拒绝了这一切，毫不犹豫地留下来等待新中国的到来。

四、孺子深情　为科学事业奋斗终生

新中国成立后，杨钟健梦寐以求的光明时刻终于来临了。中国科学院副院长竺可桢、陶孟和等受院长郭沫若的委托，从北京给在南京的杨钟健发来专函，邀请他担任中国科学院编译局局长。杨钟健愉快地接受了邀请，他很快离开南京北上，投入新中国的建设事业。

杨钟健到北京不久，即与裴文中、贾兰坡、刘宪亭等人筹建"古脊椎动物研究室"。1951年秋，由他主持和山东大学地质系合作发掘恐龙化石及调查白垩纪地层，是为青岛棘鼻龙。1953年，他辞去编译局局长一职，专任中国科学院古脊椎动物研究室主任。1955年，杨钟健当选为中国科学院生物地学部委员（院士）。1956年4月20日，他实现了其多年的梦想与追求，加入中国共产党，并在5月16日的《人民日报》上发表了《我要无愧于共产党员这一称号》的文章，表达了对党领导的科学

---

① 秦怀钟主编：《中国古脊椎动物学的奠基人——记杰出的地质古生物学家杨钟健》，西安出版社2008年版，第317页。

杨钟健与郭沫若、尹赞勋

事业的忠诚与热爱,他在《入党抒怀》的始终感慨地写道:

> 始信共产谛,真理如日悬。
> 哲学基础固,科学方法全。
> 余年为科学,不负党所盼。
> ……
> 学习复学习,随时克困难。
> 理论有根据,自然光心田。
> 余年忠于党,应少补前愆。①

杨钟健"俯首甘为孺子牛",积极投身社会主义建设事业中。20世纪50至60年代,是杨钟健一生中学术活动最活跃时期。1954年5月,他去安徽泗洪等地野外调查。1956年,他率中国古生物代表团去苏联各地访问两月。这一时期他还经常去山东、山西、内蒙古、甘肃等省调查。1959年,他兼任北京自然博物馆馆长。"文化大革命"期间,他仍完成论文多篇。除了大量的学术、组织工作,野外与国外考察和科学写作以外,他的研究领域几乎涉及爬行动物的各个重要门类和方面,填补了中

---

① 秦怀钟主编:《中国古脊椎动物学的奠基人——记杰出的地质古生物学家杨钟健》,西安出版社2008年版,第319页。

国在这方面的空白，使中国成为世界上古脊椎动物化石材料最丰富多样和重要的一个地区。

杨钟健工作照

杨钟健的生活与科学研究有其特点，其一，即每年除夕，他要把当年发表过的著作目录写成清单，摆在案上，引杯自贺，总结过去，展望未来。这既是他个人每年的总结，又是对学科研究进展的指导性文章，有的还具有科普性质。其二，每次外出做重大考察后，必有一册游记出版，如留学时的《去国的悲哀》、20世纪30年代初在内蒙古、新疆调查时的《西北的剖面》、抗战时的《抗战中看河山》、在美考察时的《新眼界》和《国外印象记》以及50年代的《访苏两月记》等。这些书不是简单的游记，而是对古生物状况的大量翔实记载，或是反映当地的人情风俗、地区地貌、国计民生等，体现了他与祖国、与人民息息相关的深厚感情。其三，他对师友、同事具有深厚的感情。如，他的老师李四光、葛利普、舒罗塞，同事如德日进、步达生等人去世后，他均在报刊上发表真挚的悼念文章。王存义同志，从30年代始便跟随杨钟健一起工作，抗战时又同去后方，前后共事近50年，参与了周口店等重要化石发掘和修复工作，卓有成绩。他本来文化程度并不高，可在杨钟健的提携下，成为一名高级工程师，颇有成绩。另外，一些与杨钟健一起工作的普通工人，去世后他都要去凭吊；学生病了，他还亲自到医院看望、慰问。

杨钟健一生笔耕不辍，著述颇丰，在国际上有很高的声望。他曾被聘为苏联莫斯科自然博物协会的国外会员、北美古脊椎学会名誉会员、英国林奈学会会员等。著有：《地震浅说》（合著，上海中华书局，1924年）、《古生物通论》（上海中华书局，1926年）、《去国的悲哀》（1929年）、《西北的剖面》（1931年）、《自然论略》（上海商务印书馆，1944年）、《禄丰晰龙动物群》（科学出版社，1951年）、《演化的证实与过程》（上海商务印书馆，1952年、科学出版社，1957年）、《中国标准化石（古脊椎动物，合著）》（地质出版社，1954年）、《古脊椎动物的演化》（科学出版社，1955年）、《生物演化的概念》（科普协会，1957年）、《中国三叠纪水生爬行动物（合著）》（科学出版社，1972年）、《新疆吐鲁番——新假鳄类》（科学出版社，1973年）、《三论袁氏阔口龙》（科学出版社，1978年）、《记骨室文目》（1937年），还有《记骨室文集》（科学出版社，1982年）等等。另外，他一生发表的学术性文章达500多篇。如《新生代研究之回顾》（1931年）、《〈自然〉的二周年》（1934年）、《西北的土质》（《自然》，1936（197—199））、《中国脊椎动物化石之新层》（1937年）、《新疆之奇台天山龙》（1937年）、《中国鸵鸟蛋化石》（1937年）、《甘肃皋兰永登区新生代地质》（1936年）、《抗战以来脊椎动物化石新地点之发现及其在地层古生物上之意义》（1940年）、《四川巴县新开市和尚坡洞穴底层之发现及其意义》（1940年）、《许氏禄丰龙之再造》（1940年）、《许氏禄丰龙》（1941年）、《脊椎动物化石研究之新趋向》（1937年）、《抗战三年来新生代地质及脊椎动物化石之进展》（1941年）、《三十年来之中国古生物学》（1947年）、《新生代研究室二十年》（1948年）、《古脊椎动物研究的基础、现况与发展》（1953年）、《十年来的中国古生物学总论》（1959年）、《新生代研究的展望》（1964年）等等。除此之外，他还著有2000多首诗作。[1]

1979年1月15日，杨钟健因胃出血病逝于北京，终年82岁。两年后的1981年9月8日，北京自然博物馆及其家人将其骨灰安放于周口店

---

[1] 《西北大学学人谱》编委会编：《西北大学学人谱》，西北大学出版社1997年版，第22页；及姚远教授相关论著。

龙骨山。杨钟健逝世后不久，全国人大常委会原副委员长许德珩手书了一首悼念他的词，高度评价了杨钟健的业绩，写好后亲自到他家，送给其家属。这首"浪淘沙"的上阕写道："五四风雷年，六十年前，共驱国贼救时艰；同学少年君与我，战友情牵。"可谓是对杨钟健的深切怀念！

中国冶金物理学的开创者魏寿昆

魏寿昆（1907—2014），中国冶金物理化学学科创始人之一，冶金学和冶金物理化学家和冶金教育家，中国科学院资深院士。青年时代求学海外，归国后一直致力于冶金科学与教育事业，胸怀祖国、追求真理。1937—1938年，任西北联合大学矿冶系主任、教授，西北工学院矿冶系教授及工科研究所矿冶研究部主任。1942年至1947年，他结合中国四川、贵州和江西等省的矿产资源情况，进行了数项重要的科学研究。魏寿昆1952年加入九三学社，1956年被教育部批准为一级教授，1980年当选为中国科学院院士。魏寿昆一生在冶金热力学方面取得了重要成果，先后进行过钢铁脱硫、钢液脱磷、活度理论、选择性氧化、固体电解质电池定氧和冶金热力学在我国特有矿产综合提取金属中的应用研究，并多次获奖。魏寿昆先生百年人生，从事高等教学长达80余年，课堂授课46年，先后在10所大学任教，共主讲过28门课程，为我国培养了四五代冶金科技人才，也为中国乃至世界冶金领域增添了一座神奇宝藏。

魏寿昆是国务院批准的第一批博士生导师，相继获得北京钢铁学院、中国地质学会、中国科学院、中国金属学会授予的各类荣誉称号，1985年获得日本铁钢协会授予的"荣誉会员"及国家教委授予的"老骥伏枥金奖章"等多种荣誉。

一、弃商求学　北洋才俊攻矿冶

魏寿昆

魏寿昆于1907年（清朝光绪三十三年）9月16日出生于没落的天津市商人家庭。魏家本祖籍江苏南京，家道曾经殷实富足，人丁兴旺。乾隆中叶后魏家举家北上，从南京迁到天津落脚。落脚后家中长者商议决定从祖传的木工活做起，再替别人挑水以补贴家用。魏家家风诚信守义、勤俭致富，代代相传，过了两三代魏家家业便再次发达起来，生意日益兴隆。但是，随着1900年八国联军入侵天津，烧杀掳掠，天津城内尸体遍地，建筑及房屋诸多被侵略者毁掉，大沽等繁华地带被夷为平地，曾经有5万居民的塘沽已无华人足迹，魏家虽然保住了人口安全，但几代人辛苦积蓄及家业几乎被毁之殆尽，至此魏家再次遭到沉重打击，昔日风光不再。魏家的大家庭迫于生计也只得解体，自谋生路。据魏寿昆回忆，小时候家庭是十分艰苦的，平日里主要吃棒子面及少许四号面粉，就是一种最便宜的面粉，北京人叫"杂和面"，只能在过年的时候才做一顿红烧猪肉，大家还舍不得吃。[①] 魏寿昆就是在这样的背景下出生。魏寿昆出生时尽管家道再次衰落，但他从小聪明伶俐、明达事理，加之又勤奋好学，这使魏家又从魏寿昆身上看到了复兴家业的希望。

1914年魏寿昆入私塾，私塾离魏家只隔两条胡同，他每天步行去私塾读书，中午回家吃饭。读完三年私塾后，魏寿昆当时面临一个问题，是继续读书还是做买卖经商呢？他最后选择了继续读书，放弃经商，并把他的想法告诉了祖父和家人，他的想法得到了家人的支持，鼓励他发奋读书，报效祖国。于是，1917年魏寿昆考入了离家最近的育德庵小学。小学毕业后，1919年夏天，魏寿昆参加天津铃铛阁官立中学的考试，铃铛阁中学是俗名，其正式名称是直隶省立第一中学，即直隶一中。但为什么叫铃铛阁中学呢？据说这里原先有一座"铃铛阁"的古迹，后

---

① 吴石忠、姜曦：《魏寿昆传》，科学出版社2011年版，第11页。

毁于战乱，后来在其旧址上建立了一所中学，故叫铃铛阁中学。考入中学还有些曲折或叫趣事。当时考场设在校内大礼堂，300多名考生将偌大的礼堂挤得满满当当，上午英语、数学考完，他自信满满，相信自己会从这300人中脱颖而出。下午考语文，题目由监考老师写在黑板上，近视的他向邻桌求助，才晓得考题是"议论'贵平实论'"。搞清楚考题是什么的同时，本来胸有成竹的魏寿昆一下子慌了神，自己并没有读过这篇文章。他猜想"贵平实论"应该是某位古代名士写的文章，但这位名士哪朝哪代，题中"平实"为何意皆一窍不通。无奈之下，只好胡编乱造地答完，一心想着：语文要不及格了！出榜的时间到了，5∶1的竞争比例让魏寿昆惴惴不安。黑压压的人群里，他从头开始搜索自己的名字，直到第53个才找到。悬着的心终于落下，但这场有惊无险的中考却在他的生命中产生了重要的影响。魏寿昆后来回忆道"中考被录取得益于数学、英语得到高分，弥补了语文的不及格，使平均分数超过了60分。如果要求每门功课都超过60分，我就被淘汰了。"魏寿昆说这次挫折警示他平日绝不可有丝毫懈怠，务必要多读书，每件事都是"预则立"，绝对不能心存半点侥幸。①

青年魏寿昆

魏寿昆所在的铃铛阁中学，全校共有10个班，每个班40—60名学生不等，在校学生总数约500人。课程设置基本上按照蔡元培任南京临时政府教育总长时，于1913年颁布的《普通教育暂时课程之标准》而开设，主要课目有修身、国文、英语、数学、物理、化学、历史、地理、法制、图画、体育等。铃铛阁中学教师的阵容是很强的，都是教学经验丰富的中年教师，魏寿昆对他们的教学十分喜欢。1923年，魏寿昆毕业于河北省省立第一中学即铃铛阁中学，后以优异成绩考入北洋大学。

按照北洋大学的规定，需先读两年预科，合格后才能进入本科学习

---

① 吴石忠、姜曦：《魏寿昆传》，科学出版社2011年版，第14页。

四年，毕业时学校授予学士学位。当时南开大学和北洋大学为天津地区最著名的两所高等学府。南开大学创办于1919年，是一个文理科综合性私立大学，校长张伯苓是中国近代教育的先行者，与蔡元培齐名。北洋大学校舍原为李鸿章的水师训练堂，设有武器库。1903年原处建了两层教学大楼一座及其他办公室和学生宿舍等。校园外北运河从旁边流过，桃花堤直接连着西沽。北洋大学校歌歌词："花堤蔼蔼，北运滔滔，巍巍学府北洋高，悠长称历史，建设为同胞，不从纸上逞空谈，要实地把中华改造。"就是对校园景色的描写。魏寿昆之所以选择北洋大学，自然有他的道理。他说：北洋大学是一所比较穷的大学。宿舍是由清朝武器库改建的，并不华丽。经费少，贫困的学生比较多。当时学生每年交学费10元（指银圆），新U形宿舍楼盖成以后每年收住宿费12元，对考试成绩超过85分的学生，可免缴下学期学费及宿费。书籍有贷书制的办法……学生主要的花费是每月的伙食费。伙食由学生自己经营组织食堂，1923年他初入学时每月伙食费5元，到了1929年他毕业时由于物价上涨，伙食费增加到7—8元。因此，一个学生如果节约度日，一年有80—100元就足够了，而当时有些教会大学或私立大学，一个学生要花费200—300元。[①] 由此看来，家境贫穷是魏寿昆选择北洋大学的主要原因。

　　魏寿昆在北洋两年预科学习成绩突出，学习了数学、物理、化学、英语、德语、国语及制图，各门功课的成绩都高于85分，按照学校制度，他免除了各种费用，诸如学费、杂费、住宿费等，为家里节约了一笔不小的费用。

　　魏寿昆本科在北洋大学选择了矿冶系。为什么选择矿冶系，据魏寿昆自己回忆，是因为他喜欢化学，在中学读书时老师做化学实验深深地吸引着他。进入北洋大学后，当时学校只有机械、土木、矿冶三个系，而矿冶系是化学最多的系。但随着年龄的增长，他认为钢铁是国家最重要的基础工业，制造轮船、飞机、大炮、火车都需要大量钢铁，为了更好地建设国家，他更加热爱钢铁冶金学科了。

[①] 吴石忠、姜曦：《魏寿昆传》，科学出版社2011年版，第14页。

魏寿昆读书时，刚好是刘仙洲①担任校长，刘仙洲的锐意改革精神及卓有成效的管理使得北洋大学有很大发展并深受广大师生的欢迎和拥护，也对魏寿昆产生了很大影响，他十分敬重刘仙洲先生，他说：刘仙洲先生的民族气节、无畏的精神深受北洋大学师生敬爱。1929年夏天，魏寿昆毕业，获矿冶工程系工学士学位。魏寿昆在北洋大学本科四年成绩优异，总平均分数94.25分。是北洋大学校史记载上的最高分数，鉴于他的品学兼优，斐陶斐励学会董事会通过，由当时的矿冶系主任何杰教授与斯佩里教授代表校方颁发给魏寿昆一枚斐陶斐励金钥匙会徽，以示表彰与鼓励。② 魏寿昆从北洋大学毕业后，在辽宁海城大岭滑石矿任助理工程师。1930年，任北洋大学矿冶工程系助教，同年秋魏寿昆考取了天津市公费留德。

二、留德深造　走上科学救国之路

前面已经提及，魏寿昆从大学毕业后在辽宁海城大岭滑石矿担任了短暂时间的助理工程师，之后接到母校北洋大学邀请他回校任教的邀请函，遂于1930年2月即中国传统佳节春节辞去大岭滑石矿的工作，回到天津北洋大学。此后，他一面工作，一面关注招考留学生的信息。1930年9月，天津计划招考留美学教育、留德学色染化学及留英学纺织工程各一名留学生。在50名天津籍报考学生当中，魏寿昆考取了留德学色染

---

① 刘仙洲（1890—1975），原名鹤，又名振华，字仙舟。河北省完县唐兴店村人。机械学家和机械工程教育家，中国科学史事业的开拓者，中国科学院院士。1924年，年仅34岁的刘仙洲就担任了北洋大学校长，在校长任上他锐意革新，聘请茅以升、石志仁、侯德榜、何杰等中国著名学者任教，亲手拟定《北洋大学附设工读协作制机械工学系意见书》。他原想将这所大学创办成"东方麻省理工学院"，但当时在北洋政府统辖之下，办学经费不足，难以实现意愿。1955年，他以65岁高龄加入了中国共产党，是新中国成立后最早入党的知名老教授，在国内外引起强烈反响，带动了一大批著名专家入党。他还以极大的热情参加了人民政权的建设，是全国人民代表大会第一、二、三、四届人民代表，国务院科学规划委员会机械组副组长，国家科学技术委员会技术科学学科组副组长，中国科学院技术科学部常务委员兼机械组组长等职。他还和我国其他工程界的老前辈共同发起成立了中国机械工程学会。由于刘仙洲对新中国的教育和科学事业做出了重要贡献，毛泽东曾特邀他参加最高国务会议。1975年10月6日逝世于北京。

② 吴石忠、姜曦：《魏寿昆传》，科学出版社2011年版，第25页。

化学。1931年3月，魏寿昆在即将出国之前去拜望自己的老师杨荣懋夫妇，这位老师独具慧眼将自己的女儿杨英梅许配给他。杨英梅比魏寿昆小六岁，高中毕业后考取了河北女子师范学院，这是一所邓颖超曾经就读过的知名高校，两人相见都有一种相见恨晚的感觉。杨荣懋夫妇对未来这位女婿讲了一些鼓励的话，把更多时间留给了这对情侣，并约定魏寿昆离开天津那天再次相会。启程那天杨英梅母女坚持送魏寿昆到天津火车站，依依惜别。当送走杨英梅母女后，魏寿昆突然发现大手提箱不见了，他吓出了一身冷汗，最后在火车站警察及朋友帮助下终于从窃贼手中追回了大提包，如果提包丢失后果不堪想象，因为当时他出国用的留学证明、衣服等重要物品都放在箱内。

  魏寿昆出国留学的征途，先踏上国际列车，由满洲里出境进入苏联，1931年5月5日，列车抵达莫斯科北郊的喀山火车站，从这里换乘到德国柏林的列车。之后，火车经过波兰首都华沙进入德国境内。柏林素有"森林与湖泊之都"，整个城市犹如沉浸在一片绿色的海洋之中，魏寿昆无心旅游观光，他要尽快安顿好住宿，然后到柏林工科大学报到。

  柏林工科大学设有材料工艺科学系，下设采矿、冶金及化学三个专业。本来冶金专业是他最喜欢的，但他按照留学规定必须学习色染专业，故只好忍痛割爱先学色染专业。他设想在柏林大学用两学期分别专攻有机化学及物理化学。按照学校规定，在两学期内魏寿昆必须制备60种有机化合物，完成六种有机化学分析实验；物理化学设有50个实验，魏寿昆必须完成其中的30个实验；试验方法和内容由自己决定。当时，柏林工科大学的实验仪器零部件零散地摆在实验台上，实验时由学生自己组装。每个实验由两位学生合作进行，但在实验开始前需要报告助教，请他检查确认，如果连接正确，助教需要在实验本上签字确认以示负责，然后学生进行实验，最后实验得出的结果也由助教复核，无误后签字；完成的实验报告交任课教授审阅，并向学生提问，学生回答正确，教授签字。经过如此程序，这个实验才算完成。魏寿昆正是在这样的要求下，完成了全部实验。

  在柏林期间，正值纳粹控制德国政权，德国国内狂热宣传希特勒的法西斯思想，1931年9月18日，日本军国主义悍然发动了"九一八"

事变，消息很快传到日本。有一天，魏寿昆正在学生餐厅用餐，一位素不相识的德国学生走到他的桌子旁边，得意忘形地说："在满洲你们日本人打胜仗了。"魏寿昆怒目而视，未予理睬，那位德国学生以为魏寿昆没有听懂，又说了一遍。魏寿昆愤然站起来，厉声喝道："我们中国人一定会把日本侵略者赶走的，让你们这些好战的民族见鬼去吧！"① 这位德国学生看到站在他眼前的魏寿昆是位声色俱厉、堂堂正正的中国人，只好灰溜溜地走开了。

但是，这件事深深地刺痛了魏寿昆的民族自尊心，也激励着他更加刻苦学习。"国力不强就要受人欺凌啊！"后来魏寿昆回忆说，"当时我就认识到：要使国家富强，人民安居乐业，必须振兴工业，走科学救国道路。"这也进一步激发了他的爱国热情，他决心学成归国、报效祖国。

1932年，魏寿昆转学德累斯顿工业大学化学系。1935年，获德国德累斯顿工业大学化学系工学博士。1935年至1936年在德国亚琛工业大学钢铁冶金研究所从事研究工作。

1934年，魏寿昆在德国德累斯顿工科大学的实验室内做实验

在德国期间，魏寿昆还结识了中国核科学的奠基人和开拓者之一的王淦昌②，两人在1932年5月德国的圣灵降临节之际，共同出去游览、休憩，

---

① 吴石忠、姜曦：《魏寿昆传》，科学出版社2011年版，第34页。
② 王淦昌（1907—1998），出生于江苏常熟，核物理学家、中国核科学的奠基人和开拓者之一、中国科学院院士、"两弹一星功勋奖章"获得者。1929年毕业于清华大学物理系。1933年获柏林大学博士学位。1964年，他独立地提出了用激光打靶实现核聚变的设想，是世界激光惯性约束核聚变理论和研究的创始人之一。王淦昌参与了中国原子弹、氢弹原理突破及核武器研制的试验研究和组织领导，是中国核武器研制的主要奠基人之一。曾荣获两项国家自然科学一等奖、国家科学技术进步特等奖等。

以解几个月来王淦昌之忧。事情原委是这样的：王淦昌在吴有训、叶企孙两位教授的推荐下于1930年考入柏林大学，师从著名核物理学家迈特纳教授。迈特纳是一位被爱因斯坦评价为"天赋高于居里夫人"的著名实验物理学家，王淦昌当时是她唯一的中国博士研究生。王淦昌曾经怀疑X射线能够穿透物体并不是因为它自己具有这么大的强大力量，很可能在X射线中还存在其他具有极强能量的物质流。为此，他设计了一套测量这个无名物质流的方案，并把他的方案告诉了导师迈特纳教授，这位著名的女科学家看了后微微一笑，告诉他何必重复别人的实验呢！你自己开辟新路吧！这样做你会达到另一座高峰的！1932年2月，英国青年科学家德威克正是采用与王淦昌相近的实验构想，发现X射线中存在一种被称为中子流的物质，后来获得了诺贝尔物理学奖。三个月来，王淦昌受此影响一度心情沮丧，正赶上德国的圣灵降临节，于是他们结伴而行出去散心，他们一边欣赏美景，一边畅谈国事，立志为中国科学事业奋斗终生。

这里要特别指出的是，1935年魏寿昆以优异的成绩通过博士论文答辩，获得化学博士学位后。当时，他面临着回国任教还是继续留德攻读冶金学博士的抉择。当时在国内，日本侵华的野心更加猖狂，华北面临着又一场浩劫，他怎能忍心让母亲继续过着颠沛流离的生活。一边是亲情牵挂，一边是对冶金学的极度热爱，魏寿昆权衡再三，决定自费到德国亚琛工科大学再学习一年冶金专业。他为自己定下了繁重的学习任务：听课，收集资料，参加实验和小型研究，考察德国冶金教育情况，了解国际冶金工业和教育动态，学习冶金新工艺、新流程，以及冶金理论研究方法及实验设备……这一年他节衣缩食，惜时如金，几乎到了废寝忘食的程度，但乐在其中的他并不觉得苦和累。1936年，魏寿昆放弃在德国丰厚薪资的工作机会，怀着满腔热血和报国之情回到了阔别五年的家乡，被北洋大学聘任为矿冶系教授。一年后，卢沟桥事变爆发，魏寿昆随学校举家西迁。①

三、兴学育人　从西安、陕南到西康

前面已经提及，1937年9月10日，国民政府教育部第16696号令：

---

① 魏寿昆：《钢铁是这样炼成的》，2006年6月4日《光明日报》。

以北平大学、北平师范大学、北洋工学院和北平研究院等院校为基干，设立西安临时大学。北洋工学院收到教育部训令后，立即组织学校西迁工作。由于正值暑假，各地学生只能自己想办法通过水路或者陆路自行到达西安。李书田院长带领秘书、会计和总务少数人员匆忙离津先行到达西安，安排西迁大部队的食宿及教学场所。魏寿昆与部分教职员工是首批启程的。他们设法通过日租界，经过艰难险阻到达法租界，然后分乘英国客轮、货轮离开天津，再转到山东济南、江苏徐州，最后经过陇海线乘坐火车到达西安，魏寿昆夫人杨英梅和第三批师生同行。

当时，几所高校一下子拥入古城，没有那么多的房屋、场地，西安临时大学把师生分为三处安置。第一处是位于西安城隍庙后面的庙后街4号，该处是临大校本部，国文系、历史系和外语系在此上课；第二处是北大街中段路东的通济坊。20世纪30年代，这里是一处四合院式的楼房，分为南、北、中三坊，临街有一栋四层的砖木楼房，号称西安最早的西式大楼，一度被当作临时大学医学院的教室，法商学院、农学院以及教育系、生物系的学生也在此上课。两处遗踪现在都已消失。第三处就是位于太白北路的西北大学老校区。抗战爆发前，东北大学内迁西安就在此地。西安临时大学的数学系、物理系、化学系、体育系学生在此读书。西安临时大学当时有教授百余名，学生1400余人，自1937年11月西安临时大学开学上课。魏寿昆所在的北洋工学院在第三处，但住宿是租的当地民房。

西安临大时期，魏寿昆与师生员工即秉持"勠力同心，艰危共济，尽瘁此临时教育事业"①之豪情壮志积极为经济社会发展贡献力量。临大筹备伊始，为了使师生的教学科研与经济社会发展密切结合，学校还积极联系地方政府，学以致用，共同解决经济发展中遇到的困难及面临的难题，魏寿昆都积极参与。如，据《西安临大校刊》第8期记载：矿冶系主任魏寿崑教授受陕西省建设厅委托，率学生到安康调研金矿情况，协同解决面临问题；1937年12月，纺织工程学系全体教授率领本系一、二、三、四各年级学生，到西安大华纱厂参观该厂设施，了解企业发展

---

① 陈剑翛：《西安临大校刊·发刊词》，载《西安临大校刊》第1期，1937年12月20日，第1页。

状况；1938年1月24日，农学系畜牧组同学为"明了西安乳牛业经营情形起见"，由该系李正谊教授率领前往南门外小雁塔东西京牧场参观，对该场经营业状况及经营方针，乳牛饲养情形及繁殖方法等进行详细调查，以备咨询。① 等等。总之，在西安临大期间魏寿昆与其他师生一道学以致用，积极服务地方经济社会发展。

西安临时大学从1937年11月18日开学到1938年2月底，共上课13周，喘息未定，便又踏上南迁汉中之路。原因是1938年3月，山西临汾失陷，日寇逼近风陵渡，关中门户潼关告急。同时西安也屡遭日机侵扰轰炸，故西安临时大学被迫再次南迁，全校千余师生编成百余个小分队，仪器、图书、行李、餐具等重物品由雇用的马车和车夫驮运，教师、职工、家属乘无棚卡车行进前往汉中。那时从西安到陕南，得先坐火车到宝鸡，然后，百余个小分队翻越秦岭，徒步130余公里，沿着古蜀道穿行，继而步行今天的316国道，途经凤县、留坝、褒城，最终抵达汉中。当时，魏寿昆等在南迁过程中遇到了不少惊险的事情。他后来讲过一个女教授救同人的故事：

一支南迁的队伍过了凤岭，前面有一条崎岖的古道，古道两旁分别有一片浓密的树林，常常看到松鼠之类的小动物出没，不时把卡车上的教职工吓得惊叫起来。汽车在阴森的树林小道上缓缓前行，当将要穿过一片树林时，突然窜出几个土匪拦住了车头，司机只好停下车。正当大家惊慌失措时，有位女教授大喊道："我把金手镯给你们，赶紧让开路！"话音刚落，这位女教授甩出金手镯，土匪忙着用手去接，让开了道。卡车猛冲了过去，快速行驶，土匪干瞪着眼，骂骂咧咧地看着汽车远去。事后"女教授甩金镯救同人"一时传为佳话，这位女教授因为临危不惧、侠肝义胆的行为，成为大家敬佩的女英雄。②

到了汉中，国民政府教育部的训令也到了，原联合组成的西安临时大学，现改称国立西北联合大学。

西北联大在汉中初期，分布在城固、勉县、南郑等三县六地。除农

---

① 《农学系畜牧组同学参观西京牧场》，载《西安临大校刊》第8期，1938年2月7日，第6页。

② 吴石忠、姜曦：《魏寿昆传》，科学出版社2011年版，第55页。

学院设在勉县的武侯祠、医学院设在南郑的一些居民区，西北联大校本部及其他大多数院系都在城固县城。到汉中后，1938年7月27日，国民政府教育部发出训令，原西北联合大学工学院（原北洋工学院、北平大学工学院）与东北大学工学院、私立焦作工学院合并组成西北工学院，8月10日由四院院长即原北洋工学院院长李书田、北平大学工学院院长张贻惠、东北大学工学院院长王茂春、焦作工学院院长张清涟及胡庶华组成西北工学院筹备委员会，主任为李书田。魏寿昆所在的工学院设土木（北洋工学院、东北大学工学院、私立焦作工学院土木系组成）、矿冶（北洋工学院、私立焦作工学院矿冶系组成）、电机（北洋工学院、北平大学工学院、东北大学工学院电机系组成）、化工（北平大学工学院的化工系）、纺织（北平大学工学院的纺织系）、水利（北洋工学院的水利系）及航空（北洋的航空系）和机械，共八个系，其中矿冶研究所主任开始由雷祚雯兼任后由魏寿昆担任。

1938年10月，西北工学院开始在重庆、成都、西安等地招生，11月12日西北工学院举行了开学典礼。魏寿昆当时住在古路坝左家湾，据上课地点约一公里路程。工学院学生当时住在古路坝教堂学生宿舍，宿舍的床铺为请木匠打造的双层床，一个宿舍上下铺住20人，床上铺垫稻草。食堂用餐缺少桌凳，多数人蹲着吃饭，冬天缺衣少裤，艰苦条件可见一斑。学生们的生活费全部依靠政府发放的微薄"贷金"维持。

但是学生们学习都很刻苦，在面积不大的图书馆里总是座无虚席，甚至有人站着读书。夜晚，图书室挂着汽灯，自习的学生更是惜时如金，直到工友们把汽灯熄灭才依依不舍地离开。从室外望去，古路坝夜晚的灯光闪烁，星星点点，遂形成"古路坝灯火"美妙景色。

西北工学院开学初期，教学秩序井然。但四院校治学标准不同，师资水平强弱不等，因此北洋工学院学生有一种无形的优越感，校内也开始流传一些不利于团结的话。例如，传说焦作工学院有教师吸大烟，有加入青洪帮的。东北工学院教师相对年轻，缺乏教学经验；北洋工学院学生整体素质高，教师水平也高于其他院校，等等。这样，东北工学院和焦作工学院的师生听了后很不高兴，并把矛头直指北洋工学院师生，而北平大学工学院的师生对北洋工学院的师生自高自大的言行也很反感，这样，逐渐形成三院校与北洋工学院对立的局面。

李书田作为西北工学院院长，在讲话中多次不自觉流露出看不起其他院校师生的话语，更加剧了学生间的对立情绪。终于在1939年2月发生了学生间的矛盾冲突。据机械系主任潘承孝教授回忆：发生冲突时，李书田不在学校，因为他与周泽书都是西北工学院教务委员会委员，故两人商量后，急忙去现场劝阻冲突。潘承孝去北平大学学生一边，周泽书去北洋工学院学生一边劝阻。正在做说服工作时，东北大学工学院学生结对进入现场，一时间砖石乱飞。北洋工学院学生人数少力量弱，见势不妙急忙退出，于是避免了一场械斗。此时，住在外面的魏寿昆等人闻讯赶来，冲突已经平息，魏寿昆等北洋工学院的教师赶到学生宿舍，做他们的思想工作。①

李书田回校闻知事件经过后大怒，当晚将全部北洋工学院学生迁到左家湾居住，自己也迁到左家湾办公，并下令全院停课，开除三名学生代表。李书田的举动使本已平息的事件再起波澜。北洋工学院的教授们很着急，并劝说李书田，但是李书田坚持己见一定要开除学生，学生则不同意，就这样僵持了两个月，西北工学院成立短短三个月便被迫停课。

1939年3月，李书田率领北洋工学院师生南下，放言要在四川建立新校，南下到广元后，被国民政府教育部阻止。在接受学生提出的条件后，北洋工学院学生返回城固复课。当时学生提出的条件是：第一，不回古路坝，在城固另择地方上课；第二，毕业时西北工学院毕业证书加盖北洋工学院校章。回到城固后，北洋工学院学生在城西七星寺及龙头寺上课。

对此事件，魏寿昆后来说："李书田办事认真，但急于求成，希望早日树立良好的学风，统一治学标准。但是忽略学生流离失所的复杂情绪，缺乏耐心有力的思想疏导工作，致使原北洋学生和他方学生间思想鸿沟加深。"②

在北洋工学院任教时，魏寿昆讲授"钢铁冶金""普通金属冶金""冶炼厂设计""选矿学""金相学与热处理""工业分析"等六门课，

---

① 吴石忠、姜曦：《魏寿昆传》，科学出版社2011年版，第58页。
② 吴石忠、姜曦：《魏寿昆传》，科学出版社2011年版，第59页。

他知识广博、上课认真，受到李书田及北洋工学院老教授们的赞扬。其出众才华逐渐显露出来。

四、立言传世　遍天之下皆桃李

新中国成立后，魏寿昆于1950年代初系统地开展热力学中有关活度理论的研究。他从1956年起连续发表了《活度的两种标准态与热力势》等几篇重要论文，解决了活度应用中的关键问题，并在1959年为北京钢铁学院的物理化学及冶金原理两个教研组的教师举办系统讲座，培养了大批优秀人才，教书育人、诲人不倦，受过魏寿昆恩泽的学生遍布海内外。据中国工程院院士徐匡迪回忆，自己与魏寿昆之间还有一个小故事。徐匡迪毕业留校之初，晚上常去图书馆浏览各种刊物，一次心血来潮，把两年的《美国冶金汇刊》抱来桌上漫无目的地翻看。当时忽觉有人站在身后，转身一看是魏寿昆。"魏先生和气地说：'你一下子也看不了这么多，中间有几册是不是让我先用？'"徐匡迪连声说："好，好。"魏寿昆拣出自己要用的三册，到他对面的桌上边看边做摘记。晚上回宿舍的路上，徐匡迪为自己霸占期刊的行为向魏寿昆道歉，魏寿昆微笑回答："爱看书是好事，但总得一本一本地看嘛。"

魏寿昆于20世纪60年代至70年代间，还研究了选择性氧化热力学理论。1973年，他首次提出"氧化物转化温度"概念。以这个理论指导并探索了平炉、底吹转炉及顶吹转炉等不同炼钢方法中的元素氧化的顺序与条件，特别是对共生矿的冶炼工艺给予了指导。70年代与80年代间，他运用选择性氧化理论进行了多种工业实践。指导上海钢铁公司、攀枝花钢铁公司和包头钢铁公司解决了诸多技术难题。1988年魏寿昆对选择性氧化理论又进一步扩充与完善。他撰写的《金属熔体中元素的选择性氧化及多反应平衡》（英文稿）一文，刊载在德国的《钢研究》杂志上。魏寿昆关于红土矿综合利用工艺流程的科研课题提供了摇包脱铬的理论依据，成果曾获冶金工业部1979年科技进步一等奖。魏寿昆还采

用固体电解质电池定氧原理，率先开展热力学参数的测定工作。相关课题获得1988年国家教委科技进步二等奖，脱砷研究获1993年国家教委科技进步一等奖。魏寿昆之所以锲而不舍地研究冶金热力学，其原因在他所著的《冶金过程热力学》的前言中写得明白："……通过与冶金工厂及研究部门的科技、工程人员接触，深深感到：一方面应用物理化学解决实际问题非常迫切，但另一方面又遇到不少人在解决冶金实际问题时，苦于不知如何运用物理化学这一得力的理论工具。……作者愿为物理化学工作者和冶金工作者搭筑桥梁，使达到相互促进。"① 魏寿昆自1930年任北洋大学矿冶工程系助教起，教龄逾60年。讲授过"普通化学""分析化学""物理化学""普通冶金学""钢铁冶金学""有色冶金学""选矿学""金相学""钢铁热处理""冶金计算""专业炼钢学""冶炼厂设计""冶金物理化学""活度理论"等27门课程。送走了一批又一批冶金专业和冶金物理化学专业的毕业生及硕士、博士生，"魏寿昆家族"在其去世前可谓"五世同堂"，薪火相传。他所教过的学生中，不少人已成长为教授、总工程师、厂长、经理等。中国的冶金企业中的技术骨干大多是魏寿昆的学生，堪称桃李满天下。

　　魏寿昆在为硕士生、博士生上的第一课的内容，主要是告诫学生不要仅仅满足于在知识领域中的所谓"横截面"上，并要求学生在选择研究课题时，必须注意先进性与实践性，两者要结合起来。他指导学生从严、心细，讲课内容充实、新颖。他虽执教多年，但每次讲课前，都要把教案进行修改，吸收国内生产与研究方面的新成就。魏寿昆在人生晚年还继续为祖国钢铁工业的明天思索着、奋斗着。"不待扬鞭自奋蹄"的诗句，是他生活的真实写照。

　　魏寿昆一生好读书，好友陆宗贤拜访他后曾这样描述："魏先生住的房间很小，书架与床之间只留着一条很窄的通道，两个人一起通过还得侧着身；靠窗的地方有一张书桌，摆满书或数据，可谓'陋室'；书柜整整齐齐地排列着德文的、英文的、中文的、俄文的化学和冶金书籍，只能用'书香满溢，惟吾书馨'来形容。魏先生平日最大的乐趣就是特

---

① 魏寿昆：《冶金过程热力学》（前言），上海科学技术出版社1980年版。

别爱读书，嗜书如命，惜时如金。他是一位手不释卷的读书人。"①

魏寿昆还热心社会事务，生前先后担任北京市政协一至四届委员、五至七届常务委员，九三学社第六届中央委员会委员，第七届中央委员会常务委员，国务院学位委员会工科学科第一届评议组成员，国家科委冶金学科组常务副组长等社会兼职。2006年，魏寿昆在其百岁生日之际设立了"魏寿昆科技教育基金"，由他个人捐资10万元，北京科技大学出资200万元作为启动基金，鼓励后学、奖掖先进。在其百岁华诞暨从教77周年之际，党和国家领导人罗干、刘淇、路甬祥、韩启德、黄孟复等发来贺信，时任中国工程院院长徐匡迪、教育部部长周济两院资深院士师昌绪②、邵象华③等亲自前往祝贺！

---

① 张宁锐：《缅怀魏寿昆先生：芝兰非独静水流深》，《中国科学报》2014年7月7日。

② 师昌绪（1918—2014），生于河北省徐水县，金属学及材料科学家。1941年，考入国立西北工学院矿冶系。1945年作为全班第一名毕业，被推荐到国民政府资源委员会四川綦江电化冶炼厂从事炼铜工作，1946年赴美留学。中华人民共和国建立后，北洋大学聘他回国任教。因正值抗美援朝战争时期，美国政府禁止中国留学生回国，师昌绪只好进入麻省理工学院，在著名金属学家M. 科恩（Morris Cohen）教授指导下从事研究工作，同时攻读博士学位。回国后，1957年被任命为高温合金研究组的负责人，兼任合金钢研究室主任。1982年创办并兼任中科院金属腐蚀与防护研究所所长。1995年当选为第三世界科学院院士。2010年荣获国家最高科学技术奖。师昌绪是第三、五、六届全国人大代表，九三学社第七届中央委员。2014年11月10日逝世，享年96岁。师昌绪逝世后，正在繁忙国务活动中的李克强总理闻讯委托工作人员打电话表示沉痛哀悼，并向其家人及亲属表示慰问。

③ 邵象华（1913—2012），浙江杭州人，中国钢铁冶金工程的奠基人和开拓者之一。1932年毕业于浙江大学，1934年他考取第二届中英庚子赔款留学生，赴英公费留学，入伦敦大学帝国理工学院主修冶金专业。1937年获英国伦敦大学冶金硕士学位。1939年夏，应聘到正在筹建矿冶系的武汉大学（四川乐山），出任该校工学院首任冶金教授。1941年，国民政府资源委员会派他到电化冶炼厂筹建钢厂并任厂长。1945年，抗战胜利后，邵象华与靳树梁等人受派赴东北接收钢铁企业。1948年2月，鞍山解放，邵象华等被解放军安全转移至丹东市参加政治学习。同年11月2日解放沈阳当天，邵象华随人民解放军进入沈阳，随后参加了接管鞍山钢铁有限公司工作。1948—1958年，他任鞍山钢铁公司总工程师，并兼任炼钢厂生产技术副厂长。1950年他撰写出版了中国第一部《钢铁冶金学》专著，被公认为是中国大型钢铁联合企业技术管理的重要奠基人之一。1955年，邵象华当选为中国科学院学部委员，1981年他以68岁高龄光荣地加入了中国共产党。1992年4月，邵象华被日本铁钢协会推选为名誉会员，并应邀在大会上做了名为《汤川纪念讲演》的学术报告。1995年当选为中国工程院院士。

邵象华还是《中国大百科全书·矿冶卷》钢铁冶炼分支主编，《中国冶金百科全书》总编委员会委员。从20世纪50年代起，他先后担任国家科委钢铁组成员、冶金学科组副组长，国务院学位委员会工学学科评议组成员，国家发明奖奖励评审委员会冶金组委员，国家自然科学奖励委员会委员，冶金部科技进步奖奖励评审委员。邵象华曾当选第一、二、三届全国人民代表大会代表。2012年3月21日18时30分在北京逝世，享年100岁。

国民经济学领域的罗章龙

罗章龙（1896—1995），原名罗璈阶，湖南浏阳人，杰出的政治活动家，经济学家，老一辈无产阶级革命家、政治家、中国共产党早期领导人之一。1918年参与发起新民学会，同年入北京大学哲学系，1919年积极投身"五四"运动，1920年发起组织北京大学马克思学说研究会，是共产主义小组北京大学的负责人，也是中国共产党创建时最早的党员之一。1921年中国共产党正式成立后，任北京大学支部书记，中共北京区委委员。罗章龙还是中国共产党早期著名的工人运动领袖，先后参加领导了1921年年底的陇海铁路大罢工，1922年长辛店"八月大罢工"、开滦五矿大罢工及1923年的京汉铁路大罢工等。在1923年6月，1925年1月，1927年4月，1928年6月相继召开的中共第三、四、五、六次全国代表大会上，被选为中共中央委员或中央候补委员，是中共第三届中央政治局委员。1931年六届四中全会后，因反对王明，他组织成立"非常委员会"，被王明开除党籍。中共六届四中全会后转入教育界，赴河南大学任教。1934年起，任河南大学经济学系教授，1935年兼任经济系主任。1938年日寇侵袭开封，河南大学被迫南迁，罗章龙随校至鸡公山。1938年8月起任西北联合大学，任西北大学经济系主任、教授。1947年离开西北大学去湖南大学。近15年的大学教书生涯中，他潜心学问，教书育人。新中国成立后，先后在湖南大学、中南财经学院、湖北大学任教。1979年起，任中国革命博物馆顾问，先后选为第五、六、七届全国政协委员。1995年去世。著有《中国国民经济史》（商务印书馆，1945年被列为大学丛书）、《欧美经济政策研究》、《经济史学原理》、《国民经济计划原理》（湖南大学出版）总计近百万字，以及《椿园载记》（三联书店）、《椿园诗草》（岳麓书社）等。译著有《为人类工作——马克思生活记述》《康德生平》等。

一、风华正茂　谋改造中国与世界

罗章龙是中共早期著名的党员，青年时曾被毛泽东称之为"三个半朋友"中的一个，是湖南新民学会的重要发起人之一。不仅如此，他还是北京共产主义小组成员，并参与领导了京汉铁路大罢工。

1912年夏，罗章龙升入长沙长郡中学，开始接触新思想。少年时代的罗章龙喜欢交友和游历，1915年6月末的一天，正在湖南省立第一师范学校读书的毛泽东起草了一个二三百字的"征友启事"，末尾借用《诗经》上的两句诗"嘤其鸣矣，求其友声"说："愿嘤鸣以求友，敢步将伯之呼。"并强调要结交对救国感兴趣的青年，特别是能吃苦耐劳、意志坚定、随时准备为国捐躯的青年。他以自己名字的繁体字是28画，就署名为"二十八画生"，用蜡版刻好，油印好，向长沙各主要学校都发出了一份，并标明"来信由第一师范附属小学陈章甫转交"，他还在寄出的信封上写道："请张贴在大家看得见的地方。"正在长沙第一联合中学读书的罗章龙在校园里看到这则《28画生征友启事》后，随即按照启事的联系地址寄去一信，约定见面的时间和地点，信末署名纵宇一郎。几天后，两人在湖南省立图书馆见面，在交谈中罗章龙方得知征友者为毛泽东，28画乃其名字的笔画数。第一次会面两人谈了整整三个小时。毛泽东表示："我们谈得很好，愿结管鲍之谊，以后要常见面。"罗章龙成为响应征友活动的"三个半人"中的第一人。从这以后，他与毛泽东的联系日益密切。此后，每遇周末，毛泽东和罗章龙便相约晤谈。他们交谈的范围甚广，从国内外政治到经济、从宇宙到人生等等，无不涉及。随着交友范围逐渐扩大，他们又共同发起组织新民学会。

1918年4月，毛泽东、蔡和森、萧子升等根据《礼记》所云"大学之道，在明明德，在新民，在止于至善"，于1918年4月14日在长沙发起组织了新民学会，宗旨是"改造中国与世界"，由萧瑜任总干事。罗章龙积极参加了新民学会的活动，并成为最早的会员之一。学会成立之初，对会员以后的去向问题进行了研究。学会采纳何叔衡的建议，决定派罗章龙等人求学日本探寻救国之路。临行前，学会在长沙北门外的平浪宫聚餐，为其钱行。毛泽东亲自到码头送行，并赠诗一首，题目为《送纵宇一郎东游》。罗章龙在上海准备登船前往日本的时候听闻日本东京发生迫害中国侨民的风潮，于是中止赴日毅然返回湖南。但在上海期间了解不少新的情形，带回了在上海影响极大的《新青年》杂志，并向学会提出了北上北京的建议。1918年8月，毛泽东与罗章龙、萧子升等新民学会会员，由湖南到北京，准备赴法勤工俭学。到达北京后，他与毛泽东等同居一室，患难与共。根据毛泽东对新民学会会员的分工，一部分会员赴法研究那里及世界革命的情况，一部分会员留在国内研讨中国的问题及解决的途径。毛泽东经杨昌济介绍，到北京大学图书馆当助理员。罗章龙于9月考入北京大学。不久，罗章龙认为哲学系学习内容有些空泛，转入实用性强的经济系学习。①

1919年冬，第一批留洋赴法的有蔡和森、李维汉、李富春等新民学会会员。这一时期，毛泽东和罗章龙虽未赴法学习，但是他们两人积极参加北大的各种学术及青年活动，参与建立新闻学会、哲学会等学术团体，如哲学会、进德会、新闻学会等。这些学会在当时来讲，也是空前的。

1919年2月，毛泽东回湖南组织驱张运动，罗章龙则留在北京主持学会工作，临行前，两人商定，三年为期，南北分途，各自努力。毛泽

---

① 李海文：《我所了解的罗章龙》，载《湘潮》2015年第2期。

东回到长沙后,经常与罗章龙书信往来,纵论天下大事。1920年11月25日,毛泽东在给罗章龙的一封信中提出了医治中国之病的药方,他说"章龙兄:昨信谅到。……兄所谓善良的有势力的士气,确是要紧。中国坏空气太深太厚,吾们诚者要造成一种有势力的新空气,才可以将它贴('占'字应为'斟'字)换过来。我想这种空气,固然要有一班刻苦励志的人,尤其要有一种为大家共同信守的'主义',没有'主义',是造不成'空气'的。我想我们学会,不可徒然做人的聚集,感情的结合,要变为主义的结合才好。主义譬如一面旗子,旗子立起了,大家才有所指望,才知所趋赴,兄以为何如?"① 当月底,毛泽东把湖南新民学会会员之间的往来通信编辑成两册印制出版,其中有多封是他与罗章龙的来往信件,载入《新民学会通信集》中。

二、"五四"闯将　成中国共产党最早党员之一

"五四"运动时期,罗章龙是北京大学文学院的学生,同时是院学生会成员。当时,北大学生会中出现了一批具有初步共产主义思想的青年学生,他们思想激进,意志坚定,非常活跃,罗章龙就是其中之一。罗章龙不仅参加了"五四"爱国运动,还是北京共产主义小组成员,并参与领导了京汉铁路大罢工。

1919年5月4日,"五四"运动爆发。北京大学等13所大专学校3000多人在天安门前集会,随后举行示威游行。北京学生的爱国运动,后来得到了各地青年学生和人民群众的同情和支持,发展成为全国性的反帝爱国运动。此时的罗章龙是北大预科二年级的学生,早在"五四"前夕他就和同学们参与成立了一个秘密行动小组。1919年,巴黎和会中国外交失败的消息传到国内,学生群情激愤。秘密行动小组成员商议,由罗章龙等为负责人,由两人先去打探曹汝霖、章宗祥等人住宅,查明行动路线。5月4日,游行开始。罗章龙等四五个人领头来到了赵家楼所在胡同,发现有军警守卫,曹汝霖住宅大门紧闭。罗章龙和同学们搭成人梯,打开曹宅临街窗户,跳进房内,打开宅门,放学生进入曹宅。学生们没有找到曹汝霖,却发现了章宗祥,大家一拥而上痛打章宗祥,

---

① 《毛泽东早期文稿》,湖南人民出版社1990年版,第554页。

并放火烧了赵家楼。罗章龙后来回忆说,"五四"运动是一次革命的演习,也是一次很好的锻炼。

"五四"运动促进了马克思主义的传播。罗章龙参加了发起组织北京大学马克思学说研究会的活动。他们广采博收,致力于马克思主义和十月革命文献的研究,酝酿新的组织形式,讨论学会章程和会员公约等。

1920年3月,在李大钊的支持下,北京大学马克思学说研究会诞生。学会设有书记两人,由王有德和罗章龙担任,王负责学会内部组织事务,罗负责学会对外联络责任。学会一开始是一种秘密团体,随后马克思学说研究会正式宣告成立,第一任书记是罗章龙,他们将工作室、翻译室、图书馆的所在地称为"亢慕义斋"。罗章龙和范鸿劼从德、英版中翻译出《共产党宣言》,刻版、油印成册,供会员们阅读研讨。1920年毛泽东就是从"亢慕义斋"看到《共产党宣言》的若干章节的。

1920年11月底,北京共产主义小组举行会议,决定命名为中国共产党北京支部。李大钊为书记,张国焘负责组织工作,罗章龙负责宣传工作。北京共产党支部创建后,陆续发展了组织,到了1921年7月,有李大钊、张国焘、邓中夏、罗章龙、何孟雄、张太雷等13名成员,主要任务是宣传马克思主义和开展工人运动,使马克思主义与工人运动结合起来。为此,北京支部创办了《劳动音》周刊,开办长辛店补习学校、劳动通讯社,向工人进行马克思主义的教育。中国共产党北京支部就是后来的北京共产主义小组,这是北京共产党的早期组织。罗章龙参与创建了中国共产党北京支部,成为中国共产党最早的党员之一。

1921年7月中国共产党召开第一次全国代表大会时,全国仅有53名党员,罗章龙名列其中。北京党组织为选举出席中共"一大"的代表时,专门召开了党员会议,推举张国焘和罗章龙为代表出席。罗章龙十分谦让,提出工作繁忙不能分身,最后由张国焘和刘仁静出席。

中国共产党正式成立后,罗章龙任中共北京大学支部书记、中共北京区委委员(1925年改为北方区委,李大钊仍为书记)。1921年9月,中国共产党成立后组建了领导全国工人运动的中心组织——中国劳动组合书记部,罗章龙又兼任北方分部主任,具体负责北方12个省和16个大城市的工人运动,全国铁路总工会及全国各铁路工会也在他的领导之下。此后几年，罗章龙长期奔走于天津、唐山和石家庄等城市，以及陇海、津浦和京汉沿线等地，结识了一批路矿工领袖，培养了一批工运骨干，为基层工人运动的发展奠定了基础。

1921年11月，陇海铁路工人举行大罢工，罗章龙奉李大钊之命连夜只身前往调查并领导工人罢工。1922年10月，罗章龙参与领导了中国最大的煤矿——开滦煤矿工人大罢工，担任罢工指挥部的主要负责人。1923年罗章龙参与组织了京汉铁路总工会、京汉铁路工人大罢工，罗章龙是这次罢工的指挥机构——中共京汉铁路党团的主要领导。"二七"斗争是中共诞生一年半以后发生的重大事件，这次罢工遭到直系军阀吴佩孚血腥镇压。罢工失败以后，罗章龙以无比悲愤的心情连夜写出了《京汉人流血记》一书，这本书于当年3月随即在北京出版，前后印5万多册，是中国最早的一本介绍"二七"罢工的著作。

在这部著作中罗章龙一针见血地指出："中国自辛亥革命以还，正象纷变，元恶巨憝，迭为起伏，遂形成现在割据的封建政治。封建政治的基础是建立在黑暗的暴力上面，他们割据疆土，瓜分政权，霸占铁路（现在北方铁路已是曹锟、吴佩孚的家产，关外的铁路是张作霖的私有物），他的表现是与任何进步的思想是相反对的，代表这个态度便是荒谬的北洋正统观念！他们反对约法，反对民主主义，反对新文化运动，反对社会主义……反对一切民众进步的思想。无论哪一个贼目当政，都是取同样的态度。今京汉铁路工人的团体既是民众觉悟的组织，京汉工人所争得既是约法的自由，这均是他们黑暗暴力的劲敌……从这点看来，二七事变是国民直接与军阀抗争，是封建暴力与光明的势力抗争，是被支配者与支配者抗争。"[①]

罗章龙因为积极领导工人运动而得到党中央和广大工人的肯定和赞誉，成为著名的工人运动领袖。1923年6月，在党的三大，罗章龙当选为中央委员和五人中央局成员之一，任会计，主管全党财务行政，并对中央机关和各区地方机关财政、行政负审议之责。这一年，他不满27岁。1923年1月间，还代行主编过党中央机关刊物《向导》。

[①] 罗章龙：《罗章龙回忆录：椿园载记》，生活·读书·新知三联书店1984年版，第262页。

1924年7月，罗章龙作为中央代表团成员，随陈独秀、李大钊赴欧洲出席共产国际第五次代表大会和在汉堡召开的第四次国际运输工会代表大会，会上当选为国际运输工会中国书记。在随后召开的中共四大、五大、六大上，罗章龙连续当选为中共中央委员或候补中央委员，并担任中共六大的副秘书长（秘书长为周恩来）。为早期党中央机关的建设和全党工作的开展做出了重要的贡献。

三、联大治学 填补"国民经济史"空白

1931年六届四中全会后，罗章龙因反对王明，组织成立"非常委员会"，被王明开除党籍。中共六届四中全会后罗章龙转入教育界，赴河南大学任教。这之后他转向教育，致力于传道授业解惑，成为一个经济学教授。

罗章龙受到蔡元培推荐，先在开封河南大学任教。1934年秋，罗章龙至开封河南大学经济系任教，改名罗仲言，先为教授，后兼系主任，致力于为国家培养人才，着手对中国经济史的研究。西安事变之前，张学良曾邀请罗章龙到东北大学（张兼校长）任教，因时局骤变而未能成行。1938年6月6日，日军占领开封，河大一部分迁往豫西镇平，罗章龙随法学院至鸡公山，不久辗转陕西任教。1938年8月至1948年7月，罗章龙在西北联合大学（后改为西北大学）任经济系教授。在西大教书将近十年。

当时西北联大已从西安迁到城固，罗章龙离开河南，绕道重庆、成都，前来汉中。他后来在岳麓书社印行的《椿园诗草》，收入《川陕栈道诗》10首，就是路上所作诗歌。1939年夏，罗章龙来到城固。在汉中城固长达六年之久的著述、育人期间，罗章龙担任西北大学商学院经济系教授，讲授经济学、中国经济史课，是公认的西北联大经济学的台柱子。他对经济学有十分精湛的研究，学术见解独到，引人深思。罗章龙在城固时的一位学生刘淑端曾回忆，罗老师当时开两门课，一是讲经济学原理，二是讲中国的国民经济史，主要讲华夏社会形成国家形态几千年以来的经济运行，是利用史籍资料追踪国民物质生活的记录，他说是民生国计的"总传记"；他很重视经济史学研究的方法，向学生介绍如何为科学发展定准绳，把学术视为人类理性思维的过程，是人类智慧的

集大合成。据一些听过他讲课的学生回忆，罗章龙讲课很受大家欢迎，尤其是中国经济史。他讲中国经济史这门课的特点是，能正确评价中国经济历史人物，宣扬中华民族在发展经济方面的伟大成就，以此来激发同学们的爱国热情，批评一味崇洋的思想和自卑心理。他把历史上的著名人物秦始皇、曹操、王莽、王安石逐一列出，对他们在变法改革中对国民经济所起的作用及取得的成就，给予实事求是的评价。同学们听后既感到新奇，又感到合乎情理，激发了民族自豪感和自尊心。①

在汉中城固期间，罗章龙还勤于笔耕，撰写了大量的著述和科研文章。这时期罗章龙最重要的学术成就，是编撰了专著《中国国民经济史》上册。罗章龙早年就对经济史研究很有兴趣。离开革命斗争后，便专心致志于中国经济史的教育和研究。《中国国民经济史》一书是他从事教学与研究的代表作。该书于1944年由商务印书馆出版。这部著作的意义与价值在于：（1）内容翔实、见解独到，采用新式方法精辟地阐明了中西方经济史发展的关系；（2）是学术界第一部以"国民经济史"命名的通史性的经济史学著作，它的出现，标志着中国经济史学科发展进入了一个新的历史阶段。20世纪30年代的中国经济史学研究进展很快，成果颇多，迎来了学科发展的第一次高潮，但缺少一部真正意义上的中国经济通史著作。《中国国民经济史》是第一部通史性的经济史学著作，它的出现，标志着中国经济史学研究开始由专题研究、分时段研究转向一个新的历史阶段。从学科体系的构建来看，《中国国民经济史》的出现，意味着中国经济史学科体系日趋丰富和完善。《中国国民经济史》一书上起远古时期，下至明清时代，是通史性的中国经济史学著作；从内容上来看，包括农业、工业、矿业、交通、商业、财政、国防建设、人口赋税等部门经济，属于宏观的经济史学，可称为真正意义上的国民经济史。作为第一部通史性的经济史学著作，它填补了中国经济史学科体系。这正是罗章龙对中国经济史学科发展的学术贡献之一。② 所以这部著作一经出版就引起学术界强烈的反响，受到国内出版界及经济学和

---

① 沙建国，陶玉珍：《罗章龙在汉中》，2005年3月4日《中国档案报》。
② 杨祖义：《罗章龙经济史学思想述评》，载《聊城大学学报》（社会科学版）2005年第6期。

史学专家们的高度评价。史学家钱穆、经济学家马寅初以及唐庆增、顾颉刚、商章孙等给予好评。该书还获教育部学术审议会奖金，并被当时的国民政府教育部列为大学丛书。此书凝结了罗章龙全部的心血，是罗章龙从政界转向学界的一个里程碑式的标志，罗章龙也非常感慨地写诗以明志——《题自著〈中国国民经济史〉》："史学荒伧几究心，扣盘扪烛哪堪寻。博闻约取寻常事，巨眼凭谁识古今。"①

在汉中城固任教期间，西北大学成立了出版委员会，邀请一些知名教授和学者担任委员会的委员，罗章龙便是委员之一。此外萧一山、张贻侗等也担任委员会的委员。该委员会主要为提倡学术、便利教员著作印刷出版，并计划编辑"西北大学丛书"和"西北问题丛书"等学术活动。1946年，罗章龙还发表了一篇《全元哲学》论文。此文表达了他个人研究经济史学的方法心得，是他多年思考的结晶。此文明显受到德国哲学家康德的影响。其实罗章龙在学生时代就曾翻译过《康德传》，由中华书局出版。文中所表达的与20世纪30年代国内哲学界的"多元认知"哲学相遂相承，还力图创新发展。虽然这个哲学的基本问题有着强烈的阶级性，观点也未必准确，但是，罗章龙的创新精神却是值得肯定的。

西北联大时期的罗章龙是一位学者，更是一位诗人，他虽不善于言谈，却长于诗歌写作。汉中城固一带，山清水秀，竹清沙净。在城固的

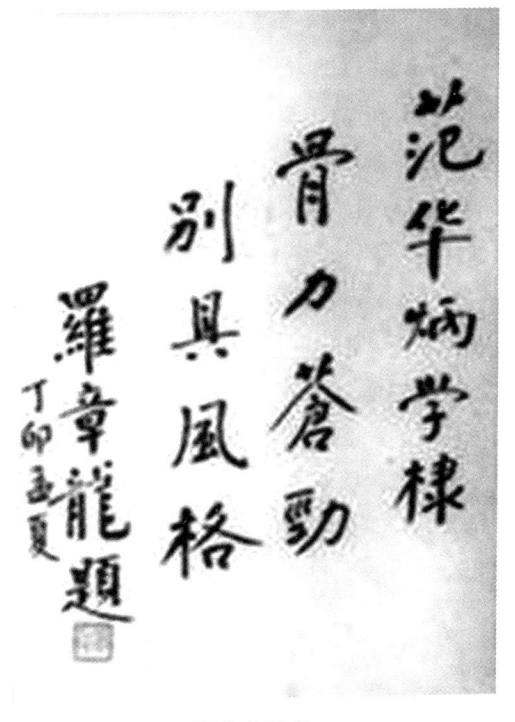

罗章龙手书

---

① 董丁诚：《罗章龙在西北大学》，2002年10月23日《光明日报》。

几年间，在专心教学和著述之余，罗章龙还顺便游历和考察了汉中各地，如汉王城、黎坪山洞、拜将台等，清幽的环境使得他所到之处，有感而发，均有诗作。例如《黎坪山洞》诗曰："亿万年前火一堆，尘埃野马洪荒喂。画图省识人猿貌，蝌蚪犹存仓颉才。"另有一首《汉中旧垒》诗曰："创指三秦一战东，均衡突破四方同。三分应自抒筹策，何必繁言待蒯通。"例如《秦麓草堂述怀》诗曰："频年依岭麓，研理望高岭。辨字探蟠冢，忘机息汉阴。授徒渐自了，树木盼成林。浩瀚也山表，千山两作霖。"另一首《城固汉江晚眺》诗曰："平沙渺渺阔，春水绕巴丘。草树粘天远，烟波抚岸柔。明霞镶锦绣，紫雁姿沉浮。避地依蠹政避思迈汉周。"又如1944年某一天，罗章龙在城固看到了日全食，于是赋诗一首曰："无端黑雾笼朝霞，太白经天鸣万鸦。三百年前曾一现，太阳蒙垢众星哗。"这些题咏把个人的心境与山林景色融为一体，表达了罗章龙的人生喟叹。这些诗歌均收入《椿园诗草》的有"城固秦麓草堂诗"17首，其中包括《汉王城》五言56句、《黎平山洞》《城固汉江晚眺》《南郑拜将台》《汉中旧垒》等。①

1945年秋天，罗章龙受邀远赴四川华西大学讲学。待他一年以后返回西大时，西大已经从城固迁回西安，罗章龙也由此离别了生活长达六年的城固。城固时期是罗长龙一生当中非常难忘的。在短暂的西安时期，罗章龙也留下了深深的足音。《椿园诗草》收入《西京秦麓草堂诗》六首，在《重组西大经济学会示诸生》的诗中他写道："盛会十年事，相观礼愈尊。为山期九仞，建学致全元。宝器郁秦麓，春风吹渭原。艰难宏教化，树木至今繁。"做过系主任的罗章龙，为西大经济系的建设做出了最后的贡献。

1947年12月6日，罗章龙离开西大，乘机飞往武汉，12日抵达长沙岳麓山湖南大学。1948年8月以后，罗章龙在湖南大学任教，继续经济史等方面的教学和研究工作，著有《近代欧洲各国经济政策》一书，于同年12月由湖南大学印行（石印）。1949年8月，湖南长沙和平解放。12月2日，中央人民政府委员会第四次会议通过，李达被任命为湖

---

① 沙建国、陶玉珍：《罗章龙在汉中》，2005年3月4日《中国档案报》第6版。

南大学校长。李达主编《社会发展史讲义》，罗章龙应邀参与撰写该讲义的"社会主义"部分，即第七章。1950年5月，《社会发展史讲义》由湖南大学印行，作为师生必读的政治课教材，对于推动全校的政治理论学习和时事政策教育起了一定作用。1953年院系调整，罗章龙调中南财经学院任教，直至1979年6月奉调进京，担任中国革命历史博物馆顾问。

另外，1948年，三联书店出版了罗章龙回忆早期党史的《椿园载记》（内部发行）。这本书最初孕育在西大期间。西大十年，是罗章龙从教生涯的重要时期，早年留德的经济学知识传播于此，代表作《中国国民经济史》完成于此，重要党史著作《椿园载记》酝酿于此，《椿园诗草》的许多篇章书写于此。

1979年起，罗章龙任中国革命博物馆顾问，并连任第五、六、七、八届全国政协委员。此时他虽然已届耄耋之年，仍笔耕不辍，出版了回忆录《椿园载记》等著作，先后发表了《回忆新民学会》《国际代表马林》《中国劳动组合书记部北方分部》《陇海路大罢工》《第一次国共合作的风雨历程》等一批弥足珍贵的回忆。为抢救和搜集整理党的历史资料工作做出了巨大贡献。

1995年2月3日，罗章龙因病医治无效在北京逝世，享年99岁。他的骨灰安放在八宝山革命公墓。

综观罗章龙在学术上的成就，可概括为以下几个特点：第一，有很高的学术价值。许多论著的史料价值是很高的，如《罗给毛泽东的信》是1920年罗章龙与毛泽东讨论建党问题的信。《回忆北京大学马克思主义学说研究会》《亢斋回忆录》《罗章龙谈"五四"运动》等，对于研究中共的建党问题，有着重要的学术

晚年罗章龙

价值。《京汉工人流血记》成为研究"二七"大罢工的权威性著作。由于罗章龙一直主持工会工作，他主编的《铁总年鉴》《全总年监》等，对于研究中国工人运动史有着重要的史料价值。《椿园载记》，对于20世纪20年代中共党史上的某些重大问题做了深刻的分析，受到党史学界的好评。

第二，学术成果颇丰。从1919年在《北京大学日刊》上发表第一篇文章《新闻学研究会发给证书记事》到1987年湖南的岳麓书社为其出版的《椿园诗草》的近70年间，共发表论著416种。代表作有政论性质的《出席汉堡第四次国际运输工人大会报告》《全国铁路总工会第二次代表大会闭幕词》，学术研究方面的《中西经济同异论略》《经济史学原论》等，回忆录性质的《椿园载记》《关于东北建党的回忆》《回忆董必武》《回忆向警予》《国共合作在上海执行部》等。

第三，创新性强。在大学任教授期间，主要从事中国经济史方面的教学与研究。《中国国民经济史》一书是他从事教学与研究的代表作，填补了我国经济史研究的空白。

此外，罗章龙在译著方面也有突出贡献。译著有《康德传》《为人类工作——马克思生活论述》等。

罗章龙先生虽离别西北联大，但长久以来一直心念西北联大，西北联大塑造了一个学者式的罗章龙，西北联大时期是罗章龙一生当中重要的转折期。

鲁迅挚友许寿裳

许寿裳（1883—1948），字季黻，号上遂，浙江绍兴人，中国现代著名教育家、文学家。1899 年进入浙江绍兴中西学堂学习，1900 年转学到杭州求是书院。1902 年，赴日本留学，其间结识了鲁迅，成为终身挚友，留学期间，曾与鲁迅合办《新生》杂志，并主编《浙江潮》。1908 年 4 月，毕业于东京高等师范校史地科。1909 年 4 月回国。1914 年后，在北京大学及北京高等师范学校兼课，在高师一度兼任史地系主任。1923 年，出任北京女子高等师范学校校长。1927 年，到中山大学任教。同年，蔡元培创立大学院，并任院长，邀许担任秘书长。1928 年，任南京国民政府大学院参事、秘书长，中央研究院文书处干事、主任，国立北平大学女子文理学院院长。1929 年，大学院改为中央研究院，蔡仍为院长，许任干事兼秘书处主任。1934 年，许寿裳受聘担任北平大学女子文理学院院长。1937 年抗日战争全面爆发后，随校西迁入陕，先后担任西安临时大学女子文理学院院长、历史系主任、教授及西北联大历史系主任等职。1938 年 9 月，经西北联大第 38 次常务委员会决议，聘请许寿裳为法商学院院长。1939 年秋西北联大改组，到中山大学任教。1941 年 10 月至 12 月任国立中山大学中国文学系教授、成都华西大学讲座教授、考试院考选委员会秘书。1942 年夏，任重庆考试院改选委员会专门委员。抗日战争胜利后，许寿裳

> 于1946年春回到上海，后应台湾省行政长官陈仪之邀赴台任台湾省编译馆馆长、台湾大学中国文学系主任等。1948年2月18日，许寿裳惨遭杀害。
>
> 由于许寿裳曾与鲁迅在日本弘文学院同学和在女师大共事，关系甚好、相处融洽。因此，以后30年间，一直与鲁迅保持深厚友谊，并在讲课中常对新旧文学的论战、鲁迅的治学和做人精神等有很多介绍。著有《章炳麟传》《鲁迅年谱》《亡友鲁迅印象记》《我所认识的鲁迅》《鲁迅的思想与生活》等。

一、莘莘学子　求学海外遇知音

许寿裳，1883年2月4日出生于浙江绍兴，许家祖上以耕樵为生，并不富裕。五岁时，许寿裳经当地乡绅许仲卿先生受学，开始诵习《三字经》《千字文》。许寿裳自小聪颖过人、好学上进，尤其喜爱读书。

1898年，许寿裳以优异的成绩考入绍郡中西学堂（现绍兴一中前身），专攻英文和算术。这是一所由进步乡绅捐资创办的新式学堂，在这里，许寿裳接触到了新思想和新学说，同时学校中西兼容的教育理念也为许寿裳日后的发展奠定了良好的基础。

1899年春至1902年夏，许寿裳进入杭州求是书院（现浙江大学前身）学习。在这里，他遇上了令其"获益之大，受知之深，毕生不能忘也"[①]的恩师宋平子先生。宋先生时任求是书院汉文总教习，是一位博学广识的启蒙思想

许寿裳

[①]《平阳文史资料选辑》第1辑，苏仲翔：《宋平子与许寿裳一夕话》，平阳县政协文史资料工作组，1984年1月。

家。在从宋问学的短短四个月时间里，许寿裳充分领会了其以仁爱为基、以大同为极的进步学说，以及因材施教、重个性自由的教学理念。经宋先生引见，他还结识了当时推行新式教育的领袖人物蔡元培先生，加入了反清革命团体浙学会。

许寿裳学习非常刻苦，考试常常名列榜首，求学期间即心怀祖国、关心国家大事。1902年秋，他以浙江官费生的名义前往日本留学，先入东京弘文学院预备日语，后又考入东京高等师范学校史地科，直到1908年3月毕业。在日本留学时结识了他一生当中最重要的挚友鲁迅，他和鲁迅的思想不谋而合，两人常常谈论民族出路，探寻医治社会弊病的良方。两人从志同道合很快成为无话不谈的朋友，从此结下了一生的友谊直至生命的终结。

陈仪（前右）与鲁迅（后右）、许寿裳（后左）、邵文镕（前左）1904年摄于日本东京

日本求学时期是许寿裳一生中的重要阶段，对许寿裳的人生发展产生了重大影响。

留日期间，许寿裳还结识了另一位令其受教颇深的恩师章太炎先生。章先生是清末民初著名的国学大师，同时也是一位百折不挠的民主革命思想家。1906年，章太炎受清末政府迫害来到日本，在东京为《民报》撰稿，同时也给留日学生青年讲学。留学日本期间，许寿裳同鲁迅等人经常前往章太炎处聆听问教。许寿裳对章先生是极为景仰和尊崇的，这从他的《章炳麟》等追忆文章中可见一斑："先师学术之大，前无古人，以朴学立根基，以玄学致广大。批判文化，独具慧眼，凡古近政俗之消息，社会都野之情状，华梵圣哲之义谛，东西学人之所说，莫不察其利

病，识其流变，观其会通，穷其指归。……先师讲段氏《说文解字注》、郝氏《尔雅义疏》等，精力过人，逐字讲解，滔滔不绝，或则阐明语原，或则推见本字，或则旁证以各处方言，以故新谊创见，层出不穷。即有时随便谈天，亦复诙谐间作，妙语解颐；自八时至正午，历四小时毫无休息，真所谓'默而识之，学而不厌，诲人不倦'。"[①]

留日期间，许寿裳深切体会到国家贫弱和民族的危亡，立志要自立自强。于是，青年时期的许寿裳积极投身民族民主运动的洪流中去，与鲁迅、钱玄同等进步青年并肩作战。1903年，他接编启蒙刊物《浙江潮》，为宣传革命做了一定有益的工作；1904年，加入反清革命团体光复会，随后又经黄兴将军介绍加入中国同盟会，成为孙中山先生领导下革命队伍中的一员；1907年，与鲁迅等人筹办文艺杂志《新生》，期望以文艺来影响国民的精神，后因资金问题杂志停办。

东京的学业结束后，许寿裳本计划赴欧洲继续深造，后因学费无法筹措，只好作罢，于1909年春回国。

二、爱国青年　投身教育育英才

1909年4月回国后，许寿裳到杭州两级师范学堂担任教务长，这是他回国后的第一份工作，由此开始了长达30余年的教育生涯。同年6月，鲁迅也回国到该校任教。杭州两级师范学堂的监督是沈钧儒先生，许寿裳的职务是教务长，上任之初，许寿裳就开始协助沈钧儒先生进行整顿校务的改革，大力延揽人才，招聘了一批具有新思想的青年才俊。这些人中有相当一部分是光复会成员或民主进步人士，还有不少是留日的学生。经过许寿裳等人的大力整顿，一时间学校面貌焕然一新，进步气氛十分浓郁。但是这年冬天，学校监督易人，继任的是夏震武，这是一位思想顽固的守旧学者，他对革命和新思想极为排斥，依然坚持封建的礼仪教育，动不动就要教员们"谒圣""庭参"，以示权威。许寿裳与众教员无法忍受，纷纷辞职。后来夏震武被迫辞职，教员们才陆续返校任教。这是许寿裳回国后参加的第一次政治斗争，也是其第一次在教育

[①] 杨本泉主编：《中国现代掌故丛书》，许寿裳：《章炳麟》，重庆出版社1987年版，第2页。

界与反动势力进行较量,这就是浙江地区著名的"木瓜之役"。

1912年1月,南京临时政府成立,蔡元培出任教育总长。受到蔡元培邀请,许寿裳由杭州来到南京,任国民政府教育部部员。教育部迁往北京后,蔡又任命许为普通教育司第一科科长。值得一提的是,在许寿裳的推荐下,鲁迅也到教育部任职,出任社会教育司第一科科长,推行"新学"。在教育部的时候,也是他们两人来往最密切的一段日子,几乎是朝夕相处,形影不离。他们经常一起吃饭喝酒、逛琉璃厂,一起去看望他们的老师章太炎。"我们又复聚首,谈及故乡革命的情形,多属滑稽而可笑。我们白天则同桌办公,晚上则联床共话,暇时或同访图书馆。"①

这一期间,许寿裳受蔡元培之托,草拟了《中华民国教育宗旨》《新教育意见》等各种规章,并以部令颁布全国;参与了"读音统一会"的工作,与马裕藻、朱希祖、鲁迅等联名提议并通过了以章太炎先生所拟的标音符号为蓝本创制的注音字母,为推广国语、发展白话文,以及日后的统一语言大业做出了卓越的贡献。1913年,许寿裳升任教育部参事。1914年后,许寿裳又在北京大学及北京高等师范学校兼课,在高师又一度兼任史地系主任的职务。

1917年,许寿裳被任命为江西省教育厅厅长。他致力于江西的教育改革,在重视普通教育的同时,大力发展社会教育,设立多个地方博物馆、通俗图书馆,在短短几年时间内,取得了显著成效,为江西现代教育的发展奠定了基础。1920年春,许寿裳携家眷离开江西来到北京,重入教育部任编审。

1922年,40岁的许寿裳出任国立北京女子高等师范学校(现北京师范大学前身之一)校长,并显示出了卓越的治校才能。他十分重视学校教学质量的提高,不仅在资金紧缺的情况下,竭力添置教学仪器、购买图书杂志,还多方聘请专家学者来校讲学,这些专家学者多来自北京大学。鲁迅就是这时来校讲授中国小说史的。不仅如此,他还时刻挂念着学生,在寒冷的冬季,不惜借款为学生宿舍安装热水汀,使其拥有良好

---

① 许寿裳:《亡友鲁迅印象记》,峨眉出版社1947年版,第40—41页。

的学习环境。正因为许寿裳苦心办学，女高师不久便升格为女师大，成为我国最早的一所女子高等学府，培养出了大批优秀的女性人才。然而就在学校面貌蒸蒸日上时，许寿裳却因支持蔡元培的"不合作宣言"，抵制复古派教育总长彭公彝，而被旧势力排挤，最后他主动辞去校长一职，重返教育部任编审。

继任女师大校长的是杨荫榆女士，此人虽有留美背景，但思想却仍未开化。在任期间，她大刀阔斧地推行封建教育，向学生灌输洋奴思想，推行封建教育，甚至借故开除进步学生，激起了师生的公愤，最终爆发了震惊一时的"女师大风潮"。鲁迅等一些教师支持进步学生运动。1925 年 5 月，鲁迅联合马裕藻、沈尹默等六位教授，在《京报》发表《对于北京女子师范大学风潮的宣言》，坚定地站在进步学生的一边。当时国民政府的教育总长章士钊下令解散女师大，免去了鲁迅在教育部的佥事一职。许寿裳与鲁迅共进退，愤然辞职，并与齐寿山联名在《京报》发表《反对章士钊宣言》的声明，直斥章士钊的卑劣行径，公开抗议北洋政府无理解除鲁迅职务，并揭露反动当局迫害学生的严重罪行，并与鲁迅等人发起护校运动，成立校务维持会，另觅校址，重新开学。许寿裳担任校长、教务长等职，鲁迅等进步教师义务上课。这样坚持了三个月，最后，在社会各界的压力下，章士钊辞职，杨荫榆下台，这场"风潮"才终以女师大师生的正义斗争而获胜。

1926 年，北京发生了震惊国人的"三一八"惨案，2000 余名徒手请愿的群众在段祺瑞执政府门前遭到武力镇压，当场死亡 47 人，受伤 200 余人，其中包括女师大学生数人。许寿裳闻讯后，即刻赶赴现场察看，并冒着生命危险，亲自为死难学生料理丧事，以致被反动政府列入密令通缉的 50 名"暴徒首领"名单中，被迫避居东交民巷的外国医院。8 月，他离京南返。

1926 年 8 月 26 日，鲁迅偕许广平离开北京到厦门大学任教。1927 年 1 月，又到广州中山大学任教务主任和国文系主任。受鲁迅的邀请，许寿裳此时来到中山大学任教，在中大讲授教育学和西洋史。再度共事的这段时间里，两人常常一同下馆子、看电影或假日远游，十分惬意。1927 年 4 月，蒋介石悍然发动反革命政变，大肆捕杀共产党人和革命群众。广州陷入白色恐怖之中，不少中山大学的学生被捕，鲁迅因营救被捕学生无效，愤而辞去中大一切职务，许寿裳为支持好友，也跟着辞职。

1927年9月，蔡元培出任中华民国大学院院长，邀许寿裳前往南京，任大学院秘书。第二年，蔡又任命许为大学院参事、秘书长，负责处理日常行政事务。10月，大学院改为中央研究院，蔡元培任院长，许寿裳任干事兼秘书处主任。当时蔡元培长住上海，许寿裳则留南京，蔡元培的日常事务多由许寿裳具体操办。此时，鲁迅离开广州来到上海，从此定居下来，集中精力从事革命文艺活动。定居上海时期，鲁迅没有正式工作。经许寿裳推荐，蔡元培聘请鲁迅担任大学院特约著作员，月薪300元大洋。这笔收入从1927年12月一直发到1931年12月，达49个月之久，其间并未拖欠，成为鲁迅到上海后的一笔最为可靠和固定的收入，使他的生活基本上得到保障，因此能够全身心地投入创作中去。

1934年，中央研究院总办事处改组，许寿裳应北平大学徐诵明校长之邀，北上就任女子文理学院院长。1934年许寿裳受聘担任北平大学女子文理学院院长，许到任后延聘著名学者，改革教学，想方设法清发拖欠教师的薪金，凝聚了原本涣散的人心，使学院的工作有了很大改进和提高。

1936年鲁迅病重，许寿裳专程去上海探望。鲁迅赠许寿裳诗一首，与之共勉。题为《亥年残秋偶作》："曾惊秋肃临天下，敢遣春温上笔端。尘海茫茫浓百感，金风萧瑟走千官。老归大泽菰蒲尽，梦坠空云齿发寒。竦听荒鸡偏阒寂，起看星斗正阑干。"该诗既概括了节令和时局的肃杀、严峻气氛，又表露出作者忧郁的情怀，同时表现了鲁迅对中国前景的乐观预见，因为他深信在中国共产党身上"寄托着人类和中国的将来"。

三、随校西迁　一生宣传鲁迅思想

1936年10月19日，鲁迅因积劳成疾在上海逝世。这个噩耗令许寿裳异常悲痛，洒下了"生平为朋友的第一通眼泪"，由于在北平公务繁忙，他没办法去上海亲自为相识相交长达35年的挚友兼同乡、同学和同事的鲁迅送殡，许寿裳在发给许广平的唁电中写道："豫才兄逝世，青年失其导师，民族丧其斗士，万分哀痛，岂仅为私……"1937年1月，许寿裳趁假期南返，又特地去万国公墓鲁迅墓前敬献花圈，以申哀悼。归途中，他写下《哭鲁迅墓诗》一首："身后万民同雪涕，生前孤剑独冲锋。丹心浩气终黄土，长夜凭谁叩晚钟。"

鲁迅去世后，许寿裳开始把研究鲁迅文学、宣传鲁迅精神作为一生的事业，不管政治环境有多么险恶、生活有多么困难，许寿裳都坚定不移地站在宣传鲁迅的最前线。他一方面为出版《鲁迅全集》四处奔波，收集材料；另一方面，又勤奋著述，先后撰写了《鲁迅年谱》《亡友鲁迅印象记》《我所认识的鲁迅》《鲁迅的思想和生活》等纪念鲁迅的文章和著作，为后人学习并研究鲁迅留下了弥足珍贵的资料。与此同时，他还积极参与各种纪念鲁迅的活动，多方募集"鲁迅纪念文学奖金"，筹建"鲁迅先生纪念委员会"，并亲自指导青年学者研究鲁迅，为弘扬鲁迅精神做出了不可磨灭的贡献。

即使在战火纷飞的年代，在祖国的大西北，许寿裳仍然始终不渝地坚持宣传鲁迅精神。1931年"九一八"事变以后，中华民族危机日益严重，日本的侵略步步紧逼，一些学校开始内迁，当时国民政府教育部决定国立北平大学、北平师范大学、天津的北洋工学院内迁成立西安临时大学，于1937年11月1日正式开学。1938年4月，西安临时大学因战乱又迁移至陕南，并改名为西北联合大学，与在昆明的西南联合大学遥遥相对。在西北联大时期，许寿裳积极宣传鲁迅的著作与思想。

说来也巧，鲁迅和许寿裳都与西北大学有缘。1924年夏，鲁迅到西安，曾在西北大学和陕西省教育厅合办的"暑期学校"讲学。13年后的1937年，鲁迅的挚友许寿裳也由北京到了陕西，在西北联大、西北大学任教。最早的西北大学创办后，受到袁世凯的亲信、军阀陆建章的摧残，于1915年停办。1923年8月，担任陕西省省长的刘镇华为了发展西北及陕西高等教育，又再次筹办西北大学，并于1924年正式开始招生，鲁迅前来讲学的西北大学即是1923年第二次开办后的西北大学时期。1927年年初，西北大学因经费困难，再次停办。许寿裳任教的西北大学，是抗日战争的烽火中成立的西北联大及其分置后的西北大学。

1937年，卢沟桥事变后，日本全面侵华，北平大学内迁西迁，许寿裳随校西迁，于1937年10月9日抵西安，被聘为新成立的西安临时大学历史系系主任、教授。不久,学校又迁往陕南,许寿裳也随校于 1938 年 4 月到达陕南城固。此时,西安临时大学奉命改为西北联合大学。

在西北联大,许寿裳先后担任西安临时大学女子文理学院院长、历史系主任、教授及西北联大历史系主任。在战火纷飞的日子里,许寿裳始终坚守教育战线,以一个教育者的极大热情全身心投入教育教学之中。他在师生中开展国难教育,宣扬勾践精神,以激励学生们抗日救亡,还参加了师生抗日救亡座谈会。1938 年 11 月 5 日为学生讲"越王勾践的精神",以激励学生的爱国热情。许寿裳还与国文系系主任黎锦熙教授一起撰写西北联大校歌歌词,初稿写成后,经联大常务委员会讨论通过。即"并序连黉,卅载燕都迥。联辉合耀,文化开秦陇。汉江千里源蟠冢,天山万仞自卑隆。

许寿裳与鲁迅、许广平合照

文理导愚蒙;政法倡忠勇;师资树人表;实业拯民穷;健体名医弱者雄。勤朴公诚校训崇。华夏声威,神州文物,原从西北,化被南东;努力发扬我四千年国族之雄风。"这首校歌不仅贯彻了"公诚勤朴"的四字校训精神,而且概括地反映了西北联大组建的历史,表达了西北联大教育家们为国育才的忠诚感和责任感。

许寿裳是著名的历史学家,在西北联大时期积极推进西北历史研究。当时,西北联合大学成立了历史系考古委员会,作为委员会的成员之一,许寿裳积极倡导对张骞墓的考察和挖掘整理。1938 年 8 月 24 日,为张骞墓立碑时,许寿裳应邀为张骞书传一篇,刻于碑阴,表达其对先辈的敬意。生活中的许寿裳真实诚恳,助人为乐,对学生认真负责、循循善诱,教书育人；对同事、对朋友以诚相待，为人豁达，因此受到全校师生的爱戴。

在西北联大时期，为了让师生们了解鲁迅、认识鲁迅，许寿裳经常在课堂上教授章太炎和鲁迅的著作。他把前两年写成《怀亡友鲁迅》《我所认识的鲁迅》等文章与学生们分享，尤其是对于新旧文学论战和鲁迅治学做人精神的剖析和介绍，深深地吸引了学生，受到学生的拥戴。凡是听过许先生讲课的学生，都为先生渊博的知识及为人师表的精神所感动。

这里还要特别记述的是，西北联大设立文理学院、法商学院等六个学院，联大常务委员徐诵明兼法商学院院长。1938年9月，新学期开始，因校务繁忙，经联大38次常务委员会决议："准徐代院长辞去兼职，聘请许寿裳先生为法商学院长。"① 同年12月，又加聘许寿裳为校务委员②。许寿裳被任命为法商学院院长一事，在学校却掀起轩然大波。因为许寿裳经常宣传抗日思想，宣传鲁迅精神，因此校内国民党、三青团分子都大为不满。在全校欢迎许寿裳先生就任院长的大会上，一些国民党、三青团分子首先发难，对许先生进行无理攻击，而进步同学则起而驳斥，据理力争，双方互不相让，差一点在会上打起来。国民党教育部对西北联大及徐诵明等聘许寿裳为法商学院院长一事，也非常不满，随即教育部电西北联大责问此事，并迫不及待地要求任命张北海为法商学院院长。具体原因是，1938年年初，陈立夫出任教育部部长，为加强对西北联大的控制，同年10月派督学张北海任西北联大校务委员，由此张北海担负着陈立夫的特殊使命，常驻学校，以加强对学校的控制，抵制进步倾向。在此情况下，1938年11月，西北联大召开校常务委员会第48次会议，决定以张北海为法商学院院长。11月10日晚，徐诵明告许寿裳："教育部陈立夫氏有密电致联大常务委员会，主法商院长须超然而接近中央者，指定常委会聘张北海氏为过渡，整理法商学院。"③ 许寿裳得知这一消息，非常气愤，提出辞职。而张北海于该年11月21日走马

---

①② 《西北联大校刊》第二期（1938年10月）。
③ 许世瑛：《先君许寿裳年谱》，见《鲁迅研究资料》第22辑，第92页。

上任成了西北联大的法商学院院长。当然，不让许寿裳担任法商学院院长还另有背景。因为法商学院前身为"北京俄文法商专科学校，俄文课程犹有保留未裁撤者，于是神经过敏，或别具肺腑之徒，对之'另眼相看'，而先君虽为老同盟会员，后亦加入国民党，然始终反对党内有党，派中有派者，此或即陈氏目为非超然而接近中央者欤！"① 许世瑛《先君许寿裳年谱》见《鲁迅研究资料》第22辑第92页。张北海上任后，引起全校进步师生的强烈反对，由此引发了挽留许寿裳、反对张北海接任法商学院院长、要求教育部收回成命的校内学潮运动，一时间闹得沸沸扬扬。

对张北海接任法商学院院长一事，大家即刻认识到这是国民党企图向进步师生开刀的一个序幕。当时法商学院教授曹联亚、沈志远、章友江、彭迪先等十余名教师开会，决定挽留许寿裳，反对张北海当院长，并立即发出油印传单，公开反对教育部决定。此时，张北海对进步学生、教师的举动恨之入骨，积极与复兴社骨干分子商议对策，并出动特务学生对进步师生进行跟踪、威胁、监视等，有的甚至在进步教授上课时，特务学生坐在第一排拿出手枪擦弄，蓄意威胁。1938年年底，国民党最高当局严斥西北联大法商学院沈志远等教师继续讲授马列主义观点，同时要求解聘沈志远等13名进步教授。② 国民党当局的举动并没有吓退进步师生，反而更加激起了他们的愤怒，群情激昂。并向全国大专院校积极散发传单请求支援，西北联大的一些教授也积极支持进步师生。在大家的共同努力下，教育部部长陈立夫只好派人到西北联大处理事情，平息事态。之后，1939年夏天的暑假前夕，沈志远等被解聘的进步教授在中共西北联大党组织的支持下，向学生上完最后一节课后，先后被迫离开西北联大，转战四川继续进行马克思列宁主义的宣传。

许寿裳离陕入川，与友人跋山涉水到重庆、成都等地。他曾先应聘中山大学师范学院任教，1940年接受华西大学之聘，任英庚款国学讲座，当时齐鲁、金陵各大学借华西大学校舍上课，许寿裳常被请去做特

---

① 许世瑛：《先君许寿裳年谱》，见《鲁迅研究资料》第22辑，第92页。
② 西北大学西北联大研究所编：《西北联大史料汇编》，西北大学出版社2012年版，第252—254页。

别讲演，讲授传记研究及中国小说史等。

1941年夏，许寿裳赴重庆任国民政府考试院考选委员会秘书，后又成为专门委员。这其实是一个闲职。这段时间，许寿裳开始潜心从事学术研究与写作。在这期间，他先后完成了《章炳麟传》《俞樾传》《三民主义述要》《周官研究》《传记研究》《越缦堂日记选注释》《中国文字学》等著作，并出版发行。另外，《亡友鲁迅印象记》的大部分也在这时写成。总之，作为一位教育家，许寿裳从未离开过他所热爱的教育事业。

四、孤身赴台　寓所惨遭杀害

抗日战争胜利后，1946年1月，许寿裳受聘为绍兴史料编撰委员会委员。6月，又受台湾省行政长官公署陈仪之邀，赴台任省立编译馆馆长。

1946年6月，年逾六十的许寿裳应他的老友——刚刚就任台湾行政长官公署长官陈仪的邀请，来到战后收复的台湾，就任台湾编译馆馆长。许寿裳抵台后，便投入了紧张繁忙的建馆工作。到台后的第三天，即开始起草编译馆组织大纲，从延聘所需各方面人才，处理起各种杂务，包括选择馆址、职员宿舍等，到购置办公用品等事无巨细，均亲自操办。许寿裳为编译馆确立了两项工作宗旨，一是普及国语、国文和中国史地方面的知识，以增强台湾人民的民族民主意识；二是发扬台湾文化的优势，以开创我国学术研究的新局面。

1947年，台湾发生了"二二八"流血事件。4月，陈仪下台，台湾长官公署改组为台湾省政府，许寿裳主持的编译馆被政府的一纸文告裁撤了。

1947年7月，应台湾大学校长陆志鸿之聘，许寿裳出任该校文学院国文系主任，并亲自教授文字学课程。在此期间，他还尽心规划系务，筹设了古代文学、近代文学、文字学、语言学、中国学五个研究室，并要求系内教授各自加入一个研究室，自拟专题，开展研究。

在台期间，许寿裳对台湾文化建设事业做出了巨大的贡献。许寿裳用鲁迅精神重建台湾新文化，不遗余力地宣传鲁迅及其思想。作为鲁迅的挚友，许寿裳一直坚定地认为自己有责任在贫病的中国向国人宣传鲁迅充满韧性的战斗精神。在台期间，他一连撰写了《鲁迅的精神》《鲁迅和青年》《鲁迅的人格和思想》等七八篇纪念文章，并陆续在报刊上发表，后又结集成《鲁迅的思想与生活》一书发行，在台湾引起了极大的反响。可以说，在台湾对鲁迅系统的介绍和做出高度的评价，许寿裳是第一人。许寿裳关于鲁迅的文章皆为针对台湾现实情况有感而发，他希望通过鲁迅精神的传播，启发台胞的觉悟，重建台湾新文化，可以毫不夸张地说许寿裳在台湾文化史上谱写了重要的一页。

同时，热情宣传"五四"新文化运动的精神和成果也是这一时期许寿裳文章的特点。1947年5月4日，许寿裳在台湾《新生报》发表了题为《台湾需要一个新的五四运动》的文章，从"五四"运动的意义入手，提出了对台湾新文化发展的中肯意见，并呼吁台湾同胞发扬"五四"精神，增强爱国意识。此外，许寿裳积极推广国语。经过日本多年"皇民化"运动的影响，很多台湾同胞不会说国语、不会写国文、看不懂中文书，针对这种状况，许寿裳先后撰写了《教授国文应注意的几件事》和《怎样学习国语和国文》两篇文章（后者编印成书，作为台湾编译馆"光复文库"的第一种发行），以翔实浅近的方式，介绍了学习国语、国文的方法，以及中文与日文的区别，对台湾地区国语的普及和文化的恢复具有重要的意义。

由于其积极进步的思想和言行激怒了台湾国民党当局，1948年2月18日，许寿裳于台大宿舍被害身亡。可以说许寿裳是为台湾而来，为台湾而死。许寿裳虽然惨遭杀害，但他不倦地宣传鲁迅的精神永留人间，他晚年为台湾的文化建设做出了贡献，台湾人民是不会忘记的。

鲁迅和许寿裳同为浙江绍兴人，自1902年留学日本开始，即与鲁迅结成终身挚友。此后的20多年中与鲁迅交往甚密。他们都认为救中国，必先改造国民的精神，而选择教育文化作为毕生之事业，也是二人日后对"立人"之意的最佳实践。与鲁迅着力于文学不同，回国后的许寿裳主要把精力投在了教育领域，可就算如此，两人在事业上的彼此关照和相互支持仍是不遗余力的[①]。不管是在大陆还是台湾，许寿裳许多著述以回忆、研究鲁迅生平为主。许寿裳的人生，可谓因为结识鲁迅，改变了其人生轨迹。

---

① 《国立西北大学第三届毕业同学录》，转引自李永森《西北大学校史稿》，西北大学出版社1987年版，第47页。

马克思主义哲学的传播者沈志远

沈志远（1902—1965），原名沈会春，曾用名沈观澜、沈任重、王剑秋等，浙江萧山人，杰出的经济学家，著名的马克思主义者，社会活动家。1929年，毕业于莫斯科中山大学，同年考取莫斯科中国问题研究所研究生，同时参加翻译出版《列宁选集》六卷集中文版工作。1931年回国，积极宣传马克思主义。1936年8月，任北平大学法商学院经济系主任。1937年9月，任西安临时大学法商学院教授，国立西北联合大学成立后，继续任联大教授。1939年离校后，赴重庆、香港从事编辑工作，任邹韬奋主办的生活书店总编辑。1947年，任香港达德学院经济系教授兼系主任。1949年，沈参加新政协第一届全体会议。中华人民共和国成立后，历任燕京大学教授、中央人民政府文化教育委员会委员和出版总署编译局局长。1950年10月至1954年8月，为上海市人民代表会议代表，上海市各界人民代表会议协商委员会第二届委员和第三届常务委员。1952年年初，任民盟上海市委主任委员，同时担任华东军政委员会委员兼参事室主任、华东文教委员会副主任、上海市政协副主席等职。1954年，选为第一届全国人民代表大会代表。1955年，当选中国科学院哲学社会科学部学部委员。1956年，任中国科学院上海经济研究所筹备主任，后任上海经济研究所研究员。1965年去世。

沈志远从1920年代开始，就潜心于马克思主义哲学的研究工作，较为系统地介绍了马克思主义的宇宙观和方法论，尤其是在政治经济学方面贡献显著。1949年以前的著作有《新经济学大纲》《近代经济学说史》《新哲学辞典》《研究〈资本论〉入门》《经济学研究提纲》《资本主义经济之剖析》等。他是1955年中国科学院选出的第一批哲学社会科学学部委员之一，是中国科学院上海经济研究所的筹建者。沈志远的一生，为在我国传播马列主义政治经济学和哲学工作，做出了突出的、重要的贡献。

沈志远塑像

一、志向高远　坚定马列主义思想

沈志远是我国著名的马克思主义学者、社会活动家。1902年1月6日，出生于浙江萧山昭东长巷村，幼年时在私塾读书。1913年，去杭州求学。1916年，升入浙江省立一中读初中。在初中快要毕业的时候，爆发了"五四"运动，这场运动后来成了一场席卷全国的群众性的自发的爱国运动。当时年仅17岁的沈志远也抱着纯朴的爱国热情，积极参加了学生的示威游行活动，因此被校方"劝告退学"。为了继续求学，沈志远来到上海，考入交大附中，与此同时结识了在交大大学部学习的侯绍裘①。1922年，毕业后回绍兴任初中英语教师。1924年8月，沈志远到侯绍裘任校长的松江景贤女中教书。此间，结交了一些共产党员和共产主义青年团员，同时受《觉悟》《新青年》等进步刊物的影响。1925年，沈志远参加了震惊中外的"五卅"运动，经侯绍裘介绍，于1925年加入中国共产党。青年时代开始，沈志远即积极要求进步、向往革命、追求真理，是一个思想进步的热血青年。

1926年12月16日，沈志远受党组织的派遣，取道海参崴前往莫斯科中山大学学习马列主义。经过了半个月的长途跋涉，他终于抵达了莫斯科，取俄文名字为鲍罗丁。沈志远在莫斯科中山大学的主修课程是政治经济学、辩证唯物主义、社会发展史、西方革命史、中国革命问题等，系统地学习了政治经济学、辩证唯物主义、中国革命问题、列宁主义和经济地理等。此外，这一时期沈志远还曾担任一些用英文讲授的课程的翻译。1929年6月，他以优异的成绩毕业后，又被选送进莫斯科中国问题研究所当研究生，学习到1931年6月。在研究生学习阶段，沈志远开始了马列主义著作的中文翻译工作。从1930年8月起，他参加了共产国际东方部中文书刊编译成的编译工作，编译了《共产国际》中文版，还参加了《列宁选集》第六卷中文版的翻译工作。②

近五年的莫斯科的生活和学习，使沈志远打下了坚实的马列主义理论的基础。

1931年年底，他吻别了寄养在莫斯科国际儿童院年仅四岁的儿子，取道海兰泡（布拉戈维申斯克）回国。同年12月16日，回到了阔别五

---

① 侯绍裘（1896—1927），江苏松江（现属上海）人，著名共产党人，"五卅"爱国运动参与和领导者，积极参加"五卅"运动的发动组织工作，成为上海和江苏群众运动中有影响的领导人之一，对新军阀的劝诱严词拒绝，备受凌辱和摧残，蒋介石密令温建刚率人将他及谢文锦等杀害。敌人对他严刑拷打，刑讯逼供，软硬兼施，都没能动摇他革命的信念。敌人无计可施，便将他装入麻袋，活活捅死。牺牲时，年仅31岁。

② 中国人民政治协商会议上海市委员会文史资料委员会：《上海文史资料选辑》第80辑，1996年7月版，第25页。

年的上海。1932年年初到1933年6月，沈志远先后担任中共江苏省文委委员和中央文委委员，还先后担任了社会科学家联盟（社联）的委员、常委，参加编辑《研究》杂志。其间，沈发表许多文章，较著名的有《新经济学大纲》《现代哲学的基本问题》等。

1933年夏，沈志远和中共脱离了组织关系。个中原因，据沈骥如回忆，是年3月至6月，沈志远患上了伤寒，病愈以后，他去见单线联系人，走进弄堂，抬头一看，窗台上的联络暗号——一盆鲜花不见了。

1933年9月，沈志远到上海暨南大学任教，当时周谷城①也在那里。后因为其言论"左"倾，思想积极，遭到解聘。从1932年到1936年7月，沈志远开始著书、译书，在杂志上发表了大量论文、著作和译作。1932年，沈志远完成了自己的第一部著作《黑格尔与辩证法》。这本书的重要内容是介绍马列主义辩证法的，序言中译："现代哲学不是别的，恰恰就是辩证的唯物论和唯物的辩证法，这是整个马克思主义的宇宙观"，"马克思把唯物的辩证法应用于资本主义的研究，发现了资本主义的内在法则，……根据这些法则，资本主义是不可避免地要转变到它的相反方面，他又证明资本主义所赖以生存的直接生产者的被剥夺，必然要为剥夺者的被剥夺——无产阶级独裁所代替。马克思以天才的眼光看出这样的阶级独裁，是根据唯物辩证法的思维所得出的资本主义之必然的趋势和结局。这个必然的趋势，就是资本主义之死灭及其转变为新的社会组织。"②这本12万字的著作，主要论述了辩证法从黑格尔经马克思到列宁的三个发展阶段，以及马克思主义辩证法的主要内容，该部著作集中体现了沈志远深厚的马克思主义哲学造诣。

1933年，北京笔耕堂书店出版了沈志远编写的《新哲学词典》。这

---

① 周谷城（1898—1996），1898年9月13日，生于湖南省益阳县长湖口的农民家庭。中国著名历史学家、教育家、社会活动家，曾任全国人大常委会副委员长，中国史学会常务理事兼首任执行主席、中国太平洋历史学会会长、上海市哲学社会科学联合会副主席、上海市历史学会会长。自1942年秋起，周谷城一直在复旦大学执教，任历史系主任、教务长等职。早年学习世界语，热心世界语的宣传、推广。1981年，同胡愈之、楚图南等知名人士发起世界语之友会，后曾出席世界语之友会座谈会，倡导世界语。

② 沈志远：《黑格尔与辩证法》，笔耕堂书店1943年8月版，第20页。

本将近300页的词典收录了许多马克思主义哲学的概念、范畴条目。同年，他的第一部经济学著作《计划经济学大纲》出版。

沈志远的成名之作，是1934年5月由北平经济学社出版的《新经济学大纲》。这是我国第一部系统完整地介绍马克思主义政治经济学的专著。这本书出版后，立刻得到进步舆论界的好评，被《读书与出版》杂志誉为"荒野里一株冷艳的山花"。《新经济学大纲》是在我国马克思主义传播史上系统地、完整地介绍马克思主义政治经济学理论的第一本由中国人撰写的专著，这本书深受进步教授、知识青年和革命根据地干部的欢迎，在当时的中国广为流传20年之久，其影响深远而广泛，是其他同类书籍无法比拟的。① 1952年，山下龙三在日本将《新经济学大纲》新中国成立后的修订版第十一篇翻译成日文，以《新民主主义经济论》为题出版单行本，并附有江福敏生的解说，由青木书店出版。②

之后，1936年沈志远所著第一本马列主义哲学普及性读物——《现代哲学的基本问题》，作为生活书店的"青年自学丛书"出版。该书出版后，《读书与出版》杂志立即向广大读者推荐："这本书是给青年自修新哲学用的一本好书，它把现代哲学的骨干完全清晰地浮雕出来了，完全用通俗而简明的形式写成的，在大众生活过程中用以指导实践的认识体系。"据不完全统计，该书再版达15次之多，是我国马克思主义哲学通俗化宣传的一部成功之作，③ 对马克思主义中国化起到了十分重要的作用。

1936年，沈志远最重要的一部译作，苏联学者米丁著的《辩证唯物论与历史唯物论》上册《辩证法唯物论》由商务印书馆出版，这是沈志远最有影响的一部哲学译著。《辩证法唯物论》出版以后，《读书月报》的书评指出：米丁这本书"由于研究范围的广博、系统的严整、解释的详尽，这本书实在是一本最好的辩证唯物论教科书"。1937年春夏之交，毛泽东曾认真阅读过这本译著，留下了2600余字的批示。20年后，在中

---

① 沈骥如：《沈志远传略》（上），载《晋阳学刊》1983年第2期。
② 中国人民政治协商会议上海市委员会文史资料委员会：《上海文史资料选辑》第80辑，1996年7月版，第28页。
③ 王海波：《沈志远的人生沉浮》，2012年7月10日《世纪》。

南海的一个晚会上,毛泽东握着沈志远先生的手说:"你是人民的哲学家。"给予其很高的评价和充分的肯定。

沈志远的另一部经济学代表作是1937年由上海生活书店出版的《近代经济学说史》,该著作是他根据自己在北平大学法商学院任教时的讲义修订而成的,倾注了其大量的心血和精力。到1950年,该书先后出版过七次,可见其影响之大、受众之多。

从一个热血青年到马克思主义理论专家,沈志远完成了人生中的重要蜕变,成为中国较早研究马克思主义理论的共产党员。

二、平大联大　三尺讲台传马列

1936年8月,应当时在北平大学法商学院任经济系主任的李达同志的邀请,沈志远到该院任经济系教授。

卢沟桥事变以后,平津几所大学西迁组建西安临时大学、西北联合大学,沈志远转赴陕西,在西安临大、西北联大法商学院任教,1938年年底由于其思想积极进步、大力宣传马克思主义而遭到解聘。他在西北联大期间,主要讲授社会科学方法论等课程。他讲授的课程以李达的《社会学大纲》为教材,注重以马克思经济理论分析我国半殖民地半封建的社会性质,论证抗日救国的历史任务,颇受青年学生的欢迎。

在西北联大期间,他还启迪和帮助西北大学法商学院的学生发起成立了社会科学研究会,并经常为之做学术演讲。在反对校方无理解聘许寿裳教授时,曾与西北大学法商学院的曹联亚、章友江、彭迪先等十余名教师,发出"快邮代电",送往全国各报社、各大专院校和各机关团体,在当时颇有影响,曾因此而遭国民党最高当局憎恨,被教育部解聘,并不许其他学校聘任。由此引起一场旷日持久的学潮。最后,他于1939年暑假前夕,与许寿裳等进步教授在西北大学讲完最后一课后,转往四川、重庆等地。

在西北联大的两年时间里,沈志远一边教书育人,一边著书、译书。这一时期,沈志远的主要成果是翻译出版了米丁院士的《辩证唯物论与历史唯物论》下册《历史唯物论》(1938年由商务印书馆出版),以及专著《近代经济学说史》。沈志远被西北联大解聘后,于1939年年底到重庆,在邹韬奋主持的生活书店任总编辑,并主编在国统区内有重要影响的大型理论季刊《理论与现实》。

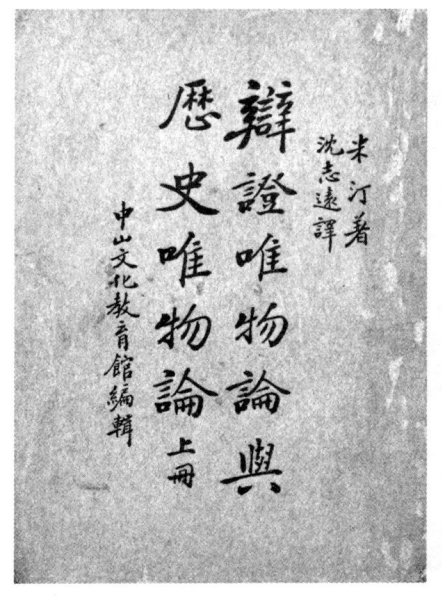

沈志远翻译的《辩证唯物论与历史唯物论》及其著作《近代哲学批判》

三、迎接曙光　被毛泽东誉为"人民哲学家"

作为一位马克思主义学者，作为一位关心祖国命运的社会活动家，沈志远积极参加了中国共产党领导的民族、民主革命。

1936年他在上海参加了"救国会"的成立工作。1940年10月，皖南事变后，经周恩来的安排，沈与一些文化界进步人士疏散至香港。在港期间，任达德学院经济系主任、教授，参与《大众生活》周刊的编辑工作，与邹韬奋、茅盾等人一起著文谴责国民党政府对抗日进步力量的摧残，提出抗日的九条主张。不久重返重庆，继续从事著述。1944年9月，中国民主政团同盟改组为中国民主同盟。沈志远经张澜、马哲民介绍，加入了民盟，在1945年10月的民盟第一次全国代表大会上，沈志远被选为中央委员。同年12月回上海，在复刊的《理论与现实》任主编。

从1946年7月起，沈志远先后著译出版了《近代辩证法史》《社会科学基础讲座》《新人生观讲话》《战后世界经济与政治》等书。之后，受中共中央委托于 1948 年赴东北解放区。

1949 年，沈志远参与筹备新政协，同时参加了《共同纲领》的起草工作，是共同纲领起草小组成员之一。1949 年 9 月，第一届新政协会议召开时，沈志远作为救国会代表，出席了会议，并担任了共同纲领草案整理委员会委员。

中国科学院学部成立大会合影（第二排右起第五人为沈志远）

中华人民共和国成立后，沈志远担任中央人民政府文化教育委员会委员，被聘为中国人民银行顾问。

1949 年年初到 1950 年 10 月，沈志远任燕京大学（即今北京大学）教授。1949 年 10 月，任中央人民政府文化教育委员会委员，并任中央人民政府出版总署编译局局长，国家出版总署草创时期，沈志远是编译局局长，在他的领导下，编译局制订了全国翻译工作计划，召开了首届全国翻译工作会议，创办了《翻译通报》，出版了新中国成立前《全国翻译图书目录》。

1949 年 12 月起，沈志远兼任华东军政委员会委员，1952 年初，调往上海任民盟上海市主任委员，同时担任华东军政委员会委员兼参事室主任、华东文教委员会副主任、上海市政协副主席等职。1954 年，当选为第一届全国人民代表大会代表、上海市人大代表。1955 年中国科学院成立四个学部，沈志远当选为哲学社会科学学部委员。1956 年年底，沈志远被任命为中国科学院上海经济研究所筹备主任，负责筹建工作。

在这段时间里，沈志远先后编写了《近代哲学批判》《人民群众的历史决定作用》《观察事物的方法与原则》《叶青哲学往何处去》和《新人生观讲话》等哲学著作。其中，《新经济学大纲》出版后深受读者和学术界喜爱，先后再版了18次，修改增补了18次，直到中华人民共和国成立前夕，又根据中国革命的理论和实践，增补了《新民主主义经济论》一章，使全书内容大为增加，字数也从初版的30万字增加到60万字，内容随着时代的发展日臻丰富、完善。正因为其付出了艰辛努力，这部书深受经济学界同行的青睐。中华人民共和国成立前后的几十年间，一直被用作大学教材，其中有的篇章还被国外学者翻译出版，影响甚广。

1965年1月，沈志远逝世，终年63岁。沈志远病逝前还在伏案工作、努力研究，病逝后遗留下来的两篇没有发表的文章为：《论社会主义社会的相对稳定性》（约1万字）和《国家垄断资本主义的实质概说》（13万字）。由此可见，沈志远把他的毕生精力倾注于马列主义政治经济学和哲学的研究，把传播马列主义作为终生的追求。

四、"人民的哲学家"

沈志远一生伴随近现代中国和共产党的成长不断努力奋斗。作为一位爱国人士和学者，他属于中国最早的一批具有系统马克思主义理论素养的专家。同时，沈志远也是中国较早研究马克思主义理论的共产党员，其研究一直持续到生命的最后一刻。他见证了马克思主义理论在中国一步步的深入历程，并且在马克思主义中国化的过程中起了相当重要的作用。主要体现为：

第一，马克思主义哲学体系的传播者。他把马克思主义哲学理论体系引入中国，对马克思主义哲学在中国传播所做的贡献，丝毫不亚于他对马克思主义经济学在中国传播所做的贡献。在沈志远的全部著作、译作中，介绍、研究、宣传马克思主义哲学理论和政治经济学理论的文字数量几乎相当。沈志远的《黑格尔与辩证法》，12万字，主要论述了辩证法从黑

格尔经马克思到列宁的三个发展阶段，以及马克思主义辩证法的主要内容，在书中沈志远对掌握马克思主义辩证法的重要意义有独到见解，这是在当时的社会条件下很难具有的特殊品质和进步思想。沈志远除了认真研究辩证法的学术思想外，更为重要的是把这种学术理论与旧中国的实际问题联系，期待用科学理论来解决中国革命的实践难题，这是十分难能可贵的。《新哲学词典》，这本将近300页的词典收录了许多马克思主义哲学的概念、范畴条目，有的条目，如"马克思""唯物辩证法""辩证唯物论"等都有三页左右的说明，系统收录了许多马克思主义哲学的基本概念和重要范畴的条目，为普及马克思主义基本理论知识创造了有利条件。《现代哲学的基本问题》深受广大进步青年的欢迎，是因为它是把艰涩难懂的高深理论通俗化、简明化的典范。此外，哲学论文集《近代哲学批判》以及《近代辩证法史》，这两本著作都有12万字左右的篇幅，他力求使读者了解到了最基本、最重要的马克思主义哲学理论。

第二，马克思主义经济学的传播者。沈志远的成名之作，是1934年5月由北平经济学社出版的《新经济学大纲》。这是在我国马克思主义传播史上，系统地、完整地介绍马克思主义政治经济学理论的第一本由中国人撰写的专著。这本书深受进步教授、知识青年和革命根据地干部的欢迎，在中国广为流传了20年之久，其影响之深远，是其他同类书籍无法比拟的。这是中国第一部全面介绍马克思主义政治经济学的重要专著。在1949年4月，沈志远曾对全书做了重大增订，修改和补充了前资本主义部分、帝国主义论和社会主义经济形态各部分，还新增了一编"新民主主义经济论"，使这本著作成了一部系统的马列主义政治经济学教科书。在20世纪三四十年代，这部书曾对我国许多青年接受马列主义、走上革命道路，起过重要的作用，直到中华人民共和国成立初期，还被列为《新中国大学丛书》之一。《新经济学大纲》的出版，不仅受到国内进步舆论界的好评，在国外也有一定的影响。沈志远的另一部重要著作，是《近代经济学说史》，到1950年，先后出过七版，作者运用了马克思主义观点对过去各派经济学说做了批判性的介绍。沈志远为马克思主义政治经济学在中国的传播做出了突出的贡献。他的著作曾被不少进步的大学教授采纳为教科书，不但在国统区广为流传，也在各革命根据地广为流传。

第三，重视实践。作为一位马克思主义学者，沈志远一直非常重视以马克思主义世界观作为认识世界、改造世界的武器。他非常重视理论对实践的指导作用，又非常重视从丰富的实践中总结出规律来丰富和发展马克思主义的理论，同时非常重视马克思主义理论的宣传普及工作。沈志远认为理论只有被大众所掌握时，才会产生巨大的革命力量。沈志远曾在《理论与现实》杂志上每期至少发表一篇文章。另外，在他主编的另一个刊物《大学月刊》，以及其他进步刊物如《世界知识》《大众生活》《新中华》《读书月报》等发表了大量的论文和时评，这些文章广泛涉及对国内政治问题，土地问题，民生问题，抗战和抗战经济问题，国际形势问题，资本主义经济危机与帝国主义战争问题，战后世界经济，世界和平与大国关系问题，介绍苏联经济的成就，探讨中国的新民主主义经济等方方面面。他强调："在这样一个历史的大转变关头，唯物辩证法之活的应用——应用于实际斗争的问题上去，已成为每一个革命思想家和实践家之急不容缓的任务。"在著名的《新经济学大纲》的序言中，他又曾说："要给读者以尽量完备的、正确的、扼要的经济学知识，使一般没有受大学教育机会的广大知识饥饿群，通过本书能够正确理解现实的经济、社会、政治、国际等问题。"沈志远在主持《理论与实践》杂志时，提出了"理论现实化"和"学术中国化"的口号。

第四，马克思主义的宣传家。据不完全统计，在沈志远一生出版的60多本书籍中，哲学方面的著作、译作有19本，在他发表的400篇左右的论文、译文和其他文章中，哲学方面的约有60篇。沈志远对马克思主义哲学在中国传播的最重要贡献，是翻译出版了苏联米丁院士等人主编的《辩证唯物论与历史唯物论》，该书由上册《辩证法唯物论》和下册《历史唯物论》组成，全书约72万字。《辩证法唯物论》于1936年12月由商务印书馆出版，1938年再版，1939年后由生活书店出版，据笔者不完全的统计，到1950年为止，至少印行了18版。《历史唯物论》于1938年7月由商务印书馆出版，1939年6月再版，1940年后改由生活书店出版，到1950年为止，至少印行了13版。沈志远关于马克思主义理论的著作，对后世影响最大的首推《辩证唯物论与历史唯物论》。在沈志远的《辩证唯物论与历史唯物论》出版以前，中国当时也有一些颇有影响的马克思主义理论专著，但是由于社会客观条件和自身思维的限制，内容或不够完整，或过于简单，总之带有各种各样的缺憾。而在今天看来或许不够完美的《辩证唯物论与历史唯物论》确是那个年代少有的系统而又详细地介绍马克思主义理论的惊世之作。这本书不仅介绍了马克思主义哲学的概念、范畴及其体系构建，还囊括了马克思、恩格斯、列宁论述有关哲学、政治经济学等问题的中文译文，这在当时马克思的经典原著还没有被大量译成中文的情况下，为更多读者了解"原味"的马克思主义理论提供了便捷条件。

沈志远把马克思主义哲学理论体系引入中国的过程中非常注重从学术思想到革命理论的演变和把哲学理论变成普通群众的生活原理这两个方面，由此毛泽东称其是"人民的哲学家"。这不仅是因为毛泽东仔细阅读过沈志远翻译的书，更是毛泽东对他在中国传播马克思主义哲学所付出的辛勤劳动的肯定和赞许。

20世纪三四十年代是我国现代思想史上的一个重要的时期，在这一时期，中国涌现出了一大批马列主义的哲学、经济学、历史学家和文学家，可谓是一个群星灿烂的时代，沈志远只是其中的一位。沈志远正是顺应了当时民族民主革命的需要，积极地从事马列主义的宣传和介绍，其一生为在我国传播马列主义政治经济学和哲学，做出了突出的、重要的贡献。他怀着对马列主义的坚定信念，依然故我，孜孜不倦地为真理而探索。从某种意义上说，沈志远把马列主义与中国实际相结合的经济学观点并没有过时，在建设社会主义市场经济及改革开放新时代的今天，其理论与实践仍有着重要的参考价值。

被领袖誉为"辛辛苦苦 独树一帜"的辛树帜

辛树帜（1894—1977），字先济，湖南临澧人，知名生物学家、古农史学家和教育家。1910年进常德师范学校，1915年秋，21岁时考入武昌高等师范学校（今武汉大学前身）生物系。毕业后曾在长沙明德中学、湖南第一师范等校担任生物教员。1924—1927年，自费赴英国伦敦大学和德国柏林大学留学，攻读生物学。1927年，回国后任中山大学教授兼生物系主任。1932年，出任国民政府教育部编审处处长。1933年，教育部编审处扩充为国立编译馆，任馆长。1936年，任国立西北农林专科学校校长（1938年改为国立西北农学院院长）。1946年，筹建兰州大学，并任国立兰州大学校长。1950年，重长西北农学院，先后任代理院长、院长，兼任中国科学院西北分院筹委会副主任，当选为第二、三、四届全国政协委员，并任中国动物学会副会长、中国植物学会理事、九三学社西安分社副主任等。此后，他以主要精力致力于中国古代农业科学遗产的整理研究，先后整理出版了《我国果树历史的研究》（农业出版社，1962年）、《禹贡新解》（农业出版社，1964年）、《我国水土保持历史的研究》等著作。1977年10月24日于西安病逝。辛树帜先生担任过诸多职务，贡献是多方面的，但在世人眼里，他首先是一位博学多识的学者，他的业绩根植于其渊深的学养。

辛树帜一生坚持教育救国思想，先后参与并主持了我国西北地区两所大学的创办，扎根西北约40年，为我国西北的农林教育和科学事业的发展倾注了半生心血，奠定了坚实的基础。1957年，辛树帜应邀出席由毛泽东主持的最高国务扩大会议。一见面，毛泽东就握着他的手，嘉许其"辛辛苦苦，独树一帜"。

一、术攻生物　与毛泽东共事于师范附小

辛树帜，1894年8月8日出生在湖南省临澧县烽火乡辛家嘴一个贫穷农民家庭。全家只有三亩田，另佃地20多亩，自家耕种，其兄帮人打零工。九岁丧父，小时候曾给地主放过牛，后由其兄抚养长大。九岁入私塾启蒙，1906年秋入高小四年级。1910年考入湖南（常德）第二师范学校，毕业后于1915年考入武昌高等师范学校（武汉大学前身）生物系。1919年，辛树帜刚从武昌高等师范学校毕业。在武昌高等师范学校学习期间，他接受和信仰孙中山的三民主义，加入国民党。毕业后，为筹措出国留学资金，他来到长沙，在明德中学、湖南第一师范、长郡中学等处任教①。当时毛泽东也刚好在湖南第一师范，两人便成了同事。毛泽东任师范附小主事（即校长），辛树帜任生物教员。青年时代的毛泽东"风华正茂，意气风发，挥斥方遒"，给他留下了深刻的印象，两人关系密切，交往甚多。教学中，辛树帜注重引导学生从实际和实践中学习科学知识，常带领学生到野外去采集标本，对学校和学生产生了深刻影响，一时蔚为风气，使不少学生由此走上了科学的道

辛树帜

---

① 《长沙师范学校校志》编写委员会编，王风野主编：《湖南省长沙师范学校校志》（1912—1992），湖南教育出版社1993年版，第122页。

路，如后来成为知名专家、教授的植物生理学家、农史学家石声汉①，植物学家吴印禅②等，都是他当时的学生。

　　经过四年的艰苦努力，辛树帜在师友的资助下加上自己节衣缩食积攒的2000多元钱，便于1924年赴欧留学。辛树帜赴欧洲留学先在英国伦敦大学学习，一年后，又转入德国柏林大学师从笛尔斯博士学专攻植物分类学。他曾与傅斯年③同在德国留学，两人在柏林时，关于在中国

---

　　① 石声汉（1907—1971），湖南湘潭人，出身云南省昆明市一个小职员家庭。1924年，入武昌高等师范生物系，1925年，当"五卅"爱国反帝运动的浪潮波及武汉时，他出于爱国热情，在汉口英租界散发传单时被捕。1928年，中山大学结业。1933年，赴英国伦敦大学求学，获植物生理学哲学博士学位。回国后历任原西北农学院（今西北农林科技大学）、同济大学理学院、武汉大学教授。1951年后，任原西北农学院教授、古农学研究室主任。曾长期从事生物学和植物生理学的教学与研究，是最早用科学方法研究中国哺乳类动物的学者之一。1955年开始，致力于中国古代农业科学技术的研究，先后撰写了《齐民要术今释》《四民月令校注》《农政全书校注》等15部专著，是中国农史学科重要奠基人之一。

　　② 吴印禅（1902—1959），字韬甫，江苏宿迁沭阳县人，我国著名的植物学家。吴印禅幼时家境贫寒，依靠其父教书微薄收入维持全家生活。他的父亲吴铁秋，是著名的教育工作者。吴印禅知识渊博，尤其是在植物区系学方面造诣很深，他精通德文、英文和拉丁文，编写的《植物分类学》是一部既具有高度科学系统性，又密切结合我国植物实际的讲义，文笔活泼，用词通俗，成为第一部由国人编著的综合性大学生物系的植物学教科书，由高等教育出版社于1962年出版，被国内许多高等学校所采用。吴印禅1957年加入中国共产党，先后当选为广州市人民代表，广东省政协委员，广东省科联、科普、科协常委及植物学会理事长。他还是民盟广东省负责人之一，又负责筹建九三学社广东的组织，并担任主任委员。1959年10月10日在广州逝世，终年58岁。

　　③ 傅斯年（1896—1950），初字梦簪，字孟真，山东聊城人，著名历史学家，古典文学研究专家，教育家，近现代出色的学术领导人。"五四"运动时期，为学生领袖之一，也是国民政府中央研究院历史语言研究所的创办者。傅斯年曾任北京大学代理校长、国立台湾大学校长。他所提出的"上穷碧落下黄泉，动手动脚找东西"的原则影响深远。1928年10月，傅斯年在中山大学语言历史研究所的基础上，筹备建立了中央研究院历史语言研究所，对中国近代学术事业做出很大贡献，为近代中国学术事业培养了一大批优秀人才。另外，在傅斯年领导与参与下科学发掘河南安阳殷墟，从1928年到1937年，十年时间，殷墟发掘大小共15次。傅斯年在百忙中，数次亲自到小屯视察指导。抗日战争胜利后，国民政府任命胡适为北大校长。时胡在美国，回国之前，北大校长由傅斯年代理。从敌伪手里接办北京大学，有很多棘手问题，如对日本统治下的北京大学的教职员如何处理便是一个问题。傅斯年决定一个不用。他给夫人俞大彩写信说："大批伪教职员进来，这是暑假后北大开办的大障碍，但我决心扫荡之，决不为北大留此劣根。"1950年12月20日，傅斯年在台湾逝世，享年55岁。傅斯年逝世后，葬于台湾大学校园，校内设有希腊式纪念亭傅园及"傅钟"，其中，"傅钟"启用后成为台湾大学的象征，每节上下课会钟响21声，因傅斯年曾说过："一天只有二十一小时，剩下三小时是用来沉思的。"

发展人文科学方面有很多交流。故而，到中山大学后，受傅斯年之邀，他还受聘为"人类学及民族学组"的特约研究员。当然，这是后话暂且不提。

1927年冬，当时在广州中山大学担任正副校长的戴季陶、朱家骅给远在德国柏林大学读书的辛树帜发来电报，邀请他回国担任黄埔军校政治部主任，并寄给他2000元做路费。辛树帜本想在柏林大学再深造一两年，但因戴季陶、朱家骅一再催促，又寄来路费，于是辛树帜决定回国效力。

辛树帜一心希望通过教育和科学振兴祖国，无心从政。因此，回国后，他就婉言谢绝了黄埔军校政治部主任的委任。辛树帜早在德国的时候，就从他的导师笛尔斯处对中国广西大瑶山有了一些模糊的认识，知道大瑶山不仅有天然的原始森林和丰富的生物资源，还是少数民族居住区，在动植物分类学上，是一块未开垦的处女地。回国后，他一心向往要到那里去做认真的考察，填补动植物分类学上的这一空白点。在《国立中山大学广西瑶山采集日程》（1928年）他写道："我国地大物博，素为世界所重视。而我们的科学落后，尚没有我国人自己做的精密调查，历来所见关于中国生物之记载文献，多出自外国人之手。其中虽不乏治学之士，但也有居心叵测，为本国利益搜集资料存心侵略之辈，听其深入各地从事采集，丧失国家主权，实是我们莫大耻辱！今日为求我国学术之发达，查明各地物产实际情况，以供祖国开发之参考，自行着手调查，实属刻不容缓。桂省交通不便，外人尚未调查，尤为亟待考察之区。俟桂省调查完毕，然后再扩至滇、黔、蜀、湘、赣诸省……"

1928年，辛树帜被广州中山大学聘为生物系教授兼主任。1928年5月，辛树帜率领中山大学一支考察队向当时人迹罕至的广西大瑶山、大明山进发，对大瑶山的动植物资源、历史、语言、民俗进行深入细致的考察。同年11月，辛树帜又组队进入大瑶山进行第二次考察，其规模比第一次更大，考察的区域范围比第一次增加了一倍，直到第二年2月才返回学校。此次考察收获颇丰，获得了相关大量的第一手资料。瑶山是中国甚至世界动植物资源宝库之一，在生物分类和生态上都很有利于观察，是生物学工作者理想的天然大学校，也是当时我国西南部的一个神秘领域。瑶山考察，开国内大规模科学考察和生物采集之先河，揭示了中国南部的动植物宝藏，发掘出许多新属新种，其中最突出的是辛氏鳄蜥、鳄蜥亚科、辛氏美丽鸟、辛氏木、辛氏寄生百合、辛氏铠兰等20多种以辛氏命名的动植物新属新种，具有极大的科学研究价值。这些发现，不仅在国内而且受到了国际动物学界的高度关注和重视。此外，他们还收集瑶族服饰物品数十件，对当地风俗习惯做了大量笔记。

总之，这次西南少数民族的社会风俗调查虽然时间不长，却是中国最早的学院式民族调查活动，正如顾颉刚先生所言：此次考察"在民族学和方言学上开一新纪录"。1928年9月，顾颉刚将这次广西之行的风俗调查成果编为《语言历史学研究所周刊》的《瑶山调查专号》，并亲自为之作"跋"，书出之后，亲自送往辛树帜处。特别说明的是，由辛树帜牵头的大瑶山考察，开国内大规模科学考察和生物采集之先河，由此为中山大学建起了比较完整的动植物标本室，培养和吸引了一大批从事动植物研究的专门人才。如著名的植物生理学家、古农学家石声汉教授、华南植物分类专家吴印禅教授、鸟类学家任国荣教授等，由此扩大了中国学术界在国际生物学界的影响。

1932年春，辛树帜离开广州来到南京，担任国民政府教育部编审处处长。1933年，编审处扩充为国立编译馆，辛树帜任馆长。在此期间，辛树帜审查发行大、中、小学教材，组织力量编译和统一科学名词，使音译过来的自然科学名词有了我国统一的名称，极大地方便了教学、科研和中外交流，为我国自然科学的发展做了一项重要的基础性工作。此外他还主持编纂出版了我国第一本《教育年鉴》，主编《黄河志》《图书评论》等，为我国科教文化事业做出了重要贡献。

二、心系西北　创办西农与兰大

1932年，辛树帜与他的学生石声汉一道来到陕西，考察了西安、华山、周陵、草滩等关中地区。当时正值陕西遭遇百年不遇的大旱，他们发现大旱后的陕西，赤地千里，荒凉贫瘠，师生俩感慨颇多，决心为祖国大西北做点有益的事情。于是，作为科学家的辛树帜首先想到的是，要改变西北贫穷落后的状况，关键在发展农林牧业，而要发展农林牧业，又必须依靠科学技术，而科学技术的关键就在于教育。而广袤的大西北，当时竟没有一所高等农林学校，于是他萌发了创办一所西北农林高等院校的设想。在辛树帜"兴农兴学"这个想法提出后，得到了陕西籍的国民党元老如于右任、焦易堂、杨虎城等的大力支持。辛树帜的想法在于右任、杨虎城等人的积极倡导和推动下，国民党中央政治会议批准同意筹建西北专门教育初期计划议案，并由于右任、戴季陶、朱家骅、焦易堂、邵力子、杨虎城、辛树帜等15人组成筹委会。

1934年6月，筹委会推举于右任为西北农林专科学校校长。但由于于右任事务繁多，故实际上未到校任职。但在筹委会的努力下，学校有很大发展，其中建立了西北农林专科学校教学大楼，大楼占地四亩，共七层，面积7251平方米，当时称为"西北第一高楼"①。国立西北农林专科学校筹备委员会工作结束后，国民政府任命辛树帜为校长。

这样，1936年7月，辛树帜辞去国立编译馆馆长的职务，南京国民政府教育部任命辛树帜继于右任之后为西北农林专科学校校长，8月1日，辛树帜到校视察。当时学校设有农艺、园艺、森林、畜牧、水利、农业经济六个组（后改称系），1936年招收新生101名②，校址在陕西武功张家岗（今陕西杨陵区）。当时西北地区相对贫穷落后，交通也相对闭塞不便，这些条件成为办学中的最大难题。而西北农林专科学校更是地处陕西关中偏僻的乡间，缺乏师资，条件简陋。办学难的这些问题该怎么解决呢？辛树帜凭借他多年来在学术界的声望和人格魅力，抱着求才若渴的真诚态度，多方奔走，大力延揽人才。在他的感召下，一大批著名专家、教授来到黄土高原与他合作共事。其中有园艺专家谌克终、章君瑜、涂治，水利专家李仪祉、沙玉清、余立基，物

辛树帜签发的毕业证书

---

①② 《西北农林科技大学史稿》编审委员会：《西北农林科技大学史稿（1934—2014）》，西北农林科技大学出版社2014年版，第6页。

理学家祁开智，农业经济专家杨亦周、张德粹，植物学家孔宪武，地质专家王恭睦，农学家沈学年，土壤专家周昌芸，化学专家薛愚，昆虫学家黄其林等国内外知名的专家教授，这些知名教授为学校树立了良好的学风。

  这些人当中，当年曾陪同辛树帜考察陕西的石声汉，此时刚从英国学成回国。其研究方向是植物水分生理学，听说老师辛树帜任校长的西北农林专科学校在招人，便毫不犹豫地辞谢了条件优越的上海同济大学的邀请，直奔陕西武功，投奔辛树帜麾下。后来，石声汉成为国际著名的植物生理学家、农史学家。[①]

  1937年全面抗战爆发，中华民族的危机日益严重，面对日本侵略的紧逼，一些学校开始内迁。1938年，由北平大学农学院为基干组建的西北联大农学院从汉中迁至陕西武功，河南农学院畜牧系从郑州迁到陕西，与西北农林专科学校合并，改组称国立西北农学院，1938年11月11日，全部校产集中于武功张家岗，1939年4月20日，国立西北农学院正式成立。国民政府教育部任命原西北农林专科学校校长辛树帜为国立西北农学院院长。

  西北农学院成为我国西北地区创建最早的一所综合性的农业院校，办学过程中辛树帜付出了很大的心血和精力。他不仅十分注意延揽人才，而且重视提携后辈。可以说辛树帜在延聘人才、兴建校舍、购置图书仪器设备上做了大量的工作，现在武功能发展成为西北农业教育和科研的中心，与辛树帜的努力密不可分。先生在办学上作风民主，每周定期到各系和师生举行座谈，听取意见，并坚持清早和学生一起做操，因此，他不仅对教学情况了若指掌，而且对教师甚至于大部分学生也是十分熟悉的。当时西农培养的学生，许多现已成为我国农业战线的骨干，他们对老院长的这些事绩，至今犹津津乐道。[②]

  1939年，辛树帜因受国民党内部反动势力的排挤，被迫离开他一手创建起来的西北农学院。抗战时期，他先后担任过重庆国民政府经济部农本局顾问、中央大学生物系教授兼主任导师、川西考察团团长、湖南

---

① 黄启昌、罗安玲：《"独树一帜"辛树帜》，载《湘潮》2003年第5期。
② 刘宗鹤：《辛树帜先生传略》，载《西北农学院学报》1984年第1期。

省参议员、湘鄂赣三省特派员等职务。后因母年迈多病，辞去各种职务，回到家乡修养。乡居期间，深感澄水流域经济文化落后，决定大力提倡兴办教育和研究整理"湘学"著作。于是，辛树帜积极参与大力资助了省立第十四中学、诩武中学、九遭中学和津市农校的筹建，1945年，被推选为湖南省教育会会长。

抗战胜利后不久，辛树帜重返西北，开始着手筹办兰州大学。1946年3月26日，国民政府行政院第73次会议决定成立"国立兰州大学"，任命辛树帜为校长。不久，辛树帜即来兰进行筹备工作。其实从1932年辛树帜就决心创办西北农林专科学校到1946年准备筹建兰州大学，在辛树帜的心中已经有"开发大西北"的整套构想。他说："西北诸省，为我国古代文化发祥之地，亦今后新国运发扬之所，承先启后，继往开来，国防价值，于今亦重，复兴文物，开发资源，实目前最重要之工作。"① 他早在西北农林专科学校校刊创刊号的题词中写道："《管子》曰：'积于不涸之仓，藏于不竭之府，积于不涸之仓者，务五谷也；藏于不竭之府者，养桑麻育六畜也。务五谷则食足，养桑麻育六畜则民富。'"按照他的发展思路，首先是发展西北地区教育，培养社会发展最急需的农、林、牧业人才，以教育推动科学技术的发展，依靠科学技术发展最终达到"民富"的目的。

不仅如此，辛树帜还认为，西北地域辽阔，少数民族众多，资源丰富，如不尽快尽早开发建设，必受外人觊觎，这不仅不利于祖国统一，

国立兰州大学时期，辛树帜校长（左）与历史系首任系主任顾颉刚教授合影

---

① 《辛校长树帜上教育部签呈》，《兰州大学校讯》一卷一期，1947年。

而且有害于民族团结。他还认为,要开发建设,必须要研究西北地区各个民族的历史与文化。为此,他上书国民政府教育部,建议在兰州大学文学院增设边疆语文系,设蒙、藏、维文三组。可以毫不夸张地说,辛树帜是西部大开发的先驱者之一。

辛树帜认为办好兰州大学这所综合大学,对于整个西北的教育事业至关重要。本着这一办学思想,辛树帜着眼于西北教育的全局,力争要把兰州大学办成西北教育的楷模。从西北教育的全局出发,他力排众议,保留了原拟并入兰州大学的西北师范学院、西北农业专科学校等,从而形成门类较为齐全、几所高等学校并存的局面,这样更有利于互相促进、共同发展,并支持开发大西北。

在兰州大学建设发展过程中,辛树帜按综合大学的模式,首先着手进行兰州大学机构的调整与建设,将原来甘肃学院改为政法学院,将原西北医学院分院改为医学院,并按综合大学模式增设了文学院、理学院。根据西北发展畜牧业的有利条件,他特地上书教育部和甘肃省政府,特设了兽医院。根据西北地区民族众多的特点特别设立了藏语系、俄语系等院系。这也体现了辛树帜因地制宜的教育思想。经过辛树帜的苦心经营,兰州大学成为当时包括文、理、法、医、兽五大学院,由中国文学、英语、俄语、历史、数学、物理、化学、植物、动物、地理、政治、经济、银行会计、法律、医学等26个系科组成的有特色的综合大学,成为大西北教育的高等学府。

学校创校之初,因为地理位置偏僻,经济落后,师资成为一大难题。因此,延揽人才就成了学校办学的重中之重。辛树帜凭借自己的威望,采取各种形式从全国聘请了许多知名的教授和学者,包括短期讲学、客座讲授、集中讲学等灵活多样的方式,使兰州大学一时名流云集。从1947年至1949年的三年时间,在兰州大学任教任职的著名专家教授有董爽秋、程宇启、陈时伟、段子美、顾颉刚、石声汉、张舜徽、史念海、乔树民、朱炳海、郑集、杨英福等等。著名学者顾颉刚就曾经多次到兰州大学讲学。辛树帜与顾颉刚的交往也颇富戏剧性。顾颉刚在1973年的日记中介绍说,辛树帜在德国留学时,因为读了《古史辨》,曾经大骂顾颉刚,后来慢慢理解了顾的学术思想,反转为同道中人,"遂为50年来不变之好友"。

十分重视图书资料和教学仪器设备的建设是辛树帜办学理念的又一大特色。他一生嗜书，深知书籍和仪器设备对办学的重要意义。而兰州大学地处西北，地理偏僻，购书买书极为不便，所以在还未到兰大之前，辛树帜就在上海等地购置图书和教学仪器设备带往兰州。后来更是不遗余力，想方设法到北京、上海等大城市大量采购图书，为师生们提供良好的学习条件。顾颉刚先生在《积石堂记》一文中盛赞辛树帜之举，称辛树帜"高瞻远瞩，知树人大计，必以师资及图书仪器为先，既慎选师资，广罗仪器，更竭其余力购置图书，京沪陇海道上，轮毂奔驰捆载而来者，大胾数百事。未几国民党挑起内战，陆行阻绝，又曾以飞机运之。两年之间，积书巧万册，轶出他人数十年之功，卓然成西北巨藏矣。"兰州大学图书馆在短短三年中就搜集古今图书十万册左右，一跃而居当时西北各高等院校之首。此外，辛树帜还特别注重发展医学教育事业。曾委托美国医药助华会驻华办事处从美国购置了一批先进的医疗器械，从而保证了正常教学与科研的进行。1948年，在辛树帜的努力下，政府国民教育部批准了兰州大学医学院附属医院的建制。1954年，兰州大学医学院建院，定名为兰州医学院，成为甘、青、宁、新四省医学院校之冠。

1949年，随着人民解放战争步伐的加快，国民党政府败局已定，办学的条件也越来越艰苦。兰州解放前夕，国民党政府一方面数次电催辛树帜将学校迁往河西，马步芳甚至派人到兰州大学威逼迁校。另一方面，国民党当局想逼迫辛树帜逃往台湾，好友朱家骅也劝他到国外去。南京国民政府教育部曾经多次电催辛树帜从兰州前往南京，辛树帜不为所动，坚持留在大西北。领导兰州大学等四院校全体教职员工参加护校运动，迎接新中国。1949年5月，国民党政府任命马步芳代理西北军政长官。马步芳自料兰州迟早要被解放，就强令在兰州的四所大专院校——兰州大学、西北师范学院、兽医学院与西北技艺专科学校，迁往河西走廊。为了保存甘肃高等教育仅有的成果，辛树帜便与其他三个学校的负责人联合起来，采取种种拖延手段，与马步芳和特务分子周旋。在解放军神速进军的条件下，1949年8月26日兰州解放，兰州大学得以完整地保存下来，这样辛树帜领导兰州大学等四院校全体教职员工参加护校运动，迎接新中国取得成功。

中华人民共和国成立后,他满怀豪情地投入学习和工作之中,欣然接受共和国的重托,重返西北农学院。1950年,重回西北农学院任院长。西北农学院在中华人民共和国成立之初,面临的最大困难仍然是师资不足问题。以前许多从各地来到该院的教授,由于种种原因纷纷他去,有的还去了台湾,这样导致许多重要课程无法开出。辛树帜到校后,一方面注重师资建设,先后吸引了一批批知名专家教授来校任教任职,充实和加强了该校的师资;另一方面,积极协助西安军管会和西北军政委员会调整充实西农院系,将兰州大学水利系、西北农林专科学校等并入西北农学院。

1952年,辛树帜(前排右一)任中国人民第二届赴朝慰问团第二分团团长,亲临朝鲜前线

抚今追昔,可以说在西北农林科技大学与兰州大学的发展史上,西北农业大学(前身为西北农林专科学校、西北农学院)、兰州大学均为全国重点大学,辛树帜先生是功不可没的。他成功的办学经验,首先在于他具有真正献身于教育事业,执着地为教育事业服务的精神;其次是他能够重视师资队伍建设,在师资建设上善于发现人才、重用人才,真

心培养人才。

三、潜心农史　传承优秀农业文化

辛树帜先生是著名的生物学家、古农史学家和教育家，在研究农史的过程中他与古籍文献结下了一段不解之缘。由于大半生从事农业教育，辛树帜深感整理祖国农学遗产的重要意义，因此，晚年的辛树帜把主要精力致力于中国古代农业科学遗产的整理与研究。

辛树帜国学功底深厚，广涉群籍、勤于探索，因而对整理研究我国丰富的古代农业科学遗产和农业史，有许多深刻独到的见解。辛树帜认为："为集中全国研究农史之人才用十年以上时间：1. 整理古农书及估计其中有关农事部分；2. 整理栽培技术；3. 整理农谚；4. 整理时令。上自经史子集，下及方志农谚。并发表论文数千百篇。在此基础上建立中国农学，其伟大绝不在中国医学之下也。"① 这是一个有关农产农史的多学科全方位协同攻关的宏伟设想，把建设中国农学置于规划之中。他认为在此基础上建立的中国农学，其地位绝不亚于中国医学。

早在筹建国立兰州大学之时，他就向当时的国民政府教育部签呈："西北诸省，为我国古文化发祥之地，亦今后新国运发扬之所，承前启后，继往开来，国防价值，于今尤重，复兴文物，开发资源，实目前数年最重要之工作。"② 所谓"复兴文物"，显然包括发掘和弘扬古籍文献文化价值的含义。

中华人民共和国成立后，毛泽东主席提出了"整理研究祖国医学农业遗产，把它们发扬光大起来，为广大人民的幸福生活服务"的号召。1952年，辛树帜以校长的名义在西农倡设了"农史小组"，积极开展古代农业文献的研究整理。1955年4月，农业部农业宣传总局邀请有关专家在北京召开"整理农业遗产座谈会"，辛树帜大力倡导"古为今用"，认为整理和研究古籍绝不是为了整理而整理、为了研究而研究，而是为了达到"古为今用"的目的，研究农学必须继承我国农业的优良传统。在他的推动下，1956年，西北农学院正式成立了"古农学研究室"，辛

---

① 张曦堃、卜风贤：《辛树帜与中国农史研究》，载《农业考古》2012年第6期。
② 《兰州大学校讯》，《辛校长树帜上教育部签呈》一卷一期，1947年。

树帜亲自主持并参与研究整理工作。虽然建立之初遇到了人力缺乏、图书资料不足等困难，但是这个研究室还是在不到十年的时间内整理了数十种古籍，发表了数百万字的专著和论文，受到国内外学者的重视，为我国农业科学研究开拓了一个崭新的领域，意义非同小可。

比如，先后校注出版了《氾胜之书今释》《齐民要术今释》《齐民要术选读本》《农言著实注释》《农桑辑要校注》《农政全书校注》等一批古农书以及《从齐民要术看中国古代的农业科学知识》《禹贡新解》《易传分析》《中国早期昆虫学史》《花镜研究》《中国果树历史的研究》《公元前我国食用蔬菜的种类探讨》《〈农政全书〉一百五十九种栽培植物的初步探讨》《我国水土保持历史的研究》等等一批研究专著①，尤其是石声汉教授撰著的《齐民要术今释》和《农政全书校注》，在国内外产生了极大影响。石声汉教授是古农学研究室小组成员之一，在承担了校注《齐民要术》的任务之后，利用紧张的教学工作之余，以极其严谨的态度开始了《齐民要术》的校释工作，历时三年完成了97万字的《齐民要术今释》。该书出版后，不仅在国内，而且在国外也产生了极大影响。英国的中国科学技术史专家李约瑟博士为写好《中国科学技术史》的《农业卷》，曾专门派助手到西北农学院求教。

在这些重要成果中，辛树帜研究著作出版的有《中国果树历史的研究》《易传分析》《农政全书159种栽培植物的初步探讨》《禹贡新解》《我国水土保持历史的研究》等。其中《中国果树历史的研究》根据从西周到唐朝末期的多种书中有关果树的记载，系统地分析比较了我国最早果树栽培的成就。《中国果树历史的研究》的内容侧重于辩证分析先

辛树帜所著《禹贡新解》

---

① 张曦堃、卜风贤：《辛树帜与中国农史研究》，载《农业考古》2012年第6期。

秦古书中果树的名字、开始栽培的历史时期，以及栽培技术演进发展的过程等等许多重要研究课题。其中凡属引进品种，均附有详细的考证和说明。这部著作成功地考释了我国早期古籍中所记载的基本果树资料，为后来人从事果树史的研究提供了理论根据，也为研究各类专业农史提供了宝贵的经验。《中国果树历史的研究》的出版在国内外均引起反响。日本学者曾为本书的出版举行过座谈会，并向辛树帜先生表示祝贺。《易传分析》也不是一般的解经，而是发掘祖国农学遗产，整理国故，以为今用。对《易经》正文以外所有后人对正文的解释进行分析。这部著作的意义即在于它告诉我们"阴阳"二字与农业生产的密切关系。《禹贡新解》是在深入考证《禹贡》这部古籍的基础上，从水土和贡物入手，进行古农学系统研究的著作。在写作过程中，曾与国内知名学者就一些问题反复研讨，古史学家顾颉刚教授对这部专著评价很高，誉之为"博大精深"。

1957年，辛树帜以农业科学家身份应邀出席最高国务会议，并在会上发言，对我国农业发展的现代化提出了积极的建议。就是在这次会议上辛树帜见到了毛主席。一见面，毛泽东就热情地握着他的手，直呼他的名字，说他的名字取得好，并幽默地称："辛辛苦苦，独树一帜。"

辛树帜为我国农学遗产整理与研究创建了不朽的功绩，他是我国现代农学遗产整理研究的开创者之一，也是中国农史学科的创始人之一，他的研究对于我们更深刻地透视、把握中国近代农史学科的发展，加深对农史研究意义和作用的认识具有重要的意义，同时也有助于我们加深理解农史学科在现代社会中的价值和作用。

另外，辛树帜也是中国最早关注生态环境历史变迁的学者之一。他把水土保持看作是中华民族给全人类的伟大贡献。从1956年开始，辛树帜开始把学术研究的目光放在了水土保持学这个崭新的领域。辛树帜长期扎根西北，一直致力于农学研究，他认为西北地区之所以水土流失严重，生产建设徘徊不前，其中水土保持问题是一关键。为此，辛树帜提出应该确认水土保持作为一门独立学科的地位，建立从中国实际出发的水土保持学。辛树帜还以一个学者的目光，开始关注和钻研了古代有关水土保持的典籍，并从历史角度研究我国古代水土保持的经验教训，建立具有中国特色的水土保持学也就成了辛树帜先生多年的愿望。1956年，他发起组织"陕北农业生产和水土保持工作考察团"，对陕北地区18个县，尤其是丘陵沟壑区进行了综合考察。1958年，辛树帜写成《我国水土保持的历史研究》，发表于《科学史集刊》第2集，对我国历史上的水土保持做了有益的探索。1976年，为了收集植被破坏和水土流失的第一手资料，他不顾82岁高龄，仍然亲自带队前往四川、云南、广西、湖南、江西、湖北等省区，考察南方水土流失情况。同年，《中国水土保持学》由农业出版社出版。另外，《我国水土保持的历史研究》和《中国水土保持概论》皆为当代水土保持学的经典著述。辛树帜先生是一位学者，更是一位爱国者。正是这种浓浓的爱国情感促使他早年立志于"科教救国"，进行瑶山科考，开国内大规模科学考察和生物采集之先河；正是这种情感促使他心系大西北，创建西北农学院和兰州大学；也正是这种情感促使他潜心研究中国农史，创建西北农学院古农学研究室；同样是这种情感与学术使命使得他关注生态问题，为创立新中国水土保持学张本立说。辛树帜一系列开创之举，为我国教育事业做出了巨大贡献。

值得一提的是，中华人民共和国成立后，1951年，辛树帜还担任中国人民赴朝慰问团副团长兼西北分团团长，赴朝鲜前线开城、板门店等地慰问中国人民志愿军。

1954年，中国科学院在西安成立西北分院，陕西省委第一书记张德生兼任筹委会主任委员，辛树帜兼任第一副主任委员。辛树帜在中华人民共和国成立后还被推选为全国政治协商会议第二、三、四届委员，同时兼任中国动物学会副理事长、中国植物学会理事等多种职务，为国家教育和科技发展贡献了毕生力量。

潜心日本研究的许兴凯

许兴凯（1900—1953），别号志平，蒙古族，北京人，中国近代的教育家、史学家，著名的日本问题研究专家。1926年，毕业于北京师范大学教育研究科。① 曾任《北京晨报》和沈阳《新民晚报》总编辑，在《大公报》《晨报》《新青年》《新民晚报》《民铎》等多家报纸杂志开专栏、写文章。曾任河北省立法商学院、北平师范大学教授、北平平民大学预科主任兼教授，中国大学、朝阳大学教授。1934—1936年，在日本东京帝国大学史料研究所学习和从事研究工作。回国后，任国民政府河南省滑县县长。1937年9月随校西迁，先后任西安临时大学、西北联合大学、西北大学历史学系教授。抗战结束及中华人民共和国成立后，继续任教于西北大学。1949年后，在西北大学历史系主讲马列主义理论课。1953年，病逝于西安。

许兴凯主要研究和讲授日本史、中国地方政府等课程，著有《日本帝国主义与东三省》《日本政治经济之研究》《中国地方政府》和《中国政府》等。其中《日本政治经济之研究》一书，从政府经济方面全面地分析了日本状况，为抗战时期认识和了解日本国力提供了重要的参考；《中国地方政府》一书，主要

---

① 陕西省高等教育局编：《陕西地区高等学校高级知识分子人名录1》，西北大学出版社1989年5月版，第135页。

介绍了乡村、县、省的起源和历代地方政府制度的演变,为中国地方政治研究提供了重要的史料。许兴凯在文学和新闻方面也有一定的成就,曾出版过《县太爷》等现代小说多部。著有《太太的国难》《摩登过节》《明清演义》《县太爷》等著作,其中长篇小说《县太爷》曾在《大公报》连载,轰动一时,据说其声名之高,犹在《三毛流浪记》之上。① 对曲艺、弹唱、社会风俗、中西医药物药理亦有研究,时有短文在《大公晚报》等报刊上发表,所作散文不下数百万言。

一、爱国青年　投身革命学马列

1900 年,许兴凯出身于北京一个蒙古族家庭。他早年结识李大钊,受李大钊推荐,曾在《新青年》参与具体工作。1920 年,许兴凯考入北京师范大学,主修理化专业。同年,李大钊开始筹建中国共产党,该年 3 月为加强马克思主义研究,李大钊组织了"马克思学说研究会",该组织以北京大学的学生为主,也有其他学校进步分子参加,其中包括女高师的学生缪伯英等,当时许兴凯也是研究会成员之一,并且还担任了北京高师社会主义青年团支部书记。

许兴凯

1921 年 8 月,中共北京地方委员会成立,委员会由四人组成,其中李大钊任书记,其余三人分任财务委员、组织委员和宣传委员。地委成立后,即着手建立党的基层组织工作。当时,首先选择党的工作基础较为扎实、具备一定人员条件的北京女高师、北

---

① 高远:《名士内外——西北联大教授许兴凯的学术及精神世界》,载《丝绸之路》2015 年第 1 期。

京高师和北大等作为建立党组织的重要基地。经过艰苦努力,1921年秋,中共北京西城支部和中共北京东城支部成立。西城支部以北京女高师和北京高师的党员为主组成,亦称北京师范大学支部;东城支部以北京大学的党员为主组成,亦称北京大学支部。这是北京地区最早的两个党支部。其中,北京师范大学党支部的第一任书记为缪伯英,党员即有许兴凯、冯庆升和贺凯等人。由于斗争的残酷性和历史资料的遗失,该支部究竟有多少党员已无从查考。但是,北京师范大学党支部是中国共产党最早建立的五个党支部之一应当毫无疑问,而许兴凯即是其中最早的成员之一。[1] 可见其对中国共产党早期建立与发展做出了重要贡献。

1922年,许兴凯又担任了北京高师中共支部书记。1922年12月,许兴凯创办《教育新刊》。1923年,他创立了以促进劳动阶级觉悟为宗旨的劳动学校。

早在"五四"运动时期,北京师范大学师生就是活跃在社会进步潮流中的一支重要力量。上述进步社团在北京地区早期党组织的筹备和创建的过程中发挥了不可替代的作用。这些进步社团办刊物、向民众宣讲的活动孕育了北京地区第一批具有共产主义觉悟的知识分子,对于马克思主义在北京地区的传播具有积极意义,为北京地区党的早期组织的形成做了必要的准备,这些都有许兴凯的一分力量。由此可以看出,许兴凯是中国20世纪20年代初期,最早接受并开始传播马克思主义的第一批青年知识分子。青年时期的许兴凯受到李大钊的影响很大,可以说在1926年从北京师范大学毕业之前,许兴凯一直在李大钊的领导下从事马克思主义革命宣传活动与党的建设工作。

在他身上,既有着中国传统文化系统教育的深厚底蕴,更不乏对国家、对民族励精图治、改革创新的青春激奋。

二、应聘平大　专攻日本研究

许兴凯是中国近现代教育家、史学家,著名的日本问题专家。在学术研究方面,许兴凯的主要方向是日本问题研究和政治学研究。在日本问题研究方面,其研究著作主要包括《日本帝国主义与东三省》《日本

---

[1] 北师大校史研究室编:《北师大党组织是如何创建的》,2014年5月。

政治经济研究》和《日本学术界及学术机关》等。

20世纪20年代末，北平大学成立后，许兴凯被聘为教授，就开始进行日本研究。当时许兴凯除任北平大学法学院政治学系教授外，还兼任天津法商学院政治学系、北平师范大学社会学系以及燕京大学新闻系等多个大学客座教授，主讲的课程也是日本史。1928年，许兴凯应张学良之邀，前往沈阳担任《新民晚报》主笔。在沈阳期间，为了揭露日本侵吞中国的狼子野心，许兴凯开始着手《日本帝国主义与东三省》一书的写作。他从1928年9月开始到沈阳调研，参阅中、日、英报刊和书籍，抄画各类统计表，搜集和整理相关资料，历时一年半左右，于1930年3月完稿，由上海昆仑书店出版。《日本帝国主义与东三省》是许兴凯先生对东北地区综合比较研究的重要成果，全书分为"政治篇""铁路篇"和"经济篇"三大部分，分别详述了日本在中国东北的殖民政策、司法、行政、驻军、邮电以及教育经营等活动，中、日、俄三国铁路的历史、现状、价值及相互关系和日本对东北的原料掠夺以及中国将来的抵制方法和出路等。之后，《日本帝国主义与东三省》日文版由日本东京市神田区美土代町白扬社在日本出版，该书的日文翻译是松浦珪三。

1932年，许兴凯又撰写了《日本政治经济研究》这一著作，由天津百城书局出版。该书主要论述、研究日本资本主义经济的产生、发展和没落以及日本法西斯运动的情况等。1934年5月，34岁的许兴凯为了更加深入系统地研究日本史，踏上了东渡日本的留学之旅。

1934—1936年，许兴凯先生在日本东京帝国大学史料研究所留学。1936年，在广泛搜集资料的基础上，许兴凯写成《日本学术界及学术机关》一书，并由国立北平研究院出版。许兴凯关于日本史和日本问题的研究独具特色、独树一帜，

1934年，许兴凯先生在东渡日本留学的轮船上（后排左一）

体现出他明显的学术风格、学术修养和学术态度。

第一，他运用马克思主义理论、原则和方法分析问题。在《日本帝国主义与东三省》《日本政治经济研究》两部著作中，许兴凯辩证论述了日本帝国主义的产生、发展以及没落的过程。在《日本帝国主义与东三省》一书的"政治篇"第一章中，许兴凯在分析日本殖民主义政策的本质时写道："……本解决人口食粮的方法，在社会方面，虽有'工业立国''商业立国''贸易立国'等论调，但在政府党轴总认'移民'与'殖民'是唯一的解决方法。"① 他还一针见血地指出"日本政治问题中心，也就是中国问题、世界问题、太平洋问题的中心，就是在这日本的移民和殖民的两大政策……"② 此外，许兴凯的研究追求客观真实、有理有据，多数著作附有大量统计翔实的图表，如《日本帝国主义与东三省》一书中，图表就多达 250 幅，这些图表均是许兴凯和助手参阅中、日、英报刊整理而成的。

第二，许兴凯研究具有远见卓识与战略判断。在《日本帝国主义与东三省》的自序中，许兴凯写道："日本因为迫在眉睫的日美战争，为维持他的物质资料的来源——军舰、军械的煤铁及食粮的农产等品——尤不能放松满蒙。最近昭和制钢所的酝酿便是明证。在将来日美战争开始，日本或将进一步，占领满蒙亦未可知。满蒙对于日本在最近及最近的将来，必有比以前更大的意义。"③ 正如其研究所预料的，1931 年，日本制造了"九一八"事变，侵华野心昭然若揭。许兴凯还客观分析了日本殖民主义的发展与现状，认为日本帝国主义终究会走向灭亡，在《日本帝国主义与东三省》"政治篇"第一章中，他指出："日本帝国主义到了绝境，继续出演的便是战争了！战争的结果，推测怎么样呢？以日本国家的富力，担任目前的巨大军费（每年约四亿，占全国总支出的三分之一以上）已经受不了，战事若继续数年，恐怕就陷入德国第二的地位。"④ 1945 年 8 月，日本战败投降，日本战败的最重要原因当然是它首先是非正义性的侵略战争。但是，无疑战线过长、军费负担沉重也是促

---

①②③ 许兴凯《日本帝国主义与东三省》，上海昆仑书店 1930 年版。
④ 许兴凯：《日本帝国主义与东三省》，上海昆仑书店 1930 年版。

使其战败的重要原因之一。由此可见，许兴凯的远见卓识。从某种程度上讲，许兴凯研究的是实学、时学，即在特定的时期下，研究现实问题，以便找到相应的解决方法。即在中国面临日本全面侵略的情况下，许兴凯研究日本问题最重要的目的是为了找到对抗日本的方法，并揭露其发动侵略战争的非正义性。

第三，他提出了中国抵制日本侵略和殖民主义的方法、出路与见解。《日本帝国主义与东三省》的"铁路篇"中，许兴凯全面阐述了对于铁路权的认识和看法，认为中国应该在东北地区建立自己的铁路系统以抵制日本和俄国的掠夺。

总之，面对日本军国主义对中国的侵略，正如其儿子许继昌所言：父亲（当时）是中国学者，更是一个爱国志士，是极具使命感、责任感、浩然正气、血脉偾张的一代中国知识精英。国破山河在，归去无留意。父亲立即放弃了他在东京帝国大学史料研究所的一切研究，举家回国。[①]

三、任教联大　教书、说书兼办报

1937年7月7日，日本军国主义悍然发动了震惊世界的卢沟桥事变，由此日本侵华战争全面爆发。同年，如上所述许兴凯自日本回国，准备报效国家，为民族抗战贡献自己的一分力量。回国后，蒋介石在庐山召集部分大学教授、学者、名流等"商讨国是"，受邀请者有胡适、梅贻琦、张伯苓、陶希圣等大学校长，其中许兴凯也受到邀请上庐山商议国是。其间，蒋介石问许兴凯想干点什么时，许兴凯表达了自己想了解基层政治情况的想法。随后，许兴凯被国民政府任命为河南滑县县长。1938年，滑县沦陷于日军之手，许兴凯被迫离开滑县。

与此同时，卢沟桥事变后，1937年9月，南京国民政府教育部将北平大学、北平师范大学、北洋工学院和北平研究院联合组建了西安临时大学。1938年3月，国民政府又将西安临时大学南迁至汉中城固，改名为国立西北联合大学。许兴凯由滑县最终辗转来到了城固，任教于国立

[①] 许继昌：《中国一代知识精英的家国天下——也谈"西北联大与大学精神"》，许继昌的博客http://blog.sina.com.cn/u/3243416653，2014年1月12日。

西北联合大学法商学院政治系教授。其间，他还在第一战区司令部挂了个"少将参议"的虚衔。

在西北联大期间，许兴凯将全部精力放在了讲台上，先生在西北联大以及西北大学做教授，主要讲授日本史、中国政治制度史、中国经济史和马列主义理论等课程，可以说他的一生从未离开教育事业与讲台。1945年3月18日的《大学新闻》头版头条报道：许兴凯教授在陕南城固民众教育馆大礼堂说书，讲《宋末野史》，以南宋之国警示民众积极投身抗战，一时传为佳话。

许兴凯学术研究除了日本问题及政治学以外，另一个志向是教育学。早在1922年，许兴凯就将西方关于"智慧测量"这一方法引进中国，出版了《智慧测量》一书。1925年，应中华教育改进社的邀请，美国"道尔顿制"创始人柏克赫斯特来华游历演讲。对于"道尔顿制"这种全新的教育教学理念许兴凯很感兴趣。20世纪20年代中期，由北平晨报社以晨报社丛书形式编辑出版的《柏女士讲演讨论集》，就是许兴凯对美国人海伦·柏克赫斯特女士以及其《道尔顿教育计划》（Education on the Dalton Plan, 1922）所倡导的教育思想与教学方式做的较全面的介绍。该书的成书背景是：1925年秋，应中华教育改进社的邀请，柏克赫斯特女士来华，访问了上海、南京、天津、北京等地，分别在教育部、北京师范大学、北京大学第三院、中华教育改进社和艺文中学，对道尔顿制的原理、心理根据等内容做了演讲。柏女士认为，从前学生在校内求得学校所能供给的教育，而现在学生在校内求得满足自我发展的需要。她提倡"废除现在头轻脚重的学校组织，将学校体制做一种简单的改造，即使学生在一种开放式的学习环境中，获得更多学习的自由，也使每一位教师成为一个学科的专家。还要帮助学生克服个体的困难，每一个学生无论智商高低，都可有进步的相同机会"。并特别强调：使学生在得到"高度的文化发展"的同时，打好"道德的根基"。柏克赫斯特这一教育理论，是受美国著名教育家约翰·杜威（John Dewey，1859—1952）实用主义教育的重要影响于1920年创建的。不久，这种教学模式从美国传到英国，并在2000多所学校实行。随后，德国、法国、日本也纷纷仿效，从而在发达国家掀起一场教学革命。当《道尔顿教育计划》被介绍到中国并在北京、上海等部分学校实验性实施后，胡适等一些著名学者相继撰文，给予了提倡推广性的评价。

对于这一教育理念，许兴凯在当年的《晨报》副刊上介绍说：道尔顿教学法是主张学校把各班教室改为各科作业室，设置若干长桌，每桌坐学生一组，讲台取消，黑板还要，以备教员讲解之用。把学生一年的功课分为十部分，每一部分作为学生一个月的指定功课（每学年除寒暑假外只有十个月）。学生入校之始，先领取本月的工约。学生领了工约，便可以自由到各作业室去学功课。先学什么、怎么学法都不要管他。比如说，他愿意先学国文，再学英文，可以；他愿意每一天学一点钟国文、一点钟英文，也可以。平均进行，次第进行，无论怎样，都随学生的便。不过，以一个月为单位，本月所指定的各科功课没有学完，不许领下一个月的工约，学下一个月的功课。这种道尔顿教学法与"先生指手画脚地讲授，学生目瞪口呆地听讲"的班级制有很大区别。① 今天看来，该教育思想与教学方式可以说对于民国初年的教育发展是具有一定的促进作用，它在学习中强调学生的兴趣，让学生知道自己的兴趣之所在，向自己的兴趣靠近，老师在教学中，将有相同兴趣的学生集中在一起共同学习、共同讨论，互相进步，老师仅是指导。即使在当下看来许兴凯所引进的"道尔顿教学法"仍有很大的价值，值得我们在教育教学改革方面进行学习和借鉴。

在抗日战争的非常时期，西北联大集合了当时中国教育界的一批精英，在中国西北部的城固的小城，播撒下日后成为整个中国西部高等教育完整体系的文明火种、教育火种，为培育中国西部的一代代人才，奠定了的基础。而期间，许兴凯的形象令人难以忘怀。相对来说，许兴凯先生在西北联大任教期间这八年是他生活比较安定的时期，他以深厚的学识、不羁的性格演绎着名士遗风，成为西北联大学者群中一道独特的风景。

当然，许兴凯是一名学者，更是一位爱国者。西北联大时期，尽管联大地处西部，但是中日之间的战局和形势牵动着每一个中国人的心，

---

① 许继昌：《中国一代知识精英的家国天下——也谈"西北联大与大学精神"》，许继昌的博客 http：//blog.sina.com.cn/u/3243416653，2014 年 1 月 12 日。

国际形势的变化是人们最为关注的话题。许兴凯在西北联大开设有关日本史、中国地方政府、中国政治思想史、新闻学等方面的课程。长期对于日本问题的研究和在日本帝国大学的留学经历，使得许兴凯在日本史方面有相当扎实的功底。许兴凯在课堂上为学生讲解日本的政治、经济与社会，讲解中日关系的历史与现实，解答学生对中日历史与时局的不少疑惑。由于许兴凯的研究往往针砭时弊，一针见血，故而深受学生欢迎。据西北大学出版社出版的《图说/西北大学110年历史》中关于许兴凯教授的介绍："他经历丰富，思想活跃，讲课很随便、笑话、掌故，段子随口而出，妙趣横生，令人绝倒，数十年后，一些学生犹能原原本本说出他在课堂上讲的那些'奇谈怪论'。他不但能说，更能写。他在陕担任过几家报纸的总编辑，笔耕不辍，文章不断，还有作品连载，最著名的是在《大公报》上连载的长篇小说《县太爷》。发表这些作品时大多署名'老太婆'，从此许教授便以此笔名闻名于世了"。

另外，城固时期，许兴凯经常应邀到民众大礼堂做演讲，颇受当地民众的欢迎。1944年2月26日，许兴凯曾在西北大学作了题目为《国际问题》的公开演讲。许兴凯的演讲总能旁征博引，语言又风趣通俗，尤其擅长分析中日战局和国际政治形势，强调中国抗战必胜的信念，鼓舞了士气。他每次演讲，几百人的大礼堂座无虚席，走廊上、窗户外都站满了人。听许兴凯演讲，是当时陕南的一件热闹事。除日本史之外，许兴凯还讲中国政治思想史。①

许兴凯还爱好写作，并具有很高的文学素养。在联大创作了许多文学作品并创办了《城固报》。早在20世纪20年代，就曾在北京《晨报》《小实报》和沈阳《新民晚报》工作，随后曾以"老太婆""老摩登""大小孩"的笔名发表了大量随笔、散文、小说等文学作品。抗战前，他除了在《晨报》《新民晚报》《小实报》等报刊发表作品外，还出版过《西郊游记》《明清演义》等随笔和小说。1937年以后，他又写了《摩登县长》《锦瑟年华》《抗战演义》《巴山采药记》等小说，其中《摩

---

① 参见李巧宁《名士遗风许兴凯在西北联大》，载《丝绸之路》2014年第20期。

县长》风靡一时，堪与当时正在走俏的《三毛流浪记》相提并论。他在《城固周报》《老太婆骂街》专栏所写的时评文章，嬉笑怒骂，犀利风趣，个性鲜明，深受读者欢迎。①

西北联大南迁到城固县，确实给城固县这座西北小城带来的文化生机。可是，当时的城固县没有当地的报纸，仅有的几份报纸来自西安，并且还不及时，有时还缺报，学生们都拥挤在学校内的阅报栏前看报纸，极不方便。② 因为许兴凯先生曾经在法商学院讲授过新闻学课程，故应城固县政府之邀，许兴凯以法商学院近旁为社址，主办了城固第一份报纸《城固报》。这份小报从开始发行数十份且仅限于城固，发展到后来向陕南以外地域发行数百份，以鲜活的新闻实例引导学生，给学生提供了一个新闻学实践的生动平台。

生活中的许兴凯兴趣广泛，喜欢民间艺术、中医，也爱遍尝各种美味佳肴。喜欢京剧。早在1934年赴日本留学之前，许兴凯就是北平学者中有名的京剧迷，而且以力捧京剧名角程砚秋闻名。

此外，许兴凯还花费不少时间和心思钻研中医学。抗战初期，随着西北联大南迁，大量内迁师生聚集城固县城，但除了西北联大卫生室外，城固县医疗条件简陋落后，城内只有几家私人诊所，根本满足不了当地群众看病就医的需求。许兴凯原不懂中医，来到陕南城固后患上了高血压，他发现城固县城内中医书籍很丰富，就搜集了不少，一边阅读一边研究，逐渐对中医有所领悟，并自己摸索着给自己治病，由此对中医有了十分浓厚的兴趣，并开始研究起了中医。在研究的基础上，他还写成了《巴山采药记》一书，在《城固报》上连载。这一时期，他还负责在《城固报》上刊登中医知识、卫生常识和一些中医偏方。其中，有些患者读报后找到城固报社求医问药。另外，家人生病了，也都是他开方子抓药治病。一段时间，夫人腿上长了一大片疱疹，许兴凯遍查药书，终

---

① 参见李巧宁《名士遗风许兴凯在西北联大》，载《丝绸之路》2014年第20期。

② 许继昌：《城固忆旧事》，2013年6月于小汤山。

于找到一个偏方,将韭菜捣烂,敷于患处,几个月后竟治好了夫人的病。时间久了,许兴凯懂中医之名渐渐传出,前来就诊者越来越多,他也来者不拒,热情接待,开堂坐诊,分文不取。直到抗战后迁居西安,还不时有人登门求医,许兴凯依然义务看病,服务百姓大众。中华人民共和国成立后,曾经研究过马克思主义学说的许兴凯宣称"我的时代到来了",他以饱满的精神投入共和国的建设中,并继续在西北大学开设马列主义理论等课程。1953年,他因患脑出血病逝于西安。

所幸的是,据其子许继昌回忆:父亲在西北大学寓所的所有藏书,在我们全家离开西安时,由母亲做主,全部捐给了西北大学图书馆。我记得当时父亲在西北大学家里的藏书,书柜书架摆满了大约三间房子,我和哥哥弟弟们经常登着梯子,爬到顶层去翻书。①

综观许兴凯的一生,他是一位学者,更是一位爱国学者。当年针对日本对中国的殖民主义侵略,他痛心疾首,大声疾呼反抗,拳拳之心溢于言表。许兴凯自始至终把自己的命运与祖国命运紧紧连在了一起,体现了一位知识分子的使命感与责任感。许兴凯具有很高的学术修养,他研究的许多问题具有非凡的穿透力,提出的很多问题,在今天仍然具有重要的理论意义与现实启示意义。

许兴凯是西北联大群星灿烂大师中的一位,但由于复杂的历史原因,在很长时间其人、其学问湮没在历史的尘埃之中。回首历史,展望未来,许兴凯不应该被遗忘!他是中国20世纪20年代初期,最早接受并传播马克思主义的第一批先进青年知识分子。在他身上,既有着中国传统文化系统教育的深厚底蕴,更不乏对国家、对民族励精图治、改革创新的青春激奋。

---

① 许继昌:《中国一代知识精英的家国天下——也谈"西北联大与大学精神"》,许继昌的博客 http://blog.sina.com.cn/u/3243416653,2014年1月12日。

中国近代数学的先驱曾炯

曾炯（1897—1940），字炯之，谱名祥江。生于江西新建县生米乡斗门村，1917年，考入江西省立第一师范学校。1922年，考入武昌高等师范学校数学系，是陈建功教授的得意门生，1926年毕业获学士学位，毕业后到中学执教两年。1928年，考取江西省庚子赔款欧美公费留学，入德国柏林大学数学系学习。1929年春，转入当时世界数学中心之一的德国哥廷根大学，师从著名的数学家、抽象代数的奠基人A. E. 诺特（Noether），攻读抽象代数。1934年，曾炯获博士学位，博士论文的题目为《论函数域上可除代数》。1934年下半年，他得到中华文化教育基金会研究资助，到德国汉堡大学进修，著名数学家E. 阿廷（Artin）对他颇多勉励。由于他的出色工作，哥廷根大学曾挽留他留校工作，但曾炯怀着一颗为国报效之心，于1935年7月返回了祖国。经陈建功教授推荐，他受聘于浙江大学数学系任副教授，讲授包括抽象代数在内的代数方面的课程。1936年，他在《中国数学会学报》首卷发表了他的论文《关于拟代数封闭层次论》。1937年暑假后，他应聘为北洋工学院教授。抗日战争全面爆发后，随北洋工学院西迁西安，相继任西安临时大学数学系、西北联合大学数学系、西北工学院教授。

曾炯是中国研究抽象代数学的鼻祖，为近代西方代数学在中国的传播以及中国的科学教育发展做出了重要贡献，以两个

"曾定理"和一个"曾层次"闻名,丘成桐认为他是20世纪唯一可与日本数学家齐名的中国数学家。1976年,来华访学的美国著名代数学家麦克莱恩在其学术报告中,列出了11位世界著名代数学家,曾炯是唯一入选的中国学者。

一、走出寒门　勤学苦读攻代数

曾炯于清光绪二十三年(1897)4月3日生于江西新建。[①] 父亲曾繁文生有二子,曾炯是其长子。其全家仅仅靠父亲打鱼为生,生活非常贫困,因此,没有条件接受正规系统的教育,时读时辍。幸运的是,作为晚清进士且任过翰林的堂姑父雷恒慧眼识英才,发现小时候的曾炯非常勤奋聪明,于是就竭力主张克服家庭的困难送他去读书。曾炯先是在家乡读私塾,然后又就读于南昌高桥小学。但是,无奈的是,因为当时生活窘迫,两年后辍学回家,先随父亲打鱼,后经人介绍到江西省丰城市的一个煤矿上打工。在此期间,即便生活艰难困苦,曾炯并未放弃勤学苦读。[②]

1917年,曾炯以同等学力考取江西省立第一师范学校。幸运的是学校免费供应膳食,另外得到在日本公费留学的表兄雷宣节约生活费给予资助,加之自己勤工俭学,通过帮助学校图书馆整理书籍及自己写文章来获得一些酬劳,补贴生活。他学习十分刻苦,别的同学在课外去饭馆或者去看戏,他却找安静去处读书学习。晚间自修熄灯后,他悄悄打拳

[①] 江西省科学技术协会编:《著名数学家曾炯博士纪念文集》,江西科学技术出版社1993年版,第9页。

[②] 江西省科学技术协会编:《著名数学家曾炯博士纪念文集》,江西科学技术出版社1993年版,第63页。

锻炼身体，在路灯下或厕所里看书至深夜。①假期回家，即便因家里房子倒塌住在曾氏祠堂的小屋期间，也不忘读书，坚持自学。经常在地上一个人默默无闻、聚精会神地演算题目，甚至察觉不到别人从他身边走过。曾炯在江西省立第一师范学校不仅成绩优异，还练就一手好书法。②

1920年，曾炯在江西省立第一师范学校毕业，按照规定，在南昌和新建等地任小学教师两年。任职期满之后，1922年进入今武汉大学前身，当时的国立武昌师范大学数学系，成为陈建功③教授的得意弟子。在陈建功教授的鼓励和引导下，他萌发了出国留学的愿望，他遵循陈建功的教导，除加倍努力学习规定的课程以外，还学习德语。1926年，经过四年的苦读，顺利毕业，获得学士学位。④

大学毕业后，曾炯到江西西北部山区武宁县省立第六师范任教半年多，随后又在江西省立第六中学任教半年多，在此期间他一直坚持自学，终于考取了庚子赔款欧美公费留学生。⑤1928年秋，曾炯本应去美国，但是他提出改去德国的愿望。他之所以想去德国，是因为陈建功曾经讲过，他本身是在日本取得博士学位，但德国的数学博士是最难读的，也最具价值，因为哥廷根大学是当时世界数学中心。曾炯最终在当年启程赴德，进入声名显赫的德国柏林大学数学系学习。

---

① 江西省科学技术协会编：《著名数学家曾炯博士纪念文集》，江西科学技术出版社1993年版，第64页。
② 参见王淑红、姚远《哥廷根代数学派的中国传人——曾炯》，载《科学技术史与传播》2013年2月第43卷第1期。
③ 陈建功（1893—1971），字业成，浙江绍兴人，数学家，数学教育家，中国函数论研究的开拓者之一。陈建功是位卓有成效的教育家，始终主张教学与科研要相辅相成，互相促进。他常说，要教好书，必须靠搞科研来提高；反过来，不教书，就培养不出人才，科研也就无法开展。他的一生就是根据这条原则身体力行的。他非常重视教学，每年都编新讲稿。他还说，上课像打仗一样，要充分准备，每讲一个新内容，总要讲清问题之来龙去脉。受业于他的学生很多，直接受他指导的研究生就有40多位，他们大多成为数学教授，有的称著于世界。曾任中国数学会副理事长、浙江数学会理事长、浙江省科协主席、九三学社中央委员会常委等职。1954年始，连续当选为第一、二、三届全国人大代表。1955年，陈建功当选为中国科学院院士。
④ 姚远：《西北联大史料汇编》，西北大学出版社2012年版，第764页。
⑤ 吴文俊：《世界著名数学家传记》，科学出版社1977年版，第1534—1537页。

1929年春天，曾炯便转到哥廷根大学读研究生，指导教师就是诺特。据说诺特和曾炯师生第一次见面时，诺特问："你很像日本人，是吗？"

曾炯回答："不，先生，我是中国人！"

"呵，对不起！大家都说日本留学生最用功，学得最好！"

"先生，是的。学习如逆水行舟，不进则退，我愿跟世界各国的同学们比比！"

"好！祝你成功！"

"谢谢先生！"①

时光不负有心人，曾炯在哥廷根大学的五年如饥似渴地学习，经常是废寝忘食。当时的哥廷根大学没有独立的数学系，数学只是哲学院的一部分。哲学院分哲学、数学、物理三部分，学位也只设哲学博士，博士论文答辩也由三部分教授一起主持。由于纳粹排犹，诺特于1933年4月被解职，同年10月去美国。② 1934年，曾炯发表第一篇重要论文《论函数域上可除代数》③ 的时候，在题注中对导师A.E.诺特表达了感谢之情。1934年，他不负老师期望，在施密特（F.K.Schmidt）指导下继续攻读博士学位。曾炯在哥廷根大学刻苦攻读了五年，获得了博士学位，可以说这是我们中国人攀登数学高峰的标志！欧洲跨国性科学基金组织，亦称"万国科学基金会"，为表彰曾炯对世界数学的贡献，当时发给他奖金1.6万英镑。据说，当年在大会上，曾炯头戴博士帽，身穿博士服，导师诺特坐在台上，掌声四起。诺特讲话："我要对我亲爱的学生孩子曾炯改正地说，中国的留学生最用功，学得最好！"曾炯致答词："非常感谢我敬爱的慈母般的老师诺特先生，您是我的最好最好的老师！我是您的永久永久的学生！"

曾炯博士毕业后，于1935年7月回国。1935年8月，经陈建功推

---

① 参见曾令林《数学泰斗曾炯博士》，《数学学习》（高等数学季刊）1995年3月。

② 参见李文明、曾令林《陈省身与曾炯之》，载《西北大学学报》（自然科学版）2004年2月第34卷第1期。

③ 江西省科学技术协会编：《著名数学家曾炯博士纪念文集》，江西科学技术出版社1993年版，第111页。

荐，曾炯被浙江大学数学系聘为副教授，讲授抽象代数等数学课程。①曾炯在浙大任职期间，留德教师颇多的天津北洋大学多次派唐岐欧南下杭州，邀请曾炯到天津北洋大学任教。1937年暑假后，曾炯接受天津北洋大学的聘约，任教授。曾炯在中学教书时，曾拒绝当地县长招其为婿的美意，并为此离家逃婚。直到1937年，曾炯才与南昌一位化学教师秦禾穗成婚。②

1935年，曾炯在德国哥延根大学留学（左起为曾炯、陈省身、姜立夫、叶理殿）

不久，抗日战争即全面爆发，北洋大学、北平大学和北洋师范大学、北平研究院以及河北省立女子师范学院奉命西迁至西安，联组为国立西安临时大学。日寇进攻潼关，西安危急，国立西安临时大学又迁至汉中，1938年4月3日教育部令：国立西安临时大学改为国立西北联合大学。后因多种原因，国立西北联合大学的各校分离，但仍在西北办学，习惯上仍然被称为国立西北联合大学。从1937年10月底开始，曾炯偕同新婚妻子一起随校奔波各地。③

---

①② 江西省科学技术协会编：《著名数学家曾炯博士纪念文集》，江西科学技术出版社1993年版，第113页。

③ 吴文俊：《世界著名数学家传记》，科学出版社1977年版，第1534—1537页。

1939年，曾炯受李书田之邀，加入国立西康技艺专科学校。由于青少年时期极度贫困，他体质不佳，长期患有胃病；加之战时恶劣的生活和医疗条件，于1940年11月因胃穿孔在西昌逝世，终年43岁①。

二、联大教书　殚精竭虑逝西康

曾炯不但在抽象代数领域造诣颇深，而且具有高尚的思想品德，当年留学期间，放弃哥廷根大学的挽留毅然回国，②在读书期间，曾有一位德国年轻貌美的女子向他袒露心声，愿意同他结成伴侣。他婉言谢绝了。原因很简单，他说："此地虽云好，不如早回家！"③他为了祖国科研和教育事业的发展不辞劳苦，虽然仅仅在回国任教短暂几年之后便英年早逝，但是他的足迹却遍布东西南北，并在多所学校工作任职，先后分别在浙江大学、北洋大学、国立西安临时大学、国立西北联合大学、国立西北工学院和国立西康技艺专科学校任教，曾炯在十分艰苦的条件下坚持为学生讲授知识，同时积极参加爱国运动，尽情挥洒一腔赤子情怀。正如曾炯自己所说，人生在世，对国家要尽忠，对父母要尽孝。

1935年7月，曾炯回国，经陈建功推荐，8月，被浙江大学数学系聘为副教授，浙江大学校长竺可桢（1890—1974）和数学系主任苏步青对他都很器重。在浙江大学数学系他主讲抽象代数和群论等课程，尽心尽力地传授新知识，培养出了很多出色的学生。曾炯为人豁达诚恳，教学严谨，授课思路清晰，讲课生动有趣，学生常被曾炯生动的讲课内容所吸引。④他将懂德语的同学熊全治（1916—）的课堂笔记进行补充和修改，编成讲义，印发给全体学生。1991年4月，熊全治为追忆恩师写

---

① 参见张肇炽《中国第一位抽象代数学家——纪念曾炯之博士诞生一百周年》，载《数学学习》（高等数学季刊）1997年第4期。
② 参见李惠玲《中国现代数学家传》（第二卷），江苏教育出版社1995年12月版。
③ 江西省科学技术协会编：《著名数学家曾炯博士纪念文集》，江西科学技术出版社1993年版，第97页。
④ 江西省科学技术协会编：《著名数学家曾炯博士纪念文集》，江西科学技术出版社1993年版，第88页。

了一首七绝：

> 雪舫生米同一县，师徒结缘在杭州。
> 五旬年后犹追念，曾氏定理永不衰。

曾炯回国后的第二期工作是在北洋大学、国立西安临时大学、国立西北联合大学、国立西北工学院，相较于第一期和第三期工作，这一期的工作颇具周折，亲历了战时中国高等教育的迁徙和发展，在民族安危的时刻依然传道授业，克己奉公。

前面已经提及，由于抗战爆发，平津很多高校无法继续办学，北洋大学、北平大学和北平师范大学、北平研究院以及河北省立女子师范学院奉命西迁至西安，联组为国立西安临时大学。西安临时大学的成立，正如临大校刊发刊词所言："临大合平大、师大、北洋极有历史之三院校，经过不少之曲折历程，始在西北重镇宣告成立，在教育史上实一创举。"[①] 1937年10月底，曾炯也随校一起辗转到达西北。在战争条件下，国立西安临时大学遇到极大困难，校舍和教学设备奇缺。教师需要自找民房分散居住在全市。因此不少教师上课要步行很远，完全是战时流亡的教育状态。曾炯在西安临时大学期间，住在西安市郭监士巷十九号，西北生活虽然艰苦，但研究和教学气氛却十分浓厚。当时，临大文理学

---

① 陈剑翛：《西安临大校刊·发刊词》，西安临时大学出版组：《西安临大校刊》第1期，1937年12月20日。

院的数学系主任由赵进义①（1902—1972）兼任，曾炯和杨永芳（1908—1963）、傅种孙（1898—1962）等人担任教授。

西安临时大学校刊　　　　国立西北联合大学影壁

随着日寇侵略中国的步步深入，潼关告急，西安形势日趋危急。于是，国立西安临时大学又迁至汉中，更名为国立西北联合大学。后因多种原因，国立西北联合大学各校分立。1938年7月，西北联大工学院与东北大学工学院、焦作工学院合并，改组为国立西北工学院，并迁至陕南城固龙头镇。曾炯随校迁移到国立西北工学院执教，为西北的教育事业做出了重要贡献。

1939年春天，陈立夫（1898—2001）在西昌创办国立西康技艺专科学校（简称康专）。1939年，原北洋大学校长、西工筹委会主任李书田（1900—1988）奉命赴西昌主办国立西康技艺专科学校，曾炯一起前往。

---

① 赵进义（1902—1972），字希三，河北省束鹿县人。中国当代著名数学家、天体力学家、教育家，是我国近代数学、天文学发展的奠基人之一。他早年留学法国，在里昂大学专攻数学、天文学、力学。1928年获里昂大学理学博士学位，并曾在里昂大学天文台从事研究工作。1928年回国，任广州中山大学数学系教授，讲授数学和天文学。1930年年底，应邀到北平师范大学任数学系教授兼系主任，其间还接受东北大学刘仙洲校长的邀请，前往东北大学讲学半年。1930年至1934年，连续当选为中国天文学会第9届至第11届评议会的评议员，同时受聘任中央研究院天文研究所特约研究员。1937年至1949年，任西安临时大学、西北联合大学教授，西北大学数学系主任、理学院院长。1944年，曾代理校长，并兼任中央研究院天文研究所通讯研究员。1952年后，任北京工业学院教授。1954年，任北京市天文学会理事长。1972年9月7日，在北京病逝。

曾炯和部分职工一起，从成都出发，克服凉山的高海拔，步行千余里，历时半个多月，才到达当时非常荒凉的西昌。

时值抗日战争时期，康专的条件自然是非常地差，生活条件也异常艰苦。曾炯即使是在这样恶劣的环境下仍然不忘刻苦钻研，努力教书育人，同时还关心着爱国运动和民族危亡。他和图书馆当馆员的夫人一起借居在泸山刘宝国生祠寺庙，点着煤油灯废寝忘食，认真编写讲义。完成后，装订成册后发给学生，教学非常严谨。他当时用英文和德文教学，但是发给学生的都是中文讲义。令人感动的是，1940年上半年曾炯在西昌任教时，还抱病支持学生的爱国行为，反对开除学生。曾炯留学回国后对人谈道："人生在世，对国家要尽忠，对父母要尽孝，我就是为了尽忠尽孝才回国的！"

遗憾的是，曾炯连年的奔波劳苦，以致积劳成疾。同事想把他送到卫生部西康区卫生院（俗称西昌九皇宫医院）住院，但他拒绝住院，坚持上课。校长李书田得知他生病后，非常关心他的身体，不准他走路回学校，专门批复了车马费。在这种情况下，曾炯仍坚持上课七个多月，直至逝世。真可谓是生命不息，奋斗不止，殚精竭虑，死而后已。

曾炯去世后，江西人民为纪念他，决定将他年少时就读过的私塾，命名为"曾炯学校"。1993年，江西省科学技术协会专门为他在江西科学技术出版社出版纪念册《著名数学家曾炯博士纪念文集》，以此来弘扬他的精神，激励后学。

三、闻名遐迩　"曾氏定理"震数坛

爱国主义精神是曾炯为我国及世界数学做出重要贡献的精神动力与源泉。他出生在中华民族危机日益严重的晚清末年，他历经苦难，目击社会弊端，洞晓相亲疾苦。这也许就是他爱国主义精神萌发的最原始的土壤。[①] 1917年，他考入设在西昌的江西省第一师范学校时，当时革命新声风起云涌，反对帝国主义、反对封建主义的口号开始响彻云霄，这种新思潮冲击着他，让他感到很新颖，原来做梦都不敢想的事情，竟然

---

① 江西省科学技术协会编：《著名数学家曾炯博士纪念文集》，江西科学技术出版社1993年版，第94页。

都听到了，都看到了。曾炯进一步认为辛亥革命是伟大的、是进步的，于是他多次走上南昌街头进行演说，宣传辛亥革命的意义及革命的必要性。曾炯还反对军阀分裂、反对张勋复辟、反对袁世凯称帝、反对丧权辱国的《二十一条》……为此，他曾几次遭受殴打，甚至自己的粗布大褂被撕成了碎片，但是他不畏强暴，反而爱国之心、爱民之心更为强烈了。

当时，他听很多人宣传富国强兵，认为这很好，他期待国家富强人民富裕。但是，他也认为光是喊口号，"国"是富不起来的，"兵"是强不起来的，必须发展科技教育。同时，他认为光是靠买洋枪洋炮机器，也难真正地富强。中国必须得有自己的科学技术，而科学技术要发展，必须以数学为先导。因此他决心学好数学，把数学作为武器，为祖国发展科学技术服务。他还认为：外洋的科学，要学，但不可以拜倒。中国人必须自立起来，洋人能做到的，我国人也能做到；洋人做不到的，中华儿女也能做得到！①

后来他考入武昌师范大学读书，目睹国共合作，北伐节节胜利，很是兴奋。但很快，国共分裂，社会混乱，人民依旧啼饥号寒！他开始怀疑，某些高唱"爱国"的人，并不是真正的爱国者！他悲愤至极，常常情不自禁地吟诵一些爱国诗篇，例如：

> 不论盐铁不筹河，
> 独倚东南涕泪多。
> 国赋三升民一斗，
> 屠牛那不胜栽禾？②

曾炯的爱国之情，从童真的蒙眬，而觉醒，而积极兴奋，而失望愤慨，进而探索与发扬中华民族固有的爱国优秀传统。他寒暑假从武昌返

---

① 江西省科学技术协会编：《著名数学家曾炯博士纪念文集》，江西科学技术出版社1993年版，第95页。
② 江西省科学技术协会编：《著名数学家曾炯博士纪念文集》，江西科学技术出版社1993年版，第96页。

回南昌，常同几位学数学的同学如王福春、徐谷生等一起论科学、钻数学、谈国事、讲爱国。他常对人说：中华远古老祖宗就创立了爱国思想，他年轻时读《周易》，发现中国从殷商末和周代初期起，就形成了世人所不及的爱国主义精神。《易经》讲："天行健，君子以自强不息！"他认为，这就是指中华大一统的思想，中华民族不可战胜，中华民族将如天一样，永远运行不灭。曾炯还经常教育后辈：要胸襟博大，自强不息，要"厚德载物"。他认为作为中华优秀文化的传人，德要厚，品格要高，气量要大，要拥有和大地一样恢宏的气度和精神。因此，他高度赞扬中国历史悠久的根深叶茂的爱国主义精神。

曾炯同竺可桢先生交往甚深，早在抗战前他们同住当年浙大"校长公社"二楼，可说是朝夕相处，工作之余，他们常在一起讨论学术问题，讨论爱国主义的教育问题。① 1937 年 7 月 7 日，抗日战争全面爆发后，曾炯任教于国立西北联合大学。1939 年，他又受原北洋大学校长、著名水利专家李书田之邀，加入了新创立的国立西康技艺专科学校。当时，学校的许多爱国师生纷纷起来呼吁政府救亡图存，学潮不断。面对学潮，国民党政府要求对学生进行开除出校，由此学生的罢课游行反而此起彼伏。对此西康技专多次秘密开会，决定开除一些学生，但曾炯坚决反对。他不顾一切，写大字报公开贴在学校最显眼的墙上：

"……学生爱国呼声，义正词严，何罪之有？国土沦丧，岂能不许国人誓保？国权旁落日寇之首，为什么不许志士誓挽？国耻如山，怎可不由誓雪？而官贪吏污，汉奸卖国，哪有不准誓除之理？如今卖国者荣，爱国者杀，倒行逆施。是乃国家将亡，必有妖孽！'长淮横溃祸非轻，坐见中流砥柱倾？'……"②

曾炯一生自强不息，不断奋斗，在爱国主义精神的激励下，为中国乃至世界数学学科发展做出了重要贡献。曾炯是中国最早从事抽象代数研究的学者，在抽象代数领域闻名遐迩。他曾用德文撰写发表了三篇震

---

① 江西省科学技术协会编：《著名数学家曾炯博士纪念文集》，江西科学技术出版社 1993 年版，第 96 页。

② 江西省科学技术协会编：《著名数学家曾炯博士纪念文集》，江西科学技术出版社 1993 年版，第 100—101 页。

动世界数坛的著名论文，创建了五个定理和一个层次，被世界学者称之为"曾定理""曾层次"①。丘成桐认为他是20世纪唯一可与日本数学家齐名的中国数学家。1976年，来华访学的美国著名代数学家麦克莱恩在其学术报告中，列出了11位世界著名代数学家，曾炯是唯一入选的中国学者。

曾炯虽然英年早逝，但他所取得的成就，足以奠定他在中国数学界的地位，也足以令国人骄傲。黄建华曾把他的三篇用德语撰写的论文翻译成中文，收入《著名数学家曾炯博士纪念文集》，苏步青为其题词："创新海外，为国争光。曾氏定理，举世流芳。"②

为了纪念这位中国数学界的泰斗，推进我国数学研究与进一步发展，2000年11月30日下午，西安数学界在西北大学举行曾炯、诺特纪念会。③纪念会上，专家学者对曾炯的学术成就给予充分肯定，认为曾炯的刻苦钻研与创新精神，使他成为国际上早期进入抽象代数领域并做出重大贡献的数学家。在中国，他是最早从事抽象代数研究的学者，其作用与影响是深远的。

数学家苏步青为曾炯的题词

---

① 参见曾铎、曾令林《曾炯、和他的〈定理〉》，载《数学通报》1991年第10期。

② 参见李惠玲《中国现代科学家传记》第一辑，科学出版社1991年版，第1—5页。

③ 参见呼延思正《曾炯诺特举世流芳光照后人——我市纪念中德数学泰斗》，2000年12月1日《西安日报》第1版。

我国组织化学的开拓者汪堃仁

汪堃仁（1912—1993），出生于湖北省嘉鱼县，祖籍安徽省休宁县。中国组织化学的开拓者。在消化生理、组织化学、细胞生物学等方面均有深入研究，在从事教育工作近60年时间里，对促进中国大学生物学教育事业的发展做出了重大贡献。艰苦的生活环境与条件，使他自幼就养成了不怕艰苦、奋发图强的性格。1928年，汪堃仁中学毕业后考入北京师范大学，在生物系学习四年，考试成绩总是名列前茅，汪堃仁为人温良敦厚，虚怀若谷，人们多愿与他接近。1934年，汪堃仁由于品学兼优，毕业后留系任助教。抗日战争爆发后，民族危机空前严重，汪堃仁决定离开协和医学院到已迁往陕西城固的西北联大。1939年5月，汪堃仁筹借川资，偕同妻子和两个幼女从北平取道海上，经香港、越南，再经云、贵、川，历时四个多月，行程万余里，终于在1939年9月到达陕西。在西北联大期间，由于汪堃仁教学成绩突出，被越级晋升为副教授，不久又被提升为教授。1946年，北京师范大学复校，汪堃仁随校迁回北平。

中华人民共和国成立后，1956年汪堃仁光荣地加入中国共产党。1964年，当选为第三届全国人民代表大会代表。"文化大革命"中，汪堃仁受到极大冲击，教学以及科研都无法进行。"文化大革命"结束后，1980年，他当选为中国科学院学部委员。1981—1986年，当选为中国细胞生物学学会副理事长。1983年、1987年先后两次当选为北京市人大代表。

一、一家四口　万里应聘赴陕南

汪堃仁，祖籍安徽省休宁县。1912 年 3 月 7 日，出生于湖北省嘉鱼县，祖父是清末的七品县令。父亲长期赋闲，家道渐趋衰落。汪堃仁出生后的第九天，母亲就病故了，父亲也远走他乡，不久也病逝了。当时在北洋军阀政府内任职的伯父，可怜他孤弱无助，便把他收养在自己家里。伯父去世之后，他们的家境就越来越凄凉。汪堃仁只好随伯母住在不用交房租的北京宣武门外的休宁会馆里。那里条件自然非常艰苦，但是艰难困苦的环境，使汪堃仁自幼就养成了不怕艰苦、奋发图强的坚毅性格。

汪堃仁

1928 年，汪堃仁中学毕业后考入了北京师范大学。大学期间，他学习非常勤奋，无论是在课堂听课，还是实验操作和课后作业，都非常认真。他还经常到图书馆博览群书，搜集一些中外的参考资料，刻苦钻研。汪堃仁在生物系学习的四年里，考试成绩总是名列前茅。除此之外，他还挤时间选学了化学系、英文系的一些课程。这些都为他以后的深造打下了坚实的基础。汪堃仁为人温良敦厚，虚怀若谷，人们多愿意与他接近。1934 年，汪堃仁由于品学兼优，毕业后留系任助教，负责生理学和比较解剖学的实验课。1937 年夏，他被推荐到北平协和医院的生理系进修，担任生理学研究助教。在这一段时间，他进一步学习了生理学、生物化学、组织学和神经解剖学等课程，通过了考试，并在著名生理学家张锡钧、林可胜的指导下进行研究工作，受到了严格的科学训练，从文献查阅、实验设计、实验前的准备到手术操作、结果分析到论文的撰写都能认真做事，做到一丝不苟。这些严谨的学风对汪堃仁后来进行科学研究和指导学生都产生了深刻的影响。

1937 年 7 月 7 日，卢沟桥事变爆发后，日寇长驱直入，大举侵略中国，东北三省沦入日寇之手，长城血战、冀北自治，神州大地弥漫着腥风血雨,我们祖国的半壁河山受到残暴的蹂躏。① 太平洋战争爆发之前,因为协和医院一直是由美国人控制的,汪堃仁还能在那里进行一些科学研究。但是,由于之后情势急转,民族危机空前爆发,他感觉自己再也不能忍下去了,他忧心忡忡、义愤填膺,毅然决然地决定离开协和,决定到大后方去,去到陕西省城固县的母校——西北师范学院去。② 但是当时由于日军的轰炸,交通遭到严重的破坏,须取道上海,绕越南到昆明,经黔蜀才能到达陕西。1939 年 5 月,他筹借到了路费,带着他的妻子和两个女儿及简单的行李,开始了西北之行。③ 他从塘沽登船,经香港抵海防,又换乘火车到昆明;再由昆明乘坐卡车穿过云贵高原,到达了重庆,这个时候已经是酷暑的七月了。他在重庆停留的时间,日寇敌机不时地狂轰滥炸,尸陈遍地,整个重庆一片慌乱。当时汪堃仁考虑内地教学一定特别需要生理仪器,于是他冒着被敌机轰炸的危险,去找中央大学医学院生理学教授蔡翘所主办的教学仪器厂,他自己筹款买了几套生理实验仪器,以备教学的时候使用。但是在抗战时期,大后方的交通也尤其困难,当时的四川没有铁路,并且成渝公路也没有通车,他和他的妻子杨淑清就抱着孩子带着仪器和行李,由重庆乘坐江轮溯江而上,到了泸州。这时的泸州刚刚遭受了敌机的轰炸和洗劫,火光还未熄灭,一片废墟,令人惨不忍睹。他就又从泸州经过成都、剑阁、广元然后来到了陕西,中途换了多种交通工具,甚至有的时候还得步行,经过种种的艰难,终于到达了陕西城固。此行经过了四个多月,行程多达万余里,中途受尽了长途跋涉之劳苦,饱尝了蜀道难行之艰苦。汪堃仁目睹了日寇的肆虐残暴、见证了国民党反动统治的腐朽,使他为灾难深重的祖国感到了无限的担心。④

---

① 参见谢坚明《卢沟桥事变研究述略》,《广州广播电视大学学报》第三卷,2003 年 12 月总第 9 期。

② 参见汪堃仁《科学需要毕生的奉献》,《生理科学进展》1992 年第 23 卷第 4 期,第 290 页。

③ 参见《为我国教育和科学发展呕心沥血的一生——缅怀恩师汪堃仁教授》,载《人物述林》1994 年第 11 期,第 26 页。

④ 参见《固本培元 弦歌不辍——记抗战中的西北联大》,2015 年 9 月 3 日《光明日报》,第 8 版。

二、联大耕耘　两校合聘教生理

一个人的成功不是偶然的，在艰难困苦的战争年代要取得一定成绩，更是难上加难，汪堃仁的教学与研究事业经历了血与火的考验。"七七"事变后，北平大学、北京师范大学、北洋工学院合组成为西北联合大学，[①] 迁往西安。1938年，日寇轰炸西安，西北联大又迁往川陕交界的城固一带。由于国家需要开发西北，而开发西北需要发达的高等教育事业，故而西北联大按照国民政府的西北战略，逐渐分置为国立西北五校。[②] 当时，以北平大学的文、理、法商三学院为基础合并组建了西北大学，北京师范大学改组为国立西北师范学院，郭毓彬担任生物系主任。当时的条件是非常艰苦的，不仅师资短缺，而且办学硬件设备尤其短缺，所以教学工作的展开以及科学研究都非常的困难。汪堃仁没有被困难吓倒，反而更加刻苦努力，先生阅读文献都要做详细的摘要。当时他的书桌上堆着一摞摞的有编号的笔记本及卡片，那些卡片上密密麻麻布满了十分工整的小字。数十年地记录下来，他的右手中指的一侧已经被磨出了一个很大的茧子，这也成为他勤奋工作的一个鉴证。[③] 无论是听学术报告还是小组讨论的会议，他都会很认真地记笔记。由于在西北联大期间，汪堃仁教学成绩突出，被越级晋升为副教授，不久又被提升为教授。

联大时期，汪堃仁不顾生活的艰辛，不怕工作的困难，一心扑到了教学科研当中。他先后担任过生物系的动物生理学、组织学和解剖学，体育系的人体解剖学和人性生理学，以及家政系的生理学等课程的一些教学工作。[④] 那时候，文科的各个系必须都要修普通生物学，他也教过文科的普通生物学。最初是没有设助教的，所有的课堂讲授、准备实验、上实验课、课堂演示等，都是由他一个人完成的。由于他的认真备课，

---

① 参见姚远《国立西北联合大学的分合及其历史意义》，载《西北大学学报（哲学社会科学版）》2012年第3期。
② 参见梁严冰《西北联大与抗战时期的西北战略》，载《西北大学学报（哲学社会科学版）》2012年第5期。
③ 参见王永潮《为我国教育和科学发展呕心沥血的一生——缅怀恩师汪堃仁教授》，载《人物述林》1994年第11期，第27页。
④ 参见张品兴、殷登祥、陈有进等主编《中华当代文化名人大辞典》，中国广播电视出版社1992年版，第922页。

取得了比较好的教学成果。由汪堃仁从重庆带来的教学仪器这个时候也发挥了作用。当时的解剖实验没有尸体，汪堃仁便和其他老师炮制猫或者狗来代替；没有骨骼，便去捡那些无主尸体，经过加工串成骨骼架子。总而言之，为了提高教学质量，汪堃仁想尽了各种办法自制了不少的教具以及标本，来满足教学上的要求。[①]

汪堃仁在教学中，治学严谨、重视理论和实践的相结合，采用比较生动活泼的语言，深入浅出，能够条理分明地把课本中的重点以及难点给同学们讲清楚，但是他对学生的要求还是很严格的，同时善于循循善诱，除此之外还能随时介绍一些新的科学成就，深受同学们的欢迎。[②]

联大分置后，当时的国立西北大学与国立西北师院仅有一墙之隔，两校都设有生物系，但是这两个学校的教授都不齐，据说有一段时间，因为两个学校的负责人有误解，这样一来，教授们就不能在校际之间互相地兼课，导致有些课程开不出来。这种情况让汪堃仁心中很焦虑，他便从中奔走斡旋，终于使这两个学校消除了隔阂，使得两系的教授可以互相兼课。汪堃仁还带头先为西北大学的生物系讲授动物生理学等课程，重要的是仪器设备两校也是互通有无，使两个系的学生都得到了好处，大大提高了教学质量。这些虽然都是小事，但是汪堃仁坚定地认为在这么艰苦的条件下办教育，最应该做的就是为学生着想，如果当老师的遇到一点苦难就只考虑个人的得失，把学生置于不顾的状态，这是绝对有负老师的神圣职责的，也是绝对不允许的。在抗战时期，非常艰苦，学校有时候甚至发不出老师的工资，某些教授便采取停课的措施进行抗议，但是这样看来受到损失最大的还是学生，汪堃仁对这些老师的做法是非常不认同的。[③]并带头克服困难，化解矛盾。

1945年8月15日，日本帝国主义宣布无条件投降，中国抗战取得胜

[①③] 参见汪堃仁《科学需要毕生的奉献》，载《生理科学进展》1992年第23卷第4期，第291页。
[②] 参见《沉痛悼念汪堃仁教授》，载《生物学通报》1993年第11期。

利。1946年，北京师范大学复校，汪堃仁也随校迁回北京。① 从1952年到1983年，他一直任北京师范大学生物系的系主任。汪堃仁作为一位系主任和专业负责人，非常重视对人才的培养。在学校的大力支持下，他所在的生物系办了生理学、农业基础以及动物学三个研究班，之后又按照国家的规定不断地扩大招生，为我国培养了一批又一批的科研人才和高校教师。汪堃仁认为，要办好一个学校、一个系，不仅要有坚强的领导，还需要一批好的教师；不仅要开好基础课，还要开好一系列的选修课；不仅要注意课堂教学，还要注意实验教学。② 他曾说过这么一句话："办学校一切要为同学着想，同学一辈子就听一次这门课，讲不好影响人家一生。"汪堃仁常常亲自出马聘请一些知名的教授和专家来讲课，还亲自筹备开设一些新课，同时他还积极选派一些年轻的教师出国进修深造，为生物系的发展培养骨干力量。他认为在职教师必须要提高自己的科研水平。在他的不断努力之下，生物系被他办得风生水起的，这就为之后生物系的发展打下了坚实的基础。③ 汪堃仁先生生前回忆说："回顾我的一生，我感到自己是幸福的，虽然经历坎坷，贡献无多，但我的命运和祖国的科学事业紧密地连在一起。我的生命，我的全部热情，我的喜、怒、哀、乐都寓于这一事业之中。"④

三、勇于开拓　奠定我国组织化学

前面谈到，1946年北京师范大学复校，汪堃仁随校迁回北平后，1947年7月，他去美国留学，到伊利斯诺大学医学院临床医学系深造，仅十个月就通过了毕业论文的答辩，获得了硕士学位。1949年，北平和平解放，他原本想获得博士学位后再回国参加国家建设，但是在同年的7月份接到了华北地区文化委员会董必武的电报，希望他早日回国，参加新中国的建设。他收到祖国和党组织的召唤，非常兴奋，于是就毅然

---

① 参见中国科学技术协会编、朱弘复主编《中国科学技术专家传略·理学编》（生物学卷一），河北教育出版社1996年版。
② 参见汪堃仁《生物学教学与人才培养》，载《生物学通报》1983年第2期。
③ 参见汪堃仁《生物科学与四个现代化》，载《生物学通报》1980年第4期。
④ 参见王永潮《为我国教育和科学发展呕心沥血的一生——缅怀恩师汪堃仁教授》，载《人物述林》1994年第11期，第28页。

决然地放弃了攻读博士学位的机会，谢绝了导师A.C.艾威（Ivy）教授的挽留，在1949年8月，回到了北平。

汪堃仁回国后，继续担任北京师范大学教授，1952年，担任生物系主任。1953—1958年，兼任中央卫生研究院病理系以及病理研究室主任。回国后，他目睹中华人民共和国各项建设事业欣欣向荣，汪堃仁深受鼓舞。为了国家的繁荣昌盛，他一方面认真搞好科研工作和教学研究，同时又要挑起行政工作的重任，满腔热忱地、夜以继日地工作，深受师生爱戴。

这里顺便插一下，汪堃仁回国前，在美国伊利诺埃大学进修期间，由于科研的需要，他的导师、著名的生理学家艾威教授让他自己自制一台组织化学实验要用的仪器。在当时一无图纸、二无实验的情况下，经过格罗斯曼教授的指导，汪堃仁很快制成了第一台用于组织化学的冰冻真空干燥仪。用该仪器制片，可以有效地保存组织细胞内酶的定性和活性，这是一项非常有意义的工作。这篇文章发表之后，作为国际文献广为引用，也为他今后一个时期从事组织化学工作奠定了基础。[1] 汪堃仁曾发表论文《在迷走神经刺激后或注射组织胺后，兔胃黏膜壁细胞和主细胞中ATP酶活动的组织化学变化》。[2] 关于氯汞苯甲酸对ATP酶和胃酸分泌所具有的抑制作用的效果，汪堃仁进行了深入的研究。然后他发现壁细胞内ATP酶的组化反应减弱，染色较浅，由对氯汞苯甲酸抑制的胃酸分泌可被L-半胱氨胺酸恢复，同时ATP酶活性增强。曾发表论文《对氯化汞苯甲酸对大白鼠在体胃泌酸作用的抑制效应以及和三磷酸腺苷酸酶的关系》（与唐传业、贺方任合作，《北京师范大学学报（自然科学版）》，1959年）。除此之外汪堃仁在动物发育中，于唾液腺、胃腺和胰腺内消化酶出现的正常情况下，研究了这些消化腺体内ATP酶活性的变化。曾发表论文《在动物发育过程中几种消化腺（唾液腺、胃腺和胰

---

[1] 参见徐志春主编《中国科学家辞典·现代第五分册》，山东科学技术出版社1986年版，第230—235页。
[2] 参见汪堃仁、傅聪远、张华星《在迷走神经刺激后或注射组织胺后，兔胃黏膜壁细胞和主细胞中ATP酶活动的组织化学变化》，载《生理学报》1995年第3—4期。

腺）内消化酶出现的正常情况》。① 使胰腺的功能活动研究深入细胞水平。汪堃仁等人对胰抗脂肪肝的作用也进行了深入的探讨，从而否定了国外一些学者主张胰岛 A 细胞有抗脂肪肝因子的说法。这项工作汪堃仁曾于 1956 年 7 月在比利时布鲁塞尔举行的第二十届国际生理学会上报告，受到了各国学者的重视。②

汪堃仁还十分注意青年科学工作者的成长，除了教课之外，他还会带领北京师大的青年教师和研究生开展在胰腺再生过程中组织化学的研究，以及四氯化碳中毒肝脏的实验性病变及其防治的研究。他通过这一系列的研究，初步确定了丙种球蛋白对大白鼠四氯化碳中毒的肝脏的实验性病变有预防作用。③

"文化大革命"期间，汪堃仁本人以及他的家庭都饱受折磨和摧残，最让他觉得心痛的是，"文化大革命"剥夺了他工作的权利，也剥夺了他坚持不断的阅读文献的应有的权利，甚至剥夺了他做实验的应有的权利，使得他当年辛勤收集的许多的宝贵的文献资料以及图书也随之丢失了。这个时候，汪堃仁为了让自己振作起来，并进一步加强理论与实践的结合，他经过仔细思考之后，决定离开北师大，申请调到北京市肿瘤防治工作研究所。在那里任细胞生理学室主任、副所长。在短时间内，便开展了大量工作，汪堃仁从组织队伍到购买仪器设备到设计课题，他都势必亲力亲为，成为这个研究所的奠基人之一。④ 1976 年 10 月，"江青反革命集团"被打倒，严冬终于过去，春回大地，祖国到处生机勃勃，他感到无比的高兴，觉得终于可以开始放手工作了。

汪堃仁时刻关注国际科学发展的新动态，例如他看到 cAMP 可以诱导癌的逆转的报道，对此产生了极大的兴趣，他认真收集文献，撰写综

---

① 参见汪堃仁、杨恩孚、傅聪远等《在动物发育过程中几种消化腺（唾液腺、胃腺和胰腺）内消化酶出现的正常情况》，载《营养学报》1956 年第 1 期，第 35 页。
② 参见宋德慧、王德林、郑福林主编《二十世纪中华爱国名人辞典》，吉林大学出版社 1990 年版，第 225—226 页。
③ 参见汪堃仁《科学需要毕生的奉献》，载《生理科学进展》1992 年第 23 卷第 4 期，第 292 页。
④ 参见王永潮《为我国教育和科学发展呕心沥血的一生——缅怀恩师汪堃仁教授》，载《人物述林》1994 年第 11 期，第 27 页。

述，组织研究课题，取得了有意义的研究成果。逐渐地，国际上关于细胞骨架的研究开始增多，他已经开始认识到细胞骨架作为多功能细胞器的重要意义，于是他率先开始撰写综述，领导研究小组开展微管和细胞癌化关系的研究，对于我国国内开展这一方面的工作起到了很大的推动作用。①

四、老骥伏枥　重返师大育英才

1980年，由于工作的需要，汪堃仁被调回北京师范大学生物系任系主任。调回北京师范大学，除继续任生物系教授及系主任，他还先后兼任校学术委员会副主任、校务委员会副主任、校教师职称评定委员会委员及生物学科评审组组长等职。他深刻地认识到，一批好的教师，一位坚强的领导，对于一个单位是多么的重要。他对十年"文化大革命"对国家教学科研造成的损失感到忧虑，于是他想方设法地想尽一切办法来解决这些问题。例如，当时他聘请名师来师大进行讲课，筹划开设新的课程，同时选派年轻有为的青年教师出国深造等等，都为师大稳固的发展培养了大批优秀的青年教师。以后，当这些青年教师在自己的教学岗位上、科研工作上做出显著成绩的时候，汪堃仁从心里感到由衷的喜悦和高兴。

在科研工作中，汪堃仁特别强调取长补短，开展社会主义大协作，他认为只有这样才能迅速发展我国的科学事业。他经常想，资本主义国家的科学家之间有时也能合作，那为什么他们能做的事情，我们社会主义国家的科学家们就做不到吗？于是他鼓励教师之间的密切合作，并常常和他的同行们谈论自己的科研工作和思路，并没有自私地认为自己的想法必须自己才能做出来，相反，他觉得如果自己的想法别人能做出来，何尝不是一件喜悦的事情，不管谁取得成就都是为了我们国家的繁荣富强。汪堃仁坚定地认为，友谊的协作是科学研究中必不可少的！②

1979年，全国细胞生物学会成立，汪堃仁被选为副理事长。1980年，他被选为中国科学院生物学学部委员。这个时候，他感到自己的肩

---

① 参见《沉痛悼念汪堃仁教授》，载《生物学通报》1993年11月27日。
② 参见汪堃仁《科学需要毕生的奉献》，载《生理科学进展》1992年第23卷第4期，第294页。

上责任更重了,他越发想自己应该在有生之年,多做一点工作,以报效祖国、报效人民对自己的期望。

1990年4月6日,中国科学院学部委员会召开了第一次工作会议,这次会议主要就"加强我国中小学生物学教育问题"开展咨询调查,以便今后向中央提供咨询建议。汪堃仁认为,我们绝不能忽视生物学人才的培养问题,青少年是祖国的未来,建设由中国特色的社会主义的重任将会落在他们的身上,实现四个现代化必须大力发展生命科学的研究,在中、小学向青少年传授生命科学的基础知识,看来是必不可少的。① 汪堃仁认为,在中、小学向青少年传授生命科学基础知识,不仅可为我国培养从事"生命科学"的后备人才,而且还可以大大提高我国青少年的科学文化素养,使他们成为热爱工作、讲究卫生、体魄健全的新一代人。此外,他还认为人口、粮食、环境、能源四大问题,是当今举世瞩目的全球性问题,都同生物学有着密切的关系,生物学的发展与人类息息相关,为此,我们应该从小培养青少年热爱自然、探索自然的优良品质。②

这一时期,汪堃仁为我国的生物科学的发展、普及和人才的培养呐喊、鼓劲,他和裘维藩教授接受中科院生物学部的委托,组织中学生物学教学咨询组工作。因为这两位教授都已经年近八旬,在他们的领导和关心下,王永潮和朱正威教授任秘书,具体组织全国八省市的调研工作,开了两次全国会议,广泛地调查研究,阅读大量文献,起草草稿。他和裘老教授都认真修改,并提出意见,历时两年完成了这项任务,并且撰写成了书面材料,上报中央,并且在报刊上进行发表,受到了社会各界以及中央的普遍关注。③

汪堃仁一生都在从事生物科学研究和教学工作。他对苏联科学院院士费斯曼的一段话深有体会:"科学家的幸运在于掌握大自然的秘密,掌

---

① 参见汪堃仁《生物科学与四个现代化》,载《生物学通报》1980年第2期。
② 参见《中国科学院生物学部就"关于加强我国中、小学生物学教育问题"开展咨询调查》,载《生物学通报》1990年第6期。
③ 参见王永潮《为我国教育和科学发展呕心沥血的一生——缅怀恩师汪堃仁教授》,载《人物述林》1994年第11期,第27页。

握大自然的力量。科学家的生命，喜、怒、哀、乐，他的兴趣，他的热情和苦恼都寓于其中。"回顾他的一生，他感到自己是幸运的，虽然他经历了颇多的坎坷，但是无论是在科学研究还是在教学工作中，他始终都是孜孜以求，不敢有丝毫的怠慢。他认为自己观察到一些新的现象，进行过一些探索，但是他认为并没有做到精深研究。他深深感到，作为一个科学工作者，他必须使自己全身心投入，这样才可能在科学的沙滩上拾取几片美丽的珍珠，为人类做出一点的贡献。[①]

总之，汪堃仁从事教育工作近60年，既教书、又育人，为中国培养了一大批具有较高水平的生物学教学和科研人才。他的学生遍布中国大江南北，其中有的人已成为专家、教授、博士生导师，许多人已成为优秀的教育骨干和科研工作者。

---

① 参见汪堃仁《科学需要毕生的奉献》，载《生理科学进展》1992年第23卷第4期，第294页。

首创土壤热力学的优秀教育家虞宏正

虞宏正（1897—1966），字叔毅，出生于福建省闽侯县（今福州市）。幼年时曾在广州、南京、上海读小学及中学。1916年，考入北京大学化学系，并且参加了"五四"运动。1920年大学毕业后，在天津棉业专科学校任教，1923年1月，被聘为北京大学助教、讲师。1924年，任教于北京农业大学、兼任北京大学、北京医科大学。1927年，被聘为北京师范大学农科教授。1929年，代表中华农学会出席日本农学会年会。1936年，虞宏正赴德国莱比锡大学胶体化学部进修，并且加入了德国胶体化学学会。1937年春受教育委派，转入了英国伦敦大学物理化学部进行进修考察。"七七"卢沟桥事变爆发之后，虞宏正毅然于1937年10月回国，在极其艰难的情况下筹办"西安临时大学"，任该校的农学院教授。1938年11月被聘为西北农学院教授。1945年5月，虞宏正赴英国剑桥大学的胶体化学部进修。1947年春回到祖国后，他深深觉得西北地区十分缺乏专业的人才，决定仍留在西北农学院。中华人民共和国成立前几个月，国民党政府强令西北农学院南迁，并且诱迫一些比较有名的教授去南方高校任教，虞宏正义正词严回绝了。他向学校共产党的地下组织表示，"绝不跟国民党走，决心同全校师生共患难"。他积极投入护校运动，鼓励一些学生投入解放战争的活动，还亲自赶到西安去营救那些被捕的大学生。

中华人民共和国成立后，虞宏正继续留在西北农学院任教。为我国大西北的发展、为黄土高原的建设而忘我地工作，多次负责组建新的化学研究机构和制定科学的发展规划。1954年，他担任了中国科学院西北生物土壤研究所所长并且兼任西北农学院土壤农化系主任、中国科学院西北分院筹备委员会和陕西分院副院长。1955年，他当选为中国科学院数理化学部委员。1956年，他60岁时加入了中国共产党，还参加了人民政权的建设和创建学术团体的社会活动。先后担任中国科协第一届全国委员会委员，全国人民代表大会第一、二、三届代表，九三学社中央科学文化委员会委员，中国科学院山地利用、水土保持和土壤改良科学研究组副组长等职。以后又担任过中国化学会总会理事、陕西化学会理事长，西安科联常委。虞宏正为我国农业高等教育和科学研究事业的发展奉献了毕生精力，为西北地区农业科学研究的开拓和人才的培养做出了重大贡献。

一、严于教学　精备十份，讲八份和留两份

虞宏正

1897年10月5日，虞宏正出生于福建省闽侯县（今福州市），幼年时曾在广州、南京、上海读小学及中学。时值军阀混战、列强入侵、民不聊生的岁月，面对内忧外患，他十分关心祖国的前途和民族的命运，他自青少年时代即立志发奋图强，走"教育救国""科学救国"之路。1916年，虞宏正考入北京大学化学系，并且参加了"五四"运动。1920年，大学毕业后，在天津棉业专科学校任教。1923年1月，被聘为北京大学助教、讲师。1924年，任教于北京农

业大学，兼任北京大学、北京医科大学讲师。1927年，由于其成绩突出被聘为北京师范大学农科教授。1929年，代表中华农学会出席日本农学会年会，并在会议上宣读了《中国土壤分类》一文，颇受与会者赞扬。在北京大学任教的八年中，他除了为各系讲授普通化学之外、分析化学、物理化学以及胶体化学等课程外，还兼任预科主任，并对化学系的教学计划、教学方法以及实验室的筹建等提出了许多行之有效的建议，深受广大师生的赞誉。1936年，虞宏正赴德国莱比锡大学胶体化学部进修，并且加入了德国胶体化学学会。1937年春，受国民政府教育部委派，转入了英国伦敦大学物理化学部进行进修考察。"七七"事变爆发之后，强烈的爱国心驱使他放弃在英国继续深造的机会，毅然于1937年10月回国，后又随同北京农业大学师生，开展护校西迁活动，辗转来到陕西勉县。在极端困苦的环境下，筹办"西北临时大学"，任该校农学院教授。西北联大组建后，1938年11月，他又被聘为西北农学院教授，直至抗战胜利。

西安临时大学—西北联合大学时期，化学系是由三校一院的化学学科合并组建而成的。1938年7月，西北联大教育学院改为师范学院后，又增设了化学学科和物理学科二合一的理化系。因此，此时期西北联大的化学学科发展是在这四个学院并行的，一是文理学院化学系，二是师范学院理化系，三是农学院农业化学系，四是工学院化学系。其中，农业中的化学与化工都是化学领域的交叉应用学科。这个时期，在师范学院里，虽然开设的化学课目很少，但已经初步形成了普通化学、有机化学、分析化学三个化学学科分支。[①] 这一时期，虞宏正为学科发展、融合做出了大量贡献，尤其是农业化学方面更是花费了他大量心血。总之，西北联大在国立西北五校时期，化学课程的设置与之前发生了很大的变化，突出表现是增设了很多当时化学的发展前沿学科课程，例如：农业化学、胶体化学、热力学等，课程方向更加全面化、系统化和规范化。

"善之本在教，教之本在师。"抗战时期，西北联大可谓名师荟萃、群星灿烂，他们在化学的各个分支领域都做出突出贡献，当时西北联大

---

① 参见李晓霞《近代西北科学教育史研究——以西北联大为例》，西北大学、陕西省教育厅科学研究项目，2013年6月30日，第57页。

70%的教授都有国外一流大学的留学经历、一流的成果、一流的师资，为西北地区的化学学科的发展奠定了坚实的基础。其中，在农业化学方面虞宏正教授就是一位代表。虞宏正曾在美国、德国、英国三个国家接受过进修学习或进行过科学考察。他自入陕以来，常年给西北大学、西北农学院上课，不分寒冬酷暑，奔走于西安、杨陵和咸阳之间。[1] 他治学严谨，讲究教学方法，诲人不倦，在备课时，总是先查阅大量的资料和周刊，然后就以他惊人的组织能力融汇提炼，一丝不苟地写出讲稿。正是由于他的深刻理解以及授课内容上的娴熟，所以他上课的时候很少看讲稿。他上课板书精美，布置有序，讲解一个问题，总是分析其来龙去脉，提出矛盾，揭示过程，因势利导，让听者先去自己下结论。[2] 他善于运用启发式教学，讲课措辞精巧、生动活泼、表达有方、妙趣横生，经过他深思熟虑所举出的例子，使一些非常晦涩的理论变得十分有趣，在同学们的脑子里清晰可见，使同学们豁然开朗，从而留下深刻的记忆。除此之外，他还不断钻研教学法，例如：他设计并且制作了"热力学公式转动盘"，受到了同学们的广大好评。[3]

虞宏正在教学和科学研究中，特别注重发现和培养人才，尤其是对于那些勤奋肯学、思想活跃的学生，除了自己重点培养之外，还会通过出国留学、考研究生等等一些机会使他们得到一些进一步深造的机会。此外，他在对年轻教师和科学技术人员的培养中，总是会把耐心、热情并且严格的要求同具体的指导结合起来。虞宏正给青年传授经验时曾提出这么几点建议：一是要写出讲稿，还要理解所讲内容；二是要精通所讲内容，学习一些有关边缘课程；三是要做好充分准备，以熟生巧；四是备课要精备上十份，讲上八份，留上两份；这样才可能有余地，运用自如。[4] 他一再强调青少年要学好英语，希望他们最少掌握一门或两门外语，并且自己亲自给他们辅导英语。他要求青少年要打好专业课的基

---

[1] 参见姚远《西北大学学人谱》，西北大学出版社1997年版，第233—234页。
[2] 参见薛澄泽《我对虞宏正教授教育思想的几点感受》，《虞宏正教授诞辰九十周年纪念集》，纪念筹备委员会资料组1987年，第137页。
[3] 参见姚远《西北联大史料汇编》，西北大学出版社2012年版，第770页。
[4] 参见王沛洪《饮水思源忆虞师——纪念虞宏正教授九十诞辰》，《虞宏正教授诞辰九十周年纪念集》，纪念筹备委员会资料组1987年，第142页。

础，并且利用暑假的时间为一些青年教师讲授量子化学和现代化学。他用"源头活水来"的词句比喻期刊阅读的重要性，要求青少年及时地查阅一些期刊资料，这样可以随时地掌握该门学科的研究动态。他毫无保留地把自己觉得实用的读书方法介绍给青年们，他还经常告诫学生："学习任何一门学科，不仅应掌握其中具体知识，更重要的是应总结出分析问题和解决问题的方法。"① 他当年教过的很多学生回忆说："按照虞老师的指导做了，确实收益很大。"②

虞宏正在对于向他求教的青年教师和学生，总是会尽心尽力地给予及时并且满意的答复。与此同时，他还积极地为青年们选定科研题目，认真为他们修改论文以及讲稿。在修改期间，都会耗费他很多的体力、精力以及时间，但是他都是拒绝署名和报酬。这种不为名不为利的精神着实令人感动。就是在他生病住院的时间，他仍在抱病接待来求访的教育工作者。他培养青年，真可谓是呕心沥血、无微不至，凡是接受过他谆谆教诲的人，无不深受感动而铭记不忘。在他的精心培育之下，仅仅20世纪50年代，就为社会主义祖国培养了十多名研究生，并且为我国，特别是大西北培养了十几位物理化学人才，开创了西北地区农业科学研究的先河，为祖国西北农业科学教育事业奉献了毕生的精力。③ 他博学多识，教学技术精湛，深受教育界的称赞。他对教学工作一贯高标准、严要求。他认为："治学是一项艰苦的工作，教师应通晓本门学科的全貌和发展趋势，对本专业应有所建树，但只有经过不懈的刻苦努力，方有可能苦尽甘来。"

此外，中华人民共和国成立后，虞宏正还认真学习马列主义，广泛地研读马恩列斯毛经典著作。他平时还十分愿意同广大师生交流学习心得，在学校同大家一起掀起了一个改造世界观的学习运动。学校党组织为了鼓励动员广大知识分子和师生学习马列主义，还专门邀请了虞宏正

---

① 参见九三学社中央宣传部《虞宏正》，九三学社中央宣传部，2015年12月。
② 参见杨建华《优秀教育家、物理化学家虞宏正教授》，载《化学通报》1983年第2期，第59页。
③ 参见李晓霞《近代西北科学教育史研究——以西北联大为例》，西北大学、陕西省教育厅科学研究项目，2013年6月30日，第62页。

为学校做了一次政治学习辅导报告，他的报告题目是"学习《自然辩证法》的心得体会"。报告中，虞宏正充分利用他渊博的自然科学知识，加上刻苦钻研的学习收获，对《自然辩证法》的原理做了生动活泼、深入浅出的演讲，受到了广大师生的赞扬。①

虞宏正的一生虚怀若谷、刻苦钻研、学而不厌，由于其教学育人成绩卓著，1948年，西北农学院曾专门举行了庆祝虞宏正教授任教25周年纪念活动。1956年，他已经六十岁高龄，还同其他同事一道前往陕北考察水土保持工作。在他生命垂危之际，仍在关心着祖国科技事业的发展，留下遗嘱将自己珍藏的近千册图书，捐献给祖国的科技教育事业。② 1962年，陕西省电影公司还为他拍摄了《辛勤教学40年》的新闻纪录片。

二、扎根西北　在理、化边缘创土壤热力学

虞宏正是在抗日战争最艰苦的年代从西北联大到西北农学院一路走来，他看到祖国受帝国主义侵略，看到祖国西北辽阔的原野一片荒凉，他希望祖国大西北有发达的高等教育，故而决定建设大西北，巩固后方，支援抗日前线，为祖国振兴献出毕生精力。因为大西北是中华民族的摇篮，几千年古代文明在此开花结果，丝绸之路沟通了中华科学文化，推动了世界文明社会的发展。我们有过去的光荣历史，我们也一定能创造一个更好的未来！这就是虞宏正把大半辈子的心血倾注在黄土高原的力量源泉。③

在虞宏正看来，黄土是一个综合研究的课题，它不仅直接关系国家的自然环境，关系我们人类的生存，也涉及整个第四世纪地质年代的许多问题。黄土成因、力学机构、物理化学性能等等都是科学家长期以来需要研究的问题。它可以呈现为悬崖峭壁，竖立在酷暑严寒的原野，千年不凋；它可以呈现为胶体状态，悬浮于大气江河之中，具有无孔而不

---

① 参见王延玉《潜心育人　一心向党——纪念虞宏正老师九十诞辰》，《虞宏正教授诞辰九十周年纪念集》，纪念筹备委员会资料组1987年，第123页。
② 参见林季周《学习虞宏正教授为人民无私奉献的崇高精神》，《虞宏正教授诞辰九十周年纪念集》，纪念筹备委员会资料组1987年，第80页。
③ 参见华寿骏《虞老学术思想源远流长——为虞宏正教授诞辰九十周年而作》，《虞宏正教授诞辰九十周年纪念集》，纪念筹备委员会资料组1987年，第83页。

入的穿透力和带电性能。它的吸附力很强,能吸附多种元素和有机物质,还能吸附放射性尘埃,它能抗震消音,也是土木工程中一种很有用的材料。① 虞宏正就是为了弄清楚这些性能和特征而开展研究,进行艰苦的科学探索工作。黄土在中国大西北的高原上遍及七省,层高200米,得天独厚,可谓天下奇观。虞宏正热爱黄土,他把黄土高原作为开辟科学天地的乐园。

在科学研究中,虞宏正非常重视实验工作。为了使科学理论建立在可靠的实验基础上,他曾到英国剑桥大学进修和考察,以便掌握更先进的实验技术。虞宏正以自己的胶体化学专长主动与农业科研教学结合,与当时国家经济建设与人民生活挂钩。他为了改变黄土高原的面貌,在中华人民共和国成立初期,即在陕西杨陵组建了一所研究土壤结构与农肥的关系、植物生长与水土保持的关系的生物土壤研究所,也就是今天西北农林科技大学的水土保持研究所。他把自己的专业渗透各有关学科里去创造新型细菌肥料、微生物固氮、同位素农业、地方病与生化微量元素等等边缘学科、交叉学科。虞宏正在20世纪50年代就摆脱为科学而科学的研究束缚,创建边缘学科、交叉学科,引导科研走出一条新的道路。②

虞宏正曾说:"作为一个土壤科学家,不但要精通土壤科学,而且还要懂得与土壤科学有关的边缘学科,这样才能更好地发展土壤科学及其应有的作用。"他还说:"当前国际上土壤科学发展快,数学、物理化学都渗透土壤科学,形势需要我们了解边缘科学。"当时他提出了要建立土壤科学的一个分支学科"土壤热力学",并拟定了一个研究纲要,参与研究这个纲要的所有同志,都必须要补学高等数学、物理化学以及其他有关的边缘科学,形成了学习热潮。虽然当时他的研究纲要因为种种原因没有实现,但是时隔几十年,当今世界土壤水分热力学、土壤矿质热

---

① 参见马爱生、刘思春、吕家珑、权定国、郭文龙、赵懿《黄土高原地区几种土壤的水分状况与能量水平》,《西北农林科技大学学报(自然科学版)》2005年11月第33卷第11期。

② 参见华寿骏《虞老学术思想源远流长——为虞宏正教授诞辰九十周年而作》,《虞宏正教授诞辰九十周年纪念集》,纪念筹备委员会资料组1987年,第85页。

力学都相继出现了，这也证实了他的远见卓识是多么的超人！①

三、倾尽毕生　擘画、建设黄土地上农科城

虞宏正还创建并组织领导了一批农业科学研究机构，为我国西北地区的农业科学教育事业进行了开拓工作。1956年，他积极响应党中央的号召，参加制定了我国第一个十二年科学技术发展规划，并承担起组建西北地区农业和化学研究机构的任务——原中国科学院西北生物土壤研究所，即现在的西北水土保持研究所，并担任了首任所长。这个研究所在他亲自主持下，1959年就建起设备先进的可应用于工、农、医的同位素实验室。培养出一支以水土保持为中心的从事资源环境研究的科技队伍。取得了多项具有显著经济效益和社会效益的重要科技成果。他还参加筹建了中国科学院西北分院，并担任副院长。支持组建起中国科学院西北植物研究所，参与组织领导全国科协及陕西省和西安市科协的工作。在创建新的研究机构中，虞宏正总是认真规划，积极领导，显示了卓越的组织才能，同时也付出了他大量的心血。今日杨陵地区已成为联合国农业研究中心之一和全国第一个农业科学城，是和虞宏正的辛勤劳动和组织领导分不开的。中国科学院西北生物土壤所的同志们说："我之所以今天有这样丰富的图书资料、先进的实验设备，都是虞老精心筹划、认真培育的结果。"②

1964年，在西北分院举行的科研成果展览上，有一项小麦与偃草远缘杂交第一代、第二代雏形。当时因尚未结穗有人曾说"骡子不能生驹"的泄气话。但是虞宏正不顾别人非议，对这一新生命抱着极大的希望，指出这些话没有道理。他积极支持将远缘杂交新课题与该所植物分类研究室，同刚从兰州搬来的植物栽培驯化室合并，在武功成立西北植物研究所，这就给新生事物有一个全面配合的优越环境，使之得到茁壮

---

① 参见吕殿青《怀念敬爱的老师虞宏正教授》，《虞宏正教授诞辰九十周年纪念集》，纪念筹备委员会资料组1987年，第132页。
② 参见杨建华《纪念优秀教育家、物理化学家虞宏正教授》，《虞宏正教授诞辰九十周年纪念集》，纪念筹备委员会资料组1987年，第92页。

成长。20年来，这个杂交新品种已经遍及华北五省。①

虞宏正把毕生的光和热照耀在黄土高原上，迸发出一枝水土保持灿烂的科学之花。虞老治学严谨，教书育人，培养出一批又一批有理想、有能力探索自然规律的人才。他实事求是的精神和学而不厌、诲人不倦的学风，不愧为我们的一代师表。虞宏正高瞻远瞩，把半辈子心血灌注在新的生命科学里，抚育它茁壮成长，这些宝贵的珍品都是虞宏正留给我们的传家宝，这个传家宝使他的辩证唯物主义的学术思想源远流长。

为了发展科学事业，虞宏正根据自己在国外的实际考察，又结合我国的具体实际，经常对我国科学事业的发展及人才培养等方面，提出中肯的建设性意见。他把整个身心都扑在我国的科学教育事业上，直到他生命垂危之际，仍然在想着祖国的科学事业的发展。他留下遗嘱，让将他近千册国内外珍贵藏书赠给国家的科学研究事业，甚至他的七万元遗款由他的女儿俞建同志作为党费上交。②

虞宏正教授平易近人，工作耐心，喜欢与别人商量，充满民主作风。当年在土壤研究所和他接触过的人，包括他的秘书和公务人员，只要一提到他，无不深表敬佩和怀念。虞宏正是我国优秀的教育家和物理化学家，也是一位具有卓越组织才能和实干精神的科学领导者。今日之武功地区已经成为联合国农业研究中心之一，是与他的辛勤劳动、领导有方分不开的。他以渊博的知识，平易待人的作风，刻苦严谨的治学态度，特别是他那不为名利、不图安逸，献身于祖国大西北科学教育事业的精神赢得了我国化学界和科技界的敬重，特别是在党的工作已经转移到经济文化建设的今天，虞宏正教授热爱党、热爱祖国、勇攀科学高峰的崇高精神，正是我们发展科学、振兴中华民族所需要发扬光大的！③

纵观虞宏正的一生，他既是我国教育、科技事业的先驱者，又是人

---

① 参见华寿骏《虞老学术思想源远流长——为虞宏正教授诞辰九十周年而作》，《虞宏正教授诞辰九十周年纪念集》，纪念筹备委员会资料组1987年，第85页。

② 参见杨建华《优秀教育家、化学物理家虞宏正教授》，载《化学通报》1983年第2期，第61页。

③ 参见华寿骏《虞老学术思想源远流长——为虞宏正教授诞辰九十周年而作》，《虞宏正教授诞辰九十周年纪念集》，纪念筹备委员会资料组1987年，第93页。

民的教育家、科学家,还是一名优秀的共产党员。他自始而终对自己所从事的事业极端热忱,高度负责,求实创新,特别是他把毕生精力奉献给了祖国大西北农业科学教育事业。为了纪念这位著名的化学家和教育家,1987年10月5日,虞宏正90周年诞辰之际,由他在国内外的学生和中国化学会等有关单位共同发起,在陕西省杨陵农业科学城举行了纪念会,并成立了"虞宏正奖励基金委员会",从1989年起正式颁奖,以促进和发展科学教育事业。

我国植物分类的奠基者林镕

林镕（1903—1981），字君范，江苏省丹阳市人，植物学家、植物分类学家，是中国植物学学科的先驱者之一，也是我国菌物学研究的开拓者之一。1921年，他作为"新中国农学会"的代表，代表中国首次出席在比利时举行的国际农业会议，大学毕业后，考入法国克莱孟大学理学院继续深造，从事真菌学研究。1930年，获得巴黎大学国家理学博士学位。归国后从20世纪30年代起致力于研究种子植物的分类，对菊科、龙胆科、旋花科植物以及福建省的植物做了广泛深入的研究，在开拓和发展我国菊科植物分类研究上成绩显著，编著了《中国植物志》三卷册。1930年至1937年，他应聘任北平大学农学院农业生物系教授，后任系主任，同时兼任北平研究院植物学研究所研究员，还在中法大学、辅仁大学、中国大学等校兼课。1939—1941年，转任西北农学院教授，并与刘慎谔、辛树帜教授共同筹办了西北植物调查所。1941年他接受汪德耀教授的邀请，于1942年到在福建永安的厦门大学任教，这时他以主要精力着手筹建福建省研究院动植物研究所，并任研究员兼所长，还创办了福建省研究院研究丛刊。1944—1946年，他离开了动植物研究所，任厦门大学教授兼该校海洋生物研究所主任。抗战胜利后，1946年林镕举家迁回北平，任北平研究院植物学研究所研究员，并在北京师范大学、辅仁大学兼课。中华人民共和国成立后，林镕在中国科学院植物分类研究所任研究员。抗美援朝期间曾赴朝鲜战场，调查美帝进行细菌战的罪证。1953年该所改称为植物研究所，他历任副所长、代理所长、顾问，1955年，选聘为中国科学院学部委员（院士）。1956年加入中国共产党。1957年，他被聘为中国科学院生物学部副主任。他还曾担任中国植物学会副理事长兼秘书长、名誉理事长，第三届全国人大代表等职。他积极响应毛主席根治黄河的号召，组织并积极参加了黄河中上游水土保持的调查和野生植物的开发利用工作。他参与和领导了中国科学院植物研究所的建设，并做出了重要贡献。

一、留学法国　归国钻研植物分类

林镕于1920年考入法国南锡大学农学院。1923年，大学毕业后考入法国克莱孟大学理学院继续深造，从事真菌学研究。1930年，林镕以高水平的真菌学论文通过了学位考试，获法国授予的理学博士学位，此后在法国国立自然历史博物馆做了短期的研究工作。1930年秋，回到了阔别10年的祖国，在北平研究院植物研究所任研究员，同时兼任北平大学农学院、中法大学、中国大学等校教授，他是我国真菌学研究的开拓者之一，曾就真菌形态、细胞、性现象的研究发表过数篇文章，他的长篇博士论文《毛霉有性生殖的生物学研究》（1930年），得到了国内外学者的高度评价。

20世纪三四十年代，中国种子植物分类研究的基础薄弱，既没有编出适合自己国家用的教材，也缺乏可供鉴定菌类寄主植物参考的书籍。有鉴于此，他决定改行研究种子植物分类，1931年他与刘慎谔合作编著出版了《中国北部植物图志》。之后，林镕又选定了难度较大的龙胆科

植物和菊科植物作为自己的主要研究方向，对于菊科植物，林镕首先对北平研究院所藏中国菊科标本予以鉴定，写出了《北平研究院所藏之菊科植物》一书。他还记载和讨论了近千种的中国菊科植物，在这个基础上编辑出版和交付印刷的有中国植物志74卷、75卷和76卷三大卷菊科植物志，可以说关于菊科分类的研究是林镕最重要的成就之一，也使他成为我国最著名的菊科分类学家之一。

菊科植物研究至关重要，在由我国植物分类学家集体编纂的《中国植物志》共125卷册的巨著中，菊科植物共7卷11册，在全书中所占的数量最多。因为，菊科是被子植物中最大的一科，我国菊科植物分属210余属、2300余种，是中国植物区系组成中最大的一个科。菊科植物中有许多种药用植物、油料植物以及其他经济植物，研究菊科植物对开发利用我国的植物资源具有指导意义。林镕经过长期的科研实践，发表了大量的菊科植物分类方面的论文，他还发现了菊科的一个新属，即重羽菊属，他的研究描述和探讨了近千种的中国菊科植物，发表了一大批研究论文，为中国区系研究做出了重要的贡献。在前期大量研究的基础上，1933年，林镕编著出版了《中国北部植物图志》第二册龙胆科，此后还发表了一些龙胆科和其他高等植物分类的论文，受到国内外同行的重视和引用。[①]

令人敬佩的是，林镕归国后为弄清中国植物资源，特别注重对有关文献资料的收集和整理。他几十年如一日，只要一有时间和机会，就将国外植物分类学家们对中国菊科植物所记载的原始文献和涉及国产或可能与国产有关的菊科植物的各种文献，进行对比研究，并取得了一系列成果。在菊科植物分类研究上取得如此重要的成就，与他坚韧不拔的科学毅力、刻苦治学的精神是分不开的。林镕汇集的龙胆科、菊科、旋花科植物的文献资料多达数十册，仅菊科植物就有32册，这些文献把散见于国内外约百种的书刊中有关我国和邻近地区菊科植物的各种记载进行整理和集录，其中包括每一个种、亚种、变种甚至类型的原始记录，分种、分属检索表，生态环境和地理分布，文献来源等，并按照族、属、

---

① 林镕：《林镕文集》，科学出版社2013年版。

种加以分类、整理，其中大部分还附有他精心挑选的或他自己绘制的各种精美插图，以及对各个分类群的初步鉴定意见。由于当时条件所限，这些大量的文献记录工作，绝大部分都是由他亲自手抄完成的，最后还亲自把它们分别装订成册。这是林镕先生为我们留下的一份最宝贵的科学遗产，也为我们研究我国菊科植物分类准备了充分的文献资料，它是继续编写其余五部菊科植物志的基础，也凝聚了林镕先生一生的心血。正如他的学生所说，菊科植物志是一部"中国菊科分类文献大全"。

当然，收集整理完资料，还需要对标本进行收集整理，林镕先生很重视标本室的建设和标本的整理，也很重视标本的采集，早年他曾亲自采集过一套较完整的福建植物标本。对标本室的整理工作，他都是亲自动手完成，所以他很熟悉各种标本，就拿中国科学院植物研究所标本馆的菊科标本来说，从标本分属、分种、写定名签、贴定名签，再到益制属种纸、夹纸下方的种属名称贴标直到种属标本入柜，都是他亲自动手完成的。经他整理的这部分标本，排列井然有序，查看时一目了然，给人们使用以极大的方便。他做工作都是亲力亲为，从不让学生或标本室的工作人员为他代做整理标本全过程中的任何一个步骤。[①]

林镕总是以严谨的态度在从事研究工作，总是耐心地解剖标本，对标本进行仔细观察，并据以准确绘图和做出记载，写作文章时，他更是以认真的态度对文献上各家所做的记载都要进行反复地比较分析，还不时要重新检阅标本，确保准确无误，经过深入思考后再写文稿，等写出稿件后，又要进行不断地补充修改。他写好的文章，一般都是经过四五次改动后才最后定稿，有时多达六七次。他积累的大量文献资料，在没有经过深入研究考虑成熟之前，不会急于写出文章。他曾发现过不少新种和其他分类群，但在没有找到更充分可靠的证据之前，绝不轻易进行发表，对于发表的文章中存在的一些有待解决的问题，都认真负责地给以说明，以便于他人进行进一步的研究深入。所以他所发表的论文、出版的专著，都是以掌握大量的标本、材料为依据，查阅整理大量国内外文献的基础上，通过系统、深入地思考研究后写成的，因而他的论著内

---

① 陈艺林、石铸：《怀念我们的老师林镕先生》，载《植物杂志》1981年第5期。

容丰富、资料翔实、观点可靠、质量良好，能经得住时间与实践的考验。

林镕（左一）在法国参加刘慎谔组织编辑的《中国植物文献汇编》工作

在大量研究工作的基础上，他曾主持《中国高等植物图鉴》（菊科）和《中国植物志·菊科》两书的编写，并与他的学生合作编纂出版了《中国植物志》（菊科）三卷册，即《中国植物志》第74卷、第75卷、第76卷第1册，这些专著的水平与质量，得到了国内外相关专家学者的认同。他还遗留下许多宝贵的中国菊科文献资料，为后人继续编纂其他中国植物志（菊科）和进行植物专题研究打下了坚实的基础。林镕在我国菊科植物分类的开拓和发展上，做出了突出的贡献，是中国菊科、旋花科和龙胆科植物系统分类的奠基者之一。

二、奔赴联大　奠基西北植物学分类

1937年"七七"事变爆发后，许多大学和研究机构都纷纷内迁，林镕因家累一时未能随校转移。北平沦陷后也曾有人用高薪聘请他出来继续执教，尽管那时他家庭经济十分困难，但坚持不给日本侵略者效劳，表现出崇高的民族精神和爱国主义精神。1938年，他变卖家产作为路费，告别妻女，只身离家到陕西武功，任国立西北联合大学教授，是当时西北联大中的著名专家之一。国立西北联大分置国立西北五校后，转任西北农学院教授，并与刘慎谔、辛树帜教授共同筹办了西北植物调查所。他根据当时国内的情况和切实需要，及时从研究真菌学转为以研究种子植物分类作为自己的主要方向，这为其奠定了一生的研究生涯。①

林镕具有中国优秀知识分子的责任担当与历史使命。在西北联大期间，对西北联大及西北地区的生物学教育做出了巨大贡献。民国建立到抗日战争初期，西北地区的高等学府如新疆学院、甘肃学院以及陕西的西北大学等尚无现代意义的生物学科。抗日战争全面爆发后，新疆学院到1939年添设了理工农各院，但还没有成立生物学科。甘肃在1927年成立的兰州中山大学，一年之后改称为甘肃学院，但这时也还没有成立生物学科，直至国立兰州大学成立时在其理学院才设立了动物系、植物系。另外，晚清时期，陕西大学堂初期学制并没有明确规定生物学教育，也谈不上现代意义的系统生物学教育。不过在学堂课目表中设有植物课课程，根据资料记载，在第一学期开设了的博物课程，其中包括动物、植物和标本。而这些课程的设置也仅仅是在聘请东洋教师、购买东洋图书仪器的基础上才会开课，并且这一时期并没有一名博物学方面的教师。由此可以看出，当时的西北高等生物学教育其实是一片空白。1912—1922年，陕源国立西北大学初期也并没有设立生物学科，直到1923年时在其建立的自然科学院设立了生物系，当时只有一名教师陆燮钧在主讲英文的同时负责植物学教学。这一时期的生物学教育不但规模小，而且学制、实验、课程、招生等体制都很不完善，仍然处于初步发展的阶段。西北联大建立后，在林镕等学者努力下，西北地区的生物学教育得到了快速发展。西北联大逐渐形成了以植物学、胚胎学、动物学、解剖学、组织学、分类学等多学科与课程体系，师资以林镕、汪堃仁、周尧等教授为代表，均为留学美国、法国等欧美国家的生物学专业人才。他们在艰苦条件下，长期扎根西北，充分利用各自专业所长，自己编写教材讲义，讲授新课程，传播前沿的科学知识，并且与学生一起动手制作实验器材和工具，共同建实验室，尽力开展实验课程，培养了学科专门人才，使得生物学科学教育体系逐渐完善，也因此为西北地区高等生物学教育

---

① 朱宗玉等主编：《中华人民共和国主要事件人物》，福建人民出版社1989年版，第363页。

奠定了基础。① 与此同时，他们向中国西北地区引入欧美先进的科学理论、技术、方法与实验手段，积极开展学术讨论与研究，出版发表了大量科研成果，有力地促进了西北区域生物科学的发展，为西北地区高等生物学教育做出了历史性的贡献。②

在联大教书期间，西北农学院的一批抗日进步学生积极响应全国抗日救亡运动，国民党反动政府将一些学生被捕入狱，林镕积极奔走，并与同校几名教授联名保释学生出狱，反对国民党地方当局的倒行逆施。还多方设法营救，他亲自去监狱探视学生，林镕等教授的正义行动被世人广为传诵，他与同校的金树章、虞宏正和一位物理学教授一起被誉为"武功四君子"。不仅如此，另据他的女儿林稚兰回忆说，当时在北平时，林镕家后院的小厢房，偶尔也有他的学生为躲避特务追捕来暂住，林镕均积极保护。

1942年，林镕接受汪德耀教授的邀请到厦门大学任教，这时他以主要精力着手筹建福建省研究院动植物研究所，并任研究员兼所长，还创办了福建省研究院研究丛刊。在福建期间，他率领研究团队先后在永安、长汀、连城等地进行植物调查，采得了标本数千种。抗战胜利后，1946年林镕举家迁回北平，任北平研究院植物学研究所研究员，并在北京师范大学、辅仁大学兼课。

林镕除了在生物学研究上有着突出

林镕的书画作品及部分自刻图章

---

① 雷县鸿：《"口述史再现西北联大辉煌岁月"》，2017年2月7日《西安日报》。

② 李晓霞：《国立西北联合大学的生物学教育研究》，载《咸阳师范学院学报》2015年第2期。

的贡献外,他能写能画,对古诗词有很深的造诣。在《中国植物志》当中的很多插图都是他亲自画的,他还收藏有大量历代名人的诗集、词综,并在《林氏藏书词籍目录》中将其按词论、词选、词律、词韵和词乐进行编目。他在薄薄的毛边纸上用娟秀的小楷,汇写了自己抗日战争期间居陕、闽时期创作的60余首词,并装订成册,他的诗词中抒发了对痛失大好河山的愤愤不平和自己强烈的报国之志。

三、"植物立户""枯枝烂叶"亦心血

中华人民共和国成立后,林镕在中国科学院植物分类研究所任研究员。1950年,美国在朝鲜和我国东北悍然发动细菌战,他积极响应党和政府的号召,带病赴东北等地,与其他生物学家、医学家一起,参加反细菌战的科学调查工作,日夜对美军飞机在朝鲜和东北撒下的树叶进行鉴定,以确凿的证据揭露了侵略者的罪行。后来林镕的胃病恶化,对胃进行了切除手术,即便如此林镕先生还多次率领中国科学代表团出访苏联、东欧,为促进国际间的科学合作交流和科学家之间的友谊做出了贡献。其妻子劝说他不要如此操劳,林镕说:"事情总要有人去做的,没关系!我的胃还有四分之一呢!"其实此时林镕的胃已全部切除。

20世纪50年代,他多次参加了黄河中上游水土保持综合考察,1955年,他被聘任为中国科学院黄河中游水土保持综合考察队副队长,在参加国务院主持制定的我国科学技术发展远景规划时,对看到的各地破坏生态平衡的做法非常气愤,他说:"云南放火烧山,沿海填土造田,内蒙古将大批草地改种庄稼,吃肉有什么不好,非要改为吃粮食?不懂科学有一天会让我们尝到苦头,等到北京刮风沙时就来不及了!"为了解决黄土高原严重的水土流失问题,他连续几年率队赴山西、甘肃、陕西等省的水土流失区进行考察,并先后发表了《对黄河中游黄土区水土保持工作的初步意见》《黄河中游水土保持综合考察》等文章。他和考察队其他成员一起,提出了在合理利用土地的重要原则下,要因地制宜,实施自上而下沟坡兼治,利用生物措施与工程措施相结合的综合治理方针,以及不同类型区的水土保持措施和合理配置方案。他还参与编写了《水土保持手册》,不久他们的调查结果被国家采纳,为黄河综合治理和黄土区水土保持规划提供了科学依据,发挥了重要的作用。据林镕先生的女

儿林稚兰回忆说，在除四害和听到云南放火烧山时，林镕先生气愤地说："自然界万物都有其自身的规律，破坏生态平衡是要遭报复的。"

1955年，林镕被聘为中国科学院院士。1957年，担任中科院生物学部副主任。后来他的女儿在回忆父亲时说："除去每月工资外，父亲担任学部副主任后每月还增加100元。父亲说，国家经济困难，我的工资已经不少了，就退掉了学部副主任的100元。我念书的时每月发25元调干助学金，爸爸说，把这25元退给学校吧！现在国家经济上有困难，每月我给你25元生活费。于是我退了助学金，直到工作。"林镕先生的这种舍小家顾"大家"的家国情怀，得到了学生、同事和家人的认可，也赢得了大家对他的爱戴。

20世纪50年代后期，我国开展了科技人员和广大农民相结合的野生植物利用的群众运动。林镕肯定了这次运动的重要意义和作用，他说这次运动对弄清我国植物资源和国家建设的贡献，提出我们既要重视挖掘我国尚未得到充分利用的丰富植物资源，又要十分注意这些资源的保护工作，避免不合理利用而造成的不良后果。对于植物资源开发利用的研究工作，他提出既要全面兼顾、又要突出重点的建议。对于各类具有经济价值的植物，我们也都要进行研究，不可偏废；同时又要抓住重点，着重研究药用植物、芳香植物的调查和开发利用工作。实践证明他所提建议都是正确和具有远见战略的。

据林镕先生的女儿林稚兰回忆说，林镕先生在中华人民共和国成立后经常参加各种学术活动，领导了许多科研活动，所以白天很少有时间从事科学研究，因此他将标本下班后带回家整理。他常常工作到深夜两三点，家人深夜醒来都会看到那盏永远的灯光和白发老人工作的背影，可以说他把下班后的所有时间都用来编撰《中国植物志》。女儿心疼地说：不就是给植物做个登记，编个户口簿吗？有些也不是您写的菊科、龙胆科的资料，干吗还要摘抄整理？少操点心多睡觉好不好？林镕先生回答道：枯枝烂叶也是我们好几代人的心血和努力，有的先生为此还丢了性命！不要小看了给植物登记造册编制户口簿，除了登记名称、特征外，还要标明它的地理分布、生态环境和用途，这是我们今后开发利用植物资源的依据，外国人想要和我们一起合编植物志，我们都没有同意，我们如果不快点出版就会被外国人抢去，可惜我们中国的植物标本有一半以上是外国人抢先命名的！①

除了科学研究，林镕先生还非常重视对学生的培养和发展，诲人不倦，循循善诱。在他担任大学教授，讲授过植物学、植物分类学、植物系统学等课程。他善于用对比的方法，为的是使学生能有较多的收获。他尽量把内容讲得生动易懂，边绘图边讲解每种植物的特点、种属之间的异同和亲缘关系，给学生留下了深刻的印象。与此同时他也很重视把课堂上的讲授和实际相结合，常带领学生到野外实习，认识大自然中多彩多姿的各种活植物，这样使学生们都能更快更好地理解和掌握他所传授的知识。林镕先生的学生、植物分类学家、中国科学院院士王文采先生这样回忆道："林先生教得很好，领我进入分类学的门，是我的恩师。他讲每一节课的时候，都拿出每科代表植物的标本讲。到了第二年，林镕先生第一次带领我们全班同学到玉泉山实习，我的印象深刻。"②

林镕指导学生学习

他常说："做一个中国人，总要为中华民族留下点东西，增添点什么。"为了培养年轻人，他整理了他多年积累的外文资料，留给学生们今后使用。"我的时间不多了，要一天等于20年才行，我目前所完成的任务还没有达到我想要做的十分之一，再不工作，恐怕就来不及了！你们年轻，还有的是时间，但也不要浪费时间！"③他的学生陈艺林、石铸说："我们在继承林师的事业编写菊科植物志时，不由得想起老师当年夜以继日、细心解剖标本、伏案写作的感人情景。每当我们整理出一批文稿后，总是想到，如

---

①③ 林稚兰：《怀念我的父亲》，载《生命世界》2006年第5期。
② 王文采口述，胡宗刚访问整理：《20世纪中国科学口述史 王文采口述自传》，湖南教育出版社2009年版。

果没有老师这些现成的文献资料，要想进行菊科植物的分类研究，将会遇到多么大的困难啊！"① 他的学生还说："从林师重视积累资料工作中也可看出，一个新种的确立并非一件易事，植物的地理分布和形态变异的式样都是千差万别的，而各种记载方式以及在记载中所强调的侧重点也是形形色色的，如果没有全面的文献基础和对文献的全面分析、对比和洞悉体会，即使发表了新种也往往是不成立。由于老师有着全面的文献基础，他所发表的新种都能经受住时间的考验。当然，植物分类学的目的绝不意味着以发表新种为终极。"可见林镕先生丰富的科学文化基础。

林镕先生对青年人才的培养，有自己的鲜明特点：一是重视培养学生独立自由思考和独立工作的能力。他会在一些重要问题上给学生以引导和帮助，例如选定研究的方向和课题、制订工作和学习的计划、撰写和修改论文等等。除此以外，大部分的时间都会放手让学生自己去探索和钻研，通过理论知识的学习和实际工作的锻炼，养成能独立提出问题、分析问题和解决问题的能力。二是要求学生不仅能够在本专业有深入的造诣，而且还应掌握广博的有关学科的知识。他不认同学生只是局限于阅读和学习自己所研究的某个专科的文献资料，而对其他有关的知识却一无所知。他认为应该扩大知识领域、开阔视野，能更好地培养一个人的知识和能力，对于从多方面深入思考自己所从事的研究有很大帮助。三是提倡理论和实际相结合。要求学生既要学习书本理论知识，又要学会并掌握室内工作的一整套方法，经常参加野外调查采集工作，广泛识别植物，逐步达到既有深厚的理论基础，又有丰富的实践经验。从我们现在来看，他的教学方法也是适应于我们现今的教学，林镕先生的教学工作也得到了学生的认同。林镕一生培养造就了一大批植物学科研的优秀人才，他们中的不少人已经成为科研上的学术带头人和教学上的骨干力量。

林镕先生是一位淡泊名利、有强烈爱国主义的人，他是我国著名的植物学者，有丰富的植物研究经验和国内外的研究资料，但他从来都不

---

① 陈艺林、石铸：《怀念我们的老师林镕先生》，载《植物杂志》1981年第5期。

把这些占为己有，只要他人需要，他总是会毫无保留地贡献出来，让大家共同使用，甚至有一些发现，只要再做一些进一步的研究，就可以成为很有价值的论文，但他从来都不会计较这些，把这些即将到手的成果让学生去研究。比如说他在福建时，曾发现一个科（川苔草科）在我国分布的新纪录，就把这个发现告诉他的学生，指导这位学生去研究写成论文发表。1974年，他又发现了菊科的一个新属（紊蒿属），就让自己的学生去研究后共同署名发表。他还把多年来积累的全部文献资料，都无私地留给学生去使用。不仅如此，他的学生所做的研究工作，虽然都经他指导、帮助和修改，但他从来不让学生在他们的论文中署上自己的名字。而他自己所创作的文章，哪怕学生只是做一点点的工作，却总是主动地署上他们的名字。[①] 林镕先生这种淡泊名利、崇尚科学的道德品质，关爱学生的行为和举止，不仅使他的学生们深受感动，也激励着我们一代代学人。

---

① 刘晨：《忘不了林镕老师的辛勤哺育》，《智慧之泉"我的老师"征文选》，教育科学出版社1986年版，第113页。

植物病理学家涂治

涂治（1901—1976），字策三，湖北省黄陂县东乡涂家湾人，著名植物病理学家、教育家。1901年2月，涂治出身于一个官宦书香之家，1915年以优异成绩考取北平清华学校，离家赴校求学。1919年5月，北平爆发了"五四"运动，涂治投身爱国运动的洪流，不顾重重阻拦，上街参加游行，受到这一伟大的新文化运动的洗礼。1924年，清华毕业后的他考取了公费生，与同班同学周培源一同赴美留学，在明尼苏达大学农学院和研究院攻读植物病理学和作物育种学，因为他的刻苦学习，五年中连续获得硕士、博士学位。1929年，涂治怀着科学救国的愿望回到祖国，从事教学和科研工作。先后在岭南大学、武汉大学、河南大学任教授兼院长，还在广东、浙江、湖北等地从事过科学研究工作。"九一八"事变后，日本侵略者不断入侵，国难当头，人民处在水深火热之中，此时当他得知工农红军胜利到达陕北，并看到中国共产党发表的《为抗日救国告全国同胞书》时，深受鼓舞，于是不辞而别，悄然离开内地，来到祖国大西北，在陕西武功西北农林专科学校（后改西北农学院）任教授、教务长、农学系主任和实验场主任等职。1939年4月，涂治进入新疆，历任新疆农学院教务长、院长和八一农学院院长，其间提出"教用结合，学用一致"的教学原则和理论联系实际的教育方针，对新疆的教育和科学事业的繁荣做出了重要贡献，使新疆学院继续成为新疆各族青年向往革命的摇篮和培养专业人才的唯一高等学府。

中华人民共和国成立后，涂治担任新疆农业厅厅长、八一农学院院长和新疆农业科学院院长。1955年6月，涂治教授被授予中国科学院生物地理学部委员。曾当选为中国人民政治协商会议第二、三届全国委员会委员，第一、二、三届全国人民代表大会代表。他毕生从事教育和科学技术工作，翻译出版了英、俄、德、法等几十万字的国外农业科学论著。他为新疆的教育和科学事业的繁荣以及农业生产的发展做出了贡献。

一、一片丹心　远赴新疆播火种

涂治，字允治，出身湖北黄陂县东乡涂家湾一个书香门第之家，自幼勤奋好学，一生酷爱读书。

涂治

1915年，14岁的涂治即以优异成绩考取北平清华学校，离家赴校求学。1919年5月，北平爆发了"五四"运动，涂治投身爱国运动的洪流中，不顾重重阻碍，上街游行，深受教育和启发，从此也将自己的追求与国家的命运紧密联系在了一起。1924年，清华毕业后考取公费生，与同班同学周培源一道赴美留学。留学美国期间，他广泛研究西方资本主义的政治经济状况，意识到了科学技术对一个国家的重要作用，深深意识到清代以来长期的闭关锁国政策，是导致国家贫穷落后而遭受各国列强压迫的最重要原因。到美国后，西方工业国家的飞速发展，使涂治视野大为开阔，由此立下了科学救国的志愿。

1929年，在明尼苏达大学研究院获博士学位后，怀着科学救国的愿望回到祖国。回国后，涂治在广州岭南大学任教，同时开始了对我国植物病理的研究工作，意在大力发展我国的科技农业，希望能靠科技改变中国的贫困落后。1931年，日本制造了震惊中外的"九一八"事变，侵占了我国东北三省，并把侵略刺刀指向全中国。国难当头，民族危机日益加重，由此涂治的科学试验也遭到了冲击，于是他重新开始了对救国救民真理的探索。他决定要走出实验室，观察中国农业的实际，把农业科普工作推广到农村中去，从而振兴中国农业经济，解决基本的贫困。之后，他辞退在岭南大学的教职，到河南农学院任教授兼院长。在此期间，他不仅深入农村进行调查研究，指导和帮助农民们掌握从选育良种到防治病虫害等一整套先进的农业技术措施，而且与中共地方党组织成员乐天宇交往甚密，接受了马列主义新思想，开始积极主动为党工作，参加抗日宣传活动。这一时期，也标志着涂治先生的科学研究工作从实验室进入了中国农村社会，为发展农村经济和解决中国问题积极奔走。

1934年年底，在武汉他看到了中国共产党发表《为抗日救国告全国同胞书》，深受鼓舞，从思想上有了新的追求和探索，并决定放弃在湖北的工作，从而毅然决然地来到了西北地区，任陕西武功西北农林专科学校教务长，以便于临近延安，观察时局和准备抗日。在西北农林专科学校任职期间，涂治始终有报国效国的热情，他一直接近中共党员和进步人士，当时做党的地下工作的乐天宇同志，向涂治详细地介绍了中国共产党的抗日救国主张和思想，阐释了建立抗日民族统一战线的重要性和紧迫性，涂治深受启发。他意识到只有共产党才能救中国，只有社会主义才能救中国。此时他就和乐天宇商定，寻找机会一道去延安，与共产党人一同抗日。之后，涂治一直不断鼓励学校的进步学生去延安，反对国民党，支援八路军的革命活动。当时，不少青年志士慕名而来，他都热情接待，有的青年去延安，他亲自送行并赠送棉衣，解决他们的经济困难。他的住处成为许多青年进入延安的第一站。不久涂治的爱国活动，引起了校方的注意，被学校反动当局免去教务长职务。①

1935—1939年，涂治在西北农专（后改组为西北农学院）任教及任职期间，学校及农艺组师资雄厚，如许振英、李先闻、乐天宇、彭谦、

---

① 王东明：《著名农业科学家涂治》，载《武汉文史资料》1997年第2期。

王鸣岐、邵德伟等诸多名师都在农学院任教。当时，他与王云章组建了植物病虫害系病理学教研室，为以后西北地区植物病理学发展奠定了基础。1935年，涂治、李先闻在美国Phytopatology杂志上发表了《华北粟抗黑穗病试验》报告，在学术界轰动一时。1938年1月，西北农专与北平大学农学院合并改名为西北农学院，一批国民党反动分子乘此机会混入学校，使学校混乱不堪。涂治与这些反动分子水火不容，愤然辞去农学系主任职务。就在他苦闷时，接到新疆学院院长杜重远的聘书，请他去筹建农学院。涂治毅然决定到新疆开展科研和教学，为祖国边疆建设培养人才。离开西北农学院那天，许多师生到武功车站为他送行。

1939年，涂治到达新疆迪化后，担任新疆高级农业学校教务长、新疆学院农科主任、副院长，培养了许多科学技术人才。他一生酷爱读书，在迪化使他最为满意的是"国际书店"，他是书店的常客，每次从书店出来，提包里装的都是书。他的房间除了在一个角落的床和写字台外，满屋全是书架，房间可谓是一个书的"王国"。在这期间，涂治不仅研究马列著作，还一直与毛泽民等中共党组织联系，并且与院内中共党员教授以及进步师生取得联系。涂治通晓多国语言，苏联教师讲课，都是他亲自担任翻译。因此，在各族师生中享有很高的威望，甚至在市民中也传诵着"涂博士"的动人故事。直至1954年，新疆军区成立八一农学院（今新疆农业大学），涂治被任命为院长。之后几十年，八农为新疆培养了数以万计的农业技术人才，遍布全疆农村、牧区。①

1942年，苏联卫国战争最困难时期，盛世才倒向了蒋介石反动政府。为了向蒋介石献媚，盛世才当时对在新疆工作的所有共产党员进行了血腥的镇压，与中共党员关系密切的涂治，也未曾逃脱他的反革命魔掌。涂治被捕入狱后，特务打手们严刑逼供，要他承认自己是共产党策划的阴谋暴动案的主谋之一，以及要他交代与陈潭秋、毛泽民等都有关系。涂治始终坚贞不屈，以沉默来代替拷打。在狱中，涂治受到了种种酷刑，指缝间夹弹壳，用力挤压，用木板狠打手，碘酒洒在打烂的手上，打背花，穿手掌，刮肋条，敲头部，他依然不屈不挠，但是在一次受刑

---

① 新疆八一农学院：《新疆八一农学院史》，新疆人民出版社1988年版。

中腿部严重受伤,从此行动不便。其中国民党曾引诱他加入国民党,被他毅然拒绝。盛世才下台后,经各方营救,国民党被迫释放涂治。①

出狱后,他参与领导了地下进步组织"战斗社"的活动,与学生禹占林等开展革命宣传工作。涂治经常收听延安广播电台的广播,并把抄收的文稿送给《战斗》周刊登载,或印成传单散出去。对当时各族人民了解解放军作战的胜利的消息、学习我党正确的方针政策、宣传毛泽东思想,以及扰乱国民党阵营、瓦解敌军士气,起了重要的作用。

二、联系实际　边疆教育展新貌

1929 年,他怀着科学救国的理想回到祖国,先后在岭南大学、武汉大学、河南大学、西北农学院等高等院校任教。1931 年,他在岭南大学农学院任教授并兼任院长。1932 年,受聘任河南大学农学院任教授并兼任院长。在河南大学时,十分重视教学和科研工作,积极聘请有名气的专家教授来校任教和从事科学研究。在他担任院长期间,农学院师资力量雄厚,名家云集。1934 年,涂治受武汉大学之邀,建农学院兼办湖北棉业试验场,为祖国培养了大批农业科学人才,我国一些著名的科学家如王鸣岐(植物病理学家,曾任上海复旦大学生物系主任)、赵洪璋(著名小麦育种专家、西北农学院教授)等都是他的学生。② 1935—1939 年,在西北农专(后改组为西北农学院)任教及任职期间,兼任农艺组(后为农艺学系)主任(1935 年 12 月—1938 年 12 月),1936—1938 年兼任教务主任,1936—1940 年兼任教学试验农场主任。在此期间,他十分重视教学和科学研究,积极聘请名师来校任教和工作,培养了大批优秀青年学子。

由于与国民党反动分子的水火不容,涂治愤然辞去农学系主任职务后,1939 年到达新疆迪化,担任新疆高级农业学校教务长,新疆学院农科主任、副院长,继续为国家培养科学技术人才。之后,1954 年新疆军区成立八一农学院,涂治被任命为院长。

---

① 吕企信:《丹心难写是精神——缅怀新疆科协第一任主席涂治教授》,载《金秋科苑》1996 年第 1 期。
② 康振生、高小宁、黄丽丽:《依托国家重点学科促进大学生创新能力培养的研究与实践》,载《教育教学论坛》2014 年 3 月第 10 期。

在新疆高级农业学校和八一农学院两校，办学方针及指导思想上，涂治一直按照"理论联系实际，教学结合生产"的原则治校，并以延安抗大精神具体办学，积极发扬我党的光荣传统与优秀品质。在新疆八一农学院，他要求师生除在校内进行课堂教学外，还要经常深入生产建设兵团的部队垦区，和广大指战员一起，推行先进的耕作栽培技术，进行农作物耕作，由此创造了大面积的粮棉丰产纪录。涂治还利用暑假，把农学院的教授、副教授、讲师、助教和高年级的学生派到生产兵团的各师、团、营、连，担任各个职务，与部队各级军政首长一样参加实际生产和指导，这些教师既指导社会的生产技术，又开展师生教学实习。其间帮助部队规划农田、设计水利工程，发展养畜养禽、营造防护林带等，通过这种活动，既推动了部队的农业生产，为大批军垦农场的建设打下了坚实的基础，又丰富了农学院的教学内容和实际工作经验，培养了大批理论联系实际的技术人才。这样的办学方法，受到党和国家有关部门领导的认同和支持。师生员工都以有涂治这样一位有思想、有胆识的院长感到自豪，首批毕业生，还应教育部的要求与安排，部分分配到内地有关省、市工作。

在教育教学工作中，涂治十分注意学生身体健康和向他人学习经验。他经常与同学们一起到公园植树，改变迪化面貌，他还常带领学生到机械修理厂向工人学习，帮助学生学习机器操作。有时候他和学生骑马行走一天，到农场种地，为了学生能习练各种农业机具。同学们至今还记得他在田间驾驶拖拉机和扶犁驾马的动人情景。他是网球健将，球场上常看到他与学生们挥拍激战。他教育同学们要积极锻炼，要有好的身体，才是革命的本钱，为将来搞科学事业打下良好的基础。在生活中，他艰苦朴素，性情温和。他常穿一身中山服，裤子上还被化学溶剂烧了几个洞，脚上很少穿袜子。他的工资和薪水除了吃饭和买书外，都用来接济有困难的同学。学校回族学生尕文祥父母先后病故，没有经济收入的他，面临辍学之危，涂治得知后从他薪金中支付了尕文祥伙食费和学费，还每周找时间专门给他补课，尕文祥的学习成绩迅速上升。为了进一步帮助尕文祥，涂治还让他参加教务处的部分工作，所得报酬让他用来买书和零用。尕文祥毕业后，成为新疆最早的农机工作者之一。每当他回忆往事时，总是泪流满面地说："没有党的培养，没有涂老师的关怀，就没有我的今天。"① 其实，得到涂治关怀和资助的不止尕文祥一人，他的这些学生许多已经在自治区党政领导部门、各条战线担任着领导职务，发挥着骨干核心的作用。涂治的精神激励着我们后人，为了把涂治院长创办的硕士研究生点保存下来，新疆农业大学赵震宇教授，退休后主动提出自愿协助校研究生处，义务参加培养硕士研究生工作。涂治教授的精神影响了一代又一代的人。

治学严谨、实事求是，有一次在他做学术报告时，谈到遗传学两大派的争论时，他大声疾呼："对于学术问题的争论，不能用强迫命令的方法去解决，对于孟德尔—摩尔根学派，不能压，不能批，不能乱扣帽子。"② 涂治坚持学术民主，挺身而出保护了少数同志，受到了师生的欢迎。他创办《新疆农业科学》月刊。他毕生从事农业教育和农业科学技术研究工作，翻译了帕·格·纳依丁的《粒肥》、李森科的《植物的阶段发育》等著作。此外，他还从事了小麦抗锈育种和黄瓜抗白粉病无性杂交等科学研究工作，撰写了《关于实行牧草田轮作制的问题》《棉花烂根病的防治》等十余篇论著。

1958 年的"大跃进"到处是"人有多大的胆，地有多高的产"的口号，到处是在种"卫星田"，这股浮夸风吹进了新疆，农学院和农科所的试验地里也在搞深翻一米五、施肥几十车、下种几百斤的"卫星田"。涂治见了很生气，批评他们这是瞎胡闹。有的人认为他是保守，还贴了他的大字报，他也并没有退让，在"卫星田"不远的地方另外搞了一块丰产田做对照，用事实来说服大家。他严肃地对搞"卫星田"的人："大家都是科学家，搞科学的，挖这么深的地，施这么多的肥，下这么多的种子，科学吗？合理吗？"这行动使许多领导干部、科研人员受到了一次深刻的教育，这正是体现了涂治先生的科学严谨、不盲从的态度。

"文化大革命"席卷而来时，涂治遭到了残酷迫害，被扣上了许多莫须有的罪名，强迫进行劳动改造，失去了自由，但他仍然不忘科学研

---

① 尕文祥、马子健：《新疆年鉴》，1989 年。
② 陈之伟：《新疆现代农学的先驱：涂治》，《新疆法制报》1989 年 9 月 28 日第 2 版。

究，兢兢业业，一丝不苟。无论怎么忙，怎么疲劳，他都会挤出空闲的时间，来看资料文件。新疆维吾尔自治区科委原主任、书记张日知回忆说："1966年初的'文革'初期，由于涂治教授对密植小麦高产浮夸风公开抵触，工作组对他敬而远之，变相解除了他的工作。我陪涂治教授到基层调查学习，5月24日，汽车行至沙湾途中出了车祸。教授清醒后，仍坚持着往前走。直到行至乌苏时，他全身疼痛难忍不能移动，到医院确诊腰骨重伤才作罢的。"① 对他的这样一种无私奉献的精神，党中央没有忘记，周恩来总理也没有忘记这位卓越的科学家，在总理的关心过问下，涂治1973年恢复了自由。他说："党给我第二次政治生命，我要为党再干十年。"这时，他已经是一位年逾古稀的老人了。接近涂治的同志关心他说："你英文、俄文都好，还懂法文、德文，年岁这样大了，还是到北京去做点翻译工作吧，或者坐下来写些著作也行，不要管那些行政事务了。"他却说："这要看党的决定。我现在还能动，好好干上几年，再坐下来写书也不迟。"他重新工作后，更加珍惜时间，只要一有空闲时间他就看文件、写材料。②

三、扎根西北　农业科研结硕果

涂治一生的大半辈子在新疆度过，他扎根新疆，努力为新疆经济社会发展作贡献。1938年，涂治接受时任新疆学院院长、卓越的民主主义和爱国主义者杜重远的邀请，于1939年抵达迪化（乌鲁木齐），至此一直在新疆工作生活，为祖国边疆培养了大量农业科技人才，对新疆的教育和科学事业的繁荣，以及经济社会的发展做出了重要贡献。1946年5月，蒋介石在美帝支持下发动了大规模内战，涂治在新疆献身于爱国反蒋的民主运动。他积极支持进步组织的"战斗社"，宣传党的政治思想和主张，揭露蒋介石的反革命阴谋，为促进新疆的和平解放做出了重要贡献。中华人民共和国成立后，涂治全力投入新疆农业科学研究和教育事业，荣获西北野战军颁发的毛泽东奖章和西北解放纪念章。新疆省人民委员会成立后，他被任命为省人民委员会委员兼农林厅厅长。作为一

---

① 秦钧编：《开拓者之歌》，宁夏人民出版社1984年版，第251页。
② 刘江波：《涂治教授的一生》，载《新疆地方志》1987年第3期。

名忠诚的无产阶级先锋战士，他以极大的热情，投身社会主义革命和建设的伟大洪流中。当时，涂治在新疆的 80 多个县建立农业技术推广站，推选先进的种植、培育技术，创造了大面积粮棉丰产的纪录。涂治为开创新疆农林牧业的生产技术、科学研究和教育事业，做了大量艰苦卓绝的工作。在他领导下建立了农业试验场（站）和农林牧科学研究所，运用核辐射选育新品种。涂治在新疆还经常深入农村调查研究，他建议推广喷灌、滴灌试验，推广水稻塑料薄膜育秧、单倍体育种，建议对土壤、肥料、植物生理进行原始追踪研究。同时还创办了新疆八一农学院、农林牧科学研究所、农业科学院等院校，涂治任第一任校长，为了寻找师资，推动学校建设，他四处奔走，从内地有关部门请来了大批专家、教授。有的老专家为涂治的一片赤诚的心所感动，第一天谈好，第二天就同他一道启程前来新疆。涂治把农林厅的技术干部组成几个随军工作队，协助部队开展大规模生产运动，协助军区开办农业训练班。他为新疆军区筹办的农业干部训练班配备教师，并亲自指导教育学习工作。部队缺乏农业经营管理经验，都是他及时亲自翻译苏联有关农业耕作栽培和经营管理的各种技术小册子送给部队学习做参考，从而发展新疆的农业建设。①

1955 年，涂治教授当选中国科学院生物地理学部委员。1956 年，涂治教授就任新疆维吾尔自治区科学技术普及协会筹委会主任。他非常重视科协的筹建工作，认为这关系到新疆的经济发展。新疆地矿局原局长、高级工程师胡冰回忆说："1957 年 4 月，在一次研究筹建科协组织的会议上，涂治教授就科技群团做过一次演讲。他说：'科技团体是历史发展的必然，是社会发展、科技进步的象征，是促进经济建设的一支很重要的社会力量，是培育各类科技人才的沃土。'"这次演讲他从国外的科技群团讲到我国的科技群团，足够看出他对科技群团建设的关心和支持。

1958 年秋，涂治出席中国科协"一大"的会议。返回新疆后，一方面及时组织传达贯彻此次会议的精神，另一方面结合精神反复酝酿新疆科协的框架，亲自主持制定科协工作三年规划，并努力付诸落实到实践

---

① 侯真：《献身边疆的老教授——怀念涂治同志》，《写在天山上的碑文》，新疆人民出版社 1985 年版，第 249 页。

行动当中。

第一，围绕新疆的农业增产任务和技术改造的重大课题开展学术交流活动，以科技群团为主体组成七个专业基点工作组，分别到塔城、昌吉、巴州、喀什等地进行玉米空秆、小麦倒伏、棉蕾脱落的根治，主要是以预防为主，由他亲自带领有关专家学者到博斯腾湖地区察看蝗灾，提出治蝗具体方案，亲自到沙湾、吐鲁番等地建立有关植保灭蝗、土肥化验的科学试验基地。

第二，开展农村科普工作服务和各种形式的技术上门服务活动。组织各院校、科研单位的科学研究人员到农业生产工作的第一线进行现场传授、蹲点和解疑。在推广各种实用技术的过程中，也组建了许多基层科协、科委组织。他自己也到农村长期蹲点，调查研究相关情况，进行经验总结。

第三，面向社会普及有关科学知识。邀请专家学者举办科技知识讲座，组织植保和畜牧兽医进行科学普及，主编了《新疆农业科学》杂志，创办了期刊《新疆科技报》，开展青少年天文、航模、气象等科技活动，培训各少数民族的科学技术人才。涂治教授曾在多次讲话中强调，科技团体是历史发展的必然，是社会发展、科技进步的象征，是促进经济建设的一支很重要的社会力量，是培育各类科技人才的沃土。[①]

1960年4月16日，新疆维吾尔自治区科协"一大"召开，宣告新疆科协正式成立，参与此次会议的代表一致推举涂治为主席。当天的《新疆日报》社论中明确指出，科普筹委会为科协领导机构的成立打下了重要的基础，肯定了涂治教授一直以来的工作成就。在他的努力下，全区有12个地州、38个县和78个厂矿组织建立了科协组织、39个学会，发展了800余名会员。这对新疆普及科学知识、推广先进科学技术经验起到了重要的作用。

恩格斯曾说："一个民族要想站在科学的最高峰，就一刻也不能没有理论思维。"可以说理论思维是实践的精华，它源于实践，又指导实践，只有指导社会实践才能体现其真实价值。涂治在自己的工作岗位上，认

[①]《在新疆省第一届人民代表大会第二次会议上成立新疆维吾尔自治区》，涂治的发言。

真贯彻"理论联系实际,科研与生产结合"的这一方针,重视发展农业科研事业,特别强调因地制宜地解决新疆农业生产中的关键技术问题,坚持走农林牧相结合的社会主义大农业的道路,推动建立了农科教体系,促进生产、科研、教学相结合,为新疆农科教事业和经济建设发展做出了重要贡献。

1964年秋,他与细毛羊专家杨尔济等赴苏联进行考察,到吉尔吉斯斯坦后他对当地的无子西瓜产生了浓厚的兴趣。一次偶然的机会他获得了一粒瓜子,他如获至宝似的精心保管,回国后进行种植和培育,并获得了成功,这

涂治(右一)代表新疆各族人民前往北平参加新政协会议

种被称为"反修三号"的无子西瓜在新疆得到大面积栽种。涂治身在新疆,深知边疆地区的贫困,1965年7月,他到石河子某团场基层检查工作时,当地举行了丰盛的宴请接待,花费公款60余元,他得知后,甚感不安,他说国家现在财政上有难,不能浪费,也没必要破费,于是自己主动支付了这笔开支。

涂治在科技工作中还十分重视科技群团的建设和发展。他曾反复阐述这样一个观点:作为一个科技社会团体,要看的是我们能不能把社会上的科技人员广泛动员起来,检查和衡量各级科协工作的成效很重要的一点就是要看科协组织动员了多少科技人员共同开展科技工作。同时,在能力培养和其他方面给各族科技工作者提供了怎样的帮助,搭建了怎样的社会化服务平台。他自己对此身体力行,他毕生从事教育和科学技术工作,即使工作再繁忙,他也会挤出时间钻研学术,翻译出版了英、法、俄、德等近百万字的国外农业科学丛书和专著,撰写过50多篇相关学术论文。"文化大革命"时期,涂治尽管被扣上了许多莫须有的罪名,遭到了残酷迫害,强迫进行劳动改造,失去了自由,但他毫无怨言。之

后，恢复了政治自由，重新开始工作后，他多次关心和询问被迫中断了十年之久的科协组织及所属学会团体，竭尽全力维护科技人员的权益。曾担任西北地质局总工程师、留学瑞士的地质学家王恒升，因为历史原因被判刑，涂治一直帮助他说情，由王震请示周总理批准撤销了对他的判刑。现在还一直被开采的乌鲁木齐六道湾露天煤矿，就是当年王恒升勘查决定开发的。王震曾说过王恒升在地面上就能确定地下是个大煤矿，这就是他作为一个科学家的本领。① 涂治一直相信，要重振科技协会，就必须先得解放有贡献的科技人员。他不知为多少无辜受害的科技人员写了无罪的旁证材料，帮助他们解困。

　　1975年，涂治出席了四届全国人民代表大会，最后一次聆听了敬爱的周总理的讲话，当时抱病的周总理坚持要把中国建设成四个现代化的社会主义强国的《政府工作报告》，使他深受感动和鼓舞。为了新疆农业现代化的建设，他更加忘我的工作，不顾自己年迈，不顾自己腿疾，努力工作。当时新疆各地的冬小麦遭受大面积冻害，他为了摸清冬小麦冻害情况，已经72岁高龄的他，仍然不顾自己的腿疾行动不便，亲自率领着工作组，行程千里深入进行调查，他从乌鲁木齐一直到伊犁，在700多公里的乌伊公路沿线，亲自对各农场、公社的冬小麦冻害情况进行调查，经过分析总结概括，提出了四项有效的防冻措施，并写了《关于防止冻害种好冬小麦的几点意见》的调查报告给自治区党委，同时刊登在《新疆农业科学》月刊上。为了迎接中国北方十个省区到新疆召开农田防护林会议，他长途跋涉赶到喀什，并到塔克拉玛干大沙漠边缘去参观防护林营造情况。返回时，他却又拒绝了坐飞机返程，坚持要乘汽车，沿途到七个地、县农科所、试验站和农村基点，去看望关切坚持在生产、科研第一线工作的同志们。他亲自动手写了《关于自治区打好农业生产翻身仗的几点意见》一文，提出了发展新疆农业生产的若干战略性措施，送交自治区党委，为了支持自治区党委提出的要打好农业生产翻身仗的号召。这篇文章是他在新疆工作近40年，研究发展新疆农林牧业生产所做出的一个科学总结。《新疆日报》曾经再次刊登了他的这篇

---

　　① 李全玲：《王震维护新疆稳定的实践及启示》，载《兵团党校学报》2010年第1期。

极其宝贵的遗作。①

  自治区成立至1976年去世，涂治一直在新疆工作。他曾当选为中共自治区党委委员、全国政协委员、中国科学院学部委员、全国人大代表、全国科协委员、中国农业科学院学术委员、自治区科协主席、自治区科委副主任、中国科学院新疆分院副院长等职务，为了发展新疆的农业科学技术，他主持创办了《新疆农业科学》月刊，亲自担任主编，亲自撰稿，推动了新疆现代化农业科学理论研究的发展，为边疆地区培养了众多科技人才，发展了新疆的农业，促进了新疆的经济建设和社会发展。

---

  ① 陈之伟：《新疆现代农业的先驱涂治》，《往事回眸 20世纪新疆图片纪实》第4辑，新疆美术摄影出版社1999年版，第31页。

中国生物统计的创立者汪厥明

汪厥明（1897—1978），字叔伦，浙江省金华县（现为金华市）人。农学家、作物育种学家、生物统计学家，中国生物统计学的创始人。1914年，毕业于浙江省立第七中学，同年随父汪茂榕（号庚年，1866—1923年，光绪二十三年举人，长山小学和金华电灯公司的创始人之一，兴中会成员）去日本求学。他在日本补习日文后，1915年考入日本熊本高等学校，1917年继入日本东京帝国大学（今东京大学）攻读农学，1921年毕业后，即进入该校研究院继续深造。1924年，获得农学硕士学位，同年8月回国后，任国立北平大学农学院（今中国农业大学）副教授。1927—1928年，南京国立中央大学农学院借聘一年，期满后他回到国立北平大学农学院任教授兼农艺系主任。1935年，受广西省政府的邀请，到广西进行实地的农业考察，返校后给全校师生做《两广农业目击谈》的主题报告，它的内容深刻通俗易懂、理论联系实际，使学生深受启发。1936年，他受命赴欧洲考察，并在英国剑桥大学农学院主修生物统计学。1937年，卢沟桥事变爆发，日本帝国主义侵占平津，他立即回国。当时北平敌伪多方劝诱，要留他在北平大学担任伪职，他坚决拒绝，最终选择赴陕相继任国立西安临时大学、国立西北联合大学农学院任教授兼农艺系主任。1938年年初，他赴广西大学农学院任教授，并完成了题为《动差、新动差、乘积动差及其相互关系》的巨著原稿。1940年，兼任广西省政府顾问。1941年，去韶关任中山大学农学院教授。1944年，返广西任省政府顾问。桂林沦陷期间，全家避居广西荔浦大瑶山，生活艰苦，历时达九个月之久。1945年，抗战胜利后去昆明任云南大学农学院教授。1946年，赴台湾任台湾大学农学院教授兼农艺系主任，并兼任台大"厥明生物统计研究室"主任。1959年4月，被选为第三届中央研究院院士。退休后，汪厥明先生仍致力于对生物统计学的研究，撰写了多篇有价值的论著。

一、拒绝伪职　千里迢迢赴联大

1914年，毕业于浙江省立第七中学的汪厥明随父汪茂榕去日本求学，他在日本补习日文后，先考入熊本高等学校，继入日本东京帝国大学攻读农学。1918年，东京帝国大学毕业后，即进入该校的研究院，继续主修农业，1924年获农学硕士学位。同年8月回国，任北平大学农学院讲师，兼涿县农事试验场（冯玉祥将军创办）技师。这期间与当时任北京日报社社长的邵飘萍过从甚密，这对他爱国主义进步思想的发展产生了重要影响。1926年，邵飘萍被北洋军阀惨杀，他异常悲痛，曾发表文章悼念好友。1927年，汪厥明担任北平大学农学院农艺系教授兼系主任，讲授生物统计学、麦作学、育种学及田间试验技术等课程，是国内最早开设生物统计学课程的教授之一。他致力于对育种学和生物统计学的研究和教学，并与广东省中山大学农学院、南京中央大学农学院协作研究，巡回讲学，为这两门课的发展做出了卓越贡献。

汪厥明

农学界将他与水稻专家、中山大学农学院教授丁颖[①]并称为"南丁北汪",是国内南北两大科学巨匠,受到同行和学生的敬仰。[②]

20世纪20年代后期,汪厥明即指导年轻学者如何运用变量分析方法,完成最高效率的设计,因而获得许多新的科研成果。1933年,北平大学农学院聘请棉作专家王善佺教授来校任教时,他主动把农艺系主任的职位让给了王善佺,认为王教授更有能力和精力担起这份责任,自己只参加教授会,两人相处极好。1935年,他应广西省政府邀请,到广西进行实地农业的考察,返校后曾给全校师生做《两广农业目击谈》的主题报告,报告通俗易懂,内容丰富,理论联系实际,学生深受启发。1936年,他前往欧洲考察,并在英国剑桥大学农学院专修生物统计学。次年抗日战争爆发,他因家眷在北平,遂经西伯利亚回国,可此时日寇侵占平津。北平敌伪曾多方劝诱让他留在北平大学担任伪职,但他不愿为日伪效力,逃出沦陷区,到达陕西武功西北联合大学农学院报到,任教授兼农艺系主任。

西北农学院由西北联大农学院与国立西北农林专科学校合并而成,设有畜牧兽医学、农艺学、森林学、农田水利学和农业化学等六系和农业经济专修科。之后先后增设植物病虫害系、农业经济系、农业科学研究所农田水利学部、农业机械学系和农产制造学系,在当时形成了农艺、植物病虫害、森林、园艺、农业经济、农业机械、农田水利、畜牧兽医、农业化学、农产制造,以及从专科生、本科生、研究生到职业技术教育的完整高等农学教育体系。当时在农学院任教的周建侯、汪厥明、虞宏正等16人均为各自研究领域的著名专家,汪厥明对西北地区农学科学研

[①] 丁颖(1888—1964),字君颖,号竹铭,广东高州人,农业科学家、教育家,中国现代稻作科学主要奠基人,农业高等教育先驱。1955年当选为中国科学院学部委员(院士)。历任中山大学农学院和华南农学院院长、教授,中国农业科学院首任院长。曾任前民主德国农业科学院和苏联全苏列宁农业科学院通讯院士、前捷克斯洛伐克农业科学院荣誉院士。曾当选为第一、二届全国人民代表大会代表,首届中国科学技术协会副主席,第一、二届广东省政协副主席。从事稻作科学研究、农业教育事业40余年,曾被周恩来总理誉为"中国人民优秀的农业科学家"。2009年被授予新中国成立60周年"三农"模范人物荣誉称号。

[②] 许增华主编:《百年人物1905—2005》,中国农业大学出版2005年版,第112页。

究以及高等教育体系完整建立，做出了重要贡献。西北联大将高等教育体系系统植入西北，奠定了西北高等教育的基础。它从知识、文化、思想等方面促进了西部地区的社会进步，为战后中国西北地区的开发建设奠定了思想文化基础，为21世纪的西部大开发凝聚了宝贵的人力资本，这期间无疑有汪厥明的一份贡献，也凝聚了他的大量心血。

西北农学院有汪厥明的加入，学程总则更加明晰，课程设置更加完善。当时，农艺系的学程总则规定：要求以造就农艺专门人才为目的。学习过程先授以基础理论课程，次授以专业课程。要求学生学习主要农作物的栽培原理和方法，熟悉育种原理及良种选育等技术，对田间技术、实验研究方法的设计亦应予以重视。在课程设置方面，不仅有定量分析化学、农艺分析化学、有机化学、农业微生物学、经济昆虫学、肥料学、遗传学、育种学、作物学、作物学各论、食用作物学、棉作学、稻作学、麦作学、制丝学，还有农业经济学、旱农学、农具学、灌溉管理学以及生物统计学、农村合作、农场管理、田间技术等[①]，尤其是生物统计学等课程的开设，在汪厥明等人的努力下对学生独立研究能力的培养起到了很好的作用。

二、淡泊明志　困苦之中教与学

汪厥明先生为人正直、热情，淡泊名利，终生投入教育和科学研究当中，给我国培养了大批生物科学人才，也为国家作物育种学、生物统计学的发展奠定了基础。早年他在北平大学任农艺系主任时，学校聘请棉作专家王善佺教授来校任教，他主动把自己的职位让给王善佺教授，认为王教授更有能力和精力担起这份责任，自己只担任教授职位，之后两人相处得特别好，这充分体现了汪厥明先生的淡泊名利、待人真诚的品格。1943年，日本侵略者攻入广西时，汪厥明在学生们的帮助下，全家前往大山中避难，在一间不足八平方米的茅屋中生活，如此艰难的环境下，汪厥明先生白天上山打柴，寻找和挖掘野菜充饥，晚上的时候就开始文章，他靠着两位学生设法把他在陕西和柳州搜集的大批资料送进

---

① 《西北农林科技大学史稿》编审委员会编：《西北农林科技大学史稿（1934—2014）》，西北农林科技大学出版社2014年版，第18页。

山里，才得以继续坚持进行生物统计学的研究，并完成了《动差、新动差、乘积动差及其相互关系》的巨著原稿。其间还写了多篇生物统计论文，之后都在《台大学报》中发表。在如此艰苦的时期，他深深地感到国家的艰难，也意识到日本帝国主义侵略者的本质。抗战时期，他鼓励同事们和年轻人要树立"日寇必败，中国必胜"的信心，并把胜利寄托于在敌后坚持斗争的中国共产党。抗战时期很长一段时间，他虽避居瑶山，身处困境，但仍心系国难，担忧国民。1945年8月，抗日战争胜利后，他全家得以平安出山，他履行前约赴昆明云南大学农学院任教授，主讲生物统计学。

汪厥明先生一生研究生物统计学理论与应用，培养了大批在农学试验研究设计、分析等各方面的人才，五十年如一日的工作和学习研究，是中国教育家与科学家中的杰出代表人物之一，被学术界尊称为"吾国生物统计学泰斗"。他的教学授课对学生很有感染力，深受学生们的尊敬与喜爱。他所著的《圃场试验误差及其估计理论》，开启了我国试验研究应用统计的先河；《成数统计分析法之研究》一文，在第四次国际生物统计大会上极受重视，赢得很高声誉；《多品种比较试验之理论与实际》《简方设计试验结果分析法》等，促进了农业技术各方面的改良，受到了极大的推崇；他所从事的生物统计学应用于同位素放射率测定方面的研究成果，深受国际同位素放射率专家的赞扬。

此外，汪厥明十分注意追踪学术前沿。当英国的生物统计学权威费歇尔教授的变量分析法（后称方差分析）在欧美率先提出时，他便在北平大学开始讲授。1933年，有人从费歇尔教授那里，请了一位研究生到南京中央农业实验所讲授"逢机区集田间布置与变量分析产量"，其实汪厥明早已在北京农业大学讲授过了。此后，变量的分析方法深入物理等自然科学的研究当中。北京大学的学生能率先在农业及生物科学试验中，应用生物统计的方法，是与汪厥明教授学术上求新求精的精神分不开的。汪厥明在去英国访问前，就曾著有《雷起氏移动平均法与费歇氏变量分析法之比较》[①]

---

① 载于《中华农学会会报》1935年第138期。

汪厥明为人刚正不阿，治学严谨，锲而不舍，他孜孜不倦的奋斗精神，对学生很有感染力，赢得了学生们的爱戴和仰慕。抗日战中爆发后，汪厥明先生不愿为敌伪效力，前往陕西西北联大，任西北联大农学院教授，充分体现了我国优秀知识分子共赴国难的民族精神。抗战时期，平、津、冀四校一院，大部分知识分子从平津冀沦陷区到西安，复从西安南迁陕南汉中。抗战胜利后，一部分再回迁复校，大部分扎根西北。当时，西北土地贫瘠，民众贫困，经济社会相对落后，西北联大办学条件自然艰苦。学生们上晚自习用自制油灯照明，白天还经常躲避敌机轰炸，教师们的生活也好不到哪里去。当时教育部规定教师的工资按"薪俸七折"发放，再加上抗日战争和通货膨胀的影响，教授只能依靠微薄的薪金和"米贴"维持最低限度的生活。但是，师生们仍然在艰苦的环境下努力教学科研，力争为抗战做出自己的贡献。西北联大常委徐诵明在1938年5月2日西北联大开学典礼上就明确指出，上前线同敌人作战是救国，我们在后方研究科学，增强抗战力量，也一样是救国。师生们就是在这种情况下，不畏艰苦，发扬爱国主义，谱写出我国战时高等教育壮美的诗篇。在这种日本帝国主义入侵、国难当头的环境下，联大主动适应抗战需要，积极开展抗日救国活动。汪厥明正是在这种环境下，积极抗战，不畏艰险，同时又刻苦钻研学术，积极投入教学工作，为国家培养了大批优秀人才。

汪厥明先生一生贡献很多，学术成就显著，这都与他淡泊名利、勤于思考密切相关。国难当头，即使自己再苦，也要为祖国、为学生、为了自己的事业，钻研学术。他热爱祖国的大好河山，热爱自己的骨肉同胞，热爱祖国的灿烂文化，也热爱自己所从事的科学研究事业。

三、酬其素志 创建生物统计学

汪厥明先生是海峡两岸公认的中国第一个生物统计学研究室的创建者。1946年，为祝贺他在生物统计学研究方面取得的成就，著名学界人士胡子昂、丁颖、王益滔、彭家元、董时进、刘运筹等共同发起成立了以汪厥明名字命名的中国唯一的一个生物统计学的研究机构——台湾大学厥明生物统计研究室。后来，台湾大学为表彰他的出色成就，在他五十寿辰之际，宣布正式将厥明生物统计研究室更名为厥明生物统计研究所，并任命他为首任所长。该机构的成功建立，为促进生物科学的发展，培养高级生物统计学人才，做出了突出贡献。

汪厥明对生物统计学有其独特的研究和见地。当英国的生物统计学权威费歇教授刚刚提出变量分析法（后称方差分析）时，中国的农学界，首先是汪厥明在国立北平大学开始讲授这一理论。他开创了中国试验研究应用统计和放射率测定之质疑的先河，其论著均有精辟、独到的见解，对后来原子能和平利用科学的发展影响颇大，受到了国际赞誉。汪厥明，是农学家、作物育种和生物统计学家，还是教育家，是海峡两岸学者公认的我国生物统计学的主要创始人。他最早开设和讲授生物统计学课程，他所倡导的圃场试验新技术，被广泛应用于农业试验研究，收效至宏，他的授课方式和内容深受学生的喜爱。

如前所述，1946年由多位著名科学家共同发起，向全国各有关方面及个人请求赞助，希望能够建立一所专门进行生物统计科学的研究机构，在其《筹募厥明生物统计基金启事》上提出："生物统计原为英国戈尔顿先生（Sir Francis Galton）所最先创立，皮尔生教授（Professor Karl Pearson）是集其大成者，而费歇尔教授（Professor K. A. Fisher）又再次提出，适应现代需要，其历史甚新，距今也不过只有三四十年，皮尔生教授关于由大量资料而成立大样品创立多种介量计算公式，因其所需资料较多，只能应用于大样品，否则很难保其准确性，其后费歇尔教授继续研究，大加改善，对样品的大小，严加区别，创设多种价值估算公式，以便于小样品的分析研究，不需大量资料，而仍能做精确统计判断，因此统计方法的应用范围，有所扩展，对于科学研究影响所涉及范围逐渐增大。费歇尔又于1925年发表变方分析法，将杂质资料中的变导致因素，分别依其程度做数字上的分离，估计纯质资料中的变致因，分别依其程度做数字上的分离，估计纯质机差，并应用 t、z 等分布之概率，以测验其差异的显著性。自从费歇尔的统计方法发表后，凡是与生物有关理论或实用问题的实验，甚至社会科学研究，都运用这种方法，作为判断研究结果的必要手段，因此它逐渐成为学者的必备工具，因为它所需用的资料不多，而可以减少所需要的劳费，结果仍然很准确，而且还能提早完成试验研究。我国科学研究一直比较落后，最主要的原因有，不外于科学研究者生活一向很艰苦，无法能一直持续地连贯工作，所以国内一直缺乏人才。曾任各大学教授的汪厥明先生，在生活中历尽变乱贫困，为常人所难忍受者，唯先生仍泰然置之，对生物统计学术之研导，三十年如一日，造诣颇深，在1934年曾发表《圃场试验误差及其估计理论》一文，当时对国内农业研究技术影响巨大，农业试验应用统计为其分析判断工具。抗战初期，汪厥明先生在生活流亡中，还撰著《多品种比较试验机差之正确估计法》在教学之余，正进行积数十年来《生物统计学》讲稿的编辑，现在为先生五十之年，饱经忧患，形虽苍老，但精神矍铄，已把生物统计作为终生事业，仍在不断研究，提出新见，中外学者没有不钦佩他的，我们深知这项科学研究在中国的重要性，今天正值先生的寿诞，在此特筹设'厥明生物统计研究室'，并请先生亲自主持，酬其素志，且做教导后进为斯学术百年基础，如果此事能够成功，我们深知不能全赖于今日的政府，所以在此发起了向各有关机构及私人请求补助乐捐，这是我们要祝贺先生的成就，他为国家、社会造福，为科学技术研究奠定了基础，却没有一点私心。"汪厥明不仅数十年如一日地专心进行生物统计研究，培养了大批农学试验研究设计、分析等方面的人才，还挤出空闲时间，致力于农业科学理论与实践的结合，进行演绎归纳推广应用，他的著作为数达50余种，各种重要会议场合的讲稿50篇。比如，他在1934年发表的《圃场试验误差及其估计理论》，详细论述了农业试验技术的基础理论，指出试验机差合理估计法，是我国试验研究应用统计的先河。其后发表了《动差、新动差、乘积动差及其相互关系》《变方成分分析前提与显著性测验》及《机差自由度估算法》等等，均是我国近现代推测统计学理论发展的基础。他发表的《成数统计分析法之研究》在第四次国际生物统计大会宣读，在国际上影响很大，获得一致好评。他所著的《简方设计试验结果分析法》及《多品种比较试验之理论与实际》等等，给各农业试验研究机构实际应用，使作物育种家更准确地获得优良品种，从而获得各种农业增产技术，对当时的农业发展产生了重要的作用。

他一生敝屣功名，唯学是务，虚心研究生物统计学理论与应用，他创立了我国至今唯一的生物统计研究所及图书室。生物统计图书室拥有全国最完备的生物统计方面的文献资料，即国内外统计学书籍 5000 多册及杂志 40 多种。汪厥明 1973 年 7 月退休后，仍孜孜不倦地致力于对作物试验取样单位及其圃场布置的研究，对于控制试验的偏性作用有实用价值。

生物统计学的主要研究对象是生物生命科学中的各种数量变化的规律，它的主要研究任务是通过理论与实践中数值上的分析研究获取统计信息，为生物现象的定量研究提供必要的科学依据，以深刻揭示出生物生命现象内部隐藏的数量规律，进而解释、预测某些生物生命现象的发生、发展过程以及进行环境污染的预测与防治、自然资源的管理与开发等，为人们进行最优决策提供可靠的保证。过去，生物统计主要应用于遗传研究及农业试验上，随着时代的发展还越来越广泛地应用于医学研究及公共卫生方面。在美国，大多数医学院以及与医学有关的研究机构均设有生物统计机构，目的在于提高医学科学的研究水平。就世界范围而言，生物统计学逐渐被应用到各个国家的医学院校、医学与公共卫生研究机构、医疗与疾病控制预防单位以及卫生管理部门等各个方面，可以说生物统计学的发展推动了生物科学的发展，反过来也促进了大统计学自身的发展。现时代，随着我国改革开放的不断深入，及与国际潮流不断接轨的大背景下，需要对生命现象进行深刻的揭示与把握，而这一切需要运用的统计学包括生物统计学的知识越来越多。可以预言，在大统计学理论与方法的推动下，生物统计将成为研究生物科学不可缺少的重要工具，将为探索生命现象的奥秘，以及把人类对生命世界的认识提高到又一个新水平。由此，我们也更加认识到汪厥明先生所从事的生物统计学研究意义之重大。

总之，汪厥明教授终生致力于生物统计科学研究，一生淡泊名利，为海内外学者所尊敬的我国生物统计学的主要开创者。

毛泽东二十六位老师之一的黎锦熙

黎锦熙(1890—1978),字劭西,湖南湘潭人。中国语言文字学家、教育家、词典编纂家、文字改革家。1911年,毕业于湖南优级师范史地部。1915年,应国民政府教育部之聘,到北京任教科书特约编纂员。1913年,担任湖南第一师范学校历史教员,毛泽东和蔡和森都是他当时的学生。1920年,开始在高等学校任教,曾任北京女子师范大学、北京高等师范、北京大学、燕京大学国文系教授。1928年11月,任国立北平大学第一师范学院院长。1931年,任北京师范大学文学院院长。1935年,他出版了《国语运动史纲》一书,是国语运动史上的一部很重要的著作。1934年10月,北京师范大学"教育研究会"成立,他任研究会导师。1937年,抗日战争全面爆发后,随北平师范大学迁往西安,在西安临时大学、西北联合大学、西北大学执教,任教授、系主任、师范学院院长等职。1945年,他与许德珩等倡导成立九三学社,兼任《中国大辞典》编纂处总主任。1946年2月,任国立西北师范学院院长。1947年,任湖南大学国文系教授。1948年回北京,任北京师范大学文学院院长兼国文系主任。1949年,与吴玉章等组织中国文字改革协会,任中国文字改革协会副主席。1955年,被聘为中国科学院哲学社会科学部学部委员。他是第一、二、三届全国人大代表,第一、二、五届全国政协委员,九三学社中央常委。

一、文字改革　贡献卓著留青史

1890年2月2日，黎锦熙出生在一个官宦之家，其祖父黎世绶宦游两粤、湖北、山西、热河、安徽等省，父亲黎培銮是清代贡生。故而黎锦熙幼承家学，从塾师诵读诸经、《文选》、唐宋诸大家诗文。1905年，15岁的黎锦熙即考取了秀才。不久，以秀才的资格考入湖南优级师范学堂史地部，22岁毕业。1907年，考入北京铁路专修科。次年因学校毁于火灾，返回湖南，考入湖南优级师范史地部。三年后，以全校第一名的成绩毕业。1911年，毕业于湖南优级师范，开始从事教育工作，也由此萌发了他进行文字改革的思想。

黎锦熙

可以说，黎锦熙一生重要工作之一，就是致力于国语改革，1912年4月3日，他和任凯南等人一起创办了《湖南公报》，并积极踊跃写稿，几乎每日撰社论一篇。次年，他应湖南省立编译局之聘，负责编辑小学教科书。在这期间，他敢于冲破统治思想的束缚，把《西游记》里的章节选为课文内容，接着他出版了《教育学讲义》，提倡教育要普及到民众当中去。在他任湖南省立第四师范学校历史教员时，毛泽东同志在该校学习，两人来往密切，既是师生又是朋友。1914年，他与同事杨怀中、徐特立等创办"宏文图书编译社"，介绍利用欧美新书来编辑中小学教材。同时创办了《公言》杂志，宗旨是主持公正，议论国是。后来他们又在李氏芋园办了一个哲学研究小组，学生中毛泽东、蔡和森等人也常来参加他们的讨论活动，经常讨论一些哲学问题。1915年9月，黎锦熙调任北京教育部任编纂处编纂员。在"五四"运动前，他与钱玄同、赵元任等呼吁汉字改革。他说："汉字革命，为的是文学的革新和文化的增进与普及，是学术上的问题，是教育全部的问题。"他决心一辈子从事文字改革的工作，曾经写联语："终身文字改革，豁出去了；个人环境毁誉，满不在乎。"他认为当时文化领域最紧迫的问题是文字问题，故鼓吹改革文字，提出"国语统一"（即推广普通话）和"言文一致"（即普及白话文），并呼吁国民政府教育部下令改国文读本为国语读本,一切从小学抓起。1916年,在他的努力下北京成立了"国语研究会",推举蔡元培为会长,黎锦熙为委员之一,该会宗旨是研究本国语言,选定标准,供教育界采用。1918年,由于黎锦熙等人的坚持不懈,教育部终于公布了1913年"读音统一会"议定的"注音字母",黎锦熙为此创造了注音符号草体,从此国语运动出现了一个新局面,他亲自到全国各地去宣讲。①

"五四"运动爆发后,"国语研究会"的成员迅速猛增到9800余人,黎锦熙等人倡议应当在国民政府教育部内设一机构来加强领导,于是成立了"国语统一筹备会",他担任国语传习所导师,同年出版了《国音字典》,试图以此统一全国的读音。但当时有人提出了异议,主张"国音"当以北京音为标准,于是引起了"京国问题"的争论。为此,黎锦熙奉命到江、浙等地实地调查,并在南京约集两派进行讨论,会上两派各持己见,互不相让。后来他发表一篇《统一国语中"八十分之一"的小问题》的文章,说明两派国音标准基本相同,差异很小。所以,他认为争论的问题,只有八十分之一,是个小数。他希望大家在实践中还是不变更原来决议,但学理上的辩论还是可以进行。返京后决定在不变更的原则下,又做了一些修订。次年,由教育部公布《国音字典》,作为全国文字读音的标准。黎锦熙认为国语运动是事关国家和民众的事情,所以他直接参与其中。并积极投身注音符号的教学,制订推行方案,编印注音读物,亲自指导教学。现在看来,黎锦熙先生的主张是稳健渐进的,当时他是着眼于提高民众的文化水平,而提出了自己的观点。在谈到出版注音读物时,黎先生说过,上面的注音是给不认识汉字的人看的,引导他们逐步认识汉字,大家既有了认识汉字的需要,自然会通过注音来进一步学习汉字。

在现代汉语语法研究方面,他也是现代汉语语法研究的先驱者之一,他所建立的语法体系,在汉语语法史上占有突出的地位。他全面地分析白话文的语法结构,阐明白话文依然有法可循,以适应教学的需要。他在教学实践的基础上,归纳了白话文学作品和日常口语中的语法法则。

---

① 马庆株:《纪念黎锦熙先生,促进语言文字科学发展》,载《武陵学刊》2011年1月第1期。

1924年，他出版了《新著国语文法》，创立了自己的白话文语法研究体系。其目的是从字、词、语、句到词类、句法，到词类细目、句子成分乃至图解，有要点有详论，全面描述，方便不同的需要者使用，这种方法能在一定程度上反映汉语语法的层次性。①《新著国语文法》是我国第一部完整地描写白话文语法的、具有自己独特体系的语法著作。它作为现代汉语语法的先驱和传统语法体系应用于汉语的典型，迄今依然具有重要的意义，是我国"五四"以来最重要的影响最大的语法著作之一。②

他的《比较文法》一书依据《新著国语文法》的体系，拿白话的句子与文言的句子进行比较。他说研究汉语语法，"第一不要盲目崇欧，第二不要幽情思古"。目的在于通过比较，贯穿古今，古为今用、洋为中用。黎锦熙认为古代语法和现代语法是一脉相承的，是一种语言的语法，只是由于历史的发展和社会的变迁而产生了一些不同。他的语法论著深入浅出，如《新著国语文法》既可作为大学国文系的讲义，又可用作初中一年级的教本。他认为研究语法应该从实际出发，目的是为着语文教学的需要和为了提高大众的语文水平而服务的。

1934年，黎锦熙写了《国语运动史纲》一书，该书纵叙1892年的切音运动至20世纪30年代初的国语罗马字和注音符号的推广，前后40年的历程，其中引龟兔赛跑寓言时，写了一首《龟德颂》："任重，能背；道远，不退。快快儿地慢慢走，不睡！"其意是：尽管任重道远，只要勇往直前，脚踏实地，不知疲倦，终能达到终点的。在黎锦熙先生的观念中，国语运动的中心是使语文走向大众，所以《史纲》卷首的"序"六七万字，论"大众语"，论"大众语文"，论"大众语文学"。据他说，"大众"可以改为"民众"，是与"士大夫"相对的。"因为决定的标准是'最大多数的最大幸福'"。③

1940年，黎锦熙飞往重庆，出席了教育部为恢复国语而召开的"国语推行委员会"，会上讨论了如何制订方言注音字母等问题，并成立"全国方言注音字母修订委员会"，负责进行这一工作。会议还推举黎锦

---

① 黎锦熙：《黎锦熙选集》，东南师范大学出版社2001年版，第440页。
② 白吉庵：《黎锦熙传略》，载《中国当代社会科学家》1985年1月第1期。
③ 梁容若：《黎锦熙先生与国语运动》，载《文史精华》1996年第4期。

熙按照国音编一部《中华新韵》。

纵观黎锦熙先生一生，很多时间和精力都用在语文辞书的编纂方面。他编纂的语文辞书包括《国语常用字汇》《增订注解国语常用字汇》《佩文新韵》《国语辞典》《汉语词典》《中华新韵》《国音字典》《学文化字典》《学习辞典》《同音字典》等等，编纂语文辞书，

黎锦熙部分著作

在当时是国语运动的一部分，目的之一在于正音。从1932年之后，黎锦熙明确以北平音系为标准的新国音，在国语运动的活动中和字典、辞典的编纂审定中，黎锦熙先生都坚持以京音为准，在1949年中国文字改革协会成立大会写的讲话稿里，他再次予以强调。

列宁曾说过，在一个文盲众多的国家里是不可能建成社会主义社会的。列宁的话虽然针对的是社会主义国家，其实同样适用于近现代中国。所以在近现代国家建构过程中，扫除文盲和普及义务教育是一项重要的工作。而在普及教育、扫除文盲工作中，汉语拼音字母是不可缺少的工具，是推广全国通用的普通话的重要工具。在这方面，黎锦熙先生的远见卓识和毕生坚持的志向，对我国社会主义现代化建设产生了深远影响。他毕生致力于国语运动、文字改革和教育事业，为此做出了重大的贡献，功绩卓著。从20世纪二三十年代开始，他不仅从事注音识字、简化汉字、汉语拼音和汉语规范化等多方面的理论研究工作，还很注重实践运用。以写日记为例，从1920年起，他就用注音符号写白话文的日记，1926年后，改用国语罗马字来写，1958年后，改用汉语拼音写，到1971年后一直用他自创的汉语双拼来写。在实践中比较、检验各种拼音方案的优劣，从而不断创新发展。他在治学方面严肃认真，一丝不苟，对于所研究的课题，总是反复修正，虚心求教，这种实事求是、谦虚谨慎做

学问的态度是很值得我们学习的。①

二、联大执教　校歌校史创新体

1937年7月，抗日战争全面爆发后，北平沦陷，国民政府教育部决定将北平师范大学与北平大学、天津北洋工学院合并，组成西安临时大学，迁往西安。9月，黎锦熙赴西安临时大学执教。当时北方各中学组织服务团到西北，并且有数千人准备入校军训抗日。为了配合当时的形势，黎锦熙把法国著名的爱国小说《二渔夫》编入中学课本，鼓励青年一致抵御外敌。次年春天，日军逼近潼关，西安临大奉命迁往汉中城固县，改名为西北联合大学，黎锦熙任校国文系主任。迁到城固后，黎锦熙感慨过去对这些边远省区，只是在讲堂上了解一些，很肤浅。而今身临其境，觉得中国不仅地大物博，而且大西北需要大力开发。此时，学校内部结构也有了一些调整变化，原有的工学院、农学院、医学院、师范学院，先后独立设校或与其他学校合并，而黎锦熙教授却始终坚守在教学岗位，给学生传授知识，同时进行学术研究。他的汉语教学，见解独到，内容丰富，游刃有余，深受学生的喜爱。他学术上的研究，也步步深入，不断创新。

1938年8月，国民党教育部又将西北联大改为西北大学，师范学院独立为西北师院，迁往兰州，黎锦熙任西北师院校教务主任。② 当时，国民政府教育部在组建西北联合大学的指令中，明确提出"为发展西北高等教育，提高边省文化起见"，各学校均以"开发西北""抗战救国"为根本的使命。1938年10月19日，联大常务委员会议将"公诚勤朴"作为校训，黎锦熙对西北联大的校训进行了很好的诠释。根据黎锦熙的解释，公以去私，诚足胜弱，勤则不贫，朴乃反愚，"'私、弱、贫、愚'，人皆知为吾民族之所苦；公诚勤朴，正其对症药也"，并认为，"公诚勤朴，与西北固有优良之民性风习相应"。其中"公"是以天下为公，它表达了西北联大及其子体各校以民族事业为己任的强烈使命感；"诚"是不诚无物，它蕴含了西北联大及其子体各校师生以诚待人做事，

---

① 胡双宝：《黎锦熙先生对中国语言学的贡献》，载《汉字文化》2008年第3期。

② 姚远：《抗战年代的西大教授黎锦熙》，载《西北大学学报》1995年第1期。

忠诚于民族的精神;"勤"是勤奋敬业,它是西北联大及其子体各校师生忠于职守、奋发有为的表征;"朴"是质朴务实,它是西北联大及其子体各校师生质朴务实的真实写照。"公诚勤朴"是西北联大在艰苦的办学中淬炼出的大学精神,表达了西北联大为国家富强和民族复兴不懈奋斗的赤子情怀,蕴含了西北联大的崇高使命,对西北联大的办学理念和文化传统做了高度概括。"公诚勤朴"所包含的精神理念深深地融入了西北联大及其子体各校师生的言行之中,并被多数学校所承续,或直接继承(如西北大学),或演为"公诚勇毅"(西北工业大学)、"诚朴勇毅"(西北农林科技大学)。[1]

同年,黎锦熙受命为联大撰写校歌,歌词为:"并序连黉,载燕都。联辉合耀,文化开秦陇。汉江千里源嶓冢,天山万仞自卑隆。文理导愚蒙;政法倡忠勇;师资树人表;实业拯民穷;健体明医弱者雄。勤朴公诚校训崇。华夏声威,神州文物,原从西北,化被东南。努力发扬我四千年国族之雄风!"对西北联大办学使命、办学理念、办学架构以及师生精神追求进行了高度概括和全面展示。歌词前六句,是追溯西北联大的前身北平师范大学、北平大学、北洋工学院都创立在光绪末年,距离当时已有40年,因为当时形势所迫,于是联合为一体,由平津迁来西北,又从西安转移到汉中,说不定还会向天山进发。中间六句,是在介绍西北联大的内部实力和宗旨,学校设有文理、法商、师范、农、工、医诸学院,以"公诚勤朴"作为校训。后五句,则是表明学校的使命和目标所在,结尾是发扬中华民族雄风。整个歌词大气磅礴,振奋人心,既有凝重的历史感,又有鲜明的时代感,既有微观的描述,又有宏观的概括,有力地表现了高等教育振兴民族的目标,充溢着巨大的感染力和号召力。

1944年5月,黎锦熙先生以歌词为纲,撰写了一部《国立西北大学校史》,把每句歌词当作一个小标题,以具体而又凝练的语言,抒写了西北联大办学的方方面面,成为人们了解西北联大校史的经典性文献。同时,也形成了编纂校史的新体,号称"黎氏新体"。

西北联大办学条件异常艰苦,图书馆开馆时,只有2000多册图书。

---

[1] 参见张岂之《西北联大与开发西北:中国高教史上的重要篇章》,《中国社会科学报》2012年10月15日。

图书设备的购置不仅有经费上的不易，购买也极为困难。教室大都是由旧庙宇、教堂和祠堂改建，"水煮白菜和沙子"的伙食刻进在联大师生的记忆当中。教授们的薪水，也仅仅能维持最低限度。即便如此，黎锦熙先生依然不忘初心，在西北联大先后领导、参与开展了"国语及注音符号讲习班""小学教员讲习会""科学知识讲习班""陕南城固、南郑两县风俗民情及协助各县改良陋俗调查""小学教员通讯研究部""农民业余运动会""民众学校""体育训练班""家事讲习班"等调查和培训工作，开展民众启蒙、移风易俗和抗战宣传活动，开展的中小学教育的研究和辅导工作，解答各地中小学教师提出的有关教学及学术文化的各种问题，这对战时教育的开展和创新发挥了重要推动作用，为开发西北教育、服务西北社会做出了突出贡献。在联大期间，黎锦熙教授还完成了八部陕西地方志，对陕西的地方文化进行了系统的整理（后面将详细论述），他为编写《城固县志》而撰写的《方志今议》，还积极参与了联大抗战史料编辑委员会的工作，多方搜求抗战史料，揭露日军的侵略罪行。

值得一提的是，在西北联大时期，黎锦熙与毛泽东之间还有一段未谋面的交往。前面谈到黎锦熙与毛泽东有师生之谊，并且时隔多年毛泽东并未忘记自己的老师。1939 年，毛泽东得知多年失去联系的黎锦熙在陕西城固任教时，便从延安寄赠了一本《论持久战》给他。1942 年，西大文学院院长马师儒谒见了毛泽东，毛泽东宴请马师儒时，介绍了国共两党建立抗日民族统一战线的过程，同时也询问了西大和陕南教育的情况，并深情地说："返陕南后，请代我问候我的老师黎劭西先生。"1949 年 9 月，毛泽东从西柏坡抵平不久，即亲临北师大尚志学会宿舍看望了黎锦熙老师，相谈甚欢。

三、方志今议　服务地方开先河

1938 年，西北联合大学从西安迁至城固，黎锦熙来到城固后感慨颇深，并把服务地方经济社会作为自己的重要工作之一，而期间他认为地方志的纂修至关重要。于是受县长余正东之邀，黎锦熙被聘为城固续修县志委员会总纂，受命草拟续修工作方案，为城固县修地方志，方案由他手定，并总其成，为地方文化发展贡献力量，其关于修订方志的创见和实践即在这一时期形成。他在城固六年间，发表相关学术论文十余篇，1940年由商务印书馆出版的《方志今议》，对中国现代方志学起到了筚路蓝缕的作用。

黎锦熙的题词　　　　　　黎锦熙手迹

1940年开始，黎锦熙被聘任为编修方志的总纂，他先研究了中国旧方志学的理论，根据当时社会的实际状况，取其所长来用。他又采用西方修志的科学方法，对新修方志的目标、功能、原则、方法、篇目等提出自己独特的见解。他在城固根据1929年国民政府内务部颁布的《修志事例概要》22条的内容，编撰了《方志今议》（又名《城固县志续修工作方案》）一书，这是地方志理论研究的集中体现。该书一共有十个部分，分述了修志的原因、方法、内容、体例和材料来源等，书中论述了方志的"四原则"和取材的"三宗"，以此为核心形成一整套理论体系，在这部书里，他还根据清代章学诚《文史通义》中修地方志的理论，结合实际工作中的经验和体会，论述了新修方志的基本原则与取向，从而开创了民国时期新型方志的先河，著作成为黎锦熙方志理论的奠基之作。他又利用学校休假的机会调查了关中地区的方言和民俗，并参加了黄陵、洛川、同官、宜川等县的修志工作。为实践他的理论原则，他于1942年后陆续撰成《黄陵县志》21卷、《洛川县志》27卷、《同官县志》32

卷、《宜川县志》27卷，并相继出版，为陕西地方志的建设和发展中国方志理论做出了重要贡献。

黎锦熙先生提出修志的"四原则"是指"明三术，立两标，广四用，破四障"。这是他在章学诚方志理论基础上继承创新形成的思想，他认为："章学诚是修志的人，无论是何人何志，都应该知：乘二便、尽三长、去五难、除八忌，而立四体以归四要。现在的时势与古时不同，学术上有大进，其说虽可节取，宜先知所兴革，故敢增拟四端，树为原则：'明三术、立两标、广四用、破四障。'本此原则，再为拟目。"所谓"明三术"是指修志应该先了解"续、补、创"三种方法，即续新篇之术、补正缺遗并误之术和创新之术。"续"指以前的志已经记述过而今又继续发展了的内容；"补"指"凡兹订改补充，都称之为补"；"创"指"事类新增者"。这三者是续修新编志书必须采用的基本方法，缺一不可。"立两标"是指"地志之历史化，历史之地志化"。针对很多人所认为的方志为史的观念，黎锦熙认为方志是"史地两性，兼而有之"的著述，因而"固为'方域之地志'，然须将境内事物，穷原究委，非但考其迹象的沿革而已，必使读者能就演变的实况，推知驱引的总因。方志固为'地方之历史'，本乎史而定施政设教的方针，亦待此而后能备纤悉周到的方案，而后能谋部分具体的实践"。方志兼具史地两性的理论观点受到业内肯定和支持，曾经方志学家朱士嘉这样评价："与章学诚的方志为史的学说理论，黎锦熙的理论是前进了一大步。""广四用"是指方志可以作为"科学资源、地方年鉴、教学材料、旅行指南"的功能来用，以符合时代发展的需要。这一理论说打破了旧学只重方志具有政治功用的偏见，有助于发挥方志在科学研究和社会生活中的具体作用，而能更广泛地应用在日常生活当中。"破四障"是指志书编纂要破除"类不关文""文不拘体""叙事不立断限""出版不必全书"四个弊端。认为修方志，应该不断创新，破除旧的观念，符合时代观念，具有很强的实用性。"类不关文"是针对章学诚提出的"志"应分记、谱、考、传四体而提出的，他认为这种说法存在种种问题，主张"以后的方志，决不当再用文章体裁来分类。类者事类，某类用何文体，一随其事之宜"。"文不拘体"是指各类文体，既根据实际情况来确定，图、表、谱、考皆可以，即便在一类之中，亦可兼备各体。"叙事不立断限"是指方志并非断代史，不必整齐时间的界限，根据自己实际的需要，制定合理的起止时间。"出版不必全书"即分纂各志各类，一旦定稿，即可单独出版印行，不必列卷次，所出之书，名以专志。这样做有五个好处：可随时商榷订正；可征阙补遗；可贡献给到各学科的需求，方便生活；可用新创门类影响全国，树之风声；可为全书的成功提起取得成绩，赢得声誉。破四障从现实出发，对旧志重体例形式、轻内容实质的不足，进行了革新。①

黎锦熙方志理论的取材"三宗"是指方志材料来源的于实际调查、档案整理、群书采录。黎锦熙认为收集材料是修志的基本和重要工作内容之一，没有材料，体例设想得再好、再完善，都无法执行下去。对此梁启超也曾强调说："夫方志之著述，并非像哲学家文学家那样，可以闭户冥想而遂有创获也。其最主要的工作在调查事实，搜集资料。"可以说，收集材料是方志编写的前提，黎锦熙意识到这一问题的关键性，他认为"修志的首要任务，是使材料充实"，而材料来源不外乎这三种情况："一是实际调查，二是档案整理，三是群书采录。"而且最重要的一点是，这项工作不可能由一个人来完成，必须借助于大家共同努力合作，对此，正如梁启超所说："斯固非一手一足之力，而且非借助于有司或其他团体，则往往不能如意。"黎锦熙也认为，"三者都各须一二人来负责，负责者犹司令也，可遣将调兵，多少可不同，根据自己所需来确定。只有专科调查及整理统计工作，需用较多科学技术人员（多属自然与经济两部门），其余的都是可以通力合作的"。在深入地方的"实际调查"当中黎锦熙本着求真务实的态度，亲自调查，获得了大量可靠翔实的一手资料；在"档案整理"过程中，他倡导动员各个机关团体和学校，预先进行训练，使他们可以自己整理档案，从而有效地"群书采录"，并充分利用图书馆资源，联合一些学术机构，发挥各自优势，对每个县的历史，进行查阅和记载。黎锦熙的这些方志理论，形成了一整套完整的思想体系，开创了民国时期撰写新型方志的先河，受到了时人的广泛认

---

① 韩红艳：《黎锦熙陕西方志研究的学术价值》，载《咸阳师范学院学报》2016年5月第3期。

同和积极支持。当时的陕西省政府主席邵力子认为，黎锦熙的新志"不仅依次续编，而且应时创格，实已踏入科学方法的途径，富有时代精神的特色，这是更值得赞美的。"在他的带动下，西北联大在兴办地方企业、陕南地质勘探考察、培训地方师资力量、医疗卫生事业、地方考古、地方社会调查等方面做了大量的工作，从而为陕西和西北地方建设做出了巨大的贡献。①

《方志今议》出版后，得到了学术界高度赞扬。著名方志学家朱士嘉曾撰文称："从表面看，《方志今议》是专为编写《城固县志》而作的，但它从实践中总结出来的一部分经验，已经概括上升为理论，而这种理论既精湛，又有说服力，对于我们编修社会主义省志、市志和县志，具有现实的参考价值。"在《方志今议》中，黎锦熙创设了城固"县志拟目"，拟目分为5门30篇，附录两种。具体志目为：疆域总图、大事年表、建置沿革志、地质志、气候志、水文志、地形志、农矿志、土壤志、生物志、人口志、工商志、交通志、财政志、水利志、合作志、吏治志、军警志、自治保甲志、司法志、卫生志、党务志、教育志、古迹古物志、宗教祠祀志、氏族志、人物志、风俗志、艺文志、方言风谣志，后附本县文征和本县丛录，它是通过以大量的篇幅逐一介绍各专志的特点、内容、采辑资料、编写方法及注意事项等。②

民国时期修志盛行，但因处于新旧交替的过渡时期，有些志书依旧是沿袭旧体，没有改观，有些志书新旧杂糅，体例混乱。在此背景下，黎锦熙不拘泥于旧志体例，吸取各家之长，抛弃糟粕，根据社会不断发展变化的实际要求出发，革新方志的体例和内容。黎锦熙主持撰写的陕西地方志书，已经开始摆脱旧志的束缚，基本抛弃了旧式体例，并接近于当代方志的分类方法，反映出时代的新特点和要求，从而适应了社会发展需要。最可贵的是，他还将理论付诸实践进行验证，使修志不仅为地方留下了珍贵的历史资料，还为当地老百姓实实在在地做事情，体现了当时知识分子的家国情怀。黎锦熙在后来的《洛川县志》序中曾专门

---

① 秦开凤，何炳武：《黎锦熙的方志理论与实践》，载《西北大学学报》2013年5月第3期。

② 黎锦熙：《方志今议》，岳麓书社1984年版，第14页。

提道:"溯自民国廿七年之春,予自西安随联合大学迁陕西之城固,始识余君,时余君长斯邑也,偶谈及地方志,便组设城固县志委员会,预推吾草定方案,于是撰方志今议一书,予本不务此,所谓因缘和合而成者也。"

　　黎锦熙与方志结缘看似为偶然,实则是与他深厚的文化修养与从小就有对此的兴趣密不可分的。他从小广读诗书,独立思考,在对旧有志书的很多内容并不满意,便是为他以后从事修志工作埋下了伏笔。当然,促使黎锦熙修志的另一个重要原因,是他的爱国热忱和强烈责任感。在当时内忧外患的背景下,他认为给所在的地方修县志是为抗日救国工作的第一步。作为一名教育家,他主张学习要与实际问题相结合,根据国家社会发展的需要,从而达到"学以致用,教学相长,而国家社会也都能实受其益"的效果,而修志就是一种很好的教学相长、学以致用的方法。在修志的过程中,他亲自考察、搜集资料,付出了大量艰辛的劳动,一面要遭受战争的威胁,一面生活又十分艰苦。与黎锦熙一起工作的吴致勋曾描述过当时的环境,他说:那时他与黎锦熙先生住在西安南郊新中国印书馆印刷厂里,工厂设在南郊一个古老的地方,四周没有一棵树来调节阳光,整天遭受阳光的曝晒,室内温度很高,晚上也不能入睡。而且房子里多蝎,我曾被啮伤颈,负痛数日后才愈合。在这种环境中,黎锦熙先生毅然工作,不畏困苦,其乐观积极的态度让人感佩。

　　总之,黎锦熙与西北联大及子体院校渊源深厚,关系密切。如今西北师范大学校训"知术欲圆,行旨须直"是当年黎锦熙先生为毕业生题词的两句,源自先秦诸子《文子·徵明》中"智欲圆,行欲方"。即为"智圆者,终始无端,方(旁)流四远,渊泉而不竭也;行方者,直立而不挠,素白而不污,穷不易操,达不肆志也。"黎先生题词在这两句之后还有"大漠孤烟,长河落日",是引了王维的两句诗而分别省去末尾的"直""圆"两字,让人们在思考中加深对"知术欲圆,行旨须直"两句中"圆""直"两字含义的记忆和理解。黎锦熙先生之所以引录了王维这两句诗,也在一定程度上反映了他当时对西北师范学院办学指导思想、原则、人才培养方面的期许。

开辟针感生理学新领域的侯宗濂

侯宗濂（1900—1992），中国近现代生理学家和医学教育家。出生于辽宁省海城县，1920年在南满医学堂毕业，留校任生理学助教，在青年时期就有强烈的爱国主义思想。1922年9月，赴日本京都大学留学，1926年获医学博士学位，回国后在满洲医科大学任副教授，曾应邀到北平协和医学院与林可胜教授一起合作研究。1930年，又先后到奥地利因斯布鲁克大学和德国莱比锡大学留学深造，开始独立从事肌肉神经普通生理学的研究工作。1931年9月初回国，沈阳沦陷后，他怀着对日本侵略者的仇恨心情，甘愿放弃满大的优厚待遇和设备条件，毅然离开沈阳前往北平，任北平大学医学院生理系主任、教授，并兼任协和医学院生理学名誉教员。1937年，前往福建，创建了福建医学院并任院长兼生理学主任教授，后转任福建省研究院院长。1944年，应邀来到陕西，担任西北医学院院长。中华人民共和国成立后，于1956年被评为国家一级教授，后经国家科委批准，西安医学院成立生理学教研室，他兼任主任。历任全国和陕西省人大代表、省人大常委会副主任，全国及陕西省政协委员、省政协副主席，中国科协委员，九三学社中央常委、省委主任委员，省科协主席、名誉主席，中华医学会陕西分会副职论省生理学会名誉理事。他从20岁开始，在医学这块园地里辛勤耕耘了72个春秋，为我国医学的发展做出了不可磨灭的贡献。

一、不断创新　国际前沿展才华

侯宗濂是我国著名的生理学家，他具有一丝不苟、精益求精的治学精神，具有敏锐的观察、分析能力和严谨的科学思维能力。在科学研究的道路上一贯孜孜不倦，善于学习、掌握当代科学家研究生理学的最新成果，不断开拓创新，从不迷信权威，敢于对前人的定论提出质疑。1920年毕业于南满医学堂（后改为满洲医科大学）后留校任生理学助教，在日籍久野教授的指导下工作，他一直坚持"做学问者一定要多读书，而且要朗读，深思，多问些为什么"的信念，博览世界生理学专著和资料文献。1921年对"关于季节对发汗的影响"开始进行研究，观察到夏季室温在30℃—31℃时开始发汗，而在冬季室温达到33℃—34℃时才开始发汗，为久野宁教授提出"发汗性"概念打下了基础。1922年9月赴日本京都大学留学，在石川教授指导下研究普通生理学，为了学到广泛的生理学知识，他还进行了呼吸、循环等方面的研究。他当时写的研究论文，石川教授审阅后一字未改便送到杂志社发表。在学习期间，他提出"温度对血液pH值测量的影响"的研究，纠正了权威威米海利斯教授在类似研究中的错误。1926年4月通过学位论文，获医学博士学位，并由满大提升为副教授，当时他年仅26岁。[①]

早在20世纪20年代初，侯宗濂就对当时世界生理学界的热门课题——关于"费氏（Fick）间隙"进行研究，首次阐明了Fick氏间隙的本质，并取得了较大的进展。1926年，他应邀在日本召开的第七届世界热带医学会议上，做了题为《温度对Fick氏间隙的影响》的报告。1934年他又在我国召开的第九届热带医学会议上，做了《K+、C。++及对Fick氏间隙的影响》的演讲。1935年，在莫斯科召开的第十五届世界生理学大会上，发表了关于Fick氏间隙本质的成因的论文，论证了Fick氏

---

① 袁斌：《侯宗濂教授传略》，载《中国神经科学杂志》2003年1月第1期。

间隙本质是由短持续刺激的阳极阻滞所产生,提出了短时通电两极兴奋、两极抑制的学说。他制备出交感、迷走神经心脏标本,可单独刺激支配心脏的交感神经,观察到交感神经,使心肌紧张增强,这项结果不久也得到了证实。这一系列研究成果,显示出了他出众的才华。①

1930年,他去奥地利因斯布鲁克大学和德国莱比锡大学留学深造,在吕克(Bruecke)教授的指导下学习工作,他撰写的题为《在麻醉、冷冻和黎芦素作用下强度—时间曲线之变化》的论文,在德国《生理学杂志》上以教授的身份发表,指出拉皮克(Lapicque)的"时值"理论存在缺陷,不能正确反映兴奋性,他潜心研究,从分析与拉氏"时值"有联系的Weiss着手,巧妙地运用一般规律和理论,经过严密的推理和验算,从理论和实践上批判了拉氏的古典时值理论,提出用兴奋性的指标来取代拉氏"时值",提出了"标准时值"。这在当时是很罕见的,也是相当出色的事情,在国内外生理学界产生了极大的反响。

1931年"九一八"事变后,他强烈反对日本的侵华政策,愤然离开满大到北平大学医学院任主任教授。自20世纪50年代起,他又提出了"标准电量"的概念,用来作为兴奋性的指标。他在"标准时值"对兴奋性及其指标问题研究的基础上又进一步用Weiss式中的常数 a 作为"标准电量"这个新概念来衡量兴奋性,从而大大改善了衡量效果,于是改用"标准电量"来作兴奋性的指标。这项研究成果,在1962年的全国生理学上海会议发表后,引起了一场争论。侯宗濂仔细地听取专家意见后,又进一步做了深入细致的实验研究,不仅修改和完善了以"标准电量"作为兴奋性指标,而且进一步对兴奋性过程做了深入的理论分析,又提出了"兴奋发展阶段论"的新学说。之后又相继发表了《神经的应激、兴奋和适应》《正确反映兴奋性的指标及应激性、兴奋性的分离》等论文。并在1964年全国生理学大连会议上发表,受到生理学界的普遍关注。1965年年底,国家科委还批准成立"普通生理学研究室"。对这一课题的继续研究任务,被分别列入国家科学研究12年远景规划及生物学和医专科学十年规划。他曾先后在《苏联生理学杂志》(1957)、《生

---

① 《陕西近现代名人录》(第三集),西北大学出版社1988年版,第269页。

理学报》《生理科学进展》（1963）和全国生理学会上发表了研究论文。党的十一届三中全会以后，已届八十高龄的侯宗濂壮心不减，率领他的同事和研究生们重新开始对这一领域的研究，并证明 a 常数可在不同条件下正确反映兴奋性。还用电生理学研究了 a 和 b 两常数和兴奋发展过程各阶段与膜离子通道活动的关系，取得突破性进展。[①] 1978 年该项研究得到了全国科学大会、卫生部及陕西省科学大会的奖状。几十年来，他先后提出了"标准时值""标准电量"概念，创立了能准确反映兴奋性的指标，在此基础上又提出了"兴奋发展过程阶段论"，以及组织兴奋发展的理论。解决了国际上许多学者长期探讨未能解决的问题，被生理学界奉为经典。[②]

侯宗濂并不满足于当时已经取得的成就，为了发扬我国的医学遗产，促进中西医结合，从 20 世纪 60 年代中期，又开始了对针刺镇痛原理的研究。提出了针感二重结构学说，在实验中得出一系列具有科学价值的结论。他把针刺穴位的生理功能与结构统一起来，进行系统的研究，开辟了"针感生理学"这一新学科的研究领域，发展了我国的生理科学。当时他已经年逾古稀，仍然奋斗在研究的第一线，阅读了大量的专著和文献资料，并在自己身上反复试验扎针体会针感，进而采用形态与功能相结合的方法，对穴位和针感进行了系统的研究，并做出了证明，得出了如下一系列成果：（1）体针穴位针感感受器是深部感受器，穴位所处环境不同，各有其主要的感受器；（2）穴位有相对特异性；（3）以肌核为主的穴位，可引导出梭内肌发放的肌电；（4）针感的传入纤维类别不同，产生的针感也不同。麻感由 II 类，重、胀感由 III 类，酸胀感由 IV 类纤维传入所引起；（5）既然证明了穴位针感感受器是深部感受器，则经络（传导通路）的实质必然是反射弧，并与体液也有关联，还证明经络是节段性的；（6）针感点与低电阻点不一定在同一部位；（7）各类纤维的传入均可产生镇痛作用，针刺兴奋的纤维越细，镇痛作用越强。其针刺镇痛原理及肌肉神经普通生理学两项课题的研究成果，获 1978 年全国科学大会奖和个人奖，同时又获省、部级科学大会奖，"穴位与针

---

① 李恩昌：《著名生理学家侯宗濂教授》，载《中国医院管理》1987 年第 1 期。
② 袁斌、梅俊：《悼念侯宗濂教授》，载《生理科学进展》1992 年第 4 期。

感"的专题研究,亦获得全国科学大会奖。[1]

　　侯宗濂先生勤于研究,不断创新,发展中国的生理学,为祖国的医学事业做出了不可磨灭的贡献。几十年来,在他领导下的工作者已在《中国科学》《动物学报》《生理学报》《科学通报》《中华医学杂志》《陕西新医药》《口中医学杂志》及其他国内外学术刊物及会议上发表130余篇文章。此外,他还主编了医学百科全书生理学分卷,在生理学这一领域中,侯宗濂先生一直没有停止研究学习的脚步,为我国生理学的发展做出了重要的贡献。20世纪80年代开始招收博士研究生以后他又提出了:穴位作用的节段性分布、经络实质是神经反射弧、穴位相对特异性等新见解和理论,以及"针感二重结构"学说等新的研究课题,对针感及镇痛信息在中枢神经中传导通路及其作用展开了进一步的研究。他利用电子科学的发展和现代电子技术提供的条件,又在设计如何把兴奋性发展阶段论的研究深入细胞与分子水平上。在他的研究学习之路上,他还主编了《医学百科全书·生理学》,培养了八名硕士和五名博士,自1927年他加入中国生理科学会,曾长期担任中国生理科学会的理事和常务理事。在20世纪50年代初创建了陕西省生理科学会,并长期担任理事长和名誉理事长。他还担任过中华医学会理事、中华医学会陕西分会副理事长等职。[2]

二、永留西北　传承西医教育薪火

　　作为教育家,侯宗濂有着深厚的学术理论成果和强烈的责任心。他长期在医学教育战线辛勤耕耘,先后投入福建医学院和西北医学院(西安医科大学前身)的创建当中,长期担任院长等教育行政领导职务,从事教育和治病的工作。他十分关心学生的成长,培养他们不迷信权威、不断创新的态度和一丝不苟的科学作风。他依靠自己丰富的科学知识,为国家培养了大批生理学方面的专业人才,其中有不少已成为有名的生理学家或医学家。他一直坚持着"绝不能满足已有的成绩,要善于从自

---

[1] 中国生理学会主编:《中国近代生理学六十年1926—1986》,湖南教育出版社1986年版,第186页。

[2] 张香桐:《记侯宗濂先生一二事》,载《生理科学进展》1992年第4期。

己已有的结论中发现潜在的'暗点',在克服'暗点'中重新起步,才能不断进取"。"搞科学研究,一定要能虚心听取别人的不同意见,如果认为自己什么都对,科学工作就深入不下去了。"这是他常对学生说的两句话,也是对自己实践经验的总结。

  1937年,侯宗濂应邀到福建筹建福建医学院,后因为"七七"事变北平沦陷而滞留在福建医学院担任院长。在抗战极其困难的情况下,他不但完成了教学任务,还开展了科学研究,此间还任福建研究院院长一年,促进了福建医学院不断地发展。从1944年起,侯宗濂被调令由福建到陕西汉中接任西北医学院院长。该院人员是1937年由北平大学医学院迁来的部分爱国师生,其中的骨干大部分都是侯宗濂当时在北平大学医学院的同门弟子和熟悉的同事。从福建到陕西汉中,是从南方的大城市到西北的一个山野小城,条件很差,校舍分布在汉中的几座古庙内,一般人都会带有一点不满的情绪,但侯宗濂却是一身轻松,离开了他一手经办的福建医学院,虽有不舍,但想到汉中还有很多熟悉的师生,这里条件虽然艰苦,但心理上却是暖的。

  侯宗濂吸取以前在福建用人过窄的教训,在第一次校务会议上就提到西北医学院要不拘一格地吸纳人才。他曾经说:"泰山不让细壤,故能成其大,江河不择溪流,故能成其深,西北医学院是在这里白手起家的,更应该有博大的胸襟。汉中虽然是个小地方,汉太祖刘邦就是从这里出发的。"他不仅仅是用嘴说的,而是真正做到了,在接任校长之后,到处搜罗人才,一视同仁,对留学英美日德的人才也兼收并蓄,对学生教师都关怀倍加。他注重能力,不限资历,甚至聘请当地开业的一些医生。他广发英雄帖,请到了多位专家学者,充实了学校的教学阵容。如皮肤科教授赵清华、眼科教授陈学穆、内科教授李宝田、外科教授董克恩、耳鼻喉科教授杨其昌等等。侯宗濂先生除了管行政,还坚持在科研的第一线,任务繁重,生理学便委以当时年仅30岁的方怀时负责,对这种大胆的做法,很多老的学者颇有微词,侯宗濂便告诉他们:"西北医学院用人不分资历,而是以能力为第一要务。方先生虽然年轻,但是科研工作很有潜力,就应该像当年名不见经传的韩信被刘邦拜将一样,才是其事业腾飞的重要基础。"①

当时，学校面临的一个很大问题是教学条件简陋，学校一迁再迁，颠沛流离，很多图书和教学仪器都没能顺利内迁，或者损坏，却又无力补充和添置。医疗科研的设备也很缺乏，侯宗濂便多方奔走，采购器材，在如此艰苦的条件下，依然能够开展阑尾切除手术、疝气修补术、一般的外眼手术、扁桃体摘除手术以及妇科的新法接生等一些较有难度的手术，为当地民众带来了很多的福音和便利。汉中这个地方，没有电灯，没有自来水，一切的物质享受均没有。侯宗濂到任后，这些问题很快便解决了，他多次跟师生谈道："西北医学院草创，又是在日寇侵略的时候，但是事情还是要做的，而且应该有誓不罢休的精神，大家既然来到这里，就应该发扬我们吃苦的精神，发展西北的教育。"他多次对教师说："从烽火弥漫的沦陷区来的学生，有家，却失去了联络；有国，国家却在苦难中备受煎熬。因为有苦难，他们更应该了解这个时代和自己的责任使命。即使饿着肚子，即使衣衫褴褛，即使只有土蜡照明，作为教师，我们应该坚持在岗位上，相信国家总会有胜利的一天。我们只有兢兢业业讲课做学问，不能愧对于这个特殊时代。"

他做事没有官僚气息，多次参加手术和临床治疗，并给患者进行心理疏导，耐心讲解。他在当时医学界是很有威望的，加上他胸襟开阔，能容纳反对自己而有真才实学的人，受到了众人的爱戴。面对日寇飞机轰炸、教员奇缺的困境，他以宽广的胸怀招贤纳士，使这所大学立现生机，就在这种环境下还要担任药理学的教学工作。两台旧的记纹鼓是当时唯一的记录仪，就是在这种简陋的环境下，知道多名学生开展鹿寿草的科研工作，在该院破天荒地完成了"关于鹿寿草的生理作用"的研究。在汉中期间，他一共培养了数十名学生，总是抽出时间来为学生补课，甚至晚上都要上课，怕自己的行政工作耽误了学生的学业。由于当时的环境，消息十分闭塞，学生很少能看到全国性的报刊，只能靠课堂的笔记来学习，和参加社团组织来丰富自己的学习。侯宗濂积极外引内联克服种种困难，改善教学条件。他还鼓励师生成立了各种戏剧社团组

---

① 马欣、赵晏、王向辉、刘国强：《侯宗濂传》，学苑出版社2015年版，第155页。

织,话剧团、京剧团、秦腔剧团纷纷涌现,为当时丰富贫乏的山区文化生活起了积极作用。

在西北医学院的日子虽然艰苦,但大家都朝气蓬勃,不以为苦,反苦中作乐。在如此艰苦的条件下,侯宗濂领导大家坚持正常的上课秩序,学校还制定了有关抗战的课程,如军事、政治、救护技术等课外训练。为了鼓舞人心,侯宗濂会每个星期邀请知名人士到学校来进行演讲介绍抗战的形势,鼓舞学生的学习和生活,激发他们的爱国热情。他常说:"抗战的学生救国,不一定是拿着枪杆子救国,我们在后方研究科学,增强抗战的力量,救助抗战的伤者,一样是救国。我们朝气蓬勃,克服不利条件,有所作为,有所承担。"他非常关心学生的思想状况,在学校设立了心理信箱,开设了学生诉苦、教师谈话的课程,有效解决了学生的心理波动问题。他还不断改善学生的伙食。学生常说侯宗濂是当时汉中的"一座进步的自由灯塔,使在暗夜海上的船舶有所归往,不至于淹没在风涛之中"。

1945年8月15日,这一天对中国人来说是值得永远纪念的大日子,近代以来,中国人取得的反抗外来侵略的第一次伟大胜利。西北医学院终于摆脱了艰苦的办学环境,迎来了黎明。当时学校师生普遍认为应该回北平重建校园,国民政府将西北的开发与建设提上了日程,基于一些考量,教育部决定西北医学院就在西北扎根,服务西北,侯宗濂继续担任院长。这一消息,使不少师生都很矛盾,因为西北的条件过于艰苦,有的学生甚至想离校回京,大家对这一决策很是抵触,当时,侯宗濂因心力交瘁正卧床休养。学生的这种情绪变化,使侯宗濂不顾自己的身体,专门发表了《扎根西北,就是服务国家》的演讲,侯宗濂动情地说:"我是东北人,自幼对于西北就是陌生的,但我知道这是国家的重要地方,不可放弃,尤其是这里的医疗条件很差,各位老师和同学们的生活不好,待遇也不好,但是我们难道都要去大城市,去北平才能实现救死扶伤的理想吗?我看未必,我们古人有句话:'位卑未敢忘忧国。'现在我们的国家刚刚抗战胜利,祖国的建设事业刚刚起步,我们不能有情绪,要认真扎实地做好我们的本职工作。留在西北,奉献国家,挥洒青春。我知道很多人在这里还是有些水土不服,但是我们就是我国医疗事业的拓荒者。"师生们看到自己敬爱的校长拥护了教育部的决定，便也不闹了。1946年10月，西北医学院汉中部分并入西北大学，改称西北大学医学院。到该年8月份，西北医学院基本搬到了西安，侯宗濂来到了西安，继续着他的医学教育生涯。[①]

西北大学医学院生理学教工合影（侯宗濂前排中）

在这一时期，侯宗濂非常重视学生的全面发展，除了规定学生完成需要完成的学业外，还要求学生要有高尚的修养和健全的体魄。他多次在公开场合表示："我已经无所欲求，只想要做培养国脉的工作，必须尽心尽力。"当时的西安还是受到了国民党政府的统治，随着中共领导的人民解放军的胜利，西安在1949年5月20日，迎来了历史性的一天。在西安刚刚解放的日子里，由于侯宗濂在医学界的崇高威望，周恩来总理亲自发电邀请他出席首届全国政协会议，这对一位医学者来说是一种莫大的荣誉。

1950年，中央人民政府教育部决定：西北大学医学院从西北大学分出来，成立西北医学院，侯宗濂任院长。侯宗濂一门心思，奋力为祖国西北医学事业认真工作。他提出了"三三制"的建设原则，积极贯彻我国卫生工作"面向工农兵""预防为主""团结中西医"的三大方针。还

[①] 马欣、赵晏、王向辉、刘国强：《侯宗濂传》，学苑出版社2015年版，第163页。

提出了有准备、有发言、有争论、有总结的"四有"课堂讨论以及定时、定地、定题、定教师参加的"四定"教学办法。为了促进学生的全面发展，他提出了学生每天学习八小时、睡眠八小时、娱乐及其他集体活动八小时的科学号召。他也很重视对人才的引进和培养，重视培养良好的师生关系。坚持实践是检验真理的唯一标准，重视师生的实践活动。他为西北的医学教育发展做出了巨大贡献。

三、赤诚报国　毛主席嘱为中国医学争光

作为社会活动家，侯宗濂有着炎黄子孙赤诚的爱国之心。早在1928年济南惨案发生后，他和几位爱国学生就愤愤不平，当时日本报纸在头版便刊登了他抗日的信息。他看到了旧社会的腐败与无知，渴望中华民族的复兴和振兴，在出国深造的日子里，始终不忘自己是炎黄子孙，时时关心着国事，始终把自己的命运和祖国的命运联系在一起，把自己学习的知识用于使祖国强大昌盛。他衷心拥护共产党和毛主席的领导，坚定不移地走社会主义道路。他历任九三学社中央常务委员、陕西省委员会名誉主任委员、中央参议委员会副主任，并先后担任全国人大代表、全国政协委员、陕西省人大常委会副主任、省科协主席等领导职务。在他85岁高龄，光荣地加入了中国共产党，实现了他多年的心愿。他始终高举爱国主义和社会主义两面旗帜，与中国共产党密切合作，为团结和帮助广大知识分子坚定不移地走社会主义道路做出了突出的贡献。党的十一届三中全会以后，他鼓励广大社员在做好岗位工作的同时，面向社会，面向经济建设，积极投身经济体制、科技体制、教育体制改革中去，为国家的物质文明和精神文明建设多做贡献。

侯宗濂早在日本京都大学留学的时候，就表现出了强烈的爱国之情，面对自己导师对国家的歧视，他回答道："石井先生虽然很棒，这并不证明日本人一定能够在医学上独霸，现在如果日本对自己的优势只是沾沾自喜的话，我们中国学生一定会迎头赶上。"之后这位导师也渐渐卷入日本的肮脏的秘密试验，侯宗濂和他的立场发生了巨大的分化，也不再联系这位老师。身在国外的侯宗濂，却时时刻刻关心着国内的风云变幻。1931年3月，侯宗濂去往德国莱比锡大学继续留学深造，到1931年秋离开那里时，他做了这样的一段答谢词来对格德梅斯特教授以及一起学习

的同事表示感谢,他说:"诸位,莱比锡是一个美丽的城市,莱比锡大学是一个一流的大学,不仅仅是因为它有迷人的风光,更多的是因为这里有良好的学术风气,有很多愿意为科学真理孜孜不倦、勇于探索、乐于奉献的人,我来到这里,跟大家一起学习,我感到很开心。我在这里学到了如何思考、如何认真地生活。德国无疑是一个伟大的国度,它拥有很多为了人类而工作的科学家、哲学家和思想家。今天我要离开这里了,我要回国了,那就是回到我的祖国中国。诸位可能对我的国家很陌生,因为很多人一开始认识我,以为我是日本人,这让我感到很汗颜,但这种看法却也明确说明了我的祖国在国际上的真实地位。记得小时候,我立志要学医,是因为我不想让别人说我们是'东亚病夫',弟弟妹妹死于疾病,那个词语很刺耳,让我常常不能入睡。后来我渐渐明白了,你不喜欢听,不代表别人不会说,如果想让别人不再使用这个难堪的称呼,不再让更多的人受疾病的折磨,那首先自己站起来去掉疾病,成为健康的国民……"[①] 这里表现了他的爱国,他的爱学,他的爱友。在离开德国后,他又被满洲医科大学聘为副教授,在这他日益感受到一种不祥的政治气氛向自己袭来,学校逐渐成为日本殖民者的医疗中心。"九一八"事变爆发后,侯宗濂万分的悲愤,当天回家后就写了一篇罢课信,言辞激烈地批评日本的侵略行为,并要求日军撤回去。之后他收到了来自北平大学医学院的邀请函,虽然北平大学的条件差,但他还是毅然决然地前往,在那里他很赞同一些老师对增设军训课程的建议,他曾写信给领导说:"学生强身健体,非为事急,而是健康公民的需要。只有这样,才能有梁启超先生所倡导的少年中国雄踞亚洲的一日。北平医科大学荟萃青年精英,正是肩负着日后国富民强的使命,岂可莫问国事相延宕,到那时,偌大的北平,恐怕难以放置一张安静的书桌。"这体现了侯宗濂激情澎湃的爱国热情,学生受其影响,也纷纷立志抗日卫国。

  1950年10月,朝鲜战争爆发,侯宗濂领导着西安的教育者举行了抗美援朝保家卫国的游行大会,他走在游行队伍的最前列,高呼打倒美帝国主义的口号,一呼百应,声震云霄。他发表了爱国宣言,肯定了学生

[①] 马欣、赵晏、王向辉、刘国强:《侯宗濂传》,学苑出版社2015年版,第85—86页。

的爱国热情，希望学生用学习和舆论支持抗美援朝的斗争。为了促进民主政治建设，侯宗濂在1951年加入了民主党派九三学社，他的加入，给该组织增添了无限的活力，在西安开辟了天地，积极发展组织成员，他是九三学社陕西社组织的创始人之一，担任九三西安分社第一主任委员，在九三学社陕西省委会工作了近40年，是陕西省社员尊敬和爱戴的老领导。他还特别重视科学研究的发展，深刻地认识到科学现代化对一个国家的重要作用。看到苏联成功发射了两艘载人航天宇宙飞船，认为我们也应该大力发展航空航天技术，迎头赶上，居安思危。侯宗濂是衷心拥护和热爱中国共产党和毛主席的，1962年，他被评为全国劳动模范，在北京隆重举行了表彰大会，毛主席亲自接见了他，并握着他的手说："侯先生，你是好样的，为中国医学争了光，希望你继续在科研和教育上再立新功。"侯宗濂也心中一热说："谢谢主席的表扬，我一定会努力的，您要身体健康。"多年后，他还时常地感受到毛主席那深情的嘱托。1966年，"文化大革命"开始了，学校的正常秩序也被严重破坏，阶级斗争此起彼伏，就连他专管的医学院也没能幸免，他的同事和朋友不少都被揪斗。在这段日子里他虽然也时常感到迷茫和失落，他曾在信中这么说："这样闹革命，只会是亲者痛，仇者快。""把那些权威和专家打倒了，那是蔑视科学的无知。"经过短暂的迷茫之后，他渐渐静下心来，继续在办公室埋头苦干，年过半百的侯先生，依然精力充沛。[①]

1976年，"文化大革命"落幕了，"阶级斗争为纲"的口号在党的十一届三中全会被彻底放弃，民众推举邓小平的"实践是检验真理的唯一标准"。侯宗濂一直相信光明终会到来，虽然他并不是社会科学领域的专家学者，但是一直注意用马克思主义基本原理来认识和解决问题。1980年，已经八十岁高龄的侯宗濂辞去医学院院长的职位，虽然退休了，但他毅然时刻坚守在科研岗位上，时刻关注医学院的建设工作，他为人和善，没有官僚习气。1982年，宣传部门受科学普及出版社之约，准备为他写一部书，宣传他的一生。侯宗濂知道后，很生气地对宣传部的人说："我有什么好写的，别搞表面文章。"宣传部的人好说歹说，他才同意。

[①]《深刻缅怀福建医学院创始人侯宗濂同志》，载《福建医科大学学报》1992年第2期。

他一生不求名利，一直在为祖国的医学事业和教育事业发展奉献着自己。在他85岁的时候，他光荣地加入了中国共产党，追求政治上的进步。他在入党申请书上这样写道："今天我虽然80多岁了，但丝毫不影响我对共产党组织的钦佩和向往，希望组织能批准一个老人的心愿，那就是无论年龄，都可以全心全意地为人民服务，可以为人类伟大的解放事业而英勇献身。"80多岁的侯宗濂虽然身体不好，但他还是壮志不减当年，投身科研工作当中。他曾经说过："最美不过夕阳红。""时不我待，我能活几年，就要为祖国和人民工作几年。"晚年的他认真坚守在科研岗位上，经常不顾自己年迈的身体，穿着实验服在实验室做研究，学生们劝他休息，但这种好心总是会被他拒绝，他说："实验室就是我的阵地、我的家，我是老了，但我不能离开它，离开它我就觉得莫名地失落和无所适从。"他虽年事已高，但仍然坚持实际调查研究，根据实际提出问题，在中共陕西省委、省政府召开的协商会议以及省人大会议上，多次对陕西省的经济建设、高校改革等问题提出意见和建议，对完善人民代表大会制度和党领导的多党合作、政治协商制度做了大量工作。①

  侯宗濂先生具有高度的政治热情，对待所有工作，他都极端负责，无论是看文件还是听汇报工作、提意见都严肃认真，一丝不苟。在他九十岁高龄时还出席了中央及省委的会议，就在他因病住院期间，仍然关心着学社的工作。当时已经在病床上的他还为《九三陕西社讯》庆祝中国共产党成立70周年专辑撰写文章，并以普通社员的身份参加西医支社的组织生活，这些都充分表现了他对统战事业、对工作崇高的献身精神。

---

① 陈学俊：《孜孜不倦　勇于进取　努力奉献——深切悼念侯宗濂同志》，载《民主与科学》1992年第4期。

中国近代水利事业的奠基人李仪祉

李仪祉（1882—1938），原名协，字宜之，陕西蒲城人，是我国近代著名水利科学家。9岁从学，17岁中秀才，先后肄业泾阳崇实书院和关中中学。1904年，入京师大学堂进行深造，1909年去德国留学学习土木工程专业，辛亥革命爆发时回国。1913年，他再次出国，在德国但泽转学水利，1915年，学成归国，在南京河海工程学校任教，他主要讲授河工学、大坝设计和水文学等专业课程，他亲自编写教材，制造河工模型，并且采集各类标本，以丰富教学内容。他非常注重实践，经常会带领学生去各大江河勘察学习。对我国古代治河名家的著述，以及灌溉、运渠、水工建筑等方面的经验和成就，也都悉心研究并给予科学的解释。1922年秋，他出任陕西省水利局局长兼水利工程局总工程师，开始筹划引泾工程。先后兼任陕西省教育厅厅长、西北大学校长。在这前后十年间，因为陕西时局混乱，除了赴各地考察以及做一些工程计划以外，他还曾任职于华北水利委员会和导淮委员会。1930年，在天津创办水工实验室，回陕西任建设厅厅长，第二年引泾工程开工。这一年，他倡议组织中国水利工程学会，被选为会长，一直连任到他去世。1933年夏至1935年，他兼任黄河水利委员会委员长兼总工程师，亲赴黄河各地勘察，并且提出治理方案，在此期间撰写治河文章40多篇。1936年，他又兼任扬子江水利委员会顾问。他一生通过关中水利的实践，通过培养水利人才，通过引进西方水利技术和工程技术，成为中国水利界的先导，为振兴中国水利事业贡献了毕生的精力。他是著名水利学家和教育家，我国现代水利建设的先驱，他主张治理黄河要上中下游并重，防洪、航运、灌溉和水电兼顾，改变了几千年来单纯着眼于黄河下游的治水思想，把我国治理黄河的理论和方略向前推进了一大步。1938年3月8日，李仪祉逝世，他留给我们的各种专著、论文、提案以及报告等共188篇，其中有关水利的论著，至今仍具有极大的现实意义。

一、学成归来　踏遍祖国江河

李仪祉生活在一个思想进步的家庭里，他的祖父是以务农为生的，虽然不是读书人出身，家境又贫寒，但是却从没有让家中的子弟间断读书求学，所以李仪祉从小就受到了良好的教育。他的父亲李桐萱是同盟会的会员，曾担任陕西省咨议局副局长、省修史局总编撰、西安易俗社社长，剧作家，"好为古文辞，尤揪心于社会风气之纠正，民间教育之普及"。伯父李仲特是同盟会陕西的分会长、数学家，曾担任川汉铁路工程师，"耽历算之学，搜求中西天文数学之书，孜孜研习，著述不休"。[①]

李仪祉的伯父对他的影响很大，他小的时候，除了读"四书""五经"之外，还会跟着他的伯父和他的父亲学习数学等，在这个时候他最初接触了所谓的"西学"[②]。在他八岁的时候，随伯父在永丰镇上学读

[①] 参见中国科学家协会编、方悴农主编《中国科学技术家传略·农学篇》综合卷一，中国农业科学出版社1996年版，第35—36页。
[②] 参见林观海《中国近代水利的先驱——李仪祉》，载《华北水利水电学院学报（社科版）》2003年第19卷第1期，第68页。

书，从小就养成了勤奋刻苦、好学钻研的好习惯。但是少年时代的李仪祉，并不聪慧，尤其是十分厌倦八股文。被人讥为"凉凉子"（意为脑子有问题）。然而一接触科学，他却立即发生浓厚的兴趣。1898年，戊戌变法始，府试中提倡新学，在其他考生都把《秦始皇拿破仑》当成"秦始皇拿着破车轮"的时候，17岁的李仪祉参加了同州府（今大荔县）院考，以"少年识算，气度大雅"考中了第一名秀才，"得督学叶尔凯赏识"①；次年，他18岁的时候被推荐进入了泾阳崇实书院读书，但是他觉得书院里所学的东西对实际并没有多大的用处，于是申请了退学，自己在家学习一些工科课程和外文等。在这期间，他还曾被崇实书院的同窗于右任推荐，在其所在的商州中学堂去任教习，但是因为于右任后来遭到清政府的通缉而去了上海，李仪祉随后也就辞职了。②

在光绪三十年（1904），李仪祉考上了北京京师大学堂预科德文班，他所学习的课程主要有物理、化学、法文、德文、几何、代数、微积分等等。他在京师大学堂读书期间，各门功课均成绩优异，获得了"举人"衔的资格。但是热爱科学事业的李仪祉，并没有接受这个头衔，他并没有想走升官发财这条路。反倒是，剪掉了自己的长辫子，离开学校回到了自己的家乡。回到家乡后的他，恰巧碰到陕西社会人士正在倡议办西潼铁路（当时的陇海铁路只通到潼关），筹资派遣留学生学习铁路专业，李仪祉成为这些留学生中的一员，于1909年去德国留学，在柏林皇家工程大学攻读铁路专科。

李仪祉在德国留学期间，不仅开阔了眼界，同时学到了不少知识，他的各科成绩都非常优秀。他并非是只知道读书的书呆子，在学习之余，他游遍柏林四郊，有的时候也会越过柏林的边境，去瑞典海滨和丹麦去游览。他在德国的时候，参观过很多的工厂、矿场，也留意了很多的博物馆、寺观等，他尤其对水电站、公路、地下电车、水库等特别感兴趣。他在毕业的时候，参加了修建一座混凝土大桥和一座铁桥的项目。同时，

---

① 参见李富荣、郭昭明《我国近代水利科学技术的先驱者李仪祉》，载《渭南师专学报（综合版）》1987年第2期。

② 参见姚远、唐得源《我国近代水利科学家李仪祉》，载《陕西师范大学学报》1984年第1期，第115页。

这也是他在工程建筑事业的第一次尝试。

1911年，中国爆发了辛亥革命，这个时候，李仪祉刚到德国留学两年。他在青年时期就加入了同盟会，他满怀救国大志，于是在德国买了两支手枪就立刻赶回了祖国，准备加入辛亥革命。但是当他回到祖国的时候，南京临时政府已经成立了。李仪祉感到非常的遗憾，因为他没有亲自参加推翻清王朝的封建统治的壮举。孙中山担任临时民国大总统，他委任李仪祉担任津浦铁路局局长，但是李仪祉这个时候最看重的是自己的学业，他不愿意中途终止自己的学业，所以他并没有去赴职。

李仪祉曾经一度回陕西希望在西安创办三秦公学，想要培养一批建设人才，但是因为当时社会混乱，军阀割据，外国的侵略势力日益猖狂，最后他的建设事业也成了空谈。1913年，李仪祉返回德国继续求学，并且和陕西水利局局长郭希仁一起去了俄国、法国、英国、瑞典等欧洲国家，考察水利工程。他们目睹了欧洲各国水利事业的发达，又禁不住悲痛感慨我国水利事业的颓废，而且人民还在受着旱灾的煎熬，两人顿时百感交集，再加之李仪祉从小生活在干旱

在德国留学期间的李仪祉

的渭北，对于缺水的痛苦深有体会，于是他决定专攻水利科学技术，想要振兴中华之水利。① 因而也就促成了他第二次回德国转攻水利的决心。在柏林工业大学学习水利专科期间，李仪祉的学习成绩是非常优秀的，是老师眼中的高才生。在学习期间他还认识了德国水利学家、钱德斯登大学教授，并且关系十分友好，在与教授切磋疑难的时候，使李仪祉常常受益匪浅。1915年，34岁的李仪祉最终以优异的成绩取得了但泽大学特许工程师的荣誉称号，光荣回国。②

李仪祉回国后，踌躇满志地回到陕西，准备为家乡的水利事业做些

---

① 参见姚远、唐得源《我国近代水利科学家李仪祉》，载《陕西师范大学学报》1984年第1期，第116页。

② 参见林建成《李仪祉先生转》，载《民国档案》1990年第4期。

实事。但是没有想到陕西政局不稳，再加上财政困难，为家乡兴修水利的愿望只能暂时搁置。之后，他应全国水利局总管、实业家张謇的聘请，参与创办了我国第一所高等水利学府——南京河海工程专门学校，任教务长。李仪祉在河海工专执教了七年，为我国培养了700多名现代水利科技的骨干专家。著名的水利专家沙玉清、汪胡桢都是出自他的门下。他教书育人不计较个人得失，他教育学生要学好水利知识，为祖国的振兴建功立业。他对学生说："要做大事，不要做大官，一切事情要讲求实际，不要争虚名。将来学成到民间，改良农作物，指导农民复兴农业，挽救岌岌可危的国家。这么大的责任都要放在诸位的肩膀上，是多么大的使命！"他说："学工程的青年，于求学时代便应存一济民利物的志愿，日展其所学，便时时想到如何可供一般人民受到我的益处。"[①]

1922年，李仪祉回到陕西，应陕西省的聘请，担任陕西省水利局局长、陕西省教育厅厅长（国民军联军驻陕总司令部所属，实际由中国共产党领导）、陕西省渭北水利工程局总工程师一职。[②] 1927年，曾在上海任港务局局长。年底改就重庆市政府工程师一职，设计成渝公路重庆市郊老鹰岩盘道。据说这是李仪祉一生最得意的一个土木建筑设计。1928年，任华北水利委员会主席，之后又兼任北方大港筹备处主任、导淮委员会委员兼总工程师及工务处长。在这些年里，他筹划黄河水利事宜，设置黄河水文站，亲自去淮河上下游勘察，并且视察运河，拟订了导淮计划。1930年，李仪祉倡导创办天津水工试验所，这一举动在当时来说，不仅在中国而且在全亚洲都是进行水工模拟试验的第一个机构。[③] 1931年，李仪祉兼任全国急救水灾委员会委员长兼总工程师，主要承办江河复堤工程，来往在湖北、陕西和上海之间。在这一年里，为了推动我国水利事业的发展，他同著名水利专家李书田、张含英、孙辅世、张自立等，针对当时的政府不重视水利建设、水利工作者涣散的情况，倡

---

① 参见陈陆《李仪祉：中国近代水利事业的奠基人》，载《中国三峡》2013年第8期。
② 参见高立洪《李仪祉：一代水利大师》，2002年2月23日《中国水利报》第5版。
③ 参见姚远、唐得源《我国近代水利科学家李仪祉》，载《陕西师范大学学报》1984年第1期，第117页。

议创办"中国水利工程协会",李仪祉被推举为会长,1933年,李仪祉大病初愈,又任黄河水利委员长兼总工程师,投入黄河决口后的水灾救济工作。这一年,短短的十个月里,李仪祉极为辛苦,先后去黄河上游及天津、郑州、苏州、山东、濮阳、朱口等地方考察。他在工作中,常常要风餐露宿,几次濒于腹病。1938年年初,李仪祉抱病参加渭惠渠拦河大坝南土坝合龙工程,回家后因为心力交瘁卧床不起,由于常年的劳心过度,不久后便离世。

李仪祉的一生,是为祖国水利事业奋斗的一生。他为我国水利事业的发展鞠躬尽瘁,黄、江、淮、海都留下了他的足迹。

二、肇造"八惠"　成就一代水利大师

李仪祉在南京任教期间,主要精力都放在教书育人上,是中国近代水利教育的奠基人。作为南京河海工程专门学校教务长,一切课程从计划到编制大多是他亲自执笔的,李仪祉贯注精神、乐于不倦,同时学校大量的行政工作和教学工作也都由他承担。他曾兼任过德育部主任、出版部主任、研究部主任等职,也代理过校务工作。他所教授的课程主要有水工结构、力学、数学、道路工程、地理、德文、地质、机械以及水利史等。在他任职期间,他曾对我国古代水利史产生了浓厚的兴趣,并对古时候的治水经验进行了系统和深入的研究。比如说,我国古代治河名人王景[①]、潘季驯[②]等人的光辉事迹和言论以及古代人在灌溉、运渠及河工建筑等各方面的突出成就,他都给予了科学的解释。

李仪祉非常注重自身以及学生的社会实践,经常会带领学生去各个国家的各河流域进行水利考察,并且把这些考察记录写成文章编写成书用作课外教材。他把西方的水利科学知识和我国传统的水利科学技术进行结合,总结出了一套适合我国水利国情的科学的治水方略。这些内容也同时是他在课程上给学生讲授的东西。李仪祉非常注重直观的教学方

---

① 王景、字仲通、琅琊不其(今山东即墨西南)人,东汉卓越的水利家,是黄河大堤的奠基者,其水利成就颇众。

② 潘季驯(1521—1595),字时良,号印川,浙江乌程(今吴兴)人,明代著名水利家,曾四任总理河道,共达27年之久,著有《河防一览》,是16世纪后期治河通运的代表性著作。

法和学生的实际教学。他在南京的时候就曾经在一个家具店里看到了一个青年木工,他把这个木工聘请到学校制作各种水工模型。他在学校里面建了一个水工展览室,把各种水工建筑物做成模型摆去陈列。平时他还会经常搜集一些矿物的标本、建筑材料等等,用来进行实验。1917年华北地区发生大水灾,此时李仪祉亲自率领学生去勘察河北五大河及海河,历时半年多,收益颇多。

李仪祉的学生、同样也是水利专家的汪胡桢[①]曾经回忆他自己进入河海工程学校之后,李仪祉所上的第一节课对他的印象非常深刻:"当深目高鼻庄严地像神父一样的李仪祉先生第一次跨上讲台为我们上水工课时,全班鸦雀无声,连呼吸都屏住了。他讲道:'水利就是水的利用。水是自然界的产物,有益于人,也有害于人。浇在田地里能长出庄稼,浮起船舶能运输货物,通过水轮机能发电,人一天不能没有水,都是水于人有益的事;洪水、内涝、海侵是于人有害的事。用科学措施去兴水除害,是我们今后要学习的水利工程。'"李先生言简意明地讲了一席话后,使大家开了心窍,李先生也面带笑容,教室里气氛顿时活跃起来……"[②]

李仪祉治学严谨并且作风严谨,德高望重,堪称教育界的泰斗。他的治学观点概括起来主要有以下几点:

(一)治水兴农,济民利物。李仪祉认为:"水利实为利农要图。西北地势高亢,旱灾时见,不有水利,农于何赖?""学工程的青年,于求学时代便应存一济民利物的志愿,日展其所学,便时时想到如何可供一般人民受到我的益处。"

(二)借鉴中外,重视实践。李仪祉从不生搬硬套。对待国外以及中国古代的治水经验,他都能做到去伪存真,重视理论联系实际,带领学生去参加考察和施工,使学生能从"通、广、博"向"专、深、约"

[①] 汪胡桢,1917年毕业于河海工程专门学校,曾在美国康奈尔大学读水力发电工程研究生,是我国出国学习这门工程最早的一人,他曾经主持过很多的水利工程,著有《中国工程师手册》等书。现在已经是八十高龄,是水利部顾问。

[②] 参见姚远、唐得源《我国近代水利科学家李仪祉》,载《陕西师范大学学报》1984年第1期,第118页。

发展。

（三）育才重德，爱国为民。他经常教育学生要以爱国主义为宗旨，"一切事情要讲求实际，不要争虚名"，"思想要高超，胸怀要阔大，要有坚韧不拔之精神"，号召同学们"将来学成到民间，指导农民复兴农业，挽救我们岌岌可危的国家"。

（四）名师高徒，从严治学。李仪祉深知教师水平的高低才是保证教学质量的关键。他在河海工程专门学校的时候，聘请茅以升担任教授，请竺可桢来讲学。陕西水利专修班的师资力量更是雄厚，七名教授都是美国名牌大学毕业的学生，并且都是去德国、美国、法国留过学的学者。李仪祉的教学计划非常严密，他要求教师不能仅仅单纯地传授书本知识，更重要的是培养学生的想象力、判断力以及操作技能，他尽自己最大的努力来改善教学条件，进口测量仪器、购置图书，展开各种实验，希望可以全面提高学生的素质。①

李仪祉的故乡在渭北的旱塬上，人和动物都是依靠窖水生活。每当有旱灾的时候，人们都要逃荒要饭，更有甚者卖儿卖女。当地就有流传"龙山马湖，渴死寡妇"这样的话。关中地区水利的发展，有着十分悠久的历史。早在秦始皇年间，秦王就采纳了郑国的建议，凿成了赫赫有名的"郑国渠"。其后的汉武帝，在太始二年（前95），汉武帝曾采纳大夫白公的建议，修成了"白渠"。郑白两个渠建好之后，关中地区变成沃野的粮仓，大大得了这两个渠的优势。之后的历代皇帝都在这个基础上修过一些渠，但是随着岁月的流逝，这些渠都没有长久地发挥效用。到了清代，郑白渠已经被破坏得只能灌溉200顷的土地。而李仪祉对关中水利是非常清楚的。他立志要继承郑国、白公的伟大事业，把自己的家乡变成沃野粮仓，并为此贡献自己的一生。②

1922年，李仪祉离开南京回到陕西，主持渭北水利工程。他的好朋友，原陕西省水利局局长郭希仁于次年病逝。李仪祉继任陕西省水利局

---

① 参见张骅《丰功伟业一代宗师——李仪祉对我国水利事业的贡献》，载《陕西水利》，1992年4月30日。

② 参见李赋都《我国近代水利科学技术的先驱者李仪祉先生》，载《西北大学学报》1982年第3期。

李仪祉（左一）和他的同事、学生的合影（1924年于陕西省水利局）

局长。在祭奠郭希仁的时候，他以泾河清水一杯祭于亡友灵前，立誓把泾惠渠修成。1924年冬，他完成了渭北水利工程设计。他多年以来效仿郑国、白公振兴关中水利事业的宏愿终于可以开始实施了，他感到非常的兴奋。他设想的是在关中修建八条大渠：泾惠渠、渭惠渠、洛惠渠、梅惠渠、黑惠渠、涝惠渠、沣惠渠、泔惠渠，也叫"关中八惠"，他希望通过这八条大渠能彻底解决关中地区的干旱问题。但是这个工程量是非常巨大的，只能一步一步进行。他亲自到各个地方进行了广泛的调查工作，参加实测地形、观测水文、筹划引泾灌溉等关中水利工程，并且赶赴北京、天津、上海等地筹集工款。但是这个时候国内动乱不已，由于军阀刘镇华等人祸害陕西，战争连年，搞得地方上民穷财尽的。用搜刮来的民脂民膏扩张自己的权力和武力了，根本没有钱来兴修水利。加之陕西的灾荒又非常严重，引泾工程不能进行。1928年起，陕西省连续三年大旱，关于是否引泾河的争论又开始了，很多中外人士都认为这是救灾的契机。这个时候，因为国外华侨的赞助和国内当时主持陕西政务的杨虎城将军的支持，才解决了款原问题，这才使第一期工程告竣，开始灌溉。李仪祉还特别注重工程管理，引泾工程第一期竣工之后，他亲自制定了《泾惠渠管理章程拟议》，共16章65条，为此后的灌区管理立下了优良传统，泾惠渠灌区至今仍然是我国管理的一面先进旗帜。①

泾惠渠第一期工程竣工后，李仪祉抱病派人勘测洛河，在病床上与勘察人员研究资料进行工作指导。之后又在杨虎城的支持下，成立洛惠渠工程局，之后又在邵力子的敦促下，经过李仪祉先生的艰苦努力，洛惠渠终于在1933年开始施工，由于工程量十分艰巨，直到新中国成立后才告竣。李仪祉非常热爱水利事业，跋山涉水，不辞辛苦，日夜操劳，有时候吃饭都还忙着审阅和设计图纸。在洛惠渠开工不久，李仪祉又开始投入渭惠渠的工程。经过两年多的工作，1934年渭惠渠的设计告成，1935年春也开始修建，1937年渭惠渠的第一、二期工程相继竣工。不久梅惠渠也开工兴建。②

当年李仪祉精心筹划的"关中八惠"，如今已经基本变成现实，陕西关中地区在全国已经率先实现了水利化，成为我国高产稳产的现代化农业基地。③

除此之外，李仪祉还非常注重黄河的治理研究。虽然他在黄河水利委员会的工作只有两年多，但是在这段时间他却做了大量的工作。他积极倡导黄河水利委员会与华北水利委员会、淮河水利委员会、太湖流域水利委员会、建设委员会中央模范灌溉局、北洋工学院、河北工学院等机关院校合作，在天津建立了中国第一个水利实验所。他所制定的黄河流域水文站网规划，在黄河干支流上陆续建立了一批水文站、雨量站和水位站。李仪祉还成立了第一个黄河测量队，对黄河下游的河道进行测量以及精密水准测量和重要地点的经纬度的测定。他对黄河的研究非常地精深，积极提倡科学治河。他还给我们留下了众多的治河文献。比如《黄河治本的探讨》《导治黄河宜重上游请早期派人测量研究案》《黄河应兴应革事》《治黄关键》《治理黄河工作纲要》《治黄意见》《研究黄

---

① 参见林观海《中国近代水利的先驱——李仪祉》，载《华北水利水电学院学报》（社科版）2003年2月第19卷第1期，第69页。
② 参见石德青、孔玲《中国近代水利的开拓者——李仪祉》，载《水利发展研究》2005年第6期。
③ 参见王质彬《李仪祉的治黄思想及其对陕西水利的贡献》，载《人民黄河》1982年第3期。

河流域泥沙工作计划》《黄河水文之研究》等等。①

李仪祉之所以主张对黄河中下游的综合治理，无论是在理论上还是在实践上，都的确把我国黄河的治理战略向前推进了一大步。黄河为害的根本原因就是泥沙的淤积，而这些泥沙的主要来源就是中上游地区，如何有效减少中上游来沙，减除下游的泥沙淤积，这个问题其实在古代的时候就已经被古人所重视。李仪祉在总结前人经验的基础上，对泥沙的形成进行了精辟的论述，并根据实际情况提出，在中上游地区种植森林，广泛种植苜蓿、平治阶田、开掘沟洫、建设水库等等主张，把黄河中上游的治理向前推进了一大步。李仪祉认为，种植森林在综合治理中确实是有很大作用的，他这样讲道："造林工作，在上游可以防止冲刷，平缓径流，在下游可以巩固堤岸，于治河有甚深关系。应在中游干支流分别勘定造林区，及沿干流河防段大堤内外广植森林，并土壤种植之宜，各为选定树木种类，分区分段设置苗圃，分年栽种。"鉴于培植森林，需要很长的时间，李仪祉在此基础上提出种草，主要就是苜蓿，发挥效用快，长短结合，林草结合，这确实是一个很实用的主张。②

三、鞠躬尽瘁 被人民誉为"大禹""龙王"

李仪祉之所以为我国的水利事业奔走呼号，之所以能鞠躬尽瘁、艰苦奋斗，全是与他的一颗爱国之心紧密相连的。他在辛亥革命爆发的时候参加了同盟会，投身辛亥革命。他在北京求学的时候，曾经为了支持"蒲案"的受害者奔走呼吁；在河海工程专门学校执教的时候，亲自带领学生参加"五四"运动；抗日战争时期，为中外报刊撰写稿子，到电台讲话、到街头演讲、到街头募捐，参加民族救亡斗争。西安事变的时候，他赞同共产党的和平解决方案，指出："国步艰难，如人之患臃然，若内毒未净，绝不得愈，此次事变，系国家出净内毒之日，将走入隆昌之运乎。"李仪祉在西北大学担任校长时，曾经聘用刘汉初等一些共产党员，对他们委以重任。他在德国留学的时候就经常翻阅德国社会民主党办的《前进报》

---

① 参见林观海《中国近代水利的先驱——李仪祉》，载《华北水利水电学院学报》（社科版）2003年2月第19卷第1期，第69页。
② 参见李富荣《我国近代水利科学技术的先驱者李仪祉》，载《渭南师专学报》（综合版）1987年第2期。

《人民国家报》，深受其影响和启发，这时候他就颇倾向于社会主义。

李仪祉虽然曾经担任过国民党政府的高官，但是他却从来没有加入过国民党，而是对人民的水利事业忠心耿耿，并且满腔的爱国主义热情。抗战爆发初期，他患了胆囊炎，但是仍在西安领先参加了抗敌后援会的工作。他亲自奔赴西安电台大声演讲、疾呼抗战的利害，希望以此来唤起人民的抗日热情。他还撰写文章，救济灾区的儿童，甚至动员自己家人捐献财物，支援前线，他率先把自己的一个金质奖章捐了出去。他还积极倡议建立义养会，收养战区流离失所的难民。他自己就亲自收养了一家五口难民于自己家中。

李仪祉一生兢兢业业，为祖国的水利事业呕心沥血，竭尽心思。1932年和1935年他曾大病两次，但是在生病期间，他不顾自己身体虚弱，毅然决然地放弃修养，立即赶到水利工地指挥工作。1938年2月，他就已经病势危急了，不能言语，由于长时间的过度劳累，他最终积劳成疾，病情越来越严重，随后住进了西安西华门的省立医院治疗。关中的农民听到这个消息之后，纷纷提着鸡蛋等物品来医院看望他，每天到家中、医院探望的人数达百人之多。这一年的3月8日，他终于丢下了未完成的事业与世长辞了。

李仪祉在遗嘱中写道："余深感水利事业在中国之重要，幼年既已攻求水利知识。自余民四年（1915）由德国返国，迄今已逾23年，在此期间，虽已竭尽于之所能，贡献国家但距余素所期望者深远。兹病愈二周，自度天不假我，并切望后起同人，对于江河治导，本余之素志，继续致力，以科学方法，逐步探讨；其他防灾、航运及水电等，尤应多予研究，次第实施。本省已成之灌溉事业，须妥为管理；其未竟及尚未着手之水利工程，应竭尽人力财力，以求于短期内，逐渐完成。"他还嘱托："身后丧葬，须力求俭约，尸体送医院剖验以探病象之究竟，为医学做一贡献。"[①]

李仪祉去世七天以后，公葬于他生前为之呕心沥血的泾惠渠畔。在他的灵柩出西安的那天早晨，大雪纷飞，社会各界人士仍然来到西关送行。安葬的时候，泾阳、三原、高陵一带的人民，不约而同地前往吊唁，

---

① 参见姚远、唐得源《我国近代水利科学家李仪祉》，载《陕西师范大学学报》1984年第1期，第125页。

参加葬礼的多达5000人。每个人都泪流满面，有的甚至号啕大哭，足以见得人民群众对他的感情是多么的深厚和诚挚。

李仪祉是中国近代史上一位伟大的教育家、科学家和爱国家，是我国近代水利科学建设事业的奠基人和创始人，他被广大人民群众称为"大禹""活龙王"，实际上他比大禹高超，而比龙王实在；他虽继承郑、白事业，但是其功绩却已远远超越郑、白。他把毕生献给了祖国的水利事业，献给了人民，他不愧为人民的工程师。李仪祉对我国水利事业所做出的贡献将永远载入史册！

中国艺术考古的首创者王子云

王子云（1897—1990），原名青路，以字行，出生于江苏省徐州府萧县（今属安徽）城西农村大屯备庄。从小王子云就对美术怀有十分浓厚的兴趣，15岁时，考入江苏省立第七师范学校，开始接受正规的美术教育。1915年考入上海美术专科学校，1920年考入国立北京美术学校高级师范科，1922年在北京孔德中学任教，参加阿波罗美术学会从事美术研究，1928年参与筹建杭州国立西湖艺术院的工作。1930年，赴法国留学，并游历西欧诸国，遍访艺术遗迹。1937年，抗日战争全面爆发，在法国留学的他旋即返回祖国。他亲率"西北艺术文物考察团"，保护和抢救散布在祖国各地的文化瑰宝，特别是西北珍贵的文化遗产。他一生艰辛努力，在长达数十年的美术考古、考察的基础上，产生了一系列的著作成果，其中最为卓著者，诸如中国艺术史学上的首部《中国雕塑艺术史》以及《从长安到雅典——中外美术考古游记》等。之外，编著有《唐代雕塑选集》《中国古代石刻线画》《中国历代装饰艺术图录》《中国美术简史》《中国古代雕塑百图》《中外美术考古纪游》《陕西石雕刻》《汉唐陵墓艺术》《中国雕塑艺术史》等。他晚年以惊人的毅力，在92岁高龄时完成付梓的《中国雕塑美术史》巨制，填补了我国雕塑史研究的空白，这是我国第一部雕塑史专著。他先后在西北大学、成都艺专、西北艺术学院、西安美术学院担任教授，任中国美术家协会陕西分会名誉主席、中国美术家协会顾问。在中国现代美术史中，王子云是中国艺术考古事业的开拓者、先行者与实践者，成就了多项事业，被载入《中国大百科全书·国际艺术界名人录》。

一、留法归国　组建西北艺术文物考察团

1937年，留学法国学习绘画雕塑、功成名就的王子云先生，在日本侵华的形势下，毅然回国，奔赴国难，"七七"事变后，他随着杭州艺专流亡到重庆。日本侵略者侵入到内地，所到之处，烧杀抢掠，无所不为，对文物古迹也是大肆抢掠。王子云和一些爱国人士，倡议保护和研究文物。他对教育部的有关人员谈起组织西北艺术文物考察团的想法，引起了重视，很快通过各种程序，在1940年秋天，西北艺术文物考察团成立，共12人，王子云任团长，在成都整训了一个月后，即赴西安进行考察。当时有很多文化人也在讨论关于西北文物的研究开发，还在对"知"和"行"进行考量的时候，王子云和他的考察团已经在西北工作了，他是一个有想法，又付诸行动的人，这也是他的一大闪光点。

1941年，西北艺术考察团到达西安，为陕西文物考古事业做出了巨大贡献，主要表现在以下几个方面：

第一，对碑林名碑装饰图案资料的搜集与宣传研究工作。通过以复制、临绘等手段对古文物进行收集保存工作。在整个计划中，陕西被视为这次考察的一个重点。而西安碑林作为这个重点中的核心，又被考察团列为第一个工作目标，考察团在王子云的带领下进入碑林。当时任碑林管理委员会主任的曹仲谦先生回忆说："王子云先生，为人虽威严庄重，却一点也不拿腔作调，在观碑的时候，总会去勾画临摹，忙到傍晚。先生曾说碑之书法优劣如何？固然是论碑之关键，但古往今来，恐怕很少有人注意到碑侧边栏中的雕刻图案。忽视这一点，犹如一树红花无有绿叶，大约多少有点美中不足。"所以王子云先生很注重对名碑装饰图案的收集和研究。

他不仅积极倡导重视碑林碑石装饰图案资料的搜集和宣传，而且对

其中的精华更是认真研究，写了很多脍炙人口的好文章。其中《从长安到雅典》一书中是这样说道："属于唐代的书法和绘画，图案材料，西安'碑林'实可谓集全国唐代碑石艺术的大成。唐碑的侧纹饰最杰出的是'大智禅师碑'，所刻为唐代花纹图案中最多见的西番莲。在高约3米、宽30厘米的长条中，把一枝西番莲的枝叶花朵反复延伸转折，形成多样变化。然后再在枝叶间加上狮子、缤伽鸟（佛教神之中善鸣能语的神鸟）和菩萨像，把整个长条空间构成极其和谐而紧凑美满的图案，而且全部用细线刻出，充满着装饰美，可称得上盛唐装饰艺术中的典范制作。"不需要花费更多的笔墨，这里仅仅只是用寥寥数百字，就能把积淀深厚的珍贵碑石的丰富内蕴，刻画得入木三分，它那具有音律诗赋一般的优美词句，吟读起来，都能使人惊愕震颤，产生无尽的遐思。

第二，对碑林之外汉唐石刻的资料搜集工作。考察团在积极做好碑林内名碑装饰图案资料的搜集之同时，也相继对西安周围的汉唐石刻，如兴平霍去病墓前石刻，以及诸陵前著名石刻等进行了测绘、写生、摄影、记录、拓印以及翻制工作。在上述工作中，尤以翻制唐昭陵四骏并唐残菩萨石像的事最为瞩目。①

唐昭陵四骏，是历经浩劫后所留存下来的，藏于陕西省图书馆中，已经残断成数十个小块。1942年顺利启掘昭陵四骏，开始了对它的翻制。起初是想将它搬移至室内以便工作，但因原物过大不易搬出，于是决定在地窖中就近工作。先是拼对残石，逐一影拓，接着用石膏进行模制翻铸。在工作期间，日寇飞机曾接连不断地对西安进行轰炸，为躲避空袭，他们所有工作几乎均在夜间进行，其难度可想而知。与昭陵四骏相比，有关唐残菩萨石像的模铸工作则颇费周折。由于受到各个方面的阻挠，最终王子云先生梦寐以求希望模铸唐残菩萨石像的工作还是不得已中辍了。

1941年10月，考察团赴敦煌莫高窟进行重点考察。当时的条件十分艰苦，而且大部分的路程都是戈壁滩，汽车都无法通行，靠的是骡车和木轮牛车，经过了三个昼夜，他们才到达了敦煌县城，而去莫高窟，还

---

① 罗宏才：《王子云先生与陕西文物考古事业》，载《西北美术》1998年第4期。

要再走 15 公里的沙路。在长达两公里的窟区前，仅有两座破庙可以算是住人的房屋。再加上当时正值抗战艰苦时期，国民政府财政困难，通货膨胀，物价飞涨，考察团人员的工资低到难以维持生活，正常工作难以进行下去。尽管困难重重，但是王子云率领考察团在敦煌莫高窟临摹和研究还是做了巨大贡献。

一是临摹了大量的有代表性的壁画。北朝大型壁画摹本八幅。其中有六米长卷《五百强盗得眼图》、八米长卷《伎乐飞舞图》、三幅《萨埵王子饲虎图》连环画等，均可以称之为巨制。还有北朝佛故事和单身像摹本 20 幅、隋代佛故事和供养人画像摹本 14 幅、唐代单身菩萨像摹本 8 幅、唐代大型经变图摹本 12 幅、宋代五台山图壁画摹本 1 幅、元代佛教故事人物摹本 3 幅等等，其中很多壁画临摹品中都是王子云先生亲笔摹绘的。

王子云率领的考察团到达莫高窟约一星期后，著名画家张大千先生也带着几个助手来到莫高窟临摹壁画。敦煌壁画的临摹方法，王子云和张大千是截然不同的。王子云的目的是为了保存当时的原貌，按照壁画当时的色彩如实地摹绘。而张大千是"恢复"壁画先前的原貌。虽然追求的方法不同，但两位先生的关系却是十分融洽，常相往来。张大千称自己的烹调技艺高于画技，为此还亲自做了四川菜请王先生，还为王先生画了一幅人物画《步月图》。两位中国近现代文化艺术大师对敦煌艺术价值的认识不谋而合，又在敦煌不期而遇，这也是中国近现代文化史上的一段佳话。两位大师对临摹敦煌壁画所持不同观点和实践，对后人也是有不同的启迪，开敦煌艺术研究多家流派之先河，具有深远的影响。

二是绘制莫高窟全景写生图。这是一件非常重要而技术难度大的工作，由王子云先生亲自绘制。其卷长 5.5 米、宽 0.233 米，采用艺术和写实相结合的手法完成。概而观之，这是一幅优美的莫高窟外貌风景画，具有观赏价值，再细察之，又是一幅莫高窟实位勘测图，又具学术史料价值。图下还标有准确的距离数据与比例，还可以说这是考古工程实测图，它真实、完整地保留了 20 世纪 40 年代莫高窟山川地理风貌和历史形貌，具有很高的艺术观赏、文物保护和历史考古价值。这是王子云为敦煌研究留下的一笔宝贵的财富。

三是拍摄莫高窟的窟内照片。拍摄照片在当时历史条件下是最方便、快捷、准确采集和保存资料的重要手段。考察团利用这一手段,在敦煌拍摄了大量的照片。半个世纪时光的流逝,这些照片今已成为莫高窟历史的形象记录史料,其价值极其珍贵。20世纪90年代,根据王子云先生生前提供的线索,《教育部艺术文物考察团西北摄影集选》稿本在西北大学文博资料室被发现,共十辑,每辑一册,每册约50页,每页上半部贴照片,下半部是说明文字。十册的装订十分精美,均为线装,说明为毛笔小楷书,每辑开首大都为总论,其中可以看出王先生的学术观点,是非常难得的研究心得。这些照片和文字说明都具有历史、文化、艺术的资料价值。①

四是撰写了关于莫高窟现状的调查报告。题为《敦煌莫高窟现存佛窟概况之调查》,主要内容包括四个部分:敦煌莫高窟的沿革及现状、佛洞的格式及布置、敦煌艺术的作风、洞窟的编号及各论。对当时莫高窟的佛窟做了较为详尽的考证和记述。该文曾刊登于1943年重庆出版的《说文月刊》上,这样的工作是我国在敦煌石窟考古史上的首次。之后王子云重新整理了这份材料,参照敦煌研究院的佛窟编号和年代,逐一附注在每一个窟号之下。这是我国历史上最早的莫高窟调查考古资料,对于敦煌石窟的研究和保护,至今仍有重要的参考价值。②

为了更好地保护和研究敦煌石窟,王子云率考察团即致函重庆的国民政府教育部,建议设立敦煌研究所,并提出具体计划。国民政府批准后,国立敦煌艺术研究所于1944年正式成立。结束敦煌考察后,考察团又对甘肃河西走廊的石窟、古城兰州等地进行了考察。王子云先生和考察团在极端困难的条件下,坚持考察工作,取得了巨大成果。他们对民族文化的热爱,不怕困难、勇于奉献的精神和严谨科学的治学态度,为后人树立了楷模,大大增强了国人的民族自信心,激励了抗日热情,为抗日民族解放战争做出了贡献。

贾平凹在《老西安》一书中对王子云有这样的记述:"翻阅他的考

---

① 李廷华:《王子云传》,陕西新华出版传媒集团、太白文艺出版社2015年版,第142—143页。
② 王芃:《1941年王子云率团考察敦煌石窟》,载《敦煌研究》2001年第1期。

察日记，便知道在那么个战乱年代，他率领了一帮人在荒山之上，野庙之中，常常一天吃不到东西，喝不上水，与兵匪周旋，和豺狼搏斗。我见过他当年的一张照片，衣衫破烂，发如蓬草，正立在架子上拓一块石碑，霍去病墓前的石雕是他首先发现其巨大艺术价值……"这对当年激励抗日士气，产生了巨大作用。

二、任教西大　创建文物研究室

1945年，考察团工作结束后，并入西北大学成立西北文物研究室，王子云受聘任该校历史系教授。当时最得力的帮助者是刘季洪，他任当时西北大学的校长，虽然是一名国民党的骨干分子，但淡漠意识形态，他是一位很好的教育家，为西北大学的发展，做出了理论和实践的贡献。王子云到西北大学历史系之后，便将西北艺术文物考察团的有关资料移交给西北大学。考察团作为临时机构，没有固定的住址，也没有运输工具，所收集的文物资料也不可能随身携带，也没有专门的看守人员。抗战结束后，文物考察保管工作恢复到平时状态，基于对尚未沦陷地区的文物资料抢救举措成立的考察团，也没有必要存在下去，王子云到西北大学任教之前，实际上是处于半失业状态，来到西北大学任教，也为考察团的文物资料找到了一个就近保存的地方。在几年的文物考察工作中，王子云的兴趣已经在向学术方面转移，对建设文物研究室费尽心力。

王子云在西北大学创建文物研究室（1945年）

西北大学的发展，是在1937年抗日战争爆发后，国民政府决定北平大学、北平师范大学、北平研究院和北洋工学院组成西安临时大学，第二年改名为西北联合大学。到 1938 年，又改令西北临时大学为国立西北大学。西北大学的师资力量几乎全部来源于抗日战争以后组织西北联合大学时的学校，师资力量雄厚。

王子云到西北大学之时，抗日战争已经接近尾声，西北大学已经决定从城固迁回西安，何正璜（其妻，西北艺术文物考察团成员之一）也被安排在王子云的研究室做助理，定居西安，王子云和何正璜对西安的文物古迹从最初的欣喜若狂，渐渐至于寝馈幽深，成为西安文物界几十年间受到普遍敬仰的权威。何正璜在日记中曾经这样写道："今天是我和子云结婚五十一周年的纪念日。西安事变时，我正在东京，买到号外，才知道发生了如此大事，当时也不知道西安在哪儿，第一次从日本号外上见到了西安的照片，不料自己会在西安度过一生。"他们在西安度过了一生的大半，源于古都的辉煌艺术，也源于中华民族的现代苦难。王子云曾经回忆说，他在西北大学的几年里没什么事情可做，在西北艺术文物考察团时期紧张的奔波形成了对比，其实，就是在"投闲置散"里，也在默默耕耘。其间他注意到一种几乎随处可见的秦砖汉瓦，这种东西可以在田间发现，也可以在文物摊上廉价买到，他认为这种极为普通廉价的古物，能显示出古代文化艺术的趣味。瓦当在文物里虽然廉价，但依靠个人力量收集，也得节衣缩食。当时在南院门做碑拓的生意人回忆说："王子云先生经常在南院门寻找瓦当等旧物，也注意到先生经常在十分简陋的小饭铺里吃大碗面，有时座位满了，他会端着大碗蹲在地上吃面条。"在王子云自己看来，他并不以为意，西安的大碗面条是实惠爽口的东西，是难得的美味。在市民看来，王子云是一个大学教授，是一个名人，名人怎么能蹲在地上和引车卖浆者一起吞大碗面？因为好奇，才看得更加真切，记得更加清楚，也给后人留下了王子云在当时的生活影像。他就是这么一个在工作中注意细节、在生活中不拘小节的人。王子云作为当时西安的著名专家学者，会有很多社会活动，他是一个性情好静的人，你让他到穷乡僻壤的地方去悄无声息地考察文物，或者让他在小房子里看书画画，他都不会觉得难受，但你让他在灯红酒绿、音乐喧嚷的环境下和人闲聊，他就难以接受，他不能不应酬，但他的内心是和官场的诸多现象格格不入的，后来，何正璜在谈到她和王子云的生活态度和政治态度的时候,她说,王子云是比她更加反对国民党、更加接近下层的。他甚至有想过要去延安,但由于担心妻儿,最终放弃了这个念头,如果没有这些原因的话,估计他说走就走了。①何正璜还说过这么一段话:"一个强国的成分,是多方面的,斯巴达之所以不存在于今天,这便是一个很好的证明。如仅仅属抗战,自当别论,但如果更需建国的话,则需先民所遗留的文物,这些寄寓时代文化的作品,实在不应该使其有毁灭的命运。"20世纪40年代的中国,战火弥漫,知识分子在痛苦中寻找精神出路,王子云夫妇没有选择离开战火,正是由于他们的艺术趣味和质朴精神的影响。

王子云在西北大学任教四年,并且在已有三部著作问世的情况下,他还是感到自己对于整天钻书本的工作有些不适,于是毅然辞去了西北大学的教职,去四川"成都国立艺专"并任绘画系的教授,重新走上了美术专业的教学岗位。他认为此后不仅雕塑专业有了用武之地,就连美术考古也在美术史教学的需要中得到了走访全国的机会。由于重返了与美术专业密切相关的工作而倍感欣喜。1949年,解放军进入成都之后,王子云一边教书,一边也希望对新政权有所贡献,主动塑造了两件纪念解放胜利的纪念碑石膏模型,表示自己愿意为解放军从事雕塑艺术方面的服务,他的表示也得到了解放军的回应,得到了一个又一个从事雕塑创作的机会。

林风眠说王子云很喜欢考古,确实是,只要有机会,他就对文物的历史遗存进行考察,虽然在成都美专教绘画,但他也没有忘记考古。王子云对于美术的考古,已经超越了职业而成为自己的生活需要。这样的需要和兴趣,一直伴随了他的一生。

在雅安邻近的芦山县,王子云还遇到了他在美术考古生涯中堪记一笔的一件事。他在广福寺看见很多人在打砸泥菩萨,原来是很多青年响应破除迷信的号召,在利用周末进行活动。王子云近前发现,遭到破坏的是明代的泥塑,便不顾一切地上前阻拦,向其陈词,自报家门是成都艺专的教授,作为艺术家,有保护历史艺术遗迹的责任。这些年轻人便

---

① 李廷华:《王子云传》,陕西新华出版传媒集团、太白文艺出版社2015年版,第156—159页。

立即停手了，可为时已晚，全殿的雕塑几乎被销毁殆尽了。青年坦诚说，他们的行为不是个人决定的，而是上级支持下进行的。于是第二天，王子云前往县政府说明情况，得到了县教育科科长的支持，认为破除迷信但不能破除文物。但群众式的运动，一搞起来就很难把控，在那一时期，全国不知道破坏了多少文物呢。[①]

不久，王子云陷入和西北大学的文物纠纷的官司当中，王子云被指控盗窃西北大学文物研究室文物材料，他并没有对当时他人对自己的扭曲而感到低人一等，义正词严地进行反驳，"想以自己的经验、专长、心得，贡献给祖国文化遗产方面，而为下一代人民培养民族自信心和自尊心是正当的，也并无卑鄙之处，该部在没有完全了解情况以前硬性地下此断语，希望能客观地自行检讨"。联想王子云在抗战初期，毅然放弃在巴黎的机会回国，可以看出他强烈的爱国主义和真性情。最终这一案件得到了解决，王子云在和有关人员据理力争的时候，拍伤了手部神经，从那时起，一个在中国有过辉煌表现的画家，再不能执笔，这种感受可想而知。在他心中，眼下的万千气象，只能靠叙说来表述，他以后大量写作，便出于一只颤抖的手写的"九曲羊毛"体。就是在打官司的同时，也为西北军政委员会文化部塑制了延安革命圣地的模型，并绘制了写生画20余幅。官司收场后，他没有回到西北大学，而是重操旧业，来到今日西安美术学院前身的"西北艺术学院"任教授，主要讲授外国美术史和油画专业课，从美术专业转为从事美术史论和美术考古的教学和研究。在西安美术专科学校安定下来之后，便也开始了外出进行美术考古的工作。[②]

中国文化，在21世纪，越来越受到全世界的瞩目，中国社会，特别是文化界，日益为中国文化而感到自豪，而像王子云、何正璜这样的知识分子，在他们生命最饱满的年华，贡献于中国传统文化的发掘，"文化"与"建国"的关系，早已形成于他们的思想当中，他们的所作所为，堪称今天知识分子的先知和先觉。

---

① 李廷华：《王子云传》，陕西新华出版传媒集团、太白文艺出版社2015年版，第171—173页。

② 李淞：《从美术创作家到美术史家的王子云》，载《美术》1998年第2期。

三、建功绝域　开我国艺术考古先河

中国西北艺术考古的开山之功,王子云当之无愧,他的开山不完全是在书里探讨,而是自己用汗水一步步地浇灌出来的,他在美术学科的深入和发明是前无古人的。于1955年出版了《唐代雕塑选集》,1957年又在北京中国古典艺术出版社出版了《中国古代石刻画选集》,而当时的王子云已近60岁高龄。这两部著作的出版,说明新中国成立初期文化建设的气象。王子云在新中国成立前的几年里,也编写了《汉唐陵墓艺术》《中国古代装饰艺术》和《秦汉瓦当图录》,以及珍作《教育部艺术文物考察团西北摄影选集》等等,在新中国成立之后,相继得到了出版。1957年,王子云先生被扣上了"右派"的帽子。这一年王子云60岁,等到82岁的时候,才得到了彻底平反。据王子云的二女儿王蕳回忆说:"父亲在世时极不愿谈起这段往事,有一年,学校的党委书记来家中向父亲宣布,在甄别工作中决定摘掉他的右派帽子。当时我正在给客人倒水,就看到父亲流泪说:'我就是对不起我的孩子们,我把他们害惨了。'"这也是王蕳第一次见到父亲流泪。① 他的学生孙炎也曾这样回忆过,王子云又一次与他谈起往事,将头埋在双臂间很久,泪流满面地说:"'引蛇出洞'这一招把我的时间害惨了,不然我能写多少东西,也把我孩子的青春害惨了。我本来根本不想提什么意见,硬动员我提,不提就是对党不交心,我所说的那些话,就是希望党员干部能在业务上带头。"② 王子云自幼不爱讲话,这一段人生中最想不开的事情也很少跟人提起。

王子云晚年伏案写作(摄于1970年)

---

① 王蕳:《责任、道义与奉献、代价——记我的父母王子云、何正璜》,载《西北美术》2009年第2期。

② 孙炎:《永远不会忘记——怀念我的老师王子云先生》,载《西北美术》1993年第3期。

1973年以后,"文化大革命"虽然还在进行当中,但是大规模的群众运动已经渐渐平息。落实知识分子政策"被提上日程",王子云觉得自己平生所学对社会还是有用的,于是他向文化局递交了书面要求,为写作《中国雕塑艺术史》,到各地进行参观考察。这一申请得到了批准,同意他到各地考察,几乎一年的时间,他跑遍了川西塞外、大江南北,先后前往四川、重庆、南京、徐州、周口店、济南、扬州、合肥等地。这是他在中国大地上行走最辽远、考察最全面的一次,很少有哪一位艺术家在晚年时,风餐露宿一往无前地奔波,似乎也没有一个人在年近八旬时还在为自己的著作补充材料。他想要挽住最后的夕阳,为自己的生命画上"文化"标识的句号。经过了几十年的颠簸,也经过了"反右派"和"文化大革命"的精神磨砺,他的精神得到了升华。他希望依靠自己的力量,用自己积累的几十年的关于中国美术,特别是雕塑艺术的知识贡献社会。已经77岁的他,接到退休通知后,尽管不是一件意外的事情,但他的内心还是想着工作,想为社会贡献自己的力量。

王子云当时的工作情况是:白天工作过后,每晚看新闻节目,看完便伏案写作,10点休息;凌晨2点起床,趁夜深人静写到早上8点;吃早饭后又工作到午饭前;午休两个小时,又工作到晚饭前。每天除了六个小时的睡眠时间和一些家务杂事,他每天15个小时都在工作。他晚年患白内障影响了他的视力,要靠家人帮他上眼药,但依旧没有停止工作。而且他的生活和工作的环境都很差,他长期寄住在陕西省博物馆职工家属楼,用房面积不足10平方米,冬天到来,也没有暖气设备,对于一个年迈的学者来说,这是一个生活的难关,但王子云并没有在因此学术上停止。

1986年,王子云的命运有了新的变化,他在中国美术史上的杰出地位没有被抹杀,而且他在困境下的自强不息受到了美术界的尊敬。在"拨乱反正"的年代,他的学生经过几十年的人情变换,也认识到了自己的这位老师是一个踏踏实实做事情而又命运坎坷的老人。他们都希望给老师在晚年以更多的安慰。1987年,王子云九十大寿时,很多有名的学生和著名的专家学者都给他送上了作品和题词。

王子云在《中国雕塑艺术史》于1988年出版后,便集中精力写作和

《从长安到雅典》的手稿

修改《从长安到雅典——中外美术考古游记》。他的《中外美术考古游记》在1900年完成，因经费原因一直未出版，这部著作在王子云先生去世两年后才得以出版。书中收集了600多幅图片，文字达60余万字。几个学生和朋友还为此书写了序。刘开渠在序言中曾提到子云先生写成这部著作时已经93岁的高龄了，眼手都有疾病，但为国家做贡献的热情从未削减。

他的学生孙炎从美国寄回的电报是这样说的："王老师对艺术研究的投入很慷慨，对后辈青年的提携很热忱，与他对自己生活的苛刻形成了鲜明的对比，八九十岁的老人工作时间比年轻人工作的时间都要长，为的是夺回'文革'时期丧失的时间。他会把书稿一遍遍地审阅，有些部分被那'九曲羊毛'的字句改动了多次，就连出版社的编辑都不忍心再让他改动了。还有那么一长串准备写作的计划……"

他的学生对他的记忆还可以推回到很多年前，杨力舟说："1957年我考入西安美术附中，当时只有15岁的我，并不知道政治是何物，我和几个年龄小的同学还会天真地以为右派分子头上会长角。也看到了被批判的王子云先生，他高高的个子，方脸盘，低着头。为什么批斗他，我不知道，说他是国民党西北文物考察团的团长，自然是反革命，1961年，我升入院油画系，开始了中国美术史的学习，这时候我才真正地接受王老师的教诲，他还介绍说他自己是学绘画的，后来搞了雕塑，但得了手颤,就只好搞理论了。说实在,当时王先生的处境很窘迫。没有人会意识到自己在听一位学者讲课,更不会认为他是权威,他自己也不好意思强调纪律和秩序。1966年,'文化大革命'的风暴席卷而来,王子云先生首当其冲,当时的某造反组织抄了他的宿舍,骂他'老东西无耻',我还记得有人逼他写大字报,在那些年,常看到他从食堂端出一碗稀饭,颤颤惶惶,回到房间只剩下半碗。1978年,我和爱人工作十年后,一起到北京中央美术学院报考了国画系研究生,考试的间隙就到校门口的餐馆吃饭,忽然听到一位老者呼唤我俩的名字,他弯着腰,胸前挂着一块小手绢(嘴里总在流着的口水浸湿了它)向我们走来。啊,是王老师,我们真的不敢相信,他还顽强地活着,80多岁的人了,还自己一个人跑到北京来,他还记得我们,还是一直笑眯眯的。眼泪模糊了我们的眼镜,赶快请他坐下,王老师说他在人民美术出版社出书,这次来北京是为了改稿子。当时的心情很复杂、激动、崇敬,也有难言的酸楚。下午我们考完试出来后,看到王老师坐在中央美院大礼堂垫着草的考生通铺上等了我们很久……"①

  王子云的一生坎坷,他本来可以成为一流的油画家或者雕塑家,但命运的变化让他失去了这个机会,而他并没有自暴自弃,也没有水中捞月,而是在脚踏实地地进行自我挽救。王子云一生著述,治学严谨而造诣精深,淡泊名利,疾恶如仇,不与恶势力妥协,不被厄运所击倒,始终以静虚之心看世态炎凉,正是由于这种伟岸之胸怀,才能在困苦中以顽强的毅力而忠于学术研究。从他的晚年生活以及杨力舟的回忆中,我们能体会到先生的那种酸楚,可我想先生更多的是为自己的学术而感到的高兴,因自己还在为国家做贡献而感到幸福吧,也许这就是一个学者最想要的。

---

  ① 李廷华:《王子云传》,陕西新华出版传媒集团、太白文艺出版社2015年版,第302—303页。

波浪镶嵌构造学派的创立者张伯声

张伯声（1903—1994），曾用名张谲骏，河南荥阳人，中国科学院资深院士，著名地质学家和地质教育家，中国地壳波浪状镶嵌构造学说创立人。1917年，考入河南留学欧美预备学校，1919年，选送清华学校，1926年，清华毕业后旋即被保送留美。1928年，获美国芝加哥大学化学系学士学位。1928年至1930年先后在威斯康星大学、斯坦福大学攻读化学和地质学研究生。1930年回国，至1936年期间，先后在焦作工学院、交通大学唐山工学院、河南大学和北洋工学院任教授。全面抗战爆发后，北洋工学院与北平师范大学、北平大学及北平研究院迁至西安，合组成国立西安临时大学——国立西北联合大学，张伯声随北洋工学院迁陕，先后在西安临时大学、西北联合大学、西北工学院、西北大学任教，历任西北大学地质系主任兼岩矿教研室主任，中国地质构造研究室主任，校务委员会委员、副校长，中国科学院学部委员等。中华人民共和国成立后，先后任西北大学副校长，西安地质学院院长、名誉院长。是第一、二、三届全国人大代表，第五届全国政协委员，1980年被选为中国科学院学部委员（现改称院士）。他还先后任中国地质学会副理事长、九三学社陕西省委名誉副主席、陕西省科协副主席等职。1994年4月4日，病逝于西安。在长达60多年的地质生涯中，为国家培养了大量地质英才。他理论联系实际，在地质科学领域建树颇多。如他确定了"河南地块"的存在，在嵩山发现了我国第一个太古与元古地层间的不整合界面——"嵩阳运动"界面，他较早地发现了黄河沿岸的"黄土线"，其中在地质科学领域中最重要的贡献在于他创立了地壳的波浪状镶嵌构造学说，为发展我国的地质教育和地质事业，做出了卓越的贡献。

一、赴美留学　科学救国记心中

张伯声曾用名张遹骏，出身河南荥阳乔楼村一个富裕大户家庭。张伯声的祖父张超群半农半商，经常走南闯北，因此见多识广，常给他讲些闻所未闻的趣闻逸事，使他从小就产生了探索大自然的强烈愿望。父辈兄弟五人，除三叔随祖父经商外，其余都以教师为业，兼事农耕。父亲张鸿烈，字铭宸，晚清举人，先后任陕西洋县县长、河南省议员、荥阳县中监督（校长）和开封师范学校监督。母亲杨氏，终身为农。父亲知识渊博，办事认真、治学严谨，家中藏书甚多，而且为人开明、进步，对地区教育事业颇有贡献，声望很高，为人做事对张伯声影响很大，他的自然、地理和生物知识最早都是从父亲那里学到的。张伯声幼年就学于农村，经常参与农事，深知农民疾苦，受当时新思潮影响，决心学好西方科学技术，为民众服务，务农的经历也养成了他吃苦耐劳的精神。他的启蒙教育先是在家中背诵《千字文》和《三字经》，以后到村中私塾学习，还时常受父亲考查。张伯声六岁读私塾，十岁入荥阳县高等小学堂，聪颖好学，深得教师喜爱。[①] 课余时间他就去爬城墙、学游泳，还跟画匠学画，为之后搞地质

---

① 张放涛主编：《群星灿烂　河南大学名人传1》，河南大学出版社1992年版，第42页。

跋山涉水、画地质素描打下了基础。1917年夏，年仅14岁的他考入了开封留学欧美预备学校（今河南大学）英文科，这是当时中国仅有的专门培养留学生的外语高等学校之一，另外两所为北京清华留美学校和上海南洋公学。第二年因成绩优异，他被破格提前保送到清华大学深造，开始了清华的学习生涯。清华的八年（中等科四年，高等科四年）学习生活，他学到了丰富的国文、数理化、自然、社会历史和外文知识，还经历并参与了"五四"运动，开阔了眼界，树立了牢固的爱国主义精神，使他获益匪浅。"由于对新思想的耳濡目染，他的视野进一步扩大了，由中原地区扩大到整个中华，这时激励他努力进取的是'学好数理化，繁荣我中华'的志向了。"①

1926年，张伯声从清华大学毕业，因为成绩优秀被公费保送赴美留学。1926年夏天，23岁的张伯声抱着科学救国的理想乘坐从上海开往西雅图的客轮赴美，开始求学美国的四年生活。到美国后，他先被分配到威斯康星州立大学化学系学习，后又转学到学习条件和教学质量更好的芝加哥大学化学系。在威斯康星大学学习期间，还认识了同校学习、长他11岁的地质学家谭锡畴。谭锡畴是中国老一辈地质学家，给他讲了许多地质学方面的问题，引起了他对地球奥秘的好奇心和对地质学的极大兴趣。"当时，中国的地质研究十分落后，没有专门研究机构，地质专业人才很缺。老一辈地质工作者丁文江、翁文灏、章鸿钊三人建议中国政府创办地质采矿专业，招了十几个学生，因没有专门地质教师，学生一边自学一边从事地质研究。他们以北京西山为基地采集矿物标本，终于自己绘制出第一张地图——西山地图，谭锡畴即是这十几位学生中的一人。"② 于是，他就经常找谭锡畴攀谈，以求了解更多的地质学知识。他们有时也结伴到麦迪逊市去游湖，面对水天一色、茫茫浩浩的湖面，他常常会产生一种探索自然奥秘的冲动和强烈的愿望。他在攻读化学硕士的同时，还选修了地质学、矿物岩石学、动物学、植物学等课程。因为

---

① 黄汲清、何绍勋主编：《中国现代地质学家传》第1卷，湖南科学技术出版社1990年版，第246页。

② 中国人民政治协商会议西安市委员会文史资料委员会编：《西安文史资料》1990年第16辑《老留学生忆留学专辑》，第63页。

学习非常刻苦用功，不到两年就顺利完成了芝加哥大学化学系三年规定的全部学分，成为该研究生班第一个获得工学硕士学位的人。1928年3月，张伯声提前毕业获得了硕士学位。他原本打算再学习医学，但出于对地质学的热爱和探索大自然奥秘的兴趣，并受到谭锡畴的影响，把兴趣转向了能为贫穷落后、地大物博的祖国寻找矿产的地质学上，于是他决心改学地质专业，故而报考了芝加哥大学地质系研究部并被录取，开始了在地质学方面的深造。

在芝加哥大学地质系研究部，张伯声开始跟随著名的岩石学家约翰逊教授、构造地质学家坎伯仑教授攻读地质系专业。在坎伯仑教授带领学生们进行暑期野外地质实习期间，他不像一些美国学生那么喜欢游玩，而是注重观察地质现象，并认真记录和素描，时常还在实习现场提出许多问题向老师请教，因此得到了坎伯仑老师的赞许，这种野外实习使他学到了不少野外地质的研究方法和技能。当然，张伯声学地质不仅是因为好奇和兴趣，他的主要目的是要开发地下矿藏，改变祖国和家乡的贫穷落后状况，用他自己的话说，就是"开发矿业，繁荣中华"。因此，在学校里他常问老师一些有关中国地质方面的问题，但大多数老师对中国尤其是中国地质问题了解很少，很难给出确切的回答。有一次，斯坦福大学地质研究部威里斯教授到芝加哥大学做学术报告，讲到了中国的地质构造问题，他听了非常高兴，决心跟随威里斯学习构造地质学和中国地质知识，以便将来回国后，为祖国地质事业做贡献。于是他于1929年秋转学到斯坦福大学。但令他失望的是，此时威里斯教授却动身到东非考察大裂谷去了。此后，他再也没见过这位对全球构造颇有研究的老师。幸运的是，在这里他受到有名的布莱克韦尔德教授的指导，在地层古生物学方面打下了坚实的基础。地质学家维里斯教授和布莱克卫尔德教授的精心指导和亲切教诲，使张伯声学业大有长进。1930年5月，张伯声因家事被迫中断学业回国。

二、钟情地质　培育国家亟须人才

张伯声是一位世界著名的地质学家，更是一位大教育家，他的一生都在致力于中国地质教育事业。张伯声于1930年回国后，就开始了长达65年的讲台生涯。

1930年8月,张伯声受聘担任焦作工学院地质、盐矿学副教授。1931年被聘为唐山工学院教授。1932年,年仅29岁的他被母校河南大学聘为理学院教授,讲授普通地质学、构造地质学、矿物学和岩石学四门课程。他在母校任教时间仅一年,但他教学认真、重视实践的科学态度却给师生留下了十分深刻的印象。1933年,张伯声被聘为北洋工学院教授。1933年任河南大学教授。1936年任北洋工学院教授。1937年,"七七"事变爆发后,北京师范大学与北平大学、北洋工学院及北平研究院迁至西安,合组成国立西安临时大学——国立西北联合大学。他跟随北洋工学院内迁西安,到西安临时大学任教。1938年,被聘为西北大学教授,次年兼任西北大学地质系主任。1938年7月,国立西北联合大学工学院、焦作工学院(现中国矿业大学)、东北大学工学院合并组成国立西北工学院。1939年,张伯声兼任该校教授。张伯声当时就在西北大学和西北工学院两校兼课。抗战胜利后,西北工学院迁往咸阳,西北大学迁往西安,他就任西北大学地质系主任,但仍兼任西北工学院的教授,每周奔波咸阳两次。1948年抗战胜利三年多了,他才在西北大学固定下来。[①]

归国后的十多年正值张伯声而立之年,在上述各校教学科研中他始终朝气蓬勃、充满生机。他把学生看作祖国的未来,将一片爱心和自己渊博的学识毫无保留地奉献给他们。河南大学、焦作工学院、唐山工学院、北洋工学院、西安临时学院、西北大学六所受过他的直接教授的学生达1000人以上。[②]

1949年10月,中华人民共和国成立后,他被政务院任命为西北大学理学院院长。1951年起,历任西北大学地质系主任兼岩矿教研室主任,中国区域地质研究室主任,西北大学教务处长、副校长等职。

这里要特别说明的是,中华人民共和国成立前,教师的工作和生活极不安定,19年中,张伯声先后执教过的学校就达十余所,但不管走到

[①] 黄汲清、何绍勋主编:《中国现代地质学家传》第1卷,湖南科学技术出版社1990年版,第249页。
[②] 刘卫东主编:《河南大学百年人物志》,河南大学出版社2012年版,第156页。

哪里，他始终坚持"教育要以人为本，育人要身教重于言教"。中华人民共和国成立后，教学生活得以稳定，他全身心地投入国家教育事业中去。张伯声自己生活虽很节约俭朴，但经常对一些生活十分困难的学生给以经济资助。在教学中，他总是深入浅出、循循善诱、因材施教，充分调动学生们的独立思考和自学能力。在野外地质实习中，他注重培养学生的观察能力、动手能力以及野外地质基本工作方法和技能，他师德高尚，胸怀坦荡，深受学生们的爱戴和敬仰。

20世纪50年代初，我国的石油地质事业刚刚起步，国家急需地质人才，石油部门通过教育部希望找一所院校代培几届专修科学生。由于任务急、招生量大，又缺少教材和专业课教师，各大学都不敢贸然接受这项任务。[①] 当张伯声知道这一情况后，急国家之所急，于1951年，率先在西北大学创办了石油专修科。没有适合的教材，张伯声就日夜翻阅大量英、法、德、俄文石油地质文献，编写石油地质专业急需的讲义。几年时间里，西北大学地质系为新中国石油地质战线输送了几百名人才，这一批学生是新中国第一代石油地质人才。20世纪80年代曾做过统计，全国15个石油勘探局中，有13个局的总地质师和8个局的局长都是西北大学这一时期毕业的学生。因此西北大学地质系被中国石油界人士尊称为"中华石油地质之母"[②]，这一殊荣是同张伯声的贡献连在一起的。

在学生中，流传着张教授送子参军的佳话。抗美援朝期间，为了支持前线战士的浴血奋战，张伯声亲自送长子参军，报效国家，还将家中多年的积蓄，捐献给国家用于购买飞机大炮之需，这极大地激发了青年学生的爱国热情和学习热情。他的言传身教使学生们更乐于听从他的教诲。

1956年，张伯声任西北大学副校长，并光荣地加入了中国共产党，实现了多年来的心愿。在担任西北大学副校长后，尽管事务繁多，且患有高血压病，但仍坚持不脱离教学第一线。由于他知识面宽广，加之地质学的分支学科较多且处于初创时期，人手紧张，哪个教师请了假他就

---

① 黄汲清、何绍勋主编：《中国现代地质学家传》第1卷，湖南科学技术出版社1990年版，第250页。

② 《中国石油地质英才之父：张伯声》，载《西部资源》2012年第6期。

来补缺上课。为此，他多次被评为先进教育工作者、模范共产党员。20世纪60年代初，张伯声光荣地出席了全国群英会，改革开放后的1978年，他作为教育界的优秀代表而成为第五届全国政协委员。1989年，他又分别被国家教委和陕西省总工会授予全国优秀教师和陕西省劳动模范光荣称号。

1979—1983年，张伯声任中国地质学会副理事长（现为该会名誉理事）、构造地质专业委员会副主任。1980年以后任西安地质学院院长、名誉院长及地质构造研究所名誉所长。1980年，他还当选中国科学院地学部学部委员（院士），并任西安地质学院院长、名誉院长、地质构造研究所名誉所长及博士研究生指导教师。1984年，张伯声改任西安地质学院名誉院长后，把全部精力投入培养地质学博士研究生工作。

20世纪90年代，他不顾年迈体弱仍亲自领导着"地质构造研究所"的一班后来人，承担并完成国家和地方七个科研项目，指导了21名研究生。在耄耋之年仍孜孜不倦地指导研究生工作，直至生命垂危之际，还念念不忘祖国地质事业的发展和年青一代的培养工作。

张伯声长期耕耘在教育园地，教书育人几乎倾注了其毕生的精力，数十年为祖国培养地质专业研究生、本科生及专科生达2000余人，所培养学生大多成为冶金、煤炭、工程建设、石油、地质等方面的专业地质英才。其中，中国科学院院士魏寿昆、周惠元、张炳熹，中国工程院院士付恒志等科学家都曾接受过他的教诲。

在张伯声65年的教育职业生涯中，任教时间最长的学校就是西北大学，如果从西北联大时算起，他在西北大学整整工作了43年。西北联大时期的教育和教学实践活动为之后西北地区的地质教育和科学研究打下了坚实而良好的基础。

三、攀峰登顶　首创波浪镶嵌构造学说

张伯声自1928年进入芝加哥大学地质系研究部学习地质专业后，就和青山绿水结下了不解之缘。他在美国学习期间，经常跟随老师去落基山区进行地质实习和考察，掌握了野外基本的工作方法和技能。回国后，在执教期间，他还致力于地质科研及实践，足迹遍及祖国大江南北，为国家地质学理论和矿产事业做出特殊的贡献。在大学执教期间，他每年

都要带领学生到山区进行野外地质实习，亲自指导学生们在野外观察认识岩石、地层和构造等，并在实地生动地解析山川的形成和演化，为学生们深入浅出地讲解地质学中的"形成""形变""沉积"和"改造"等地质辩证法问题。

中华人民共和国成立后，为了发展祖国的地质事业，实现自己"开发矿业，繁荣中华"的夙愿，张伯声常常进行野外地质考察。数十年中，他的足迹几乎遍布了中国的山山水水。他曾多次对黄河流域进行地质考察，足迹遍及青、甘、宁、内蒙古、晋、陕、豫、鲁等省区，提出了"黄土线"及黄河河道发育和秦岭水系成因等新观点，在国内外第四纪地质界有重要影响。因此，他曾长期担任全国第四纪地质研究委员会委员。20世纪50年代，他多次到秦岭山区和豫西进行地质矿产资源考察，不但为祖国发现了平顶山煤田和巩县小关铝土矿等大型沉积矿产，还发现了"汉南地块"、元古与太古地层间构造运动界面，并创建了"嵩阳运动"等，由于他对中国前寒武研究方面的诸多贡献，他生前一直担任着中国地层委员会委员。1977年继唐山地震后，四川地区也发生了地震，引起陕西人民的极度恐慌，为了安定民心，他夜以继日地查阅分析了中国、陕西历史地震资料和大量研究文献，得出"关中地区近期不会发生地震"①的科学结论，并坚持不进防震棚，为稳定社会秩序起了很大作用，一时被地震界传为佳话。他积数十年野外地质研究之实践经验，从对山西中条山、陕西秦岭等省区的大地构造研究及自然辩证法观点出发，创立了"地壳波浪状镶嵌构造学说"，为国内外地学界所瞩目。由于其对中国地质学的卓越贡献，他曾连任中国地质学会副理事长及构造地质专业委员会副主任，1980年3月，他又被遴选为中国科学院地学部委员（院士）。

张伯声院士的地质科研及实践主要集中在以下五个方面。

第一，前寒武纪地质研究。在抗日战争期间的西北联大，张伯声发现前人把汉中—西乡一带出露的大片花岗岩定为中生代燕山期"花岗岩基"有误，并在论文《陕西汉中区之前震旦纪地质》中做了较为详细的

---

① 中国人民政治协商会议，荥阳市委员会，学习文史委员会编：《荥阳文史资料》2001年第2辑，第123页。

论述，重新确定了这里的地质构造性质，这对中国前寒武纪研究及这一地区的经济建设和社会发展，都有重要的意义。

1950年，当时的河南省政协主席兼河南大学校长吴芝圃、副校长嵇文甫联名邀请张伯声教授，聘请他担任豫西地质矿产考察团首席顾问。在随后的半年时间里，张伯声和河南大学校友冯景兰、李长傅、尚士英等考察团成员一起冒着严冬、酷暑，辗转中州10余县，行程1000余里（多为徒步），在豫西、豫中检查和评价了100多个矿场，鉴定出30多个具有开采价值的矿点，特别是在对巩县小关大型铝土矿床和平顶山大型优质煤田的发现中，张伯声起到了重要作用。[1] 张伯声还在中岳嵩山南麓的嵩阳书院下面小沟中，发现深变质的太古代杂岩和元古代古英岩之间存在着明显的角度不整合接触面，对此他进行了认真观察描述，并把该不整合面所代表的地壳运动命名为"嵩阳运动"。他还测制了剖面，将"嵩阳运动"界面以下地层称为"登封杂岩"，以上地层又分为"嵩山石英岩"和"五指岭片岩"。至此，"嵩阳运动""登封群""嵩山群""五指岭组"等名称一直为地质界所沿用，尤其值得指出的是，"嵩阳运动"界面是在中国太古代和元古代地层间首次发现并报道的不整合界面。

地质考察中的张伯声

第二，地质矿产工作。1950年夏，张伯声经过考察发现了全国著名的两个大型沉积矿床：巩县铝（铁）钒土矿和平顶山煤矿，这两个大型沉积矿床的发现，带来了可观的经济效益和社会效益，为中华人民共和国成立初国民经济恢复做出了重要贡献。

第三，对新构造运动与第四纪地质研究。1956年，在黄河水利资源调查中，张伯声发现黄河流域许多盆地均有一个统一的最高线，他命名

---

[1] 刘卫东：《蜚声中外的地质学家张伯声》，载《中州今古》1994年第3期。

为"黄土线",并提出了对黄河河道发育历史的新看法,发现并论述了大量的"一边翘起、一边俯倾"的块断运动,为黄土水成说提供了一个有力的佐证,并研究了这种块断运动与水系发展的辩证关系和在水文地质、工程地质上的意义。

第四,有关地震地质的研究。张伯声在 20 世纪 60 年代创立了"镶嵌构造学说",提出整个地壳是由一级套一级的地壳块体同构造活动带镶嵌起来构造的原理。他用波浪镶嵌观点,分析地震活动规律,发表《地震同地壳波浪状镶嵌构造关系初探——兼论陕西地震趋势》和《地壳的波浪状镶嵌构造同中国的矿产和地震的关系》的论著,划分了中国地震网络,指出地震活动基本上是在两组斜向构造带内,周期地、交互地做跳动式迁移的规律,为地震预报预测提供了科学的理论依据。

第五,创立了波浪镶嵌构造学说,被誉为中国五大地质构造学派之一,这是张伯声对地球科学最重要的贡献。1978 年,张伯声成为中国第一批地质学博士生导师之一,先后发表相关波浪状镶嵌构造论文、著作 80 余篇、部,并在"嵩阳运动"的研究基础上系统地创建了中国大地构造的一个新学派——"张伯声地壳波浪状镶嵌构造学说"。这一理论兼容并蓄了前人"脉动说"与"收缩说"的合理部分,赋予"地球四面体理论"以崭新的内容,引起中外地质学界的极大关注,认为该学说不仅对煤矿、铝矿、油田的开发有巨大的指导作用,而且在探讨地震活动规律方面有重要的现实意义,被誉为是盛开在地质科学园里的奇葩!1986 年,他又负责编制了 1∶500 万的《中国波浪状镶嵌构造图》。

波浪镶嵌构造学说的建立,始于张伯声对长期地质实践的总结以及对全球地学新进展的关注。1959 年,他通过对秦岭南北两侧地壳在不同地质历史时期互相做此起彼伏运动的论述,提出了相邻地块的"天平式运动"概念。后来他在空间上扩大范围来研究"天平式运动",提出了"地壳波浪"的观念。他是中国第一个对二次大战后地质科学在全球大洋领域研究新成果进行分析,并结合中国和国外已知的大陆地质资料,将全球地壳作为一个统一整体来进行研究的地质学家,他发现地壳是由若干大大小小的块体镶嵌而成的。它们从几个方向看去都排列成行,就像团体操队员那样秩序井然。1962 年他发表了《镶嵌的地壳》一文。虽然篇幅不长，且无插图，但该文的问世却使国内地质同行们立即承认：一个新学说诞生了，并称之为"镶嵌说"。

为了寻求地壳镶嵌构造的成因机制，张伯声翻阅了大量国内外文献，通宵不寐地思索，偶有所得便立即记录下来。终于在1964年从前人早已废弃不用、束之高阁的依附于"收缩说"的"地球四面体理论"那里得到启示，在兼收并蓄了"收缩说"与"膨胀说"的合理部分之后，将"四面体理论"纳入"脉动说"的范畴，赋予"四面体理论"以崭新的内涵，提出了地球在以收缩为主要趋势的脉动式演化过程中，不断激发全球四大地壳波浪系统，它们的传播和交织导致了全球地壳的波浪状镶嵌构造。

在20世纪60年代后期到70年代初，由于历史的原因，张伯声的学术研究中断，但他所创建的"镶嵌说"却以其顽强的生命力通过国外辗转传到祖国的宝岛台湾，并立即被台湾地质学者们接受。1972年，台湾出版的百科全书式巨著《中山自然科学大辞典·地球科学卷》中，把"镶嵌说"列为对中国地质构造认识的首席观点。到70年代中期，"镶嵌说"发展成为"波浪镶嵌说"，并被国内地质界公认为"中国五大地质构造学派"之一，在国内外有着广泛的影响。

地壳波浪镶嵌构造的研究无论在实践中还是在理论上都有着十分重要的意义。根据各级各类波浪都有其固有的波长与周期的特性，可以较迅速地查明地质构造特征及矿产赋存规律。20世纪70年代以来，国内外矿床学家普遍重视的"等间距找矿"，实际上恰恰是利用了地壳波浪构造的原理。张伯声在1976年"地震慌"中之所以敢于"反潮流"，正是他把地壳波浪运动的周期性原理和对地壳波浪相互叠加、干涉后出现的特征的已有认识，用于地震地质实践的成功例证。"波浪镶嵌"学说的理论意义在于，它揭示了地学领域物质运动的波浪形，确立了地壳运动的周期性和地质构造等间距性的"时—空等间距原理"以及这种时间与空间的等间距皆是可以级级次分、再次分的地质系统论，从而使学说具有雄厚的哲学基础。

值得一提的是，张伯声不但创立了一个全新的大地构造学说，而且还完成了一个重要的哲学推论：世界是物质的，物质是运动的，运动的形式是波浪状的。

在地学科学中，他首先全方位地系统论证了全球地质构造波浪运动的普遍性。随之，在其他自然科学中，人们不断地从一个方面、又一个方面证明了波浪运动规律的客观性和普遍性。自然科学研究也一次又一次地运用波浪发展规律，一个接一个地解开了那些诱人的自然之谜。心有灵犀一点通。在长期的实践活动中，自然科学家和哲学家自觉不自觉地走到一条道路上来了，这就是"波浪运动"之道。这在科学史上可算一次历史性的大聚合。

在长期的教学和科研的实践过程中，张伯声取得了大量重要的学术成果，发表出版90多部论著，代表论著有《波浪状镶嵌构造》《辩证的地质学》《中国东部地质构造基本特征读后》等。他的"地壳波浪状镶嵌构造学说"先后荣获陕西省重大科技成果一等奖（1979年）、全国科学大会奖（1980年）、国家科技进步二等奖（1984年）和地矿部科技成果二等奖（1985年）。

张伯声先生是一位享誉世界的著名地质学家、大教育家，是著名的"中国地质英才之父"。他一生在地球科学领域做出了巨大贡献，他从事中华教育事业65载，为祖国培养出大量多名科技精英和专业人才。张伯声逝世后，其基金委员会根据先生生前遗愿设立张伯声奖，旨在鼓励为地质学做出突出贡献的地学工作者、学者及学业优异的学子，以推动地球科学事业的进展。

南海划界的傅角今和郑资约

傅角今与郑资约是北京师范大学史地系同学，毕业后分赴日本、德国留学深造。两位教授学成归来后，对中国南海的海域范围、南海主权及接收南海诸岛等，做出了卓越贡献。

傅角今（1895—1965），是我国著名的地理学家。生于1986年10月，1924年毕业于北京师范大学，之后在白眉初教授的资助下本希望出国留学，但是当时因为欧洲战事，并未成功，之后他在长沙一中、二中任教。这一期间，曾任职湖南省政府统计室。20世纪30年代，在德文老师沃尔夫（R. Wolf）的帮助下获得了德国洪堡奖学金，于1936年至1938年去了德国莱比锡大学地理研究所深造。在此期间傅角今接受了当代地理学家洪堡和苏联学者贝尔格等人的学术思想，并且曾经受到德国学者鲁道夫（Rudophi）和史米赫（Schmitthener）的很大影响。1938年学成归国，历任国民政府地政司技正兼科长、方域司司长，兼任重庆大学、复旦大学教授等职务。1949年以后，历任西北师范学院教授兼地理系主任、兰州大学教授、西北大学教授兼地理系主任等职务。曾经兼任西安市政协委员、中国地理学会理事、陕西省地理学会理事长等职，1965年逝世。编撰有《湖南地理志》《地理学通论》《世界地理志要》

《中华民国全图》《南海诸岛地理志略》《世界石油地理等》等。①

郑资约（1901—1981），字励俭，衡水县郑家河沿村人，系著名教育家郑际唐之子。二次世界大战后，1946年12月，郑资约被委任为内政部接收南沙群岛专员，随同接收舰队开赴南沙群岛，完成了南海诸岛的实地测量工作，使西沙、南沙群岛主权范围具体化，成为近代以来中国宣誓、确认南海主权的关键环节。郑资约教授自绘的南海诸岛图原稿、西沙群岛全图、郑和群礁等文献资料具有原始性与记录性，是修补南海问题证据链中薄弱问题的关键，意义重大，弥足珍贵。他曾经担任中国地理学会理事长、北平大学、东北大学教授。之后去了台湾，担任台湾中国文化学院地理研究所教授。著有《中国地理》等著作。②

一、职司方域　毕生从事地理教学与研究的傅角今教授

傅角今又名傅鳌，湖南醴陵人。傅角今之父务农兼营土靛业，家境算是小康。其父膝下共有子女八人，傅角今排行最小。傅角今十岁之前在私塾读书，十岁之后进入区、县、省接受"洋学"。此时，正是宣统维新运动时期，"洋学"里面的教师大多是革命党人，所以在青少年时期，傅角今就开始接受资产阶级民主和科学救国思想的教育。中学毕业后，受到其祖父的阻拦没有能够继续升学。五年后，在族人的支持下于1920年进入北平师范大学半工半读。毕业之后，他受北京师范大学白眉初教授的鼓励和资助出国深造，但之后又因欧战事发受阻终

傅角今

---

① 《西北大学学人谱》编委会编：《西北大学学人谱》，西北大学出版社1997年版，第369页。

② 周家珍编著：《20世纪中华人物名字号辞典》，法律出版社2000年版。

未去成。遂在长沙一中、二中任教，并相继在国民党湖南省政府统计室任职。傅角今毕业之后的十年，在德文老师沃尔夫的协助下获得了德国洪堡奖学金，去到了莱比锡大学继续研读地理，其间受德人鲁道夫和史米赫两位先生教益影响深远。

　　傅角今主要从事的是自然地理教学和疆域沿革的教学，他曾经讲授过世界自然地理、地史学等课程，并指导过研究生。他在地政司任职期间，曾发现英国驻华使馆新闻处报审地图中的中国和缅甸、中国和印度尖高山以北一段未定国界，被英国人有意绘错，所以他并未准予此地图在我国国内发行。1947年傅角今在方域司任司长时，亲自带队到我国南海部分岛屿、到中缅边界，提出南海诸岛、葱岭（帕米尔高原）、江心坡、萨彦岭、江东六十四屯以及琉球群岛等本属中国领土的依据，恢复了我国版图轮廓南北长于东西的本来面目。他在司长任内最具意义的一件工作是，作为会议主席主持了1947年4月14日下午2点在内政部会议室召开的西、南沙群岛范围及主权之确定与公布案会议。会议结果包括：“一、南海领土范围最南应至曾母滩；二、西沙、南沙群岛主权之公布，由内政部命名后，附具图说，呈请国民政府备案，仍由内政部通告全国周知。在公布前，由海军总司令部将各群岛所属各岛，尽可能予以进驻；三、西沙、南沙群岛鱼汛瞬届，前往各群岛渔民由海军总司令部及广东省政府予以保护及提供运输通讯等便利"。这次会议为此后的中国南海主权确定了基调和范围。会后，内政部方域司印制了《南海诸岛位置图》，是现代中国南海地图的重要蓝本，该图确定：国界线最南端标在北纬4°左右；东沙群岛、西沙群岛、中沙群岛和南沙群岛的位置和岛屿名称；最关键的是，确定用11段国界线，圈定了中国南海海域范围，成为如今中国坚持的南海主权九段线的来源。① 另外，傅角今还领导了中方中缅边界尖高山至南定河620KM的勘测工作，实测并编绘成1：5000的图件135幅，勘测界桩135座。当时的《环球》杂志撰文评论说："此种大规模之国界测量工作尚属创举"。傅角今在力主琉球群岛归还我国的工作方面，表现了满腔的爱国胸怀。

---

　　① 《西大故事之一：主持划定我国南海国界九段线的西大教授傅角今》，来自姚远科学网博客。

傅角今教授最早问世的地理著作是1933年出版的四册一套中学教科书①。这是我国最早的中学地理教材之一。20世纪40年代由商务印书馆陆续出版的还有《地理学通论》《世界地理志》《世界经济地理》②《湖南地理志》等。

新中国成立之后，傅角今虽然年逾花甲，但多年执着笔耕，于1959年编撰出版了《世界石油地理》③专著，对第二次世界大战以后，东西半球石油储量的变化和中东地区20年间石油量猛增几十倍的情况都有较多的论述。在当时众多国家对石油资源的信息严格保密的情况下，能够收集到1957年以前的最新资料，实属不易，其精神令人敬仰。值得一提的是，傅角今的这部著作是继1950年美国学者普拉特（W. Pratt）和古德（D. Good）的《世界石油地理》（Word Geography of Petroleum）出版之后在世界上第二部问世的该领域著作，同时也是我国专论世界石油地理分布和世界各国产油情况的第一部著作。这部著作取材全面、翔实、新颖，分析论述得也很详尽和精辟，在该书中特别值得称道的是，它对第二次世界大战之后东西半球石油储量对比、急骤变化情况等都有较多篇幅的论述，这在当时具有重要意义。1962年，他曾经应外交部的邀请去北京咨询我国边界问题，并系统而翔实地论证、阐述了他对我国全部边界的见解，表现了极大的爱国热情及严谨态度。之后，在傅角今生病期间，还完成了《南极地理》一书的书稿，这部书也成为我国最早对南极进行地理研究的学者之一，他不顾年迈体弱，在原来通晓德语、英语和日语的基础上，又自学了俄语，还进修了化学方面的知识，由此可见他治学的严谨。④

二、术攻地理　接收中国南海诸岛专员郑资约教授

郑资约，字励俭，与傅角今是北京师范大学史地系同学。1901年生于河北省衡水县郑家河淮村。他的父亲郑际唐早年就读于保定直隶师范

---

① 参见傅角今《本国地理》，（复兴初级中学教科书），1933年。
② 参见傅角今《世界经济地理》增订第4版，商务印书馆1947年版。
③ 参见傅角今《世界石油地理》，科学出版社1959年版。
④ 参见武佐民傅力浦《傅角今教授传略》，载《地理学与国土研究》1992年第8卷第2期。

学堂，后被清政府派遣官费去日本留学，学成归国后担任京师优级师范学堂（1923年更名为北京师范大学）教育系讲师，并创办了北京师范大学第一附属小学，成为知名的教育家。中国人自古以来重视家教、家风，无论是普通人家还是知识分子都十分重视对子女的教育，郑际唐对子女的教育更是格外的严苛。在父亲的影响下，郑资约生活简朴，一生烟酒不沾，喝茶成为他唯一的嗜好。

郑资约

郑资约于1930年从北平师范大学毕业后，去了日本文理科大学（即国立东京教育大学，筑比大学前身）深造。回国后，郑资约在北平师范大学地理系任教。之后因为东北大学迁往北平腹地，郑资约受邀创办史地系，并担任系主任。1937年抗日战争爆发，郑资约随东北大学去了四川，在四川北部的三台县办学。在艰难无比的迁校途中，郑资约和那些离家的流亡学生建立起深厚的情谊，这些感情在许多年之后，仍在师生的后辈中交口相传。郑资约在四川期间，带领学生考察当地的区域、人文以及自然地理结构，一共发表了一系列的有关四川地域的研究报告。1942年，郑资约开始编写《四川地理志》，于1946年完成，并且在1947年获得了教育部的嘉奖。抗日战争胜利之后，国民党政府准备在南京复都。郑资约接连三次在报纸上发表文章，从地理地形、交通网络、农业腹地以及军事战略角度，呼吁应该选择西安作为中国的新首都，但是这个建议并没有被国民党政府采纳。[①]

郑资约在四川的十年，为东北大学多方筹措图书设备，殚精竭虑，不遗余力。他经常每周上将近30个课时的课，而且晚上还要召集学生于家里探讨研读。抗日战争胜利后，四川的各个大学都陆续返回原地复校。这个时候，郑资约的同学刘季鸿担任西北大学校长，邀请郑资约担任西北大学地理系的主任。

---

① 参见何立波《划定南海疆界第一人——郑资约》，载《炎黄精英》2012年第1期，第34页。

中国政府收复南海诸岛（后排右二为郑资约）

一年后，郑资约被借调到南京工作，就职于国民党政府内政部方域司，主要负责接收中国南海岛屿以及滇西地区的日居失土。事情的原委是这样的，当时国民政府内政部部长张厉生是郑资约的同乡好友，他深知郑资约在地理学界的声望，于是邀请郑资约担任内政部专门委员，主要负责参与国界的划定，以及整理南海水域的岛屿、礁石群以及沙滩名称的工作，在接到邀请之后郑资约就带着孙敏贤、王国芳等四名学生一起去内政部任职。1946 年 12 月，郑资约被委任为内政部接收南沙群岛专员，随同接收舰队开赴南沙群岛，完成了南海诸岛的实地测量工作，使西沙、南沙群岛主权范围具体化，成为近代以来中国宣誓、确认南海主权的关键环节。郑资约教授自绘的南海诸岛图原稿、西沙群岛全图、郑和群礁等文献资料具有原始性与记录性，是修补南海问题证据链中薄弱问题的关键，意义重大，弥足珍贵。

三、固有领土　终回祖国怀抱

南海群岛自古以来就是我国的领土。1903 年清朝广东水师提督李准率领 170 余人，乘坐三艘军舰前往西沙群岛巡视，每到一个岛就勒石命名，构建木屋，竖起桅杆，挂黄龙国旗，以示西沙群岛是属于中国领土的。有清一代，在西沙、南沙各个大岛上都有一些中国人住在那里，此外，中国渔民在出海打鱼的过程中也会去那几个大的岛屿歇一下脚。

1933年，越南宗主国法国派出一支探险队伍抢占了我国包括南沙主岛在内的西沙、南沙两个群岛的六个岛屿，之后又扩大到了九个岛礁，这件事就是轰动一时的"法国占领九小岛事件"，由此也引来了主权争端。这件事发生之后，政府深感有必要出版中国南海疆域的详细地图，当时的国民政府迅速成立了"水陆地图审查委员会"。1935年，国民政府出版了《中国南海岛屿图》，确定把中国南海最南的疆域线至北纬4°，把曾母暗沙标在了疆域线之内，以宣示中国的主权。然而这幅图仅仅被发表在委员会的公报上，由于发行量有限，所知人数甚少。该幅图的广为流传和普及是在白眉初主编的地图集中。1936年白眉初编绘《中华建设新图》，获准收录《中国南海各岛屿图》并命名为《海疆南展后之中国全图》，图中在南海疆域内标有东沙群岛、西沙群岛、南沙群岛，其周围用国界线标示。

1936年白眉初绘制《中华建设新图》中的《海疆南展后之中国全图》（局部）

1935年4月，法国派遣军舰载运30名越南人长年移居到了南沙主岛。当年在中国周边甚至在中国境内，日本舰队虎视眈眈，伺机而动，已经成为我们的心腹之患，中国国内又频频内战，国民党政府应接不暇，所以只能选择坐视不管。在抗日战争爆发之后，日本积极推行南进战略。从1939年3月起，日本侵略者从法国军队手中攻占了我国的西沙群岛，同年3月底又攻占了南沙主岛。4月9日，日本侵略者为了杜绝后患，驱赶了占领南沙部分岛屿的法军和越南的渔民。不久之后，日军陆战队、通信分队和气象情报组就进驻了西沙永兴岛和南沙主岛（日军命名为长岛）。[①]

[①] 参见褚静涛《国民政府管辖南沙群岛探析》，载《江海学刊》2016年第5期。

1946年12月15日，接收工作人员在太平岛举行接收南沙群岛升旗典礼，前排左四为内政部接收专员郑资约，前排左五为南沙舰队指挥官林遵，前排右四为广东省政府接收专员麦蕴瑜

1945年抗战胜利之后，国民党和共产党的内战愈演愈烈，国民党军力不足，便把驻越南的国民党军队全部召回国内。法军进入越南全境之后，也占领了西沙永兴岛、南沙主岛和西沙、南沙的部分岛屿。1946年10月5日，一艘法国军舰占领了南沙群岛的南威岛和太平岛，在岛上建立了石碑。国民党政府对法国军舰的行为提出了抗议，说明南沙群岛为我国固有领土。同月，国民政府根据《开罗宣言》及《波茨坦公告》，准备收复西沙群岛和南沙群岛。当时国民政府派出了太平号、永兴号、中业号和中建号四艘军舰，由指挥官林遵（林则徐的侄孙）、姚汝钰率领南下，前往西沙群岛、南沙执行进驻接收任务。一切准备就绪之后，10月24日，国民党海军从上海黄浦江口出海南航。根据之前制订的出行计划，舰队的第一目的地是广州，第二目的地是海南岛，最终目的地是南沙群岛。10月26日，舰队到达广州，官兵将士们一致表示将不惜用他们的血肉之躯来维护祖国的尊严和荣誉，场面极为感人。

1946年12月9日，林遵率舰队向南沙群岛等地远行。他任命李敦谦率中业舰为舰队先导，林遵坐镇太平舰随后，目标是直抵南沙群岛的主岛——长岛。12月9日早晨，姚汝钰率领永兴、中建号直抵西沙群岛主岛——林岛，去执行收复西沙群岛的任务。收复之后，将林岛改名为"永兴岛"，以纪念接受舰永兴号，并立"固我南疆"石碑于该岛码头处。之后，太平、中业两舰队则向南继续航行。12月10日，这两个舰队登上了南沙群岛太平岛后，林遵和李敦谦以及政府的接收代表在岛上举行了隆重的进驻仪式。为了纪念太平舰队接收该岛，于是就用了"太平"来给这个岛屿命名。次日，林遵就率舰队官兵和政府代表踏上了归程，南沙群岛的收复与进驻任务，至此就顺利完成了。这样，一度为法国殖民者和日本侵占的南沙群岛，再一次回到了祖国的怀抱。这两只舰队的此次航行，成为中国近代宣誓、确认南海主权的重要环节。①

四、担当重任　傅角今、郑资约等人绘制南海地图

1946年，国民党政府内政部成立方域司，著名地理学家傅角今任司长。方域司面对划界问题困难重重，因为当时中国还没有一个清晰准确的疆域图，边界地区存在着大量模糊地带，甚至还有国人尚未真正涉足的一些地带。为此，二战后在收复西沙群岛、南沙群岛的工作中，国民党政府特地派遣有关部门的代表随军舰前往视察和勘探。内政部方域司具体负责国界线的确定，郑资约担任内政部专门委员，他负责参与海南岛屿国界的划定，以及整理南海水域的岛礁、石群及沙滩名称的工作。

1946年年底，郑资约随林遵率领的舰队从南沙群岛勘测返回内地之后，开始与刚刚成立的内政部方域司的一些地质、方域、绘图等方面的专门人才着手整理资料。由于内政部等各部门人员完成了考察勘测工作，为此之后国民政府的制图、划界等工作奠定了基础。郑资约之后与内政部方域司的同人整理实测资料，绘制中国南海的地图，并向行政院申请核准颁布一系列的地图。在呈请的文件中有"内政部绘制南海诸岛位置图。西沙群岛图，中沙群岛图，南沙群岛图，太平岛图，永兴岛——石岛图及南海诸岛新旧名称对照表"。几个月之后，上海商务印书馆出版了郑资约编著的《南海诸岛地理志略》，书中详细描述了东沙群岛、西沙群岛及南沙群岛的历史背景、南沙诸岛的地理环境以及国疆石碑的照片。

---

① 参见何立波《划定南海疆界第一人——郑资约》，载《炎黄精英》2012年第1期，第35页。

新编的"南沙诸岛名称对照表"也在该书的附录中首次对外发表，这也奠定了我国南沙岛屿统一名称的基础。

如前所述，1947年4月14日，内政部召开专门会议，讨论西沙、南沙群岛范围及主权确定与公布案：（1）南沙领土范围最南应至曾母滩。（2）西沙、南沙群岛主权之公布，由内政部命名后，附具体图说明，呈请国民政府备案，仍由内政部全国周知。在公布之前，由海军总司令部将各群岛所属各岛，尽可能予以进驻。（3）西沙、南沙群岛鱼汛瞬届，前往各群岛渔民由海军总司令部及广东省政府予以保护及提供运输通信等便利。会议结束后，为了使确定的西沙群岛、南沙群岛主权范围具体化，内政部方域司印制了《南海诸岛位置图》，作为现代中国南海地图的重要蓝本。这不仅表明了这条断续线是经中国政府审定的，而且被标绘在中国官方地图上，它是中国政府对外宣示主权及领土归属的一种具体体现。

中华人民共和国成立后，经中央人民政府审定出版的地图在同一位置也标上了这条断续线，只是在1953年将11段断续线去掉北部湾、东京湾两段，改为九段断续线。1958年，中华人民共和国中央人民政府在其关于领海的声明中规定，领海宽度为12海里，并宣布此项规定适用于"中华人民共和国的一切领土，包括中国大陆及其沿海岛屿和同大陆及其沿海岛屿有公海的台湾及周围各岛、澎湖列岛、东沙群岛、西沙群岛、中沙群岛、南沙群岛以及其他属于中国的岛屿"。至此，就中国立场而言，涉及南海的"九段线"的法律地位就明确了。[①]

国民党政府内政部方域司做了大量的工作来确定祖国版图的界限，通过出书、绘图等方式来确认主权。除

北师大图书馆保存的《南海诸岛地理志略》

[①] 参见李金明《南海九段线——中国的岛屿归属线》，载2012年6月6日《经济参考报》第6版。

了上述地图之外，方域司还出版了一套由商务印书馆发行的、傅角今主编的《内政部方域丛书》。其中，傅角今亲自撰写了《重划中国省区论》，于1948年11月出版；郑资约编写了《南海诸岛地理志略》，于1947年出版。①《南海诸岛地理志略》记录了南海诸岛地质地形、各群岛地体构造、地形特征、气象气候、风向、台风、海流、岛屿滩险志要、动植物、水产、鸟粪、地位价值、历史回顾、作者本人的考察经历等等，并且还有大量的地体构造、气象气候分类等分布图。《南海诸岛地理志略》还回溯了自1907年日本商社窃取我国东沙群岛的情况，郑资约在其中写道："某地原野肥美，田连阡陌，经济的价值诚高矣，然未必具有地位的重要。反之，荒山小岛其物产无足言也，然其地位之重要，往往一国之安危，一战之胜败系之。"郑资约在"二战"后国民党接收南海诸岛之时，告诫国人"应趁机继续建议，力求发展，一以兴本国利源，一以免外人觊觎也"。面对南海丰富的矿产及能源资源，近年来美国及西方其他国家及相邻国家不断觊觎此地，由此可知郑资约当时所做工作及研究的重要意义。当然，令人高兴的是国家对素有"第二个波斯湾"之称的南中国海越来越重视，并被赋予了中国能源未来的希望之地，被列为国家十大油气战略选区之一。南中国海自古以来就是我们的领土，任何国家以任何方式都不可把它从中国领土上夺走。

五、谨记初心　郑资约终生不忘捍卫南海主权

郑资约在完成了接收南沙群岛任务之后，在内政部的安排下，前往各地大学进行演讲，宣传中国南沙岛屿的历史和地理背景。同年，郑资约在内政部张厉生部长颁发完成南沙群岛任务的嘉奖令后，就离开了内政部。

1949年，国民党政府退守台湾，驻守南沙群岛以及西沙群岛的驻军也在1950年的时候一起撤退了。之后的五年里，南沙群岛以及西沙群岛则处于无政府管辖的状况。迁往台湾之后，郑资约就在台湾师范学院史地系担任教师。1950年，南海周边国家侵占我国的南沙群岛。郑资约陆

---

① 参见何立波《划定南海疆界第一人——郑资约》，载《炎黄精英》2012年第1期，第36页。

续在报刊上发表《南沙岛屿是我国领土》《我国最南领域》及《固我南疆》等一系列文章。郑资约编著的《南海诸岛地理志略》，台湾很多家出版社也在出版，但是却并没有表明原著作者的姓名。郑资约对此并不介意，他只是认为这本书翻印得越多越好。在去台湾期间，郑资约还编写了台湾初中地理教科读本，奠定了台湾地理教科书的基础。去台湾后，郑资约多次向他的子女讲起他早年乘军舰，挟着强劲的东北风和巨浪去南沙群岛，在岛上看到了中国庙宇，并除掉了日军在战时设立的标识，还说南海岛屿上深埋着好几百年前中国渔民所遗落的古币……

1956年，菲律宾某海事专业学校的校长克洛玛，派他的弟弟豪费立蒙带领数十个学生登上了太平岛，称之为"自由国"岛。菲律宾总统兼外交部部长即发表声明说这些岛屿无人居住，不属于其他国家，菲律宾有权予以占领。台湾当局获得消息后，"外交部"立即召集会议研究对策，抗议菲国副总统主张占领太平岛的声明。"外交部长"叶公超在1956年5月28日，召集"外交部东亚司司长"李琴和菲律宾驻台"大使"罗慕思，在台北"外交部"举行座谈会。"外交部"还邀请在台湾师范大学执教的郑资约教授亲自讲述和展示1946年间中国政府官员前往南沙群岛勘察的经历、资料以及国疆石碑照片，证明太平岛乃中国领土绝非无国属的岛屿，南沙群岛的主权是属于中国的。①

20世纪50年代，南洋华侨商会在新加坡建立起第一所华文教学的南洋大学，并且聘请了林语堂主持校务，同时在各地招聘教授。郑资约接受了招聘，1958年他从美国回台湾短暂地停留后就立即去了南洋大学执教，直至他退休。1970年，郑资约从南洋大学退休，原来计划去美国和多年未见的子女一起生活一段时间，过一下悠闲怡然的老年生活，但是这个时候，又接到了台北阳明山文化大学张其昀创办人的邀请，前往该校地理研究所主持所务。

2011年，郑资约教授收藏文献展在南京大学图书馆举行开幕式。捐赠这批珍贵文献资料的郑资约后人郑仿健博士及其夫人出席开幕式。南京大学沈固朝教授表示，这批珍贵的文献资料无论是对地理学、国家安

---

① 参见黄瑶、凌嘉铭《从国际司法裁决看有效控制规则的适用——兼论南沙群岛主权归属》，载《中山大学学报（社会科学版）》2011年第4期。

全和海疆建设、南海问题的研究都是极具史料价值和学术价值的。南京大学党委负责人在致辞中用"机缘汇聚，承前启后"这八个字来概括此次的捐赠的意义。[①] 并表示，郑资约教授捐赠的这批珍贵的文献资料对南京大学来说不仅仅是一笔财富，更是一种责任，南京大学将以此为契机，全面整合校内相关优势力量建立跨学科协同创新平台，充分利用相关史料与文献，对我国的边疆及南海问题进行深入研究，从而为我国国家安全和海疆建设提供重要的学术和现实支撑。

---

① 参见何立波《划定南海疆界第一人——郑资约》，载《炎黄精英》2012年第1期，第37页。

结语：西北联大与抗战时期的西北战略

对于西安临时大学南迁及国立西北联合大学组建后，从母体中分离出来国立五院校，且独立设置，在当时及现在人们有不同的看法与认识。笔者认为西北联大的组建及分置国立五校是国民政府改善与发展中国高等教育的战略举措。

1931年"九一八"事变，尤其是"七七"卢沟桥事变后，面对严重的民族危机，国民政府对西北后方建设战略进行了筹划与实施。[①] 其间，国民政府对西北后方教育战略予以高度重视。西北联大的组建及分置国立五校，是国民政府改善与发展中国高等教育的重要战略举措。

但是，对于西安临时大学南迁及国立西北联合大学组建后，从母体中分离并独立设置国立五院校，当时及现在人们的看法与认识是不同的。比如，《西北师大校史》在其中谈到西安临大南迁时讲："组成西安临时大学的三校师生来自北平，大都经历过'一二·九'运动的洗礼，延安对西安的影响也与日俱增，部分学生为了抗战投奔延安。因此，1938年3月，国民党利用'潼关吃紧''西安告急'的气氛，强令学校再次迁往陕南汉中一带。"[②]《西北大学校史稿》中讲："抗日前线和延安时时刻刻像块磁石，牵动着爱国学生的心。国民党害怕这个局面延续下去，使大批临大学生'赤化'。"因此，"把这所他们称为'陕北公学第二'的西

[①] 参见方光华、梁严冰《抗战前后国民政府的西北建设战略》，载《南开学报》2014年第3期。

[②] 《西北师大校史》编写组：《西北师大校史（1902—2002）》，甘肃人民出版社2002年版，第38—39页。

安临时大学搬迁到汉中。"① 在谈到西北联大时说，三院校"矛盾重重"，"各院校之间门户之见，派系之争，闹独立性者是常有之事"。而北洋工学院院长李书田"一心致力于恢复北洋大学……分离之心早已有之"②。《北洋大学——天津大学校史》在谈到临大南迁改名国立西北联合大学时讲："一些学生通过八路军西安办事处，奔往延安。"③ 除此之外，一些学者认为："在整个抗战期间，以'联合'为名的大学为数不少，但大多数联而不合，不到几年便不欢而散了，只有北大、清华、南开组成的西南联大，能够维持九年之久。"④ 其"大多数"及"不欢而散"虽然没有明讲，但显然暗含有西北联大。另外，美国学者易社强也认为："作为一所联合大学，西南联大与战时由华北另几所高校组成的国立西北联合大学（西北联大）不无相似之处。不幸的是，西北联大不久就沦为私人纠葛与机构纷争的牺牲品。"⑤ 以上诸种说法虽重点不一，但大致上均认为国立西北联合大学组建后不久即分置五院校，是"防共"需要和内部纷争不团结导致的结果。

  以上观点虽不无道理，但却不是问题的根本与关键所在。其实，临大南迁是大战略下形势所然，而西北联大分置五校则属国民政府有意而为的战略举措，是基于对西北乃至中国高等教育整体布局及发展前景的考量。

  首先，看西安临大南迁。1937年11月9日，太原失守后，1938年2月上旬，日寇沿同蒲路南下，28日，日军占领临汾，兵临山陕交界的风陵渡一带，陕西的门户潼关告急，并且日军经常隔着黄河向河南岸炮轰，与此同时，敌机从1937年11月之后，不断对西安进行狂轰滥炸。据统

---

① 《西北大学校史》委员会，李永森、姚远：《西北大学史稿（1902—1949）》（修订版）上卷，西北大学出版社2002年版，第212页。
② 《西北大学校史》委员会，李永森、姚远：《西北大学史稿（1902—1949）》（修订版）上卷，西北大学出版社2002年版，第219页。
③ 《北洋大学—天津大学校史》编写组：《北洋大学—天津大学校史（1895.10—1949.1）》第1卷，天津大学出版社1995年版，第238页。
④ 谢泳：《西南联大与中国知识分子》，福建教育出版社2009年版，第18页。
⑤ [美]易社强：《战争与革命中的西南联大》，九州出版社2012年版，第100页。

计，仅1938年3月11日，日机即出动30架四次分袭西安，① 这是1937年11月以来空袭最为严重的一次。不仅如此，日军对西安的轰炸强度不断加强，据陕西省政府1943年统计：自1937年11月日机首次轰炸西安至1942年12月，陕西共遭受日机空袭1413次，死亡3300人，受伤3467人，房屋被毁24208万间。② 正是在这样一种无法进行正常教学、科研的情况下，蒋鼎文命西安临大再迁汉中。临大师生于是在3月11日大轰炸五天后，即3月16日离开西安，南迁较为安全的汉中。历史不容假设，但我们按照历史事实及逻辑推理，假如临大师生不离开西安，继续留下来，面对敌机的轰炸，生命安全如何保障？怎样进行教学、科研？又怎么能保证弦歌不辍呢？这是事情的一方面；另一方面，西安临大南迁并非孤立事件，与此同时国民政府令"将长沙临时大学移设昆明"③，且长沙临大师生早于西安临大20天即2月20日，从长沙出发"随着一排排木船顺着湘江向北漂去"，到常德后改为步行。这次跋涉"并不像某些保守人士所指责的那样，是为了逃避左派的搅扰"④，而是国民政府的战略筹划，与西安临大南迁一样；再者，如果简单考虑空间上的距离，害怕与担心学生在西安被"赤化"并"投奔延安"，就迁移一所大学，那么迁到陕南又有什么用呢？难道汉中就不会牵动爱国学生的心吗？抑或陕南无法抵达陕北吗？这显然令人难以信服。所以，西安临大南迁汉中是国民政府决定"提高边省文化"并"逐渐向西北陕甘一带移布"高等教育的战略举措之一步。

其次，因为"私人纠葛"或"派系之争"就"肢解"一所煞费苦心组建的联合大学，而很快独立设置国立五院校，恐怕既不合常理也不是

---

① 郭琦、史念海、张岂之：《陕西通史·民国卷》，陕西师范大学出版社1997年版，第226页。

② 郭琦、史念海、张岂之：《陕西通史·民国卷》，陕西师范大学出版社1997年版，第227页。

③ 《教育部拟定之平津沪战区专科以上学校整理方案》（1937年），中国第二历史档案馆：《中华民国史档案资料汇编》第5辑第2编，《教育》（1），江苏古籍出版社1997年版，第11页。

④ ［美］易社强：《战争与革命中的西南联大》，九州出版社2012年版，第28、29页。

一个政府迅速决定执行的。学者们现在一般把西南联大作为一种成功的经验来探讨，其实，西南联大组建之初，矛盾同样很多，学校里面钩心斗角之事不是没有，三个学校之间也有一些矛盾，张伯苓、梅贻琦筹办西南联大的时候，也各有各的心事。① 政府为什么没有考虑独立设置呢？也许有人认为西南联大有宽容精神，即便是这样，那么，西北联大在独立设置院校时，为什么是五所，而不是三所呢？按理说是为了解决矛盾的话，将原先的三院校分别设置更合适。抗战胜利后，又为什么将西北联大主体及其从母体中分离出来院校要永留西北呢？这一切答案，还得从国民政府的全国教育政策及西北后方建设战略谈起。

1931年"九一八"事变后，随着日本侵华的步步紧逼及整个中国东部的沦陷，西北的后方战略地位逐渐凸显与提升。早在1930年7月，南京国民政府建设委员会就专门制定了《西北建设计划》。1934年5月，全国经济委员会常务委员宋子文视察陕、甘、宁、青四省，指出："西北建设是我中华民国的生命线"②。1937年，全面抗战爆发，西北的战略地位进一步凸显。国民政府试图以"西北为建国的根据地"，通过加强对西北的政治军事领导和军事战略部署，发展西北农业经济，促进与军事关系最为密切的工矿业建设，发展交通运输事业，推动西北后方建设。1939年1月，国民党五届五中全会决议指出："今长江南北各省既多数沦为战区，则今后长期抗战之坚持不懈，必有赖于西南、西北各省之迅速开发，以为支持抗战之后方。"③ 1942年，蒋介石亲赴西北各省进行了为期一个月的视察，返回重庆后，于9月22日就西北建设问题发表了讲话，视西北各省为将来建国最重要的基础。随后，在11月召开的国民党五届十中全会通过了《关于积极建设西北增强抗战力量奠定建国基础案》。文化教育是一个国家或民族命脉延续与发展之关键所在，故西北联合大学的组建及国立西北五校的分设是当时西北战略的重要内容。

---

① 谢泳：《西南联大与中国知识分子》，福建教育出版社2009年版，第152—153页。
② 《宋子文在兰州畅论西北建设》，《申报》1934年5月9日。
③ 荣孟源：《中国国民党历次代表大会及中央全会资料》下册，光明日报出版社1985年版，第556页。

在西北联大的迁徙过程中，国民政府进一步明晰与加快了借平津院校内迁之机，构建和布局西北高等教育的战略设想。正因为如此，南迁汉中以后，时任西北联大常委的徐诵明、陈剑翛赴汉口向教育部部长陈立夫汇报工作，本有继续向四川迁移的打算，而陈立夫却指出："西北联合大学，系经最高会议通过，尤负西北文化重责，均（实为'钧'，指蒋介石）以为非在万不得已时，总以不离开西北为佳。"① 因此，将组成西北联大的平津院校按照学科门类重新调整，统一贯之以"国立西北"之名，实际上就决心将它们永久留在西北。民国著名教育学家姜琦教授就此曾深刻指出："民国二十八年（1939）夏，教育部鉴于过去的教育政策之错误，使高等教育酿成那种畸形发展的状态，乃亦然下令改组西北联合大学，按其性质，分类设立，并且一律改称为西北某大学某学院，使它们各化成为西北自身所有、永久存在的高等教育机关。"②

从国民政府的全国教育政策来看，国立五校的分置及改善与加强西北高等教育也是势所必然。抗战爆发后，虽然处在战时，但国民政府一再强调教育要按照"战时须作平时看"的方针办理，换言之，"战时教育的方针，仍是一贯正常的教育方针，仅仅是更明显，更切实些，绝不是病急乱投医的医药杂技，而是针对着教育上已经暴露与必要暴露的缺点，加以根本的治疗，调整病态的环境，确定治疗的处方，以求疾病之挽救。"③ 什么是教育上的缺点？又如何"治疗"呢？国民政府认为应该加强理工科的教育，即大力发展理、医、农、工及各种技术专业学校。因为，按照一般的比例，理工人才与文法人才所需为1∶4，也就是说有一个技术人才，应该有四个文法管理人才，而当时文法科占十之八九。于是，教育部部长陈立夫认为：在教育方针上必须使理工科学生多起来，这样国家工业化才能强盛起来，到时文法科学生才始有出路。④ 对此，从20世纪30年代初开始，教育部就予以高度重视，陈立夫的前任、

---

① 西北联合大学出版组：《西北联大校刊》第1期，1938年8月15日。
② 姜琦：《西北大学是一块基石又像一颗钢钻》，《西北学报》1941年第1期。
③ 陈立夫：《抗战时期之教育》，杜元载：《革命文献》第58辑，"中央"文物供应社1972年版，第3页。
④ 陈立夫：《成败之鉴——陈立夫回忆录》，正中书局1994年版，第295—296页。

1933年接管教育部的王世杰在其日记中讲，自己到部后以三事自勉："（一）促进职业教育之发展；（二）谋中央及地方教育经费之独立；（三）促进公务员考试制度之普及，为青年求正当之出路。"① 按照其促进职业教育的思路，必须大力发展理工科教育，他在1933年5月24日的日记中又讲："到部后调阅二十年度大学统计，全国文科（文、法、商、教育等科）大学生数额，占大学总额的万分之七千，约32000人；实科（理、农、医、工）生仅占30%，9000余人。因于5月20详定限制全国各大学（包含独立学院）招生办法，务使各校自本年度起招收文科新生严守一定之限制；其不遵守此项限制者，教部即不审定其新生之学籍。"② 由此可知，从20世纪30年代初开始，国民政府即大力调整高等教育结构，着力发展理、工、农、医等学科教育，以加快国家工业化进程。

在此背景下，前面已经提及抗战以来随着沦陷区域的不断扩大，西北的后方战略地位不断提升与凸显，成为中国抗战的重要战略支撑点。而要担当"建国根据地"的西北地区，文化教育在当时却十分薄弱与落后。据教育部统计，战前全国专科以上学校共108所③，主要集中于京、津、沪等东南沿海地区，广袤的西北地区只有两所专科以上学校④，仅为总数的1.85%，由此可知其薄弱程度。西北教育的这样一种状况，与其重要的战略地位是极不相匹配的。故而改善与发展西北高等教育已成为抗战爆发后国民政府的当务之急，对此朝野人士普遍关注，一些人士疾呼："在工业化西北经济建设中，必须大量专门技术人才，始克济事，……是则只有多方号召与积极培育，以资应用。"⑤ 故必须从根本上予以改善与加强，而改善与加强首先还是强调理工科教育，同时兼顾师范性与综合性，以适应

---

① 王世杰：《王世杰日记（手稿本）》第1册，"中央"研究院近代史研究所1990年版，第1页。
② 王世杰：《王世杰日记（手稿本）》第1册，"中央"研究院近代史研究所1990年版，第1—2页。
③ "教育部"教育年鉴编纂委员会：《第二次中国教育年鉴》第1编，《综述》，商务印书馆1948年版，第1400页。
④ 毛礼锐、沈灌群：《中国教育通史》第5卷，山东教育出版社1988年版，第294页。
⑤ 胡纯如：《西北经济建设之根本问题》，秦孝仪：《中华民国史料丛编——西北问题论丛》第2、3辑合订本，第3辑，"中央"文物供应社1976年版，第10页。

"抗战建国"之需要。事实上，早在抗战之前，国民政府即有将平、津大学西迁的意图。1936年，时任陕西省政府主席的邵力子即提议将北平四所大学之一所迁移进陕，并希望国立北洋工学院西移。他认为："西北自中央主持开发以来，物质建设成效渐显，惟教育一端依然落后，诚以陕甘宁青新等省，人口总数2000万以上，乃竟无一大学作高深之培养，实不足以应事实上之需要。"而"查北平一隅，国立大学居四所之多，实嫌供过于求"，因此"似可酌迁一所入陕，易名西北大学"①，并希望国立北洋工学院也"移于西安，以为西北大学之基本"②。由上可知，平津院校之迁移西北，政府早有动议。抗战爆发后，由于形势所迫，客观上进一步加快了国民政府大学西迁战略的进程。对于平、津大学的具体迁移状况，几乎与八年抗战相始终的教育部部长——陈立夫，有较详细的回忆，其在回忆录中专设"专科以上学校的西迁与增设"一节，讲述大学西迁及增设新校之政府战略。1940年6月，为了进一步督查与落实西北联大的分置情况，陈立夫曾亲临西北大学视察，并为西北大学第四届同学会题词："学成致用，各尽所长，经营西北，固我边疆。""经营西北，固我边疆"明确表达了国民政府早有的西北战略意图及其重视程度。陈立夫后来回忆说："在决定各校迁移地点时，也曾注意合理分布的原则。"并通盘计划"将大学的文理法三学院合成为综合大学，在后方分区设置"，尤其是考虑到"将农、工、医、商、教育等专门学院由大学分开，就各地区需要分别设置。当时并拟有各地分设综合大学和各专门学院的蓝图。"③ 由西北联大分置五校的情况来看，即完全是遵照以上之"蓝图"执行的。而对于这些新学校的设置经过，他饱含深情地说："其工作之艰巨，事后追忆，实非笔墨所可形容。"④ 另外，不管是工学院、师范学院还是西北大学独立设置时，国民政

---

① 《行政院关于邵力子请将北平四所大学迁移一所进陕致教育部笺函》（1936年1月），中国社会科学院近代史研究所《近代史资料》编辑部、中国第二历史档案馆：《抗战时期西北开发档案史料选编》，中国社会科学出版社2009年版，第26—27页。

② 《行政院关于邵力子提议将国立北洋工学院西移致教育部笺函》（1936年1月3日），中国社会科学院近代史研究所《近代史资料》编辑部、中国第二历史档案馆：《抗战时期西北开发档案史料选编》，中国社会科学出版社2009年版，第27页。

③ 陈立夫：《成败之鉴——陈立夫回忆录》，正中书局1994年版，第251页。

④ 陈立夫：《成败之鉴——陈立夫回忆录》，正中书局1994年版，第248页。

府均将北洋工学院、北平师范大学与北平大学的原校长免职，"校印缴部"，此举意味着终止了原"北平师范大学""北洋工学院"与原"北平大学"的校名。

至此，时隔70多年，我们清楚地看到当年国民政府为什么要在西安建立一所临时大学，又要把国立西北联合大学独立设置为国立西北大学、西北工学院、西北农学院、西北医学院、西北师范学院五校，并且作为综合大学的国立西北大学，最初也完全按照国民政府"文理法三学院合成为综合大学"的原则组建。进而也可以看出把当时全国最好的师范大学、最强的工科大学、规模最为庞大的综合大学迁移西北，显然是国民政府从战略高度筹划的结果。

总之，国立西北联合大学的组建及分置国立五校，是国民政府抗战时期西北后方建设战略的重大举措。相较而言，同样内迁的西南联大更多表现出战时临时性举措的特征，组成西南联大各高校在抗战胜利后的回迁是谁都没有疑义的；而西北联大的组建则更多体现出战时过渡性的特征，因为经营西北、提升西北高等教育水平、优化高等院校的分布状况早已成为国民政府的战略构想之一，抗战的危急形势以及高校内迁只是实施这一战略的契机，而借平津等地原有高校之实力和影响，助力西北高等教育的起步和发展才是国民政府的核心意图。明了于此，才能理解西北联大分置五校并非一己私利或个人恩怨的结果。毋庸讳言，从人文荟萃、物质优裕的平津等地迁移尚显蒙昧、贫穷荒寒的西北，且要永留此地，对于数百名教授而言不可能不是一次极大的冲击和震动，而短时间内完成的院校分置重组，也不可能不引发各方面的意见之争和利害冲突。即便如此，西北联大的师生们仍然以民族大义和国家大局为重，在颠沛流离中完成了所有的分置和重组，最终实现了国民政府的战略构想，使西北联大主体及其分置院校大部分得以在战后永留西北，西北联大的精神得以薪火相传，成为西北高等教育的坚实基础。抚今追昔，西北联大师生们的奉献与牺牲，更值得我们景仰。

参考文献

一、著作、史料汇编

[1]赵弘毅,程玲华主编.西北大学大事记[M].西安:西北大学出版社,1999.

[2]西北大学西北联大研究所编.西北联大史料汇编[M].西安:西北大学出版社,2012.

[3]李永森,姚远主编.西北大学史稿(1902—1949):上卷[M].修订版.西安:西北大学出版社,2002.

[4]《西北大学学人谱》编委会.西北大学学人谱[M].西安:西北大学出版社,1997.

[5]国立西北大学建校三十周年纪念刊[M].台北:国立西北大学校友会,1969.

[6]李华兴.民国教育史[M].上海:上海教育出版社,1997.

[7]舒新城编.中国近代教育史资料[M].北京:人民教育出版社,1979.

[8]"教育部"《教育年鉴编纂委员会编》[M].第二次中国教育年鉴[M].上海:商务印书馆,1948.

[9]中国第二历史档案馆编.中华民国史档案资料汇编[M].第5辑第2编教育[M].南京:江苏古籍出版社,1997.

[10]马克斯·韦伯著.学术与政治[M].冯克利译.北京:生活·读书·新知三联书店,1999.

[11]余英时.中国近代思想史上的胡适[M].台北:联经出版公司,1984.

[12]梁启超.戊戌政变记,饮冰室合集[M].北京:中华书局,1989.

[13]陈平原.中国现代学术之建立——以章太炎、胡适之为中心[M].北京:北京大学出版社,1998.

[14]严复.严复集[M].北京:中华书局,1986.

[15]《教育杂志》社编辑.教育法令选[M].上海:上海商务印书馆发行,1925.

[16]罗志田.国家与学术:清季民初关于"国学的思想论争"[M].北京:生活·读书·新知三联书店,2003.

[17]李溪桥.李蒸纪念文集[M].北京:中国社会科学出版社,1996.

[18][美]易社强.战争与革命中的西南联大[M].北京:九州出版社,2012.

[19]陈立夫.成败之鉴——陈立夫回忆录[M].台北:正中书局,1994.

[20]王杰,韩云芳.百年教育思想与人物[M].天津:天津大学出版社,2010.

[21]《一二·九运动资料》第1辑[M].北京:人民出版社,1981.

[22]于克礼,朱显龙.中国国民党全书(下)[M].西安:陕西人民出版社,2001.

[23]中国现代教育家传[M].长沙:湖南教育出版社,1987.

[24]秦怀钟主编.中国古脊椎动物学的奠基人——记杰出的地质古生物学家杨钟健[M].西安:西安出版社,2008.

[25]毛泽东书信选集[M].北京:人民出版社,1983.

[26]余子侠,等.抗日战争时期中国教育研究[M].北京:团结出版社,2015.

[27]陈平原.抗战烽火中的中国大学[M].北京:北京大学出版社,2015.

[28]潘懋元.中国高等教育百年[M].广州:广东高等教育出版社,2003.

[29]金以林.近代中国大学研究[M].北京:中央文献出版社,2000.

[30][加拿大]许美德.中国大学 1895—1995:一个文化冲突的世纪[M].北京:教育科学出版社,2000.

[31]张亚群.中国近代大学通识教育与创新人才培养[M].福州:福建

教育出版社,2016.

[32]中国社会科学院近代史研究所《近代史资料》编辑部,中国第二历史档案馆.抗战时期西北开发档案史料选编[M].北京:中国社会科学出版社,2009.

[33]荣孟源.中国国民党历次代表大会及中央全会资料[M].北京:光明日报出版社,1985.

[34]《西北师大校史》编写组.西北师大校史(1902—2002)[M].兰州:甘肃人民出版社,2002.

[35]国立西北师范学院史料摘编(1937—1949)上下册[M].北京:中国文史出版社,2014.

[36]北京师范大学校史编写组.北京师范大学校史(1902—1982)[M].北京:北京师范大学出版社,1982.

[37]《北洋大学—天津大学校史》编写组.北洋大学—天津大学校史(1895.10—1949.1)[M].天津:天津大学出版社,1995.

[38]戴建兵,张志永.齐国樑文选集[M].天津:天津古籍出版社,2012.

[39]西南联合大学北京校友会编.国立西南联合大学校史:1937—1946年的北大、清华、南开[M].北京:北京大学出版社,2006.

[40]方光华.西北联大与中国高等教育[M].西安:西北大学出版社,2013.

[41]胡国台.浴火重生——抗战时期的高等教育[M].台北:稻乡出版社,2004.

[42]戴志贤,李良志.抗战时期的文化教育[M].北京:北京出版社,1995.

[43][日]大塚丰.现代中国高等教育的形成[M].北京:北京师范大学出版社,1994.

[44]毛礼锐,沈灌群.中国教育通史[M].济南:山东教育出版社,1988.

[45]李廷华.王子云传[M].西安:陕西新华出版传媒集团、太白文艺出版社,2015.

[46]吴石忠,姜曦.魏寿昆传[M].北京:科学出版社,2011.

[47]谢泳.西南联大与中国知识分子[M].福州:福建教育出版

社,2009.

[48]何宁.西北联大与中国高等教育(Ⅱ)[M].西安:世界图书出版公司,2014.

[49]张放涛.群星灿烂·河南大学名人传1[M].开封:河南大学出版社,1992.

[50]黄汲清,何绍勋.中国现代地质学家传[M].长沙:湖南科学技术出版社,1990.

[51]中国人民政治协商会议,西安市委员会文史资料委员会编.西安文史资料.第16辑,老留学生忆留学专辑[M.]西安:西安市莲湖区友谊印刷厂,1990.

[52]姚远.西安历史大词典·民国西安词典·人物[M].西安:陕西人民出版社,2013.

[53]黎锦熙.黎锦熙选集[M].广东:东南师范大学出版社,2001.

[54]黎锦熙先生诞生百年纪念文集[M].北京:北京师范大学出版社,1990.

[55]许增华.百年人物1905—2005[M].北京:中国农业大学出版,2005.

[56]秦钧编.开拓者之歌[M].银川:宁夏人民出版社,1984.

[57]中共嘉兴市委宣传部,嘉兴市社会科学界联合会,嘉兴学院红船精神研究中心.中国共产党早期组织及其成员研究[M].北京:中共党史出版社,2013.

[58]汉中市政协文史资料委员会[J].汉中文史.第13辑,1995.

[59]梁星亮,李敬谦主编,陕西省中共党史人物研究会编.陕西近代现代名人录,第5集[M].西安:西北大学出版社,2006.

[60]吕芳文主编,湖南省政协文史资料研究委员会编.五四运动在湖南[M].长沙:岳麓书社,1997.

[61]陕西省高等教育局.陕西地区高等学校高级知识分子人名录1[M].西安:西北大学出版社,1989.

[62]罗章龙.罗章龙回忆录:椿园载记[M].北京:生活·读书·新知三联书店,1984.

[63]沈志远.黑格尔与辩证法[M].笔耕堂书店,1943.

[64]许寿裳.诗人、斗士、预言家:许寿裳谈鲁迅."名人谈名人"系列丛书[M].北京:东方出版社,2008.

[65]山东师范学院聊城分院中文系图书馆编.鲁迅在西安.鲁迅生平资料丛抄[M].聊城:山东师范学院聊城分院,1978.

[66]许寿裳,章炳麟.中国现代掌故丛书,杨本泉主编[M].重庆:重庆出版社,1987.

[67]中国人民政治协商会议,兰州市委员会文史资料委员会编.兰州文史资料选辑,总第12辑:近现代人物史料专辑[M].兰州:兰州大学出版社,1992.

[68]中国人民政治协商会议,甘肃省委员会文史资料研究委员会编.甘肃文史资料选辑,第23辑[M].兰州:甘肃人民出版社,1985.

[69]许兴凯.日本帝国主义与东三省[M].上海:昆仑书店,1930.

[70]辛树帜.辛校长树帜上教育部签呈[M].兰州大学校讯:一卷,一期,1947.

[71]黄启昌,罗安玲."独树一帜"辛树帜[J].湘潮:2003(5).

[72]刘宗鹤.辛树帜先生传略[J].西北农学院学报:1984(1).

[73]陕西省高等教育局.陕西地区高等学校高级知识分子人名录1[M].西安:西北大学出版社,1989.

[74]王风野主编,长沙师范学校校志编写委员会编.湖南省长沙师范学校校志1912—1992[M].长沙:湖南教育出版社,1993.

[75]张克非.兰州大学校史(上)1909—1976[M].兰州:兰州大学出版社,2009.

二、学术论文

[76]张岂之.西北联大与开发西北:中国高教史上的重要篇章[J].中国社会科学报:2012—10—15.

[77]方光华.为什么要纪念西北联大[J].西北大学学报:2012(3).

[78]储朝晖.寻觅西北联大的生命密码——西北联大的兴衰及启示[J].高等教育研究:2013(4).

[79]姚远.国立西北联合大学的分合及其历史意义[J].西北大学学

报:2012(3).

[80]崔莉莉.许兴凯的日本史研究,方光华.西北联大与中国高等教育[M].西安:西北大学出版社,2013.

[81]白欣,翟立鹏.中国近代物理学家张贻惠[J].自然辩证法通讯:2011(6).

[82]王淑红,姚远.哥廷根代数学派的中国传人——曾炯[J].西北大学学报(自然科学版):2013(1).

[83]梁严冰.西北联大的组建与分置上[N].光明日报:2012-10-14(7).

[84]梁严冰.西北联大与抗战时期的西北战略[J].西北大学学报:2012(5).

[85]梁严冰,方光华.西北联大的民族主义与民主观念[J].高等教育研究:2014(1).

[86]梁严冰,姚远,姚聪莉.第二届西北联大与中国高等教育发展论坛综述[J].西北大学学报:2013(6).

[87]方光华,梁严冰.抗战前后国民政府的西北建设战略[J].南开学报:2014(3).

[88]梁严冰.西北联大学人群体研究[J].历史教学问题:2014(4).

[89]梁严冰.西北联大与西北历史研究[J].西北大学学报:2014(4).

[90]方光华,梁严冰.西北联大与社会教育[J].高等教育研究:2013(2).

[91]梁严冰,方光华.抗日战争与中国高等教育[J].高等教育研究:2015(10).

[92]梁严冰.李蒸与中国现代师范教育[J].历史教学问题:2016(6).

[93]秦开凤,何炳武.黎锦熙在西北联大开创的方志理论与实践[J].西北大学学报:2013(3).

[94]姚远,姚聪莉.西北联大留给陕南的高等教育遗产:陕西省立师专总校与分校的前世今生[J].陕西理工学院学报:社会科学版,2013(4).

[95]姚聪莉.西北联大的学术自由及其历史价值[J].西北大学学报:2016(2).

[96]刘亚军.著名地质学家张伯声教授评传[J].世界科学:1988(9).

[97]刘洪涛.张伯声[J].中国地质:1994(7).

[98]刘卫东.蜚声中外的地质学家张伯声[J].中州今古:1994(3).

[99]何立波.划定南海疆界第一人——郑资约[J].炎黄精英:2012(1).

[100]潘懋元,张亚群.薪火传承文化中坚——西北联大的办学特色及其启示[J].西北大学学报:2013(1).

[101]刘海峰.历史需要诉说:西北联大的命运与意义[J].高等教育研究:2013(9).

[102]张岂之.心上有一盏灯——间接体验西北联大精神[J].西北大学学报:2012(5).

[103]姚远.西北联大融汇世界的办学思想与实践[J].河北师范大学学报:教育科学版,2017(1).

[104]姚聪莉,刘莹.西北联大社会教育思想与实践探索——基于《西北联大校刊》的分析[J].西北大学学报:2012(16).

[105]李巧宁,陈海儒.抗战期间内迁高校学生的日常生活——以西南联大和西北联大为例[J].甘肃社会科学:2011(6).

[106]王杰,张磊.西北联大的兴学强国精神[J].博览群书:2016(3).

[107]曹振明.西北联大与西北开发——以学科为中心的考察[J].科学经济社会:2014(3).

[108]董丁诚.罗章龙在西北大学[N].光明日报:2002-10-23.

[109]沈骥如.沈志远传略(上)[J].晋阳学刊:1983(2).

[110]沈骥如.沈志远传略(下)[J].晋阳学刊:1983(2).

[111]李晓霞.国立西北联合大学的生物学教育研究[J].咸阳师范学院学报:2015(2).

[112]吴修明,王萍.西北胡杨辛树帜[N].常德日报:2013-7-20.

[113]张曦堃,卜风贤.辛树帜与中国农史研究[J].农业考古:2012(6).

三、报纸杂志

[114]《西安临大校刊》

[115]《西北联大校刊》
[116]《中央大学校刊》
[117]《申报》
[118]《大公报》
[119]《教育公报》
[120]《西北问题》
[121]《西北问题论丛》
[122]《西北史地》
[123]《西北通讯》
[124]《西北学术》
[125]《边政公论》
[126]《西北文化月刊》
[127]《抗日战争研究》
[128]《高等教育研究》
[129]《西北大学学报》
[130]《光明日报》
[131]《中国社会科学报》
[132]《休闲读品·天下》杂志
[133]（台湾）《传记文学》

后　记

　　西北联大与西南联大是抗战时期国民政府组建的两所大学共同体，他们的组建延续了高等教育的命脉，保证了中国高等教育弦歌不辍，尤其是西北联大的组建不仅为西北地区播撒了现代高等教育的火种，而且更为重要的是它还为战后西北乃至整个中国高等教育的发展奠定了思想文化基础，并积累了宝贵的历史经验。但是，长期以来西北联大却鲜为人知，几乎湮没在历史的尘埃之中。

　　为了彰显西北联大在中国高等教育史上的重要地位，推动其深入研究，为新时代中国特色社会主义高等教育事业快速发展提供理论基础和经验启示，在时任西北大学校长、著名历史学家、我的博士后合作导师方光华教授的积极倡导与推动下，2012年9月15—17日，由光明日报社、中国高等教育学会、西北大学及与西北联大有密切渊源关系的大学等共同发起，在西安举办了"第一届西北联大与中国高等教育发展论坛"。由此，西北联大开始受到越来越多人士的关注。随之产生了一批研究成果，这些研究成果主要就西北联大组建与分置，西北联大与西北高等教育发展及西部大开发、西北联大办学特色、西北联大的历史意义与作用等方面进行了阐述和探讨。但是，大家觉得有必要推出一套丛书，使更多人知道西北联大、了解西北联大，从而继承其办学精神和优良传统。

　　为此，陕西人民出版社和西北大学在2014年年底召开了丛书撰写出版研讨会，西北大学名誉校长、著名史学家张岂之先生，时任西北大学校长方光华教授，时任西北大学副校长李浩教授，西北联大研究著名专家姚远教授以及陕西人民出版社的领导等出席，大家就丛书的书名、撰写风格等进行了探讨,一致认为丛书撰写要不拘一格,语言要朴实且通俗易懂,使更多人了解西北联大,关注西北联大。之后,相关工作积极推动。

2016年8月,在姚远教授的主持下,相关作者又与陕西人民出版社就丛书撰写、出版等具体事宜进行了进一步确定与协商,最终确定由我撰写其中的丛书之二《以学报国:西北联大名师》,在此书撰写过程中,导师方光华教授在百忙之中给予了极大鼓励与支持,使我难以忘怀;姚远教授确定了所要撰写的主要名师并提供了诸多资料,随时指导、及时沟通,保证了撰写顺利进行;西安理工大学马克思主义学院院长鲁宽民教授多方支持、积极鼓励,使我有足够的时间和精力进行研究;我的研究生李爱敏、宋娜、李晓婷等也搜集了大量资料;陕西人民出版社编辑蒋丽、白艳妮为此书的出版付出了大量艰辛努力,做了大量艰苦而细致的工作。在此,一并表示衷心的谢意!

西北联大的研究从2012年开始,取得了积极进展,已经连续举办八届"西北联大与中国高等教育发展论坛"学术研讨会,并获得两项国家社科基金项目支持,出版了一批相关资料、著作及论文,使湮没在历史尘埃中的西北联大较全面地展现在世人面前。但是,与西南联大的研究相比较,仍然还很薄弱。故希望通过拙作使更多人"发现西北联大",并推动其进一步深入研究,从而明了新时代高等教育所承担与肩负的光荣使命,突出坚持立德树人的根本任务,扎根中国大地办好社会主义大学。

当然,书中疏漏与错误之处在所难免,还望读者提出批评意见,并予以指正,以便日后再版时修订!

梁严冰

2020年1月28日